중국 외교노선과 정책

- 마오저둥부터 후진타오까지 -

중국 외교노선과 정책

초판1쇄 발행일 • 2011년 10월 3일

지은이 • 김옥준
펴낸이 • 이재호
펴낸곳 • 리북
등   록 • 1995년 12월 21일 제13-663호
주   소 • 서울시 마포구 서교동 395-68 서연빌딩 2층
전   화 • 02-322-6435
팩   스 • 02-322-6752

www.leebook.com

정   가 • 20,000원

ISBN 978-89-87315-44-7

중국 외교노선과 정책
– 마오저둥부터 후진타오까지 –

김 옥 준 지음

리북

* 이 책은 계명대학교 비사연구비 지원을 받아 출판되었습니다.

■ 서 문

　한 국가의 외교를 연구하는 목적은 연구 그 자체에 있는 것이 아니라 그 국가가 우리에게 무엇이고, 무엇이 되어야 하며, 또한 그러기 위해서는 우리가 어떻게 해야 하는가를 탐색하고 모색하기 위함이다. 특히 그 국가가 우리의 안보와 번영에 중요한 역할을 하거나 밀접한 관련이 있는 경우에는 더욱 그러하다. 이러한 의미에서 중국이라는 국가는 우리에게 아무리 강조해도 지나치지 않을 만큼 중대한 의미를 지니고 있다고 할 것이다. 그렇다면 우리는 먼저 중국이 우리에게 어떠한 존재인가에 대한 냉철한 분석과 판단을 해야 할 것이며, 다음으로 중국이 우리에게 어떠한 존재가 되어야만이 우리의 국가이익을 극대화시킬 수 있는가의 문제를 모색하고, 이를 위해 우리가 어떠한 행위준칙과 정책을 채택하고 추진해나가야 하는가를 결정해야 할 것이다. 중국 외교에 대한 연구는 이러한 것들을 가능하게 해주는 기반이 된다는 것은 두말할 나위도 없을 것이다.

　1970년대 말 개혁개방 이후 중국은 무서운 속도로 성장과 발전을 거듭하여 왔으며, 21세기 중국은 이미 G2를 언급할 정도로 강대한 국가로 변모하였다. 그들의 '평화적인 부상'과 '다극화'로 포장된 강대국화의 움직임은 개혁개방 30년 동안 이루어낸 급속한 경제성장이 뒤를 받치고 있다. 개혁개방 30년의 성과와 함께 2008년의 베이징 올림픽과 2010년 상하이 세계박람회를 성공적으로 개최함으로써 중국의 자존심과 자신감은 한껏 고조되어 있다. 21세기 중국의 외교에서 우리는 전체적으로 국제사회에 대한 자신감으로 가득 차 있는 중국의 태도를 읽을 수 있다. 21세기 중국 외교의 기본전략은 미국 중심의 기존 국제질서를 인정하면서도 증대된 중국의 국력에 대한 자신감을 바탕으로 강대국과의 전략적 대화를 강화하면서 다극화를 추구하고, 주변국들과의 실리에 입각한 협력관계 강화와 개발도상국들에 대한 실질적인 이익 제공을 통하여 지지기반을 확보함으로써 강대국으로 부상하겠다는 것으로 압축될 수 있다. 동시에 경제성장에 걸맞는 군사력의 강화를 병행하겠다는 의지를 표명하고 있다. 이를 입증이라도 하듯이 최근 중국은 항공모함을 진수시킴으로써 군사대국화의 길을 걷기 시작하였다.

중국의 위상이 높아지고 있는 시점에서 중국의 국제적 역할 확대 추구의 움직임은 북핵문제를 포함한 한반도 문제와 한·중관계에 많은 시사점을 주고 있다. 북핵문제에 있어 중국은 북핵문제 자체보다 국제사회에서의 역할과 책임에 더욱 비중을 두고 있다. 다시 말해 중국은 북핵문제해결을 위한 주도적인 역할을 수행함으로써 미국을 포함한 역내 강대국들로 구성된 다자적 틀 속에서 책임있는 지역강대국으로서의 이미지를 구축하고 역내정세 주도권을 확보하여 이를 계기로 향후 동북아지역문제해결을 주도해 나가겠다는 전략이며, 북핵문제를 동북아 안보질서 구축에 있어 유리한 지위를 확보하기 위한 기회로 활용하고 있다. 더 나아가 중국은 한반도 평화체제 구축과정에 더욱 구체적으로 개입하면서 그들의 이익에 근거한 역할 확대와 발언권 강화를 추구할 것이 예상되고 있다.

중국의 국제사회에서의 역할 증대가 예견되고 있고, 특히 동아시아지역에서의 강대국으로서의 이미지 구축과 함께 책임있는 지역강대국으로서의 역할강화를 천명하고 있는 만큼, 한·중관계는 이제 한반도와 동북아 평화와 관련된 사안을 중심으로 전략적인 사안에 대한 협력이 가능한 관계로 발전시켜야 할 것이다. 중국이 다극화의 추구와 함께 이의 연장선에서 다자적인 틀 속에서 국제문제를 처리하고 이익을 추구하려는 의도를 명백히 하고 있으므로 한국과 중국의 전략적 협력관계 구축은 필수적이라 볼 수 있다.

그러나 중요한 것은, 중국 자신이 역내 강대국들과 대등한 지위에서의 전략적 협력을 추구하고 있는 상황에서, 한국은 중국을 비롯한 역내 강대국들 간의 전략적 협력에서 소외되지 않도록 균형감각을 겸비한 대 강대국외교를 펼쳐나가야 한다는 점이다. 즉, 북핵문제를 포함한 역내 국제문제들이 우리를 배제한 채 한반도 주변 강대국들의 전략적 이해관계에서 결정되는 상황이 발생할 가능성을 억제해야 된다는 것이다. 이러한 시각에서 볼 때, 한·중간의 전략적 협력이 한미관계나 한일관계의 약화를 전제로 혹은 그러한 결과를 수반할 수 있는 섣부른 균형자적인 입장에서가 아니라 미·중·일간 강대국협력 움직임에 대비한 한·중 협력의 강화를 의미하며, 한·중 협력강화가 한·미, 한·일 협력관계의 강화를 상호 촉진할 수 있다는 관점에서 추진되어야 한다는 주장은 상당한 설득력을 가지고 있다고 본다. 21세기 중국의 강대국화 전략과 실리외교는 한국으로 하여금 더 한층 어려운 외교환경에 직면하게 할 수도 있지만 양국관계 전반에 걸친 기존의 협력관계를 기초로 중국과 전략적 대화채널을 구축하고 이를 활성화시킴으로써 '전략적 협력관계' 구축에 노력해야 하며, 동북아 집단안보체제 구축을 비롯한 안보적인 측면에서도 윈-윈의 전략을 추구해야 할 것이다.

그러나 한때는 외교의 현장에서 일하면서 중국의 힘을 실감해 보았으며, 짧지 않은 세월을 중국 외교 연구에 몸담아 온 저자로서 미래의 중국과 한·중관계가 어쩐지 그렇게 낙관적이지만은 않을 것 같은 느낌을 쉽게 지울 수가 없다. 한·중관계가 과거의 역사를 되풀이해서는 안 될 것이라는 생각은 비단 저자 혼자만의 생각은 아닐 것이다. 이 책이 우리의 이러한 희망을 실현하는데 조금이나마 도움이 되었으면 하는 작은 바램이다.

우리의 국익을 위하여 중국의 외교를 예측하고 대응하기 위해서는 중국 외교의 연속성을 이해하여야 한다. 이 책은 사회주의 중국 출범 이후인 마오저둥 시기부터 덩샤오핑, 쟝저민 그리고 현 후진타오 시기까지의 외교노선과 주요정책들을 망라하면서 중국 외교의 연속성에 대한 이해를 돕고자 하였다. 이 책은 그동안 저자가 학술지에 발표하였던 논문들을 정리하여 수정, 보완하고 미흡한 부분들을 보충하는 작업을 거쳐 완성되었다. 중국 외교를 연구하는 사람이라면 누구나 중국 외교에 관한 제대로 된 저술 하나쯤은 남기고 싶어 할 것이다. 저자 역시 그런 욕심에서 이 책을 쓰기 시작했지만 마무리 단계에서 느낀 점은 여전히 만족할만한 수준은 아닌 것 같아 여운이 남는다. 부족한 부분은 다음 기회에 다시 보완할 것임을 약속하고자 한다.

끝으로 이 책을 위하여 조언을 아끼지 않았던 우리학과 이상철 대사님, 이승근 교수님, 김관옥 교수님, 한병진 교수님께 감사드린다. 또한 저자의 첫 출판 책이 인연이 되어 이번에까지도 흔쾌히 수정과 교정을 맡아 해준 제자이자 후배인 고려대학교 정책대학원 장미경 마님께 고맙고 미안한 마음 전한다. 여러모로 바쁜 가운데 탁월한 문장력과 어휘력으로 끝까지 세밀하게 원고를 검토해 준 덕분에 이 책이 나올 수 있었다. 그리고 병석에 계신 어머님께서 기적같이 일어나시기를 기원하면서 무엇보다도 묵묵히 옆에서 버팀목이 되준 아내와 웃음소리로 내 인생에 활력을 불어넣어준 우리 딸 은지에게 사랑과 감사의 뜻을 새긴다.

2011년 9월

김 옥 준

■ 차 례

■ 서 문

제1부 중국 외교정책 분석의 이론적 접근

제1장 중국 외교정책 분석을 위한 연구 • 15

제2장 중국 외교정책연구 접근방법
    제1절 사상·이념적 접근방법 • 19
    제2절 미시적 접근방법 • 24
    제3절 거시적 접근방법 • 31
    제4절 연계 이론적 접근방법 • 34

제2부 개혁개방 이전의 중국 외교

제1장 마오저둥의 대외전략사상과 중국 외교
    제1절 마오저둥 대외전략사상의 발전 • 41
    제2절 마오저둥시기 중국 외교의 성격 • 46

제2장 '중간지대론'과 소련 일변도전략
    제1절 '소련 일변도'전략의 의의 • 51
    제2절 '소련 일변도'전략 하의 대외정책 • 56

제3장 '제1·2중간지대론'과 반제국주의·반수정주의·세계혁명전략
　제1절 반제·반수·세계혁명전략의 의의 • 66
　제2절 반제·반수·세계혁명전략 하의 대외정책 • 69

제4장 '3세계론'과 '반소' 외교전략
　제1절 1970년대 중국의 세계관 : 3세계론 • 81
　제2절 '반소' 외교전략의 의의 • 83
　제3절 '반소' 외교의 실제 • 87

제5장 마오저둥시기의 통일정책
　제1절 '하나의 중국'원칙의 확립 • 101
　제2절 마오시기 통일정책의 변화 • 111

제3부 개혁개방과 중국 외교

제1장 중국 외교에서 개혁개방의 의미 • 129

제2장 덩샤오핑의 반패권주의 외교
　제1절 덩샤오핑의 세계관과 대내외환경의 변화 • 133
　제2절 반패권주의 외교노선 : '연미반소'전략 • 140
　제3절 반패권주의 외교와 중·소관계 • 146
　제4절 반패권주의 외교와 제3세계 • 152
　제5절 전략적 삼각관계에서의 반패권주의 외교 • 158
　제6절 덩샤오핑의 반패권주의 외교의 성격과 의의 • 164

제3장 중국의 대 베트남 '징벌'전쟁 : '반패권주의'전략의 외교탐색전
　제1절 중·베트남관계 악화와 소·베트남의 전략적 접근 • 169
　제2절 중국의 '징벌'전쟁 개전탐색 외교 • 176
　제3절 '징벌'전쟁의 외교전략적 의의 • 183

제4장 독립자주외교노선의 추진과 의의
　제1절 독립자주외교노선의 기조와 기본 방침 • 196
　제2절 외교노선의 전환요인과 함의 • 200
　제3절 독립자주외교노선의 실제 • 209

제5장 덩샤오핑의 통일정책 : '일국양제'방안의 확립
　　제1절 '일국양제'방안의 확립과정과 형성배경 • 248
　　제2절 '일국양제'방안의 함의 • 263
　　제3절 대만의 입장과 대응 • 271

제4부 탈냉전시대의 중국 외교

제1장 국제질서의 변화와 중국의 전방위외교
　　제1절 탈냉전시대 국제질서의 변화 • 277
　　제2절 중국의 국제정세 인식과 외교기조 • 280
　　제3절 대 강대국 외교 : 동아시아 세력균형전략 • 292
　　제4절 대 주변국가 외교 • 320
　　제5절 다자주의 외교 • 325
　　제6절 대 제3세계 외교 : 탈냉전시대 중국의 대 중남미외교 • 329

제2장 21세기 국제환경과 중국 외교
　　제1절 21세기 국제환경과 중국의 국제정세인식 • 349
　　제2절 21세기 중국의 외교기조와 목표 • 355
　　제3절 21세기 중국의 외교정책 • 365

제3장 21세기 중국 국가안보전략
　　제1절 21세기 중국의 신안보관과 안보전략 • 383
　　제2절 21세기 중국 국가안보전략 : 상하이협력기구의 안보 전략적
　　　　함의 • 394

제4장 탈냉전시대의 양안관계 발전
　　제1절 1990년대의 양안관계 • 417
　　제2절 반관반민의 교류협력모델 구축과 왕구회담 • 423
　　제3절 21세기 양안관계 • 433
　　제4절 21세기 양안관계의 딜레마와 과제 • 468

■ 참고문헌 • 478

제 1 부
중국 외교정책 분석의 이론적 접근

제1장
중국 외교정책 분석을 위한 연구

　중국은 20세기 후반 이래 세계에서 가장 역동적인 국가로 등장하였으며, 중국 외교정책을 제대로 해석하는 것은 국제정세의 흐름을 이해하는데 매우 중요하다. 따라서 중국은 정치학자나 정책결정자들에 의해 아·태지역에서는 물론이고 전 세계적으로도 연구해야 할 중요한 국가 중의 하나로 점점 더 비중 있게 인식되고 있다. 국제사회에서 중국의 정치·경제·군사적인 영향력이 증대되고 있음을 감안하면 중국의 외교정책이 주요 국가들의 관심이 되는 것은 물론이고 국제정치학과 지역전문가들에게 중요한 연구대상이 되고 있는 것은 자연스러운 일이다.
　중국 외교정책의 연구방법에 대한 검토와 분석의 학문영역에 있어서는 주로 서방학자들이 주요한 참여자들이자 공헌자들이다. 중국학자들의 중국 외교에 대한 분석은 대부분 '외교사'적인 영역에서 이루어지고 있으며 중국정부의 '공식적인 입장'이 분석의 주요 근거가 되었다. 대만의 학자들은 초기에는 이데올로기와 통일전선의 관점에서 중국의 외교를 해석하였으며, '반공'의 성격을 띠고 있었고 그 영역도 '외교사' 위주였다고 볼 수 있다. 그러나 근래에 들어 중국 및 대만에서도 서방의 연구업적과 방법에 영향을 받아 각종 접근방법을 채택하여 중국 외교에 대해 해석과 분석을 시도하고 있다.

지금까지의 연구업적들에서 볼 때 서방학자들, 특히 미국학자들의 중국 외교에 대한 저술과 보고서가 상당히 많으며, 연구대상과 연구방법 역시 상대적으로 다원화되어 있다. 상대적으로 중국, 대만을 비롯한 동양의 학자들은 과거에 비해 연구방법의 운용이나 분석이 강조되고 있기는 하지만 연구의 접근방법이나 성과에서 본다면 서방학자들의 연구가 동양학자들보다 훨씬 풍부하다 할 것이다. 여기에는 당연히 연구 환경이나 연구종사자 수 등 주관적, 객관적인 조건의 제약이 개입되어 있다. 서방국가들에 있어서는 정책내용과 정책결정과정의 정보와 자료들이 상당부분 공개되어 있어 연구를 위한 자료의 수집이 비교적 용이하지만 중국의 경우 여전히 많은 제한이 따르고 있다. 중국은 외교를 정치적으로 가장 민감하고 통제가 가장 엄격한 영역으로 간주해 왔기 때문에 자료의 수집이 쉽지 않을 뿐 아니라 수집된 자료 역시 불완전할 수밖에 없기 때문에 중국 외교정책의 연구를 더욱 곤란하게 하고 있다.

이러한 측면에서는 서방학자들과 중국·대만학자 모두가 같은 상황에 처해 있다. 중국학자들이라고 해서 정보와 자료에 대한 접근이 서방학자들과 대만학자들보다 용이한 것은 아니다. 단지 중국과 대만학자들은 언어적인 우위에서 사상·이념적인 접근방법과 미시적인 접근방법에서의 연구가 비교적 활발하게 이루어지고 있을 뿐이다. 반면, 서방학자들은 장기적인 관찰과 연구를 수행해 왔으며, 그 결과 상당히 풍부한 연구 성과를 거두었다. 그들은 질적으로 연구접근방법의 개발뿐만 아니라 수많은 연구 관점들을 탐색하였으며, 양적으로도 방대한 저작물들을 내놓았다.

중국 외교정책에 대한 그동안의 저술들과 연구 성과들을 토대로 중국 외교정책연구의 주요접근방법을 다음과 같이 정리해 볼 수 있다. 우선, 사상·이념적 접근방법으로 역사·문화적 접근방법, 이데올로기적 접근방법이 있으며, 둘째, 미시적 접근방법으로 정책결정자 개인적 차원의 접근방법, 파벌정치 접근방법, 정책결정체제 구조적 접근방법, 국가이익 차원의 접근방법, 셋째, 거시적 접근방법으로 전략적 삼각관계 차원의 접근방법, 국제체제 차원의 접근방법, 넷째, 연계 이론적 접근방법으로서 국내·국제연계 접근방법, 미시·거시연계 접근방법 등으로 분류해 볼 수 있다. 이러한 분류는 특히 미시적 차원과 거시적 차원의 개념에서 이견이 있을 수 있으나 미시와 거시는 상대적인 개념으로서 본서에서는 국제환경적인 요인에 초점을 맞추는 연구를 거시적, 국내와 개인에 초점을 맞추는 연구를 미시적 분석이라 정의하였다. 이러한 접근방법들은 모두 각 시대의 사회과학, 국제관계학 및 중국연구사조 등의 영향을 받으면서 연구자가 처해있는 연구 환경의 제약과 결합되면서 대두되었다. 그 후 많은 학자들이 이러한 다양한 접근방법을 채택하면서 중국 외교연구에서 풍부한 성과를 거두었다. 이와 함께 여기서 지적되어야 할 것은 서로 다른 접근방법들을 채택한 연구들이 비록 이론적인 관점은 상이하였지만 그 연구의 성과는 모두 중국 외교의 연구에 상당한 공헌을 하였다는 사실이다.

  기본적으로, 역사·문화적 관점, 이데올로기적 관점, 정책결정자 개인적 관점, 국가이익의 관점 등은 1960년대 중국 외교정책연구의 조류였고 1960년대 말부터 1970년대는 전략적 삼각관계의 관점과 파벌정치의 관점이 주류를 이루었으며, 국제체제적 관점 역시 학자들의 주목을 끌었다. 1980년대 이후 많은 학자들이 정책결정과정과 연계 이론적 접근방법을 통하여 중국 외교정책을 분석하였으며, 연계 이론적 접근방법도 국내·국제연계 접근방법에서 한걸음 더 나아가 미시·거시연계 접근방법으로 발전되고 있으며 이 조류는 지금까지 학계의 주목을 받고 있다.

  본서에서는 기본적으로 연계 이론적 접근방법을 채택하여 각 시대별 중국의 외교정책을 분석하였다. 그러나 앞서 언급한 바와 같이 마오저뚱(毛澤東) 시기와 덩샤오핑(鄧小平) 시기는 두 지도자의 세계관과 가치관, 그들의 사상과 인식 등이 중국 외교정책 결정과정에서 상당히 중요한 역할을 하였음을 부인할 수 없다.

중국 외교정책연구에서 각 접근방법 간의 견해 차이는 전체 국제관계 이론과 중국연구방법의 발전과 연관성이 있다. 미시적, 거시적 단일수준에 입각해서 분석하는 학자들도 실제로는 국제관계가 복합적이라는 사실을 인정하고 있음을 인식해야 한다. 그러므로 단일수준의 접근방법을 채택하고 있을지라도 그것은 단일수준만을 배타적으로 주장하는 것이 아니라, 다만 특정 관점을 부각시키려고 한다는 것을 이해하여야 한다. 이러한 측면에서 연계 이론적 접근방법은 그 유용성이 부각될 수 있다. 하지만 다차원적인 고려요인들은 중국 외교정책의 변수를 과다하고 복잡하게 함으로써 접근방법의 과학화와 일반적인 이론화를 어렵게 하고 있다는 것도 지적되어야 할 것이다.

제2장
중국 외교정책연구 접근방법

제1절 사상·이념적 접근방법

1. 역사·문화적 접근방법

역사·문화적 접근방법은 '중국 중심주의', 즉 중화사상이 지배하는 중국의 역사, 문화로부터 중국의 외교정책과 행위를 이해해 보려는 시도이다. 이러한 접근방법은 전통적인 중화사상의 지속과 이로 인한 중국의 세계관의 개념화를 중국 외교정책과 행위에 영향을 미치는 주요변수로 보는 것이다.
초기에 이러한 접근방법을 채택한 학자들은 대다수가 역사학자들이었으며, 그들은 역사적인 사료의 분석을 이용하여 중국의 역사·문화적 전통으로부터 중국의 외교정책과 행위를 해석해 보고자 시도함으로써 유가사상, 도가사상, 불교문화 등 중국의 전통적 신앙체계가 여전히 중국 외교정책에 영향을 미치는 중요한 근거가 되고 있다고 보았다. 이러한 인식에서 중국 외교는 유가사상의 영향을 받아 다분히 이상주의적인 성향이 있는 반면에 법가, 병가 등의 사상을 이어받아 현실주의적인 색채가 강하게 나타나고 있으며, 이는

1980년대 이후 중국의 개혁개방외교에서 잘 나타나고 있다고 본다.[1)]

방법론적으로는 초기의 학자들은 역사분석과 추론의 방법을 채택하였으며, 이후 행태주의의 영향을 받아 지정학, 문화심리학, 정치심리학 등 학제 간 연구가 이루어졌다. 이러한 접근방법으로 중국 외교정책을 분석하고자 하였던 학자들로는 John K. Fairbank, Mark Mancall, Albert Feuerwerker, Morris Rossabi 등이 있다.[2)]

역사·문화적 접근방법은 깊은 문화전통적인 차원에서 중국 외교정책이 중국전통의 지속성을 구비하고 있다는 점을 설명하고 있다. 역사발전의 거시적 관점에서 볼 때, 이 접근방법은 중국 외교정책에서 중국전통문화의 영향이 어떠한 중요성을 가지고 있는가를 설명할 수 있으며, 또한 중국의 전통역사문화가 중국의 사회주의 정권에 일정부분 제약성을 가지고 있다는 점을 입증하고 있다. 중국의 공식적인 문서에서 어렵지 않게 발견할 수 있는 도덕적인 색채와 반봉건주의, 반제국주의 등의 단어들이 중국의 역사적인 경험에서 남겨진 말들이라 볼 수 있다.[3)]

그러나 중국정부의 공식적인 문서나 지도자들의 담화문에서는 자신들의 정권이 공산당정권임을 강조하면서 중국전통문화의 속박에서 의도적으로 벗어나려는 시도와 함께 '무산계급독재'를 실현하

---

1) 楚樹龍·金威, 『中國外交戰略和政策』(北京: 時事出版社, 2008), p.39
2) John K. Fairbank (eds.), *The Chinese World Order* (Cambridge: Harvard University Press, 1968), "China's Foreign Policy in Historical Perspective", *Foreign Affairs* No.47(April 1969), Mark Mancall, "The Persistence of Tradition in Foreign Policy", *Annals of the American Academy of Political and Social Science*, No.349 (September 1963), Albert Feuerwerker, "Chinese History and Foreign Relations of Contemporary China", *Annals of the American Academy of Political and Social Science*, No.402 (july 1972), Morris Rossabi, *China among Equals: The Middle Kingdom and Its Neighbors* (Berkeley: University of California Press, 1983) 등 참조
3) 謝益顯, 정재남 역, 『신중국 외교이론과 원칙』(서울: 아세아문화사, 1995), p.251

려 하면서 자신의 역사를 부정하려는 경향을 보였다.[4] 이러한 경향은 정부 수립 초기부터 시작되어 특히 문화혁명시기에 상당히 강하게 나타났다. 하지만 이러한 경향, 즉 중국지도자들이 의도적으로 중국 전통역사문화로부터 벗어나고자 하는 것은 그들이 자신도 모르는 사이에 중국의 역사적 경험과 전통문화의 영향을 받고 있다는 사실을 반증하고 있는 것이다. 개혁개방 이후 특히 탈냉전시대 중국의 외교는 유교사상에서 인용한 '화이부동(和而不同, 서로 상이한 속에서 화합)', 조화세계(和諧世界) 등을 내세우고 있다는 점에서 역사·문화적인 유산은 여전히 중국 외교정책을 해석할 수 있는 근원이 되고 있다.

하지만 이러한 접근방법은 이데올로기와 국제환경의 중국 외교정책에 대한 영향을 간과하고 있다. 따라서 만일 역사적 문화적 접근방법을 통해 중국의 외교정책과 행위를 해석하고자 할 경우 심도 있는 만족할 만한 분석이 되기는 어려울 것이다. 예를 들면, 중국의 한국전 참전문제, 제3세계국가 사회주의정당들에 대한 혁명지원 등에 대한 분석에는 한계가 있을 수 있으며, 중국의 대내외 정책에는 중국의 역사와 문화와 연계되어 있지 않은 이데올로기적인 색채가 강하게 나타나고 있음을 유의해야 한다. 또한 전통문화와 역사적인 경험 역시 정책결정자의 신념이나 가치관에 의해 시대별로 다르게 해석되고 있었다는 사실에도 유념해야 한다.

2. 이데올로기적 접근방법

이데올로기적 접근방법은 중국이 사회주의국가로서 세계 최대의 공산당조직을 가지고 있고, 마르크스·레닌주의가 국가의 기본이

---

[4] 胡繩 主編, 『中國共産黨的七十年』(北京: 中共黨史出版社 1991), p.98

념이라는 사실에서 출발한다.5) 이 접근방법은 중국이 제시하고 있는 마르크스·레닌주의와 마오저둥(毛澤東)사상 등의 이데올로기적인 맥락에서 중국 외교정책과 행위의 근원을 분석한다. 마르크스·레닌주의와 마오저둥사상에 근거한 이데올로기적 접근방법은 특히 건국 초기부터 1960년대까지 중국의 외교정책과 행위를 분석하는데 상당히 유용한 틀을 제공하였다. 여기서 강조되어야 할 부분은 사회주의 중국이 가지고 있는 이데올로기적 특징이다. 즉 중국의 기본 이데올로기는 일반적인 사회주의국가들이 가지고 있는 마르크스·레닌주의 외에도 마오저둥의 마르크스·레닌주의에 대한 중국적 해석과 입장이 강조된 마오저둥사상이 중요한 부분을 이루고 있다는 점이다. 마오저둥의 '모순론'에 근거한 중간지대론, 제1·2 중간지대론, 3세계론 등이 마오저둥시기 중국 외교노선을 지배하였다 해도 과언이 아니다.

이러한 관점에서 중국 외교정책을 연구한 학자로는 Benjamin I. Schwartz, Harold C. Hinton, J. D. Armstrong, Donald. S. Zagoria 등이 있다.6)

이데올로기적 접근방법은 중국의 국가 기본이념인 마르크스·레닌주의와 마오저둥사상이 중국이라는 공산당정권의 대외정책과 행위의 '사회주의 이상형' 모델을 제공하고 있다는 점을 강조한다. 마르크스의 국제관계와 관련된 이론, 레닌의 제국주의 이론, 마오저둥

---

5) Franz Schurmann, *Ideology and Organization in Communist China*, (California: Univ. of Calitornia Press, 1968), p.22
6) Benjamin I. Schwartz, *Communism and China: Ideology in Flux* (Cambridge: Harvard University Press, 1968), Harold C. Hinton, *China's Turbulent Quest* (Bloomington: Indiana University Press, 1972),
J. D. Armstrong, *Revolutionary Diplomacy: Chinese Foreign Policy and the United Front Doctrine* (Berkeley: University of California Press, 1977), Donald S. Zagoria, "Ideology and Chinese Foreign Policy", in G. Schwab(eds.), *Ideology and Foreign Policy: A Global Perspective* (New York: Cyrco, 1978) 등 참조

사상 중의 모순론, 공산당의 통일전선 등의 이데올로기적 이론을 통하여 중국 외교정책과 행위의 근원이 이데올로기에 있다는 점을 입증하는 것이다. 사회주의국가에 있어서 이데올로기는 모든 국가생활의 기본이 될 뿐만 아니라 이러한 이데올로기를 외교정책에까지 적용하고 있으므로 이데올로기는 중국 외교정책의 지침이며, 또한 외교행위의 실천방식이 되고 있었다.

이러한 접근방법은 우리에게 중국 외교정책의 연구에서 서방적인 논리와 사고로부터 탈피하게 하여 중국 외교정책의 특수성을 찾을 수 있게 한다. 또한 중국 외교정책과 행위가 중국의 역사적·문화적 접근방법으로만은 분석될 수 없다는 이론적인 근거를 제공하고 있으며, 중국의 '계속혁명론'에 근거한 혁명수출 외교, 제3세계 외교, 반제국주의외교 등에 설득력 있는 해석을 가능하게 한다.

이데올로기적 접근방법은 중국이 제창하고 있는 이데올로기적 이론에 의해 중국의 외교정책을 해석해 보고자 하는 것이다. 이러한 접근방법은 중국 외교정책에서의 사회주의적 색채를 설명할 수는 있지만 국제사회의 일원으로서 중국 외교 역시 이데올로기만에 의해서 지배되지는 않을 뿐 아니라 이러한 이데올로기적인 요인이 모든 지역과 국가에 적용되지도 않는다는 사실을 무시하고 있다. 또한 중국의 지도자들은 이러한 이데올로기에 대해 시의적절하게 자의적으로 해석하고 있다. 따라서 중국의 이데올로기가 외교정책을 결정하는 지침으로서의 역할 혹은 외교정책에 대한 정당성을 부여하는 역할을 하고 있으나 그 속의 변증법적 논리는 더 깊은 연구가 필요하다 하겠다. 이러한 이유로 이데올로기를 중국 외교정책의 근원으로 보는 것이 특히 탈냉전시대 구체적인 중국 외교정책을 해석하는데 적합한지의 여부가 의문시 될 수 있다.

제2절 미시적 접근방법

1. 정책결정자 개인적 차원의 접근방법

정책결정자 개인적 차원의 접근방법은 중국 외교정책결정자 개인에 대한 분석에 초점이 맞추어진다. 이러한 접근방법은 권력이 고도로 집중된 사회주의국가로서의 중국에서는 외교정책결정자 개인의 세계관, 가치관, 이념 등이야말로 중국 외교정책을 결정하는 근원이 된다는 인식에서 출발한다. 특히 마오저둥시기 중국의 중대한 정책 결정에는 마오저둥 개인의 역할이 결정적이었으며, 마오저둥 개인의 권위가 중국 외교정책을 제약하고 있었다. 정책결정자 개인적 차원의 접근방법은 이러한 정책결정자 개인의 이념과 경험 그리고 개인적인 가치관과 세계관 등에 근거하여 중국의 외교정책을 이해해보려는 시도인 것이다.

이러한 접근방법을 채택하였던 학자들로는 Samuel S. Kim, Michel Oksenberg, Lucian W. Pye, John Gittings 등이 있다.[7]

이 접근방법은 비단 마오저둥시기 뿐만 아니라 덩샤오핑(鄧小平)시기에도 그 유용성은 인정된다. 즉 덩샤오핑 개인의 경험과 신념, 가치관과 세계관은 개혁개방이후의 중국 외교정책을 설명하는데 중요한 근거를 제공해 줄 뿐만 아니라 마오저둥시기와 덩샤오핑시기의 중국 외교정책의 차이점을 설명하는데 유용한 요소들을 제공해주고 있다.[8]

---

[7] Samuel S. Kim, "The Maoist Image of World Order," World Order Studies Program Paper(Prinston University, 1977), Michel Oksenberg, "Mao's Policy Commitments, 1921~1976," *Problems of Communism*, Vol.25, No.6(Nov.-Dec. 1976), pp.1-26, Lucian W. Pye, "Mao Tse-tung's Leadership Style," *Political Science Quarterly*, Vol.91 No.2(Summer 1976), pp.219-235, John Gittings, *The World and China, 1922~1972*(New York: Harper and Row, 1974) 등 참조

[8] Doak A. Barnett, *The Making of Foregn Policy in China : Structure and Process*,

권력이 고도로 집중된 중국의 정치과정에서 정책결정자 개인적인 차원에서 중국 외교정책의 근원을 해석하고자 하는 시도는 중국의 정치 상황을 우선 고려하였다는 점에서 설득력을 가지고 있다. 그러나 복잡한 중국정치과정에서 정책결정자 개인적인 차원에서만 중국 외교정책을 분석한다는 것은 외교정책을 너무 단순화시킨다는 비판을 면하기 어려울 것이다. 현실적인 국제환경 요인과 중국 내부 권력의 역학관계 등으로 인하여 정책결정자가 비록 중국의 중대정책결정에 절대적인 영향을 미친다 할지라도 자신의 뜻을 완전히 관철시킬 수 있는가에 대해서는 부정적일 수밖에 없다. 따라서 기타 요인들이 정책결정자를 제약하는 상황을 심도 있게 고려해 보아야 한다는 지적이 따른다. 또한 마오저둥과 덩샤오핑 사후의 중국에서 정책결정자 개인의 요인을 지속적으로 중국 외교정책결정의 분석에 유용하게 활용할 수 있는지에 대해서도 고려해 보아야 할 것이다. 비록 중국이 여전히 공산당 독재의 사회주의체제를 유지하고 있고 대내외 정책결정이 극소수에 의해서 결정되는 경향을 배제할 수는 없지만 과거 마오시기나 덩시기와 같이 정책결정자 개인적인 요인이 절대적인 영향을 미친다고 보기는 어렵다. 따라서 21세기 중국 외교정책의 연구에서 정책결정자 개인적인 차원에 치중된 분석은 중국 외교정책을 지나치게 단순화시킨다는 비판과 함께 중국 외교정책의 전모를 파악할 수 없는 한계가 노출될 것이다.

2. 파벌정치 접근방법

파벌정치 접근방법은 1970년대 성행하였으며, 이 접근방법은 중국 권력층에서의 정치파벌간의 역학관계와 상호작용이 중국 외교

(London: Westview Press, 1985), p.13

정책을 결정하는 중요변수로 작용한다는 것이다. 이러한 접근방법은 중국 국내정치연구에서 출발한 것으로서 중국내 파벌간의 권력투쟁이 중국의 대내외정책 결정과정에 중요한 변수로 작용하고 있다고 지적하면서, 외교정책 역시 이러한 정치파벌 간의 이해관계 조정의 결과물이라 주장한다.

이러한 접근방법을 채택하고 있는 학자들로는 Allen S. Whiting, Michael Oksenberg, Steven Goldstein, Melvin Gurtov, Harry Harding, Roger Brown, John Gaver 등이 있다.9)

파벌정치 접근방법은 중국 외교정책 연구를 중국의 국내정치의 영역으로 끌고 들어와 중국 내부에서 전개되는 현실적인 권력투쟁을 정책결정의 근원으로 보고 중국 외교정책 연구를 실제 권력의 움직임과 접목시켜 동태적으로 파악하고자 하는 시도이다. 이러한 접근방법은 외교정책결정 모델 중 '관료정치모델(the Bureaucratic Politics Model)'과 유사한 연구방법이라 할 수 있으며,10) 또한 파벌정치로 중국정치를 설명한 Dittmer와 Yu-Shan Wu의 '파벌주의 모델(Factionalism Model)'과 그 맥락을 같이하고 있다.11) 이 접근방법은 권력의 실제적인 움직임을 고려하고, 외교는 내정의 연장이라는 전제하에서 정책결정자 개인의 차원을 넘어 중국 특유의 파벌정치 개념을 도입하여 중국 외교정책을 분석함으로써 중국 외교정책연구에 행태과학적인

---

9) Allen S. Whiting, *Chinese Domestic Politics and Foreign Policy in the 1970's* (Ann Arbor, Mich: Center for Chinese Studies, 1979), Michael Oksenberg & Steven Goldstein, "The Chinese Political Spectrum", *Problems of Communism* Vol.23 No.2(March-April 1974), Melvin Gurtov & Harry Harding, The Purge of Luo Jui-ching: The Politics of Chinese Strategic Planning (Santa Monica, California: Rand Corporation, Report R-548-PR, 1971), Roger Brown, "Chinese Politics and American Policy", *Foreign Policy*, No.23(Summer 1976), pp.3-23, John Gaver, "Chinese Foreign Policy in 1970: The Tilt toward the Soviet Union", *China Quarterly*, No.82(June 1980) 등 참조

10) Barry B. Hughes, 앞의 책, p.11

11) Lowell Dittmer and Yu-Shan Wu, "The Modernization of Factionalism in Chinese Politics", *World Politics*, Vol.47, No.4(July), 1995, pp.467-494 참조

요소를 가미하였다.

그러나 이 접근방법의 중심개념인 '파벌'과 '파벌투쟁' 자체에 회의를 가질 수 있다는 단점이 있다. 즉 중국정치과정에서 파벌에 속하지 않는 중립적인 세력의 존재 여부와 이들의 역할에 대해서도 검증이 되어야 할 것이며, 중국정치과정에서 파벌투쟁이 분명히 존재하고는 있지만 이러한 파벌투쟁이 실제로 외교정책에 얼마나 영향을 미치고 있는지 역시 검증이 되어야 할 것이다. 이러한 이유로 이 접근방법이 학계의 비판을 받고는 있지만 '파벌정치'는 중국연구에서 고려하지 않으면 안 될 중요한 분석 대상임에는 틀림없다. 1970, 80년대 이 접근방법은 중국 외교정책 연구에 있어서 중요한 학파를 형성하였으며, 당시 중국 외교정책 연구에 상당한 영향을 미쳤다.

3. 정책결정체제 구조적 차원의 접근방법

정책결정체제 구조적 차원의 접근방법은 중국 외교정책 결정과정의 중요성을 강조하는 것으로써 중국 외교정책 결정과정에 참여하는 기구와 조직의 구조와 정책결정과정에 참여하는 구성원들의 관련정책에 관한 인식 등에 대한 분석을 통하여 중국 외교정책의 근원을 밝혀보고자 하는 것이다. 이러한 연구는 1980년대부터 시작되었으며, 정책결정기구 및 조직과 정책결정참여자의 인식 등 두 가지 측면을 주요 분석대상으로 하였다.

먼저, 정책결정기구 및 조직의 연구와 분석에 초점을 맞추고 있는 학자들로는 A. Doak Barnett, Kenneth G. Lieberthal, Michel Oksenberg, Michael H. Hunt, Odd Arne Westad, Douglas Murray 등이 있다.[12] 다음

---

12) Doak A. Barnett, *The Making of Foreign Policy in China: Structure and Process*(Boulder: Westview Press, 1985), Kenneth G. Lieberthal, & Michel

으로, 정책결정참여자의 인식 연구는 각급 중국 외교정책결정자와 학자, 전문가들의 대외인식 분석에 초점을 맞춘다. 다시 말해 중국 외교정책결정구조 속에서 정책결정 각 단계와 참여자들의 외교대상에 대한 인식 분석을 통하여 중국 외교정책의 근원을 찾아보고자 하는 것이다. 이 분야의 학자들로는 Gilbert Rozman, Allen Whiting, David Shambaugh, Yaacov Vertzberger 등이 있다.[13]

정책결정기구 연구는 중국 외교정책에 관하여 한층 더 실증적인 연구를 가능하게 하였으며, 이러한 접근방법은 기존 외교정책결정 모델 중 조직기구모델(Organization-Institutional Model)에서 착안하였다고 볼 수 있다.[14] 중국이 과거 오랜 기간동안 서방세계에 대해 폐쇄되어 있었기 때문에 외국연구자들이 중국 외교정책결정체제의 구조를 이해하기에는 상당한 제한이 있었지만 개혁개방과 함께 비교적 충분한 정보를 얻을 수 있게 됨으로써 중국 외교정책에 대한 연구가 좀 더 실증적인 방향으로 나아갈 수 있었다. 또한 이로써 중국 외교정책의 연구는 실제 정책결정과정의 분석을 통하여 외교정책의 실체를 밝혀 볼 수 있었다.

Oksenberg, *Policy Making in China: Leaders, Structures, and Process* (Princeton: Princeton University Press, 1987), Michael H. Hunt & Odd Arne Westad, "The Chinese Communist Party and International Affairs: A Field Report on New Historical and Old Research Problem", *China Quarterly* No. 122 (June 1990), pp.258-272, Douglas Murray, *International Relations Research and Training in the People's Republic of China* (Stanford: Northeast Asia-United States Forum on International Policy, 1982) 등 참조

13) Gilbert Rozman, *The Chinese Debate about Soviet Socialism, 1978~1985* (Princeton: Princeton University Press, 1987), Allen Whiting, *China Eyes Japan* (Berkeley: University of California Press, 1989), David Shambaugh, *Beautiful Imperialist: China Perceives America, 1972~1990*(Princeton: Princeton University Press, 1991), Yaacov Vertzberger, *Misperceptions in Foreign Policymaking: The Sino-Indian Conflict, 1952~1962*(Boulder: Westview Press, 1984) 등 참조

14) Barry B. Hughes, *The Domestic Context of American Foreign Policy*(San Francisco: W. H. Freeman & Company, 1978), p.8-11 참조

정책결정자의 인식연구는 주로 외교정책결정과정의 주요 참여자나 외교담당자들의 담화문, 외교문서, 저작 등을 통해 중국의 대외인식을 분석하고 이를 바탕으로 외교정책의 근원을 밝혀보고자 하는 것이다. 이러한 연구는 역사·문화적 접근방법과 이데올로기적 접근방법, 개인적 차원의 접근방법 등과 밀접한 연관성을 가진다.

1980년대 학계의 주목을 받았던 정책결정체제 구조적 차원의 접근방법은 중국 외교정책연구에 중요한 관점을 제공하였으며, 1990년대 이후에도 많은 연구자들이 이를 활용하고 있다. 하지만 사회주의체제의 중국은 다른 국가에 비해 외교정책의 결정과정이 여전히 고도의 기밀에 속하는 사항이기 때문에 그 연구에는 한계가 있는 것이 사실이다. 때문에 인터뷰, 공식문서, 관련기관의 역할, 외교 싱크탱크, 전문가의 인식 등을 통한 연구자들의 분석노력에도 불구하고 인치(人治)의 색채가 농후한 중국의 정치 상황을 고려한다면 외교정책결정기구 및 과정에 대한 연구가 중국 외교정책의 근원을 확실히 밝힐 수 있는지의 여부는 앞으로 더욱 검증되어야 할 것이다.

4. 국가이익 차원의 접근방법

국가이익 차원에서의 접근방법은 중국 역시 다른 서방국가들과 마찬가지로 적대세력이나 동맹·우방세력들의 경제력과 군사력을 고려하여 자신의 국가이익을 평가한 후 자신의 국가이익에 부합하는 외교정책을 결정한다는 것이다. 현실주의의 영향을 받은 이러한 접근방법은 중국을 여느 국가와 다름없는 국제사회의 한 구성원으로 보고 있다. 앞에서 언급한 접근방법들이 중국 내부에서 그 외교정책의 근원을 찾으면서 중국 외교정책의 특수성을 강조하는 것이라면, 이 접근방법은 그러한 범주를 벗어나 중국 외교연구를 일반적인 국제관계연구의 틀 속에 포함시켜 중국 외교정책결정을 단순한 역사문화, 이데올로기, 독재적 권위의 산물로 보는 것이 아니라 하나의 이성적 · 합리적인 결정과정으로 보는 것이다. 이러한 접근방법을 이용하여 중국 외교정책을 분석하고자 시도 하였던 학자들로는 Allen S. Whiting, Donald S. Zagoria, Thomas W. Robinson, Peter Van Ness, Michael Yahuda, Melvin Gurtov, Byong-Moo Hwang 등이 있다.15)

국가이익 차원에서의 접근방법 연구자들은 중국의 정책결정자들이 이성적이고 합리적인 인식하에서 자국의 국가이익에 기초하여 외교정책을 결정하고 있으며, 국가안보와 정치 · 경제적 이익이 중국 외교정책의 근원이라 주장한다. 이러한 학자들은 합리적 정책결정모델(Rational Model)을 중국 외교의 연구에 도입하였으며,16) 중국의 외교정책 결정 역시 다른 국가들과 마찬가지로 국가이익에 기초하여 어떠한 외교정책이 국가이익에 가장 부합되는가를 합리적으로 판단하고 이를 근거로 어떠한 구체적인 행위를 채택할 것인가를 결정한다고 주장한다.

이러한 접근방법은 합리적이고 개방된 시각에서 중국의 외교정책을 분석하는 것으로서 이데올로기의 색채를 지우고 중국정권을 강렬한 사회주의 이데올로기로 무장된 혁명정권으로 간주하지 않음으로써 중국 외교연구의 학술성을 제고 시키고 중국 외교정책연구를 국제관계연구의 주류에 편입시켰다. 현재는 많은 학자들이 이

---

15) Allen S. Whiting, *China Cross the Yalu: The Decision to the Korean War* (Stanford, California: Stanford University Press, 1960), Donald S. Zagoria, *Vietnam Triangle* (New York: Pegasus, 1967), Thomas W. Robinson, "The View from Peking: China's Policies Toward the United States, the Soviet Union and Japan", *Pacific Affairs* Vol.45 No.3(Fall 1972), Peter Van Ness, *Revolution and Chinese Foreign Policy* (Berkeley: University of California Press, 1970), Michael Yahuda, *China's Role in World Affairs*(New York: St. Martin's Press, 1978), Melvin Gurtov & Byong-Moo Hwang, *China Under Threat: The Politics of Strategy and Diplomacy*(Baltimore: John Hopkins University Press, 1980), 등 참조

16) Barry B. Hughes, 앞의 책, pp.6-7

러한 접근방법을 채택하여 중국의 외교정책과 행위를 연구하고 있다. 이러한 접근방법은 중국 외교정책연구에 대해 더욱 객관적이고 학술적인 분석을 가능하게 하였고 중국 외교정책의 일반성과 동질성을 파악할 수 있는 중요한 분석의 틀을 제공하였지만 중국 외교정책이 가지고 있는 특수성을 간과하고 있다는 단점을 가지고 있다. 국가이익은 지도자에 따라 언제든지 그 우선순위가 바뀔 수 있으며, 당시의 국가이익을 파악하였다 할지라도 그것은 순환논리에 빠져버릴 위험성을 안고 있다. 동시에 합리적 모델 자체에 대한 비판이기도 하지만 중국이라는 국가를 하나의 단일행위자로 간주함으로써 중국 내부의 조직과 기구, 정치세력들의 국가이익에 대한 견해의 차이를 고려하지 않고 국가중심주의를 지나치게 강조하고 있다는 비판이 있다.

제3절 거시적 접근방법

1. 전략적 삼각관계 차원의 접근방법

전략적 삼각관계 차원의 접근방법은 1970년대 많은 학자들에 의해 주목받았으며, 중국 외교정책연구의 중요한 접근방법으로 자리 잡았다. 이 접근방법은 중국·소련·미국을 세계3대 강대국으로 보고 이 세 강대국들이 전략적 삼각관계를 형성하였으며, 이러한 전략적 삼각관계 속에서의 이해관계 변화가 중국 외교정책과 행위를 제약하는 주요 요인이라는 관점이다. 이 접근방법도 기본적으로는 현실주의의 영향을 받았으며, 연구자들은 중국을 하나의 실체로 보고 중국·미국·소련 간의 전략적인 상호관계에서 중국 외교정책을 분석하였다. 이러한 전략적 삼각관계의 틀 속에서 중국 외교정책을 연구한 주요 학자로는 Ilpyong Kim, Gerald Segal, Douglas T. Stuart, Lowell Dittmer, Kenneth G. Lieberthal 등이 있다.17)

전략적 삼각관계 접근방법은 미국과 소련이라는 두 초강대국과 신흥강대국으로 부상한 중국이 전략적 삼각관계를 형성하는 주요 국가로서 서로 간의 전략적인 이해관계가 서로의 외교정책을 제약 하고 있다는 것이며, 1970~80년대 이 접근방법은 국제관계연구에서 중요한 분석모델이 되었다. 특히 1970년대 중·소관계 악화 상황에 서 중국의 '연미반소(聯美反蘇)'의 반패권주의 외교정책을 설명하는 데 유용한 도구로 사용되었다.

전략적 삼각관계 접근방법은 국제체제 내의 상호관계 차원에서 중국의 외교정책을 분석하였으며, 이는 연구자들에게 또 다른 분석 관점에서 중국 외교정책을 해석할 수 있게 하였다. 하지만 당시의 국제적인 현실에서 볼 때 중국의 국력이 미·소 양 초강대국의 국력 과는 상대가 되지 않을 정도의 지역강대국 수준밖에 되지 않았기 때문에 중국을 미국, 소련과 함께 3대 강대국의 반열에 올려놓고 분석한다는 것에 대해 많은 현실주의 학자들이 의문을 품고 있었다. 또한 전략적 삼각관계 접근방법은 중국의 대외관계 분석에 유용한 방법이지 중국의 외교정책분석에는 유용성이 떨어지는 방법이라는 비판이 제기되었다. 따라서 전략적 삼각관계 접근방법은 1970, 80년 대 상당히 유행하였으나 그 이후 중국 외교정책연구방법의 주류를 형성하지는 못하였다.

---

17) Ilpyong Kim, (ed.) *The Strategic Triangle: China, the United States, and Soviet Union* (New York: Paragon House, 1987), Gerald Segal, *The Great Power Triangle* (London: MacMillan Press, 1982), Douglas T. Stuart, (ed.) *China Factor* (Englewood Cliffs, N. J.: Prectice Hall, 1981), Lowell Dittmer, "The Strategic Triangle: An Elementary Game-Theoretical Analysis", *World Politics* Vol.33 No.4(July 1981), pp.485-515, Kenneth G. Lieberthal, *Sino-Soviet Conflict in the 1970's: Its Evolution and Implications for the Strategic Triangle* (Santa Monica, California: Rand Corporation, 1978) 등 참조

2. 국제체제 차원의 접근방법

국제체제 차원의 접근방법은 중국은 국제사회 구성원의 하나로서 그들의 외교정책은 국제체제 구조의 제약을 받고 있으며, 국제체제적 요인은 중국의 국제적인 역할과 지위에 영향을 미치므로 반드시 국제체제 구조의 차원에서 중국 외교정책의 근원을 이해해야 한다는 주장이다.18) 이러한 접근방법은 체제이론의 영향을 받은 것으로서 환경 및 구조결정론적인 성격을 띠고 있다. 국제체제 차원의 접근방법을 통하여 중국 외교정책을 연구하고 있는 학자들로는 Michael Ng-Quinn, John Gittings, Jonathan D. Pollack, Edward Friedman 등이 있다.19)

국제체제 차원의 접근방법은 중국 외교정책과 행위를 국제체제의 틀 속에서 분석하고자 하는 것이며, 국제체제적인 요인이 중국 외교정책을 결정하는 주요 변수로 작용한다는 점을 강조하는 것이다. 연구자들은 중국 역시 국제체제 내의 한 구성원으로서 국제체제의 구조적인 제약을 받고 있기 때문에 중국 외교정책과 행위는 당면한 국제체제의 구조적인 특성으로부터 영향을 받고 있다고 주장하고, 중국의 외교정책 결정은 국제체제의 구조적인 특성을 우선고려하고 있다는 인식이 연구의 출발점이 되고 있다. 다시 말해 이 접근방법은 국제체제 차원의 요인들을 중국 외교정책연구에 중요한 변수로 상정하고 중국 외교정책과 행위 역시 주어진 국제체제 속에서 그 국제체제에 적응하고 변화에 대응하는 과정으로 보는 것이다.

---

18) Michael Ng-Quinn, "Effects of Bipolarity on Chinese Foreign Policy," *Survey*, Vol.26, No.2(Spring) 1982, pp.102-130 참조

19) Michael Ng-Quinn, 위의 글, John Gittings, 앞의 책, Jonathan D. Pollack, "China in the Evolving International System", in Norton Ginsburg, (ed.), *China: The '80s Era*(Boulder, Colo.: Weatview Press, 1984), pp.353-374, Edward Friedman, "On Maoist Conceptualizations of the Capitalist World Systems", *China Quarterly*, No.80(December 1979), pp.806-837 등 참조

그러나 중국의 경우 다른 국가들과는 달리 지역강대국이므로 세계적인 국제체제 차원과 아시아지역 국제체제 차원에의 지위는 구별되어야 할 것이며, 따라서 각 국제체제의 영향 및 중국의 역할 역시 각각 다른 차원에서 분석되어야 한다.

이러한 국제체제 차원의 접근방법은 국제체제의 영향과 제약을 강조한 나머지 중국 국내의 정치·경제적 요인들을 무시하는 결과를 가져올 수 있으며, 또한 증대되는 국력을 바탕으로 기존의 국제체제를 타파하고 새로운 국제정치·경제체제의 구축을 시도하는 중국의 외교정책과 행위에 대한 해석에는 한계가 있다.

제4절 연계 이론적 접근방법

1. 국내·국제 연계 접근방법

국내·국제 연계적 접근방법은 한 국가의 외교정책을 설명하는데 있어 정책 투입요인으로서 '국제적인 제약요인'과 '국내적인 결정요인'을 통합하여 고려하여야 한다고 주장하면서 국내와 국제체제간의 상호의존적이고 중복되는 부분을 강조한다.[20] 또한 외교정책의 결정과정은 정책결정자들이 국내정치와 국제무대에서 동시에 수행하는 두 가지 수준의 게임으로 이해될 수 있으며 외교정책을 조명하기 위해서는 국내적 분석과 국제적 분석을 통합할 필요가 있다고 주장한다.[21] 이러한 접근방법을 주장하는 학자들로는 James

---

20) James Rosenau, *Linkage Politics: Essays on the Convergence of National and International System*(New York: The Free Press, 1969), pp.1-16 참조
21) Robert Putnam, "Diplomacy and Domestic Politics: The Logic of Tow-Level Games", in Evans Peter, Harold Jacobson and Robert Putnam (ed.), *Double-Edged Diplomacy: International Bargaining and Domestic Politics*

Rosenau, Robert Putnam, Samuel S. Kim, Thomas Finger, Harry Harding, Allen S. Whiting 등이 있다.22)

국내・국제 연계적 접근방법은 중국 외교정책 결정과정의 복잡성을 강조하면서 국제적인 차원 및 국내적인 차원을 아우르는 복합적인 차원에서 그리고 이러한 요소들의 상호작용에서 외교정책에 영향을 주는 요인들을 찾아야만이 각 시대별 중국 외교정책의 근원을 밝힐 수 있다고 주장한다. 즉 한 시대의 중국 외교정책과 행위를 이해하기 위해서는 그 시대 중국이 대응해야 했던 국제적 상황과 중국지도부 내에서 보편화된 대외성향 모두를 파악해야 한다는 주장이다.

이러한 분석방법은 마오저둥 이후 급격한 중국 국내정치의 변화가 그들의 대외정책 목표를 '폐쇄정책'에서 '개방정책'으로 전환시키는 중요한 요인으로 작용하였다는 사실을 입증할 수 있을 것이며, 또한 자본주의 국제경제체제로의 중국의 편입과 중국의 국내적인 개혁이 그들의 외교정책을 한층 더 실용적이고 융통성 있게 변화시켰다는 주장의 근거를 제공한다.

그럼에도 불구하고 국내・국제 연계적 접근방법은 그 한계가 있는 것도 사실이다. 국제체제와 국내의 제약요건들이 서로 구분됨에도 불구하고 둘 다 거시적인 수준에 초점을 맞추고 있음으로써 국내

(Berkeley: University of California Press, 1993) 참조

22) James Rosenau (1969), Robert Putnam(1993), Samuel S. Kim, "New Directions and Old Puzzles in Chinese Foreign Policy" in Samuel Kim, (ed.), *China and the World: New Directions in Chinese Foreign Relations*(Boulder, Colo.: Westview Press, 1989), pp.3-30, Thomas Finger, "Domestic Policy and the Quest for Independence", in Thomas Finger, (ed.) *China's Quest for Independence*(Boulder, Colo.: Westview Press, 1980), Harry Harding, "The Domestic Policies of China's Global Posture", 1973~78, in Thomas Finger, (ed.) (1980), Allen S. Whiting, "Foreign Policy of Communist China", in R. C. Macrids, (ed.), *Foreign Policy in World Politics*, 8th ed. (Englewood Cliffs: Prentice-Hall, 1992), pp.222-267 등 참조

외적인 거시수준과 개인적 차원인 미시수준으로서의 정책결정자들과의 상호작용을 간과하고 있다. 이러한 접근방법에서 미시적 수준이란 거시적 수준인 국제환경에 대응하는 개념으로서 단지 민족국가를 지칭하는 것으로 간주되었다.[23] 또한 이익단체나 외교정책결정기구와 같은 국내적인 요인들이 미시적 수준의 단위들로 다루어지기는 하였지만 개인적 차원을 고려한 적은 거의 없었다. 다시 말해 외교정책은 오직 국내외구조에 의해서만 형성된다는 구조결정주의에 치우쳐 미시수준에서의 정책결정자 개인들의 선택과 선호의 역동성을 무시하고 있다는 점이다.

2. 미시·거시연계 접근방법

국내·국제연계 분석이 개인적 차원의 미시적 수준을 고려하지 않고 있다는 비판과 함께 등장한 것이 미시·거시연계 접근방법이라 할 수 있다. 미시·거시연계 접근방법은 1980년대 등장하여 현재까지도 연구자들의 관심을 끌고 있다.

'미시·거시연계 모델'의 목표는 이것이 미시적 및 거시적 수준에서의 변수들 간의 단순한 연계가 아니라는데 있다. 이러한 접근방법을 주장하고 있는 대표적인 학자인 알렉산더는 거시적 결정주의(macro-determinism)나 미시적 결정주의(micro-determinism)를 거부하는 동시에 주요한 결정요인으로서 거시수준이나 미시수준 어느 한쪽에 지나치게 의존하는 것도 반대하였다.[24] 따라서 이 분석모델은 거시적 결정주의와 미시적 결정주의의 분석적 장점들을 통합하고,

---

23) James Rosenau, *Turbulence in World Politics*(Prinston: Prinston University Press, 1990), p.25
24) Jeffrey Alexander, "Action and Its Environments", in Jeffrey Alexander (ed.), *The Micro-Macro Link*,(Berkeley: University of California Press, 1987), p.299

동시에 어느 한쪽의 분석법에서 발생할 수 있는 단점들을 보완하는 이론적 틀이다. 그러나 미시적 혹은 거시적인가 하는 양분되는 개념은 상대적인 개념이며, 어느 한 수준에서 거시적인 것이 다른 수준에서는 미시수준이 될 수 있다는 점을 염두에 두어야 한다.[25] 이러한 접근방법을 주장하고 있는 학자들로는 George Ritzer, Jeffrey Alexander, Richard Munch, Neil Smelser, Bernhard Giesen 등이 있다.[26]

이러한 접근방법을 실제 중국 외교정책연구에 적용한 자오췐성(趙全勝)은 거시수준을 국제체제와 구조와 관련된 '국제요인'과 국내제도와 사회적 측면인 '국내요인'에 초점 맞추고, 미시수준은 정책결정자들을 일컫는 개념으로 사용하였다.[27] 즉 '국제제약요인'과 '국내결정요인'은 거시수준에서, 정책결정자는 미시수준에서 서로 역동적인 상호작용을 하고 있으며, 이러한 상호작용이 외교정책결정과정에 투입되어 외교정책이 산출된다는 것이다.

이 접근방법은 단지 외교정책분야를 연구하기 위한 출발점으로서 미시 및 거시 수준에서의 다양한 요인 사이의 인과관계를 해석하려는 분석의 틀을 제시한 것에 불과하며, 이론의 일반화 혹은 대이론을 구축하려는 시도는 아니다. 그러나 앞에서 언급한 국내·국제연계모델과 미시·거시연계모델이 모두 연계이론으로 여겨질 수 있지만 두 모델은 연계의 개념을 인식함에 있어 서로 다르다. 전자는 행위자 개인과 다른 두 수준의 분석단위와의 상호작용을 간과한

---

[25] 앞의 책, pp.290-291
[26] George Ritzer, "Micro-Macro Linkage in Sociological Theory: Applying a Metatheoretical Tool", in George Ritzer, (ed.), Frontiers of Social Theory (New York: Columbia University Press,1990), Jeffrey Alexander, 앞의 책, Richard Munch & Neil Smelser, "Relating the Micro and Macro", in Jeffrey Alexander, 앞의 책, Bernhard Giesen, "Beyond Reductionism: Four Models Relating Micro and Macro Levels", in Jeffrey Alexander(1987) 등 참조
[27] 趙全勝 저, 김태완 역, 『중국 외교정책: 거시-미시 연계접근분석』(서울: 오름, 2001), pp.58-59

채 국제구조와 국내제도라는 두 수준의 분석단위를 다룬다. 하지만 후자에서의 연계의 목적은 개인적 수준에서의 변수를 사회체제를 특징짓는 변수 혹은 그 반대방향으로 전환하는 이론적 개념을 만들어 내는 것이다.[28]

  이러한 접근방법을 중국 외교정책연구에 도입하고자 할 때 가장 장애가 되는 것은 자료의 결핍, 특히 미시적 수준에서의 자료와 정보의 결핍이다. 중국이 아직 정부문서의 비밀해제를 위한 제도를 가지고 있지 않다는 사실은 중국 외교정책연구를 더욱 어렵게 하고 있다.

---

[28] 앞의 책, p.64

제 2 부
개혁개방 이전의 중국 외교

제1장
마오저둥의 대외전략사상과 중국 외교

제1절 마오저둥 대외전략사상의 발전

 마오저둥(毛澤東)시기 중국 외교노선과 정책은 마오 개인의 세계관과 그의 대외전략사상에 의해 지배되었다 해도 과언이 아니다. 마오(毛)의 세계관은 마르크스·레닌주의의 이념에 기초하고 있으나 중국의 혁명경험에서 형성된 마오저둥 사상에서부터 이해되어야 한다. 마오는 결과적으로 마르크스·레닌주의를 중국에 토착화시킨 인물이지만 마르크스·레닌주의의 정통파도 아니고 마르크스·레닌주의자 이전에 민족주의자이자 과격한 혁명가였으며,[1] 이런 측면에서 마오는 마르크스·레닌주의를 전술적 차원에서만 섭취했다고 볼 수 있다.
 마오는 마르크스·레닌주의의 기초 위에 중국의 경험을 접목한 마오저둥 사상을 만들어 내었다. 마오의 사상에서 찾아 볼 수 있는 그의 세계관은 중국 사회주의혁명 경험에서 비롯된 확신을 국제사회로 연장하면 세계혁명을 완수할 수 있을 것이라는 신념을 반영하

---
1) 나창주, 『중공정치론』(서울: 일조각, 1978), p.118

고 있다. 즉, 계급투쟁이론을 국제사회에 연장하여 제국주의의 희생자들이 국제 프롤레타리아계급을 형성하고 계급결속을 통하여 제국주의에 대한 국제계급투쟁을 전개해야 하며, 그 결과 제국주의체제의 붕괴는 필연적이라는 생각을 가지고 있었다. 그러나 지배계급은 결코 자발적으로 그들의 특권을 포기하지 않기 때문에 이러한 국제계급투쟁은 폭력을 수반할 수밖에 없다고 보고 있다. 이러한 인식하에 중국 대외전략은 국제프롤레타리아계급 단결에 초점을 맞추고 국제적 수준에서의 전술적 계급동맹 구축을 그 목표로 설정하게 된 것이다. 결국 그들의 궁극적 목표는 세계혁명을 성취하자는 데 있다. 세계혁명만이 국제제국주의를 타파할 수 있다고 보았기 때문이다. 그리고 이러한 목표를 달성하기 위한 구체적인 대외정책 결정은 역시 마오의 '모순론'으로부터 나온다. '주요 모순'과 '부차적 모순'으로 구분되는 '모순론'은 마오의 세계관을 이해하는데 있어 중요한 개념으로서 이는 국제 프롤레타리아계급의 연대를 통한 '계급투쟁론'과 연결되면서 마오의 대외전략사상으로 형성되었다.

  모순의 개념은 변증법적 논리에 기초를 두고 있는 것이지만 마오의 모순론은 모든 인간과 자연현상은 항구적인 변화과정에 있다는 전제에서부터 출발한다. 변화의 원동력은 모순의 지속적인 발생이며, 따라서 모든 사회발전에는 많은 모순이 존재하나 주어진 시점에서 가장 중요한 모순을 찾아내는 것이 가장 중요하며, 그 모순의 본질을 정확히 파악해야 한다고 주장한다. 예를 들어 제국주의국가들 간의 모순의 본질은 야합과 경쟁이며, 이를 잘 이용한 효과적인 전략과 전술을 구사해야 한다고 설명한다. 또한 마오는 "복잡한 사물의 발전과정에는 많은 모순이 주요 모순을 이루고 그 존재와 발전에 따라 기타 모순의 존재와 발전이 규정되거나 영향을 받는다. …… 이들은 질적으로 다르기 때문에 서로 다른 방식에 의해 처리되어야 한다"고 주장한다.[2] 이는 주요모순에 대한 원칙성과 부차적 모순에 대한 융통성을 강조하고 있는 것으로서 이러한 '모순론'의 관점에서 마오는 당시 세계에는 4가지의 주요모순이 존재하고 있다고 보았다. 그것은 사회주의진영과 자본주의진영간의 모순, 제국주의와 피압박 민족간의 모순, 자본주의국가 내부의 프롤레타리아 계급과 부르조아 계급간의 모순, 제국주의 상호간의 모순 등이었다. 이러한 모순론적 세계관과 국제계급투쟁의 논리를 접목시켜 마오는 국제정세와 자신의 안보환경의 변화에 대응하면서 '중간지대론', '제1·2중간지대론', '3세계론' 등의 대외전략사상을 발전시켜 나갔다. 정확히 시기를 구분할 수는 없지만 대략 '중간지대론'은 건국 후부터 1950년대, '제1·2중간지대론'은 1960년대, '3세계론'은 1970년대의 중국 외교를 지배한 대외전략사상으로 볼 수 있다.

건국 후부터 1950년대 중국의 대외전략사상이 되었던 '중간지대론'은 사회주의진영과 자본주의진영간의 모순에 근거한 '양대 진영론'의 기초위에서 미국이 주도하는 자본주의진영에 대한 혁명투쟁의 역량으로 주요모순 중의 하나인 '제국주의와 피압박 민족간의 모순'을 이용하는 것으로 양대 진영 중간에 광범위하게 포진되어 있는 피압박 민족들이 통일전선을 구축하여 미제국주의자들에게 대항해야 한다는 논리이다. 이 논리에 의하여 중국은 소련이 주도하는 사회주의진영에 속하여 '소련 일변도' 노선과 함께 피압박민족의 독립혁명을 적극 지지하고 기 독립한 국가들과의 연대를 강화하여 미제국주의에 대항하는 외교노선을 채택한 것이었다.

그러나 1956년 후르시쵸프가 평화공존론을 제기한 후 중국은 소련이 평화공존이라는 미명하에 주적인 미제국주의와 결탁하려하는 위험한 수정주의적 사고를 가지고 있다고 인식하게 되었으며, 이에 따라 '양대 진영론'에 근거한 '중간지대론'의 세계관에 대한 수정이

---

2) *Selected Works of Mao Tse-Tung, Vol.III, On Contradiction*(New York: International Publishing Co., 1967), pp.154-155

불가피하게 되었다. 더구나 소련과의 갈등이 심화되고 1960년대 들어 소련이 실질적인 안보위협세력으로 등장하게 되자 마오쩌둥은 '중간지대론'을 더욱 다듬어 '제1·2중간지대론'으로 발전시켰다. 즉, '제1·2 중간지대론'의 등장은 중·소의 이념분쟁에서 시작된 불화와 갈등의 진전과 일차적으로 맥을 같이하고 있으며, 이는 또한 당시의 국제정세가 경직되었던 양극체제가 점차 이완되기 시작하면서 전후 국제질서의 재편이 이루어지기 시작한 것과도 무관하지 않다. 1960년대 초, 기존의 '중간지대'는 '제1중간지대(아시아, 아프리카, 중남미국가)'와 '제2중간지대(미국을 제외한 선진자본주의 국가)'로 구분되고, 이는 이후 각종 통일전선 구축의 이론적 기초가 되었다.[3] 1950년대까지만 하더라도 중국은 미제국주의에 대항하는 통일전선의 결성을 주장하였지만 1960년대로 접어들면서 소련을 사회제국주의라고 비난하기 시작하였으며, 1962년 9월 마오는 당시의 주요모순을 '우리와 제국주의와의 모순'과 '전세계 인민들과 제국주의와의 모순'으로 규정지었다.[4] 이로써 중국은 미제국주의와 소련 사회제국주의를 동시에 반대하는 반제국주의·반수정주의 전략과 함께 제1중간지대와 제2중간지대와의 연대를 통한 통일전선 구축에 노력하게 되었다. 이렇게 볼 때 1960년대까지 마오의 세계관은 다분히 사회주의적 이상주의의 성격을 가지고 있었다고 볼 수 있다.

여기서 1960년대까지 대외전략인 '중간지대론', '제1·2 중간지대론'이 마오의 사회주의적 이상주의 세계관에 기초하고 있다고 할 수 있는 이유는 그것이 마오의 세계관을 구성하고 있는 제국주의, 계급투쟁, 모순론의 개념에 근거하여 가장 충실하게 그 논리가 전개되고 있기 때문이다. 그러나 이는 국내의 정치적 상황과 맞물리면서

---

3) 김동성, 『중공대외정책론』(서울: 법문사, 1988), p.41
4) Stuart Schram ed., *Mao Tse-Tung Unrehearsed*(Harmondsworth: Penguin Books, 1974), p.192

더욱 더 국제환경이라는 현실과 괴리되어 갔으며, 대외정책결정의 필수 불가결한 요소인 국제환경과의 괴리로 말미암아 결국 1960년대까지의 중국 외교는 별다른 성과를 거두지 못했다. 이러한 '제1·2중간지대론'은 1960년대 말에 이르러 국제정세의 변화에 부응하면서 비로소 '3세계론'이라는 비교적 현실주의적인 대외전략으로 전환되게 된다.

중국이 '3세계론'을 제시하면서 1970년대 들어 그들의 대외전략을 과거 '반제국주의·반수정주의·세계혁명전략'에서 '반소 패권주의'로 전환한 것은 1960년대 외교의 실패라는 반성도 있었지만 소련의 팽창으로 그들의 안보에 심각한 위협을 느끼게 되었던 현실적인 국제상황인식에서 상당부분 기인한다고 볼 수 있다. 또한 닉슨 독트린 이후의 미국의 세계전략의 변화와 이로 인한 아시아에서의 미국세력의 상대적인 쇠퇴 그리고 유엔 대표권 획득으로 유엔안보리 상임이사국의 지위를 차지하게 된 중국 자신의 국제지위 제고 등의 요인 역시 그들의 '3세계론'에 근거한 대외전략사상을 확립하는데 중요한 역할을 하였다.

세계를 3분하는 '3세계론'은 궁극적으로 소련의 팽창주의와 패권주의를 저지하는 이론적 기초를 제공하였으며, 중국은 이를 기초로 제3세계는 물론 주로 선진 자본주의국가들로 분류된 제2세계 그리고 제1세계의 미국마저 '제2의 부차적인 적'으로 분류하고 이들을 '주적'인 소련에 대항하기 위한 반패권 통일전선에 합류시키는 전략을 추구하였다. 물론 이러한 중국의 전략이 그들의 기대와 같이 모두 성공적이었다고는 볼 수는 없다. 하지만 1970년대의 '반소' 외교전략은 과거에 비해 이미 상당히 현실주의적인 인식과 수단으로 접근하였으며, 그 결과 중국의 외교는 미국과의 관계개선과 일본과의 수교 등 괄목할 만한 성과를 거두었다는 사실에 주목할 필요가 있다.

제2절 마오저둥시기 중국 외교의 성격

건국 초기, 마오저둥은 세계혁명만이 제국주의를 붕괴시킬 수 있고 피압박민족을 해방시킬 수 있다고 확신하였으며, 이 과정에서 소련의 주도적인 역할은 필수적인 것이라는 인식에 근거하여 '소련 일변도'전략을 채택하였다. 그러나 마르크스·레닌주의와 자신의 교리에 심취한 마오는 1950년대 중반 평화공존론을 주장한 후르시쵸프를 미제국주의와 타협하는 마르크스·레닌주의의 원칙을 버린 변절자로 보았고 이를 수정주의로 인식하고 비판하였으며, 이로써 중·소 이념분쟁이 시작되어 결국 양국관계를 파국으로 몰고 갔다. 마오에 있어서 제국주의와 자본주의는 국제 프롤레타리아계급의 연대를 통하여 폭력으로 타도해야 할 대상이었으며, 이러한 인식에서 문화혁명기간에도 극좌사상에 몰두하여 혁명외교를 계속하였다.

마오는 자신이 현실세계의 모순을 정확히 분석하고 있다고 믿었고 제국주의와 피압박민족간의 모순을 이용하여 피압박민족의 혁명사상을 고취시킨다면 중국의 혁명이 성공하였듯이 피압박민족들의 사회주의혁명은 반드시 성공하리라 확신하였다. 또한 기 독립한 신생국가에서도 국내의 프롤레타리아계급과 제국주의의 지원을 받고 있는 부르조아 계급간의 모순을 이용한다면 사회주의혁명이 성공할 것이라 보았다. 이러한 인식에서 마오는 제국주의는 국제프롤레타리아계급의 연대를 통한 통일전선을 구축함으로써 붕괴시킬 수 있다고 확신하고 있었으며, 피압박민족들과 중간지대의 신생독립국들이 그의 교리를 따를 것이라 믿었으나 현실은 그렇지 못하였다.

현실적으로 나타난 실제 중국 외교에서도 이러한 이상과 현실 사이의 괴리를 충분히 포착할 수 있으며, 이는 당시 중국 외교의 고민과 딜레마를 보여주고 있다. 다시 말해, 중국의 대외정책이 마오의 사회주의적 이상주의를 좇아갈 것인가 아니면 국가 대 국가, 정부

대 정부의 기본관계를 발전시킬 것인가에 대한 고민이 곳곳에서 발견되고 있다는 것이다. 예를 들어 중국은 아시아 국가들에 대해 인민들의 투쟁을 통해 혁명에 성공한 중국을 본받을 것을 종용하였지만 실제로 동남아에서의 민족해방운동에 대한 중국의 지지는 구체적인 것이라기보다는 수사에 지나지 않는 것이었다. 예를 들어, 1945~50년, 버마에서 혁명의 여건이 양호했음에도 불구하고 중국은 물질적 지원을 중단하였으며, 1950년대 후반 베트남의 혁명에도 많은 지원을 해주지는 않았다.5) 이와는 대조적으로 조우은라이(周恩來)는 정부 대 정부의 관계를 강조하면서 1956~61년 버마, 캄보디아, 인도네시아에 대한 경제 원조를 1억 9,000만 불로 증가시켰다. 이러한 예는 중국이 현실적으로 민족해방운동에 대한 지원과 대정부관계 개선이라는 이상과 현실 사이에서 많은 고민을 하고 있었다는 것을 입증하고 있다.

이렇게 볼 때, 중국이 단지 세계의 사회주의혁명 완성이라는 이상만을 쫓은 것은 아니라고 할 수 있을 것이다. 당연히 국가안보 확보라는 현실을 무시하지는 않았고, 국가이익을 위한 정부 대 정부관계 발전을 추구하기도 하였다. 그러나 1960년대 말까지의 중국 외교에서는 마오의 세계관과 국내 정치적 요인이 복합적으로 작용하여 현실주의보다는 이상주의적인 경향이 더욱 강하게 나타나고 있었다. 결국 대외정책에서 주어진 국제적인 환경이라는 현실을 무시하고 사회주의적 당위론을 추구하는 사회주의적 이상주의 대외전략은 실패할 수밖에 없었다. 전반적으로 중국은 1960년대 말까지 그들이 말하는 피압박민족과 반식민 상태의 신생국가들과의 반제 · 반수 통일전선의 구축과 일반 외교관계를 증진시키는데 실패하였으며, 미제국주의의 이들에 대한 정치적 · 군사적 침투를 저지하는데

---

5) Melvin Gurtov, *China and Southeast Asia: The Politics of Survival*(Lexington, MA: Heath Lexington Books, 1971), pp. 92-94 참조.

도 실패하였다. 결국 중국은 1970년대에 들어 '3세계론'에 근거한 비교적 현실주의적인 대외전략으로 전환하게 된다.

1970년대 중국은 소련의 팽창주의가 자신의 안보를 심각하게 위협하고 있다고 인식하였고, 이에 '3세계론'에 근거한 외교노선으로 전환하여 전방위적인 '반소'외교를 추구하게 되었다. 그 결과, 1972년 미국과의 관계개선이 이루어졌으며, 이후 비록 미국의 '반소'전략에서의 역할이 중국의 기대에 못 미치기는 하였으나 중국은 양국간의 관계를 다져나가면서 상당한 관계발전을 이룩하였다. 특히 중·미 양국간의 무역액은 1971년 약 5백만 불에서 1978년 9억 9천여만 불로 확대되었으며, 수교 이후인 1979년에는 24억 5천여만 불로 비약적인 증가를 보였다.6) 결국 1979년 1월 1일을 기해 중국과 미국은 외교관계를 수립함으로써 관계 정상화를 이룩하였으며, 이를 바탕으로 중국 지도부는 궁극적으로 미국을 자신의 '반소·반패권 통일전선'에 더욱 가까이 끌어들일 수 있게 될 것이라 믿었다. 덩샤오핑은 비록 소련이 우려하였던 중·미·일의 3자 동맹관계까지는 구축되지 못하였으나 세 국가가 반패권주의에 합의함으로써 세계전략에서 더 많은 공통적 기반을 가지게 되었다고 인식하게 되었으며, 이를 공개적으로 언급한 바 있다.7)

제2세계에 대한 중국의 반패권주의 외교의 성공 정도를 평가하기는 어렵다. 그 성공 정도는 처음에 의도했던 목표와 기대에 의해 평가되어야 하기 때문이다. 중국의 궁극적 목표는 제2세계국가들을 반소패권주의 통일전선으로 끌어들이는 것이었다. 중국 지도부가 이러한 궁극적 목표가 달성되리라 기대했을 때 무엇을 중간목표로 설정하였는가에 따라 그 평가는 달라지게 된다. 따라서 중국이 중간

---

6) 中國對外經濟貿易年鑑編輯委員會, 『中國對外經濟貿易年鑑』(北京, 1984), p.840
7) *Peking Review*, No.4(Jan. 24, 1979), p.7

목표로서 세계패권을 추구하는 소련의 '사회제국주의 정책'을 폭로하면서 제2세계국가들의 결속을 촉구하는 것으로 설정하였다면 중국의 반패권주의 외교는 성공적이었다고 평가될 수 있다. 그러나 만일 중국이 제2세계국가 전체와 보다 밀접한 관계를 가지고 소련과의 데탕트를 완전히 와해시키는 것을 중간목표로 삼았다면 중국의 제2세계에 대한 반패권주의 외교는 무의미한 모험으로 평가될 수 있다.

중국의 제3세계에 대한 '반소'외교는 우방을 확보하여 궁극적으로 제3세계에서의 리더로서의 입지를 굳히고, 소련의 대 중국 포위를 차단하면서 동 지역에서의 소련의 팽창을 저지하는데 중점을 두었다. 이러한 측면에서 볼 때, 중국의 아시아에서의 반소 연합전선의 구축은 제한된 성공이었다고 평가할 수 있을 것이다. 대부분의 지역국가들은 중국의 반패권주의 주장에 동조하면서 중국과의 관계를 고려하여 소련의 아시아집단안보체제 참여요청을 거절하였다. 그러나 그들은 지역 내 어디에서도 소련의 영향력 확대를 적극적으로 저지하려는 중국의 노력에는 가세하지 않았다는 점에 주목하여야 할 것이다. 대 아프리카외교에서 중국은 이념에 치우치지 않는 보다 유연한 노선을 채택하였으며, 반패권주의에 대한 선전활동에 주력하였다. 더 이상 '민족해방운동'과 '인민전쟁'을 강조하지 않았으며, 강대국의 패권을 반대하는 아프리카 국가들의 단결된 투쟁을 열렬히 지지한다는 입장을 끊임없이 부각시켰다. 그 결과 아프리카 국가들과의 공식적인 외교관계가 대폭 확대되었으며, 소련의 팽창도 어느 정도 저지될 수 있었다. 물론 아프리카에서의 소련의 팽창 저지는 중국의 노력도 무시하지 못하겠지만 서방국가와 아프리카 국가들과의 관계발전 역시 상당한 역할을 하였다. 중남미에서 중국의 외교활동은 중남미 국가들과 미국을 포함한 강대국의 팽창주의와 패권주의에 반대한다는 공동인식의 기반 위에 반패권주의에서 '반소'적인 측면을 강조하였다.

  결론적으로, 1970년대 중국의 '반소'외교는 1960년대의 이념적 경직성에서 탈피하여 현실적·실용적인 외교가 이루어졌으며, 비록 '반소'외교라는 목표달성은 기대에 미치지 못하였다 할지라도 미국과의 관계개선과 관계정상화, 일본과의 관계정상화, 서구국가들과의 관계발전, 제3세계에서의 외교영역확대 등으로 외교적인 측면에서 상당한 성과를 거두었다.

제 2 장
'중간지대론'과 '소련 일변도'전략

제1절 '소련 일변도'전략의 의의

신중국 수립 후 중화인민공화국 정부는 소련을 중심으로 하는 사회주의진영을 선택하였으며 대외적으로는 '소련 일변도(一邊倒)' 전략을 채택하였다. '중간지대론'에 근거를 둔 세계 전략적 사고에서 출발한 '소련 일변도'전략은 1949년 전국정치협상회의에서 통과됨으로써 신중국 대외정책의 기조가 되었다. 중국의 '소련 일변도'전략은 1950년 2월 14일 '중소우호동맹 상호원조조약'을 체결하면서 구체화되었으며, 1950년 10월 중국이 소련의 지원 하에 한국전쟁에 참전함으로써 실질적으로 표현되었다.

이러한 신생중국의 '소련 일변도'전략 채택 이유에 대해서는 여전히 논쟁거리로 남아 있다. 이 논쟁에 대해 우리는 '소련 일변도'전략을 채택할 당시 중국의 대내외적인 상황을 분석해 봄으로써 중국의 '소련 일변도'전략의 적실성을 가늠해 볼 수 있을 것이다.

우선, 신생 중국의 대내적인 측면에서 '소련 일변도'전략은 중국에게 상당한 경제적 이익을 가져다주었다. 특히 소련의 원조로 중국은 공업부문의 기반을 닦을 수 있었다. 신중국 수립 당시 공업부문에 남아 있었던 것은 청조(清朝)와 중일전쟁 시기 일본이 건설했던 군수공업과 철강공업 그리고 소수의 빈약한 민족공업시설 등이 전부였다. 이러한 시기에 소련은 중국의 동북지역과 화북지역에 156개의 공장 건설을 원조하여[8] 중국 공업발전의 기반이 확립될 수 있었다. 다음으로, '소련 일변도'전략은 신생 사회주의국가로서의 중국 안보에 중요한 역할을 하였다. 중국과 소련이 체결한 '중소우호동맹 상호원조조약'은 그 본질이 일본을 가상적으로 상정하는 것이었으며, 그 핵심 내용은 일본과 그 동맹국가의 중국침략을 방지하는 것이었다. 한국전쟁시 중국이 미국에 정면으로 대항할 수 있었으며, 미국 역시 쉽게 중국본토를 침범하지 못하였던 이유를 이 조약의 존재에서 찾을 수 있을 것이며, 이러한 측면에서 동 조약은 중국의 안보에 상당한 기여를 하였다고 볼 수 있을 것이다. 마지막으로, 중국이 소련과의 관계를 강화함으로써 국제사회에서 모든 사회주의국가들로부터 인정을 받았고, 사회주의국가들과의 외교관계를 수립할 수 있었다. 이러한 사실로 미루어 중국의 '소련 일변도'전략은 신생 사회주의국가인 중국에게 실질적인 경제적·외교적·안보적 이익을 가져다주었다고 할 수 있다.

그러나 일부에서는 '소련 일변도'전략은 결과적으로 신중국의 발전을 저해하였으며, 중국의 발전과정에 많은 난관을 가져다주었음을 지적하면서 중국이 당시의 역사적인 상황 하에서 또 다른 전략적 선택을 할 수 있었다고 주장한다.[9] 즉 미국을 중심으로 하는 서방진영에 속하거나 아니면 동서 진영간 중립을 택할 수도 있었다는 것이다. 이러한 시각을 가지고 있는 학자들은 당시 서방진영이 중국을 받아들일 수 있었으며, 이러한 가능성은 국공내전 당시 상황에서

---

8) 楚樹龍·金威 主編, 『中國外交戰略和政策』(北京: 時事出版社, 2008), p.46
9) 위의 책, pp.92-93 참고

발견할 수 있다고 주장한다. 일반적으로 국공내전을 공산당과 미국의 지원을 받는 국민당간의 내전이라 관습적으로 인식하고 있으나 이러한 관점은 정확한 것이라 볼 수 없다는 것이다. 미국의 중국에 대한 지원은 중일전쟁 때부터 이미 시작되었으며, 국민당정부는 당시 중국의 유일한 합법정부였으므로 미국이 이러한 합법정부에 대한 지원을 선택한 것은 당연한 일이다. 따라서 중일전쟁이 끝나고 국민당정부를 계속 지지한 것은 미국의 대중정책의 연속일 뿐이었으며, 실제로 2차대전 이후 미국의 극동정책의 중요한 부분은 중국을 지원하고 지지하는 것이었다. 이를 통해 미국은 적대국 일본을 억지하고 극동지역질서 뿐만 아니라 세계질서를 확립하고자 하였다. 이러한 전략적 구상에서 루즈벨트는 스탈린과 처칠의 반대에도 무릅쓰고 국민당정부를 전후처리를 위한 국제회의에 참석하게 하였고, 중국을 유엔안보리 상임이사국의 자리에 앉혔던 것이다. 중국을 지지하고 있던 미국으로서는 당연히 중국에서 내전이 발생하는 것을 원하지 않고 있었고 국공내전 시기에도 미국정부와 중국공산당은 대화채널을 유지하고 있었으며, 후에 국무장관을 역임한 마샬을 파견하여 국공내전을 조정하는 등 미국은 중국의 내전 종식을 위하여 많은 노력을 하였다. 하지만 조정이 실패하자 미국은 부득이 계속 국민당정부를 지지하면서 내전에 참여할 수밖에 없었으며, 1948년 이후 국민당군대의 전투력 상실과 내부의 부패로 인하여 미국은 실망과 함께 국민당에 대한 지지를 점차 포기하게 되었다. 1949년 미국 국무부가 발표한 백서에는 미국의 정책이 중국에서 실패한 원인을 국민당의 부패로 지적하고 있다. 동 백서의 의미는 미국이 국민당정부를 포기하겠다는 것이었다. 이후 국민당정부는 난징(南京)에서 광조우(廣州)로 철수하였으며, 곧 이어 대만으로 철수하게 되었다. 당시 소련의 주중대사관마저도 국민당정부를 따라 광조우로 철수하였으나 미국 주중대사관은 국민당정부를 따라 철수하지 않았다. 당시 미국 대사관의 외교관들은 이미 공산당대표와 교섭하면서 회담을 시작하였으며, 베이징으로 가서 협정서에 서명할 계획을 가지고 있었다. 그러나 이 시기에 미국의 국내세력의 반대로 대중정책이 전환되면서 이러한 노력은 결실을 거두지 못하였다.

위와 같은 역사적 사실에 근거하여 제3의 노선 채택 가능성을 주장하는 학자들은 두 가지 결론을 내리고 있다. 첫째, 미국은 분명히 국공내전 중 국민당정부를 지원하고 있었으나 이는 당시 국민당정부가 중국을 대표하고 있었던 부득이한 상황에서 이루어진 것이며, 1948년 이후 미국은 국민당정부를 사실상 포기하였다. 둘째, 미국은 국민당정부에 대한 지원과 동시에 중국공산당과의 관계를 계속 유지하였으며, 조우은라이(周恩來), 황화(黃華), 예젠잉(燁劍英) 등 중국지도자들과 접촉하였고 마오저둥 역시 미국대표와의 회담을 적극 추진하고 있었다. 미국의 입장에서 만약 중국이 서방진영에 가담하게 된다면 미국은 동북아에서 거대한 우방국이 생기게 되는 것이므로 이는 환영할 만한 일인 것이다. 더욱이 당시 이데올로기의 차이는 그렇게 분명한 것도 아니었고, 소련은 중국의 혁명방향과 방식을 그다지 존중해 주지도 않고 있었으며, 미국에서도 아무도 진지하게 중국을 사회주의국가로 보고 있지 않았다. 이러한 사실은 만일 당시 중국이 서방진영으로의 가입을 선택하였다면 미국이 중국을 받아들일 가능성을 배제할 수 없었다는 점을 말해 주는 것이다.

그러나 다른 한편으로 중국 자신의 상황과 입장에서 볼 때, 서방진영을 선택하는 것이 가능하였을까 하는 점이다. 대답은 상당히 부정적이다. 먼저, 이데올로기적인 측면에서 볼 때, 당시 중국공산당이 신봉하고 있었던 마르크스·레닌주의가 소련의 존중과 인정을 받지 못하고 있었다 할지라도 신중국의 본질은 공산당이 이끄는 사회주의국가였다는 것이다. 사회주의제도가 발전하기 시작하고 동서진영의 이념이 첨예하게 대립되기 시작하였던 냉전초기 공산당이 이끄는 사회주의국가가 서방진영에 가입한다는 것은 논리적으로 맞지 않다. 다음으로, 역사적인 시각에서 볼 때, 중국은 아편전쟁 이후 줄곧 미국을 포함한 서구열강들의 침략에 시달려 왔다. 중국공산당 지도자들이 28년 동안 분투한 것은 모두 구미제국주의의 침탈로부터 중국의 주권을 되찾는 것이었다. 그런데 사회주의혁명 성공 후 곧바로 이러한 구미제국주의자 진영에 들어간다는 것은 역사의 흐름과 민족정서에 완전히 위배되는 것이다. 마지막으로, 국공내전 당시의 상황을 고려해 볼 때, 내전 당시 공산당과 국민당은 각각 소련과 미국의 지원을 받고 있었다. 비록 소련의 지원이 군사고문단과 일부 장비제공에 그쳐 그 규모가 크지는 않았다 할지라도 소련을 뒤로하고 적대 세력에게 지원하였던 미국측 진영에 들어간다는 것은 논리적으로나 정서적으로 맞지 않는 것이다. 위와 같은 중국의 현실 상황으로 미루어 보아 신중국이 서방진영을 선택한다는 것은 불가능한 일일 것이다.

그렇다면, 당시 중국이 중립을 선택할 수는 없었는가. 이 역시 부정적이다. 먼저, 신생중국은 국제사회에서의 지지와 인정이 절실히 필요했다. 하지만 중립은 어느 진영의 지지와 인정도 받기가 어렵다. 다음으로, 동서진영이 첨예하게 대립하고 있던 냉전시기 세계 모든 국가들이 두 진영 중 하나에 가입하여 안보를 추구하고 있었고, 당시 중국의 종합국력을 고려해볼 때 중립을 추구하는 것은 거의 불가능하였으며, 이는 당시 냉전이 격화되고 있었던 국제적인 환경의 산물이라는 주장이다.

이상과 같이 중국이 '소련 일변도'전략을 채택한 이유 중에는 당시 격화되고 있었던 냉전체제라는 국제정세하의 산물이라 할 수 있는 현실적인 측면이 상당부분 존재하고 있다. 그러나 우리가 짚고 넘어가야 할 부분은 중국이 당시 국제정세에 대한 소련의 판단을 비판없이 받아들이고 있었으며 소련의 사회주의적 순수성을 지나치게 신뢰하고 있었다는 점이다. 마오저둥은 장기적인 세계사회주의적 이익과 소련의 국가이익이 동일하다는 스탈린의 주장을 공개적으로 받아들였으며, 소련의 경제건설 및 대외정책에의 승리는 세계발전사에 커다란 영향을 미칠 것이며 모든 국가의 인민에 유용할 것이라 믿고 있었다.[10] 또한 일변도 전략은 소련과 같은 편에 서있는 것이며, 이러한 '일변도'는 평등한 것이라 강조하면서 중국의 주적은 당연히 미국이라 지적하였다.[11] 하지만 마오의 이러한 인식은 곧이어 외몽고의 독립 문제, 한국전쟁에서의 지원문제 등으로 소련에 대해 불만을 가지게 됨으로써 점차 변화되어 갔으며, 후르시쵸프의 대미화해, 수에즈운하 위기, 헝가리·체코사건 등 일련의 사태를 경험하면서 '반소'의 입장으로 전환되게 된다.

제2절 '소련 일변도'전략하의 대외정책

1. 대 소련 및 사회주의국가 정책

중국이 '소련 일변도'전략을 채택한 건국초기부터 1950년대까지 중·소 양국관계는 이념갈등이 시작되는 등 갈등적인 요소가 잠복하고 있었으나 표면적으로는 우호관계를 유지하고 있었다. 특히 1950년대 초반은 1950년 2월 '중소우호동맹 상호원조조약'의 체결과 중국의 한국전 참전이 보여주듯 양국간의 밀월기라 할 수 있다. 중국은 소련과의 관계강화를 위하여 1949년 12월 마오저둥이 모스크바를 방문하여 스탈린과 회담을 가진데 이어, 1950년 1월 20일에는 조우은라이 총리 겸 외교부장이 모스크바를 방문하여 수교회담을

---

10) 김영문, 『중국외교론』(서울: 대왕사, 1990), pp.38-39
11) 『毛澤東外交文選』(北京: 人民出版社, 1988), pp.278-279

가지고 2월 14일 쌍방은 '중소우호동맹 상호원조조약'을 체결하였다. 이 조약과 함께 양국은 그동안 문제가 되었던 만주지역에서의 소련의 이권 및 군사시설 처리 등 현안을 타결하고 '중국 창춘(長春)철도, 뤼순(旅順)항 및 다롄(大連)문제에 관한 협정'12) 및 '소련정부의 중국정부에 대한 차관제공 협정' 등을 체결하였다.

'중소우호동맹 상호원조조약'은 '체약국 일방이 일본이나 그 동맹국의 침략을 받아 전쟁상태에 처하였을 때 다른 일방은 즉시 군사적인 원조를 포함한 모든 원조를 제공한다'고 규정함으로써 중·소양국은 군사동맹에 기초한 우호관계를 구축하게 되었다. 또한 '중국 창춘철도, 뤼순항 및 다롄문제에 관한 협정'에서 그동안 양국이 공동 관리하고 있었던 창춘철도의 모든 권리를 중국에 이양하고 1952년까지 소련군은 뤼순항으로부터 철수하며, 다롄의 행정은 중국정부가 관할하며 다롄의 소련정부 재산은 모두 중국이 접수한다고 규정하였다. 그리고 차관제공협정에 따라 소련정부는 1950년에서 1954년까지 5년 동안 3억불의 차관을 제공하였으며,13) 경제적인 측면에서 공업시설에 대한 원조뿐만 아니라 상당부분을 지원함으로써 중국은 많은 부분을 소련에 의존하게 되었다.14) 또한 1957년 쌍방은 모스크바에서 중국의 핵무기 개발을 위한 소련의 지원을 내용으로 하는 '국방신기술협정'을 체결함으로서 중·소 양국의 관계는 최고조에 이르렀다.

그러나 1950년대 중반 이미 중·소 양국간 갈등의 싹은 트기 시작하고 있었다. 1956년 소련의 후르시쵸프는 스탈린을 부정하면서 스

---

12) Joseph Camilleri, *Chinese Foreign Policy*(Seattle: University of Washington Press, 1980), pp.47-49
13) 謝益顯 主編, 『中國外交史』(鄭州: 河南人民出版社, 1996), pp.15-16
14) 예를 들어 1952년 중국의 대소련 수출액은 전체 수출액의 54%, 수입액은 53%를 차지하였다. 謝益顯 主編, 『中國當代外交史』(北京: 中國靑年出版社, 2002), p.188

탈린 격하 운동을 시작하였고, 폴란드사건과 헝가리사건에 대한 소련의 행동은 중국을 비롯한 사회주의국가들의 우려를 자아내었다.15) 또한 후르시쵸프는 구미자본주의국가들과의 '평화공존론'을 주장하면서 대 서방외교의 전환을 예고하였다. 이는 과거 스탈린의 '전쟁불가피론'을 정면으로 부정하는 것으로서 이후 중국과의 이념분쟁으로 발전하게 되는 단초를 제공하였다. 또한 1958년 소련은 중국의 진먼다오(金門島) 포격에 대해 '중소우호동맹 상호원조조약'의 군사적 행동에 대한 사전협의 의무를 위반한 것이라고 비난하면서 이를 이유로 1959년 6월에는 1957년 체결한 '국방신기술협정'을 일방적으로 폐기하였으며, 당시 중국의 대약진운동과 인민공사운동을 공개적으로 비판하였다. 또한 동년 7월에 발발한 중·인 국경충돌사건에 대해 중국의 입장을 지지하지 않고 오히려 중국을 비난하는 성명을 발표하였다. 이러한 일련의 사건들은 중국의 감정을 상하게 만들어 쌍방의 대화에 장애 요인으로 작용하였으며, 양국간 갈등은 깊어져갔고 이러한 양국의 분쟁은 드디어 공개화의 단계로 접어들게 되었다.

　동구권 국가와의 관계에 있어서, 1960년대 중반 중·소관계가 악화되기 이전까지 중국과 동구국가와의 관계는 소련요인과 사회주의라는 이념적 요인이 지배하고 있었다. 1949년 신중국이 성립될 당시 동구 8개 국가는 모두 사회주의진영에 속해 있었고 그 중 유고슬라비아만이 소련과의 노선을 달리해 소련의 승인을 얻지 못하고 있었다. 당시 중국은 '소련 일변도'전략에 따라 "무산계급 국제주의의 원칙 하에 사회주의진영 각국들과의 우호협력관계 발전"을 외교정책의 최우선 순위에 두었다.16) 또한 소련과의 협력 및 모든 사회

---

15) Joseph Camilleri(1980), pp.59-61 참조
16) 1964년 12월 21일 周恩來의 '第三屆全國人民代表大會第一次會議'에서의 '政府工作報告', 王泰平 主編, 『中華人民共和國外交史』第2卷(北京:

주의국가와의 단결을 공고히 하는 것이 중국의 근본이익이라 인식하였다.17) 1949년 말, 중국은 불가리아, 루마니아, 헝가리, 체코슬로바키아, 폴란드, 동독, 알바니아 등 7개국과 수교하였으며, 유고슬라비아만이 소련과의 관계로 인하여 관계를 정상화하지 못하였으나 1955년 소련과 유고슬라비아 관계가 개선됨에 따라 유고슬라비아와도 수교하였다.

그러나 중국의 대 동구정책이 완전히 소련을 추종한 것은 아니었으며, 동구국가들이 소련의 압박을 받고 있는데 대해 관심을 표하고 소련 압박에 대한 그들의 저항적인 행동을 지지하기도 하였다. 예를 들어 1956년 '폴란드'사건에 대해 중국은 후르시쵸프에게 무력행사를 자제할 것을 촉구하고 폴란드와 소련과의 관계를 조정하였으며, 사회주의진영 내부에 대국주의가 존재하고 있는 비정상적인 현상을 지적하고 평등한 관계를 주장하였다.18)

경제적인 영역에서도 동구국가들은 미국의 봉쇄정책 하에서 중국 대외무역의 주요 파트너이자 기술과 설비의 주요 공급원이었다. 특히 동독과 체코슬로바키아는 중국의 제2, 3의 무역 파트너였으며, 체코슬로바키아는 수십 항목에 달하는 선진 기술과 설비들을 중국에 제공하여 중국의 공업기반 구축에 상당한 공헌을 하였다. 또한 동독과 폴란드는 서방국가들이 중국에 대해 금수조치를 취한 물자들을 대신 수입해 주기도 하였다. 그러나 중·소관계가 소원해지고 갈등이 표면화되자 중국과 동구와의 관계 역시 영향을 받아 정치·경제적 관계는 불안정해 질 수밖에 없었다.

북한과의 관계에 있어서는 한국전쟁 참전을 계기로 중국은 참전

世界知識出版社, 1998), p.283
17) 1957년 2월 27일 毛澤東의 "關于正確處理人民內部矛盾的問題",『建國以來毛澤東文稿』第六册(北京: 人民出版社, 1986), p.358
18) 孫其明,『中蘇關係始末』(北京: 人民出版社, 2002), pp.256-262

전에 비해 북한에 대한 영향력을 대폭 확대할 수 있었으며, 양국관계는 급속도로 접근하여 61년 7월에는 '조중상호우호원조조약'을 체결함으로써 군사동맹관계가 구축되었다.19) 중·소관계가 우호적인 시기에는 북한과의 관계도 대단히 밀접하였으며, 중·소관계가 악화되었을 때에도 북한이 등거리외교정책을 채택함으로서 대체적으로 우호적인 관계를 유지하였다.

2. 대 미국 및 서구자본주의국가 정책

1949년 신중국 정부수립 당시 세계는 이미 냉전의 구도가 고착화되어 있었으며, 사회주의국가로서의 신생중국은 이념이 지배하던 당시의 국제정세 하에서 소련일변도 정책을 채택함으로써 소련이 중심이 된 사회주의진영에 서서 미국을 중심으로 하는 서방 자본주의진영에 대항하는 것 이외에는 선택의 여지가 없었다. 따라서 당시의 국제적인 상황에서 볼 때 중·미 양국의 대립은 필연적인 것이었다. 즉 미국이 취하고 있었던 대 사회주의진영 적대정책에 대한 중국의 당연한 반응이었던 것이다. 당시 미국은 중화인민공화국을 승인하지 않았으며, 1950년 한국전쟁이 발발하자 대만해협의 중립화를 선포하고 제7함대를 대만해협에 파견하여 중국의 대만에 대한 군사행동을 저지하였으며, 이는 중국에게는 미국이 대만해방과 통일을 방해한 것으로 받아들여졌다.20) 특히 중국이 한국전쟁에 참전

---

19) 그러나 그 영향력은 중국이 한국전쟁에 파병하여 소련이 다할 수 없는 역할을 대행한 결과로 파생된 것이며, 소련의 우위를 인정하는 범위 내에서의 종속적인 영향력에 불과하다는 주장도 있다. W.W. Rostow, *The Prospect for Communist China*(New York: Frederick A. Praeger, 1954), pp.213-214 참조
20) 당시 중국은 린뱌오(林彪)가 이끄는 제4야전군을 푸젠(福建)성에 집결시켜놓고 대만침공에 대한 준비를 마친 상태였다. 자세한 것은 김옥준, "중국의 한국전 참전과 국내정치"『국제정치논총』제42집 1호(서울:

함으로써 미국과는 명실상부한 적대관계에 놓이게 되었을 뿐 아니라 1951년 2월 유엔총회에서 침략자로 규정되었다. 유엔총회에서의 중국을 침략자로 규정한 결의안의 통과는 이후 중국의 대외정책에서의 신축성을 상실케 하였으며, 중국에 대해 중립적 입장을 취하고 있던 국가들까지도 대중 금수조치에 동조하지 않을 수 없었다. 이러한 배경에는 당시 미국이 실질적으로 유엔을 지배하고 있었고, 미국이 주도한 이 결의안의 통과가 크게 작용했다고 보아야 할 것이다.[21]

또한 미국은 중국의 한국전쟁 개입으로 대만 방위 결의를 더욱 굳게 하게 되었으며, '대만지위 미정론'을 제기함으로써 신중국의 국가통일과 안보에 최대위협이 되었다. 이로써 대만문제의 조속한 해결을 바라고 있었던 중국은 미국의 대만문제 개입으로 이를 연기 내지는 일정기간 동안 단념치 않으면 안 될 입장으로 몰리게 되었으며, 이제 미국은 국제사회에서 중국에게 주된 적으로 남게 되었다. 그 이후 중·미 양국은 베트남전쟁 기간 그리고 몇 차례의 대만해협 위기를 거치면서 고도의 긴장관계가 지속되었다.

그리고 자본주의체제를 가지고 있었던 서구국가들도 2차 대전 후 정치, 경제 및 군사적인 측면에서 기본적으로 미국에 의존하고 있었으며, 따라서 대 중국 정책도 미국의 제약을 받지 않을 수 없었다. 건국 초기 중국은 미국을 최대의 적으로 상정하고 있었기 때문에 서구국가들에 대해서도 미국과의 관계가 주요한 변수로 작용하였다. 이 시기 서구국가들과의 외교관계 수립에 중국은 두 가지 사항을 고려하였다. 하나는 대만과 단교하고 장차 자국 내의 중국재산을 신중국에 귀속시킬 의사가 있는가, 다른 하나는 유엔에서 신중국

한국국제정치학회, 2002. 5), pp.1-25 참조
[21] 당시 45개 국가가 대중 금수조치에 참여하였다. 김하룡, "한국전쟁과 중공의 국제적 위치", 김준엽 편, 『중공권의 장래』(서울: 법문사, 1967), p.432

의 중국대표권을 인정하고자 하는가의 문제였다. 이러한 방침 아래 1953년 이전 중국은 중립적인 성향을 가진 국가 즉, 스웨덴, 핀란드, 덴마크, 노르웨이, 스위스 등의 국가와 외교관계를 수립하였다. 영국과 네덜란드는 위의 두 문제에 있어서 미국의 입장을 추종하고 있었기 때문에 비록 중국을 승인하고자 하였으나 중국은 대표부급 외교관계 수립에만 동의하였다. 기타 10여개 국가들은 미국의 영향으로 신중국을 승인하지 않았으며, 대부분은 대만과의 외교관계를 유지하고 있었다. 그러나 거의 모든 서구국가들은 기본적으로 중국과 민간부문의 교류와 통상관계를 유지하고 있었으며, 몇몇 국가들은 중국에 대한 금수물자를 제공해 주기도 하였다.[22]

3. 대 중간지대 정책

1950년대 초 중국은 한국전쟁 참전의 여파로 국제정치 무대에서의 활동이 상당히 위축되어 있었다. 그러나 한국전쟁이 끝나고 중국은 신생독립국과 저개발국가들, 즉 중간지대에 대한 외교를 강화하기 위한 평화공존 5원칙[23]을 제시하고, 1955년 첫 비동맹회의인 반둥회의에 참석하여 중간지대 국가들에 대한 적극적인 접근과 관계 강화에 나서게 되었다. 반둥회의에서 조우은라이는 중간지대 국가와의 연합전선을 촉진하기 위해서는 이들 국가간 존재하고 있는 상이한 이념과 체제를 떠나 평화공존이 필요하다고 역설하였으며, 민족해방 등의 극단적인 용어 대신 반식민주의 투쟁, 독립과 자유를 위한 투쟁 등의 비교적 온건한 용어를 구사하였다.[24] 그것은 미국과

---

[22] 裵堅章 主編, 『中華人民共和國外交史』第1卷(北京: 世界知識出版社, 1998), pp.294-321 참조
[23] 평화공존 5원칙이란 영토·주권의 상호존중, 상호불가침, 내정불간섭, 평등·호혜, 평화적 공존을 말한다.
[24] 중국은 1955년 대만해협위기 이전에 미국과의 접촉을 시작하였다.

미국의 영향권 하에 있는 중간지대 국가들에 대해 한국전쟁 참전으로 인한 중국의 호전적, 급진적 이미지를 완화시켜 보고자 하는 데 있었던 것으로 볼 수 있다.[25]

중국은 동남아, 아프리카 국가들이 미국과 소련으로 대표되는 두 개의 적대세력 사이에 존재하는 중간지대로서 미제국주의에 저항하는 모든 세력들은 중국의 잠재적 동맹국이라 생각하였다. 그러나 동남아국가들 역시 냉전이라는 시대적 상황의 제약을 받고 있기는 마찬가지였다. 당시 동남아 각국은 미국에 있어서 상당히 중요한 전략적, 안보적, 경제적 이익과 연계되어 있었고 따라서 미국은 동남아에서 필리핀, 베트남을 중심으로 상당한 영향력을 확보하고 있었다. 중국은 동남아 국가들에 대해 제국주의 식민세력의 간섭으로부터 완전한 독립을 위한 그들의 지속적인 투쟁을 강조하면서도 이념과 사회체제상의 차이를 문제 삼지 않았으며, 중국의 목표는 미국의 침략적 계획이 그들 국가의 완전한 독립에 가장 큰 위협이라는 사실을 확신시키는 것이었다. 하지만 중국은 지역 내 일부 국가들이 중국에 위험스러울 정도로 미국에 우호적으로 치우쳐 있다는 사실을 인식하고 정부 대 정부의 관계강화를 통해 미제국주의의 위협, 즉 대 중국포위정책을 저지하는 것을 1차적인 전략목표로 상정하였다.

그러나 신중국 성립 초기부터 버마, 인도, 파키스탄, 스리랑카, 아프가니스탄은 중화인민공화국을 승인하고 외교관계 수립의사를 표시해 왔으며, 이에 중국은 1950년 4월에는 인도와 인도네시아, 6월에는 버마와 각각 수교하였으며, 1951년 5월에는 파키스탄, 1955년 1월에는 아프가니스탄과 각각 수교하였다.[26] 중국과 인도와의 관계는

Winberg Chai, ed., *The Foreign Relations of People's Republic of China*(New York: Capricorn Books, 1972), p.82
25) 김영문(1990), p.39
26) 謝益顯 主編(1996), pp.19-21

1950년대 초반 잠시 밀월기가 있었으나 1959년 달라이라마가 인도로 망명하여 티베트 망명정부를 수립하고 이어서 1962년 발생한 중·인 국경충돌은 양국관계에 치명적인 손상을 가져왔다. 이후 인도는 소련과 급속하게 접근하면서 군사동맹관계로 발전하게 되었고, 인도와 소련의 동맹에 위협을 느낀 중국과 미국은 관계개선과 함께 전략적인 협력을 모색하게 되었으며, 남아지역은 파키스탄·중국·미국과 인도·소련이 대치하는 상황이 형성되었다.

중국의 대 아프리카 정책은 1970년대 말까지 정치적, 이념적인 고려가 강하게 작용하였다. 중국은 자신을 비교적 일찍이 사회주의 혁명에 성공한 국가로서 아프리카 국가들의 민족해방운동에 대한 지지와 지원이 사회주의국가로서의 신성하고 당연한 의무라 생각하였다. 중국은 1950년대 중반의 시기를 전 세계의 식민지, 반식민지 국가들이 민족해방운동을 통해 독립을 쟁취하고자 하는 혁명의 고조기라 보고 있었다. 그리고 아프리카의 민족해방운동을 주도하고 있는 민족 부르조아세력을 지원하고 있었는데 이는 중국지도부가 아프리카 민족주의를 제국주의보다는 사회주의에 더 가까운 것으로 보았기 때문이다.

또한 중국은 아프리카에서 가장 중요한 모순이 새로운 미제국주의와 아프리카 독립국가들 간에 있다고 보았으며, 미국의 반공주의 선언은 중간지대, 특히 아프리카를 지배하려는 의도를 위장하고 있는 것이라 판단하였다. 그리고 이와 관련된 부차적인 모순은 아프리카에서 가능한 한 많은 영향력을 유지하려는 과거 유럽 식민주의자들과 미제국주의 사이에 존재하고 있다고 보았다. 이러한 관점에서 중국은 아프리카에서 혁명적 중간지대전략을 채택하고 아프리카와 중국인민을 결합시키는 하나의 논거로서 아프리카인민의 반제국주의 투쟁과 아프리카 독립제국의 반식민주의를 이용하려 하였다. 이와 함께 중국은 아시아·아프리카인민들 간의 인종적 유대를 강조

하면서 중국의 경험에 근거한 무력혁명운동을 요구하였다.[27]

그러나 아프리카의 독립운동은 과거 유럽 식민모국들의 영향력에서 완전히 탈피하지 못하고 있었을 뿐 아니라 유럽 제국주의국가들은 그들의 영향력을 계속 유지하기 위하여 아프리카 국가들의 독립을 지원하는 양상이 나타나고 있어 일부 급진적인 국가를 제외하고는 중국 자신의 혁명경험과는 판이한 상황이 전개되고 있었다. 따라서 이 시기의 대 아프리카 정책은 유대와 우의를 강조하는 호소적, 선언적인 경향이 짙었다.

아프리카국가들과의 구체적인 관계발전은 1955년 4월 반둥회의에서 중국은 아프리카 지도자들과 처음으로 회합을 가진 이래, 다음해인 1956년 5월 아프리카 국가로서는 최초로 이집트와 외교관계를 수립함으로써 아프리카 외교의 첫 장을 열었다. 1959년 10월 기니는 사하라 이남지역에서 중국의 첫 번째 수교국이 되었고 1961년에는 수단, 소말리아 등과 수교하였다. 이 시기의 중국의 외교전략에서 아프리카 민족주의 정권은 자신과 더불어 연합이 가능한 진보적인 반제국주의 세력으로 인식되었으나 아프리카의 민족주의를 주도하고 있던 민족 부르조아 세력은 대부분 친서방적이었으며 급진적이지도 않았다. 따라서 이 시기 중국은 가나, 기니 등 비교적 급진주의적 국가와 긴밀한 유대관계를 수립하는데 그쳤다.[28]

---

27) 김영문(1990), p.191
28) 김영문(1990), p.188

제 3 장
'제1·2중간지대론'과
반제국주의·반수정주의·세계혁명전략

제1절 반제·반수·세계혁명전략의 의의

　　1950년대 중국의 '소련 일변도'전략은 일부 세부적인 문제에 있어서 소련과의 마찰이 있기는 하였지만 중·소관계는 전반적으로 순탄하게 발전하였다. 그러나 소련은 항상 동구 사회주의국가들과 마찬가지로 중국에 대한 정치적인 통제를 시도하고 있었기 때문에 중국의 불만을 야기하였다. 그러한 상황에서 1950년대 중반 중·소 양국간에는 이념적인 차이가 나타나기 시작하였다. 1953년 스탈린 사망 후 권력을 장악한 후르시쵸프는 1956년 소련공산당 제20차 전국대표대회 특별회의에서 '개인숭배와 그 결과' 제하의 비밀보고서를 발표하고 스탈린을 전면적으로 부정하였다. 뿐만 아니라 동 대회에서 후르시쵸프는 '평화공존, 평화경쟁'이라는 외교에 있어서의 신사고정책을 발표하고, 미국과의 긴장관계를 완화하고자 하였다. 소련의 이러한 정책 변화는 중·소 양국간의 심각한 이념차이를 초래하였다. 당시 이념이 주도하던 국제환경에서 이념은 인간의 사고와 행위를 좌우할 뿐만 아니라 국가정책의 방향과 국제관계를 좌우하는 것이었다. 그리하여 이렇게 시작된 중·소 양국간의 이념대립은 결국 중·소 양 공산당의 결별과 중·소 양국관계의 와해를 초래하였다.

중·소 양국관계의 갈등은 1962년의 중·인전쟁에서 소련이 공개적으로 인도의 편에 서서 중국을 비난함으로써 표면화되었다. 그러나 양국이 대립과 대항의 양상으로 치달은 사건은 1969년 전바오다오(珍寶島) 무력충돌사건이었으며, 이로써 이념분쟁으로 시작된 중·소 양국관계의 악화는 결국 무력충돌까지 야기하게 되었던 것이었다.

이 시기 중국의 외교전략은 '중간지대론'에서 발전한 '제1·2중간지대론'의 세계전략사상에 근거하고 있었으며, 이 전략사상은 세 가지 방향으로 전개되었다. 그 하나는 건국 이래 견지해온 미국을 비롯한 서방 제국주의국가들에 대한 대항전략, 즉 반제국주의가 그것이고, 두 번째는 1960년대부터 분명히 표명된 소련의 수정주의에 대한 반대전략, 즉 반수정주의이며,29) 세 번째는 1960년대 중반부터 주장하기 시작한 세계 공산화전략으로서 아시아, 아프리카, 중남미 각국의 민족해방운동과 무산계급혁명을 지지하는 전략, 즉 세계혁명전략이었다. 이 세 가지 전략은 모두 강렬한 이념적 색채를 지닌 것으로서 이는 중국의 외교전략이 고도로 이념화되기 시작했다는 것을 의미한다. 그러나 대외정책에서 국제환경과 국제정세의 변화라는 현실을 무시한 고도로 이념화된 이러한 중국의 외교전략은 처음부터 상당한 문제점을 안고 있었다.

당시 중국이 맹렬하게 비판하였고, 중·소 양국간의 이념분쟁에

---

29) 그러나 이 시기 중국은 소련을 1차적인 적, 미국을 2차적인 적으로 인식하고 있었으며, 1차적인 적에 대항하기 위하여 2차적인 적을 끌어들일 수 있다는 전략을 가지고 있었던 것으로 보인다. 중국의 지도자들은 '제국주의에 대항하기 위해서는 현대 수정주의에 대항하는 것이 우선 시급한 일이다'라고 언급한 바 있다. *Peking Review*, No.34(Aug. 19, 1966), p.7

이어 무력충돌까지 야기시키면서 양국관계를 파탄으로 몰아넣은 소련의 수정주의에 대해 중국이 과연 그럴만한 가치가 있었는가를 생각해 볼 때, 그것은 마오(毛)의 이념적 경직성과 이상주의적 사회주의관 그리고 대내적인 문화혁명이라는 요인이 복합적으로 작용한 결과라고 볼 수밖에 없을 것이다. 사실, 당시 소련에게 있어서 소위 '수정주의'라는 것이 존재하였다고 보기는 어렵다. 소련이 당시에 제기한 것은 세계자본주의와 사회주의간의 관계에 대한 새로운 사고와 당의 지위와 역할에 대한 새로운 인식으로서 모두 역사발전의 조류에 적응하고자 하는 것으로서 1978년 중국의 개혁개방사상과 일치하는 사회주의 발전에 필요한 것들이었다고 볼 수 있다. 또한 그것은 정도의 차이는 있지만 1986년 고르바쵸프의 신사고정책과 본질적으로 전혀 다를 바 없는 개혁과 개방의 새로운 시도였다.

당시 이러한 이념적 경직성과 사회주의적 이상주의에 빠져 있던 중국은 '세계혁명'의 목표와 구호를 제창하고 제3세계 국가의 공산당과 민족주의자들의 무장투쟁을 지지하고 군사고문과 무기, 군사장비, 방송설비 등을 제공하면서 무산계급혁명을 적극 수출하려 하였다. 심지어 중국은 당시 유럽국가 주재 중국대사관에서까지 '세계혁명'을 적극 선전하게 하여 각국 정부로부터 외교관들이 추방당하는 등 중국과 여타 국가들과의 관계에 심각한 영향을 끼쳤다.

전반적으로 볼 때, 이 시기의 중국 외교전략은 객관적인 상황에 대한 냉정한 인식이 결여된 것이었으며, 반제국주의, 반수정주의, 세계혁명이라는 전략목표 역시 달성할 수 없었다. 다른 한편으로, 이러한 객관적인 상황인식이 결여된 외교전략으로 중국은 전에 없던 고립상태로 빠져들었으며, 중국의 국가안보 역시 사면초가의 심각한 위협상태에 놓이게 되었다.

제2절 반제·반수·세계혁명전략하의 대외정책

1. 대소 및 대미 정책

1960년대 들어 중·소 양국의 이념분쟁은 점차 격렬한 충돌로 이어졌으며, 1962년 중국 신쟝(新疆)지역에서 국경지역 주민들이 소련으로 월경한 사건30)을 비롯하여 양국 국경지역에서는 갖가지 사건들이 끊임없이 발생하였다. 누가 진정한 마르크스주의자인가를 놓고 중·소 양국이 격돌한 이 이념분쟁으로 결국 1966년 중·소 양 공산당의 관계는 완전히 단절되었으며, 양측은 자신의 당 대표대회에서 상대를 맹렬히 비난하는 등 돌이킬 수 없는 분쟁의 길로 치달았다. 1966년 중국은 '중국공산당 제8기 전국대표대회 제11차 중앙위원회전체회의'(제8기 11중전회)에서 대내적으로 '무산계급 문화대혁명'을 전개하기로 결정하였고 대외적으로 소련을 중심으로 하는 '현대수정주의 집단'과 미제국주의를 동시에 비난함으로써 소련과 미국이라는 양 초강대국에 동시에 대항해야 하는 어려운 위치에 자신을 가져다 놓았다.31) 또한 후르시쵸프의 개혁과 미국의 월남전 수행의 필요성으로 인해 미·소 양국관계는 오히려 긴장이 완화되면서 관계가 개선됨으로써 중국의 입장에서는 안보환경이 가장 열악했던 시기였다고 볼 수 있다.

---

30) 이 사건은 신쟝지역에 거주하는 소련 교포들과 소련교포협회의 요인, '대약진'운동의 신쟝지역에 대한 경제적 영향 등이 원인이 되었으나 직접적인 원인은 중·소관계 악화, 소련의 고의적인 행위 등이었다. 자세한 것은 李丹慧, 『北京與莫斯科: 從聯盟走向對抗』, 廣西師範大學出版社, 2002. pp.480-509 참조

31) 동 회의에서는 "제국주의에 반대하기 위해서는 반드시 현대수정주의에 반대해야 한다", 즉 소련을 중심으로 하는 현대수정주의집단에 반대해야 한다는 결의를 하였다. 1966년 8월 12일 '中國共産黨第八屆中央委員會第十一次會議公報'(http://www.cpc.people.cn/GB/64162/64168/4442083.html.)

중·소 양국의 분쟁은 마침내 1969년 전바오다오에서 무력충돌이 발생함으로써 최고조에 이르렀으며, 이후 소련은 중·소 국경과 몽고에 120만의 군대를 주둔시킴으로써 중국 안보에 최대 위협이 되었다.[32] 당시 중국이 처한 상황은 북쪽과 서쪽에는 소련이, 서남쪽에는 소련과의 동맹국인 인도가 버티고 있었고, 동쪽에는 미국이 한국, 일본과 대만을 잇는 봉쇄라인을 구축하고 있었으며, 남쪽에서는 북베트남을 지원하며 미국을 대상으로 간접적인 전쟁을 수행하여야만 했다. 따라서 이 시기 중국은 미제국주의와 소련 사회제국주의 모두에 대항해야 하는 안보적, 외교적으로 대단히 어려운 처지에 놓여 있었던 것이다. 하지만 당시 중국은 강권정치와 패권주의를 추구하고 있는 소련이 중국의 안보와 국가이익에 가장 위협이 되고 있다고 인식하고 있었으며, 이러한 상황에서 중국은 자신의 능력으로 핵무기 개발에 성공함으로써 소련의 핵위협에 대처하였다.

미국과의 관계 역시 베트남전의 확전과 더불어 악화 일로에 있었으며, 1969년 닉슨독트린이 발표되기까지 긴장의 연속이었다. 특히 1965년 초 미국이 베트남전에서 북폭을 개시하자 중국은 이를 자국에 대한 도발행위라 강렬히 비난하고 미군 전투기와 폭격기들의 중국 영공 침범과 중국 영토에 대한 폭격의 중지를 촉구하였다.[33] 또한 중국은 파키스탄 정부를 통해 미국에 전달한 성명서에서 "중국은 미국에 대해 주동적으로 전쟁을 일으키지는 않겠지만 아시아, 아프리카 혹은 세계 어느 곳이든지 미 제국주의자들의 침략에 직면한다면 중국정부는 반드시 그 국가를 끝까지 지원할 것이고, 만약

---

[32] Joseph Y. S. Cheng, "China's Foreign Policy: Continuity and Change", *Asia Quarterly* 1976/4, p.319

[33] 중국은 미군기가 1965부터 해남도, 운남성, 광서장족자치구 등의 영공을 침범하여 폭격을 함으로써 많은 인명피해를 입혔으며, 1966년 12월에는 주베트남 중국대사관을 폭격하는 등 도발적인 행동을 하였다고 비난하였다. 謝益顯 主編『中國外交史』(鄭州: 河南人民出版社, 1996), p.335 참조

미국이 중국으로까지 전쟁을 확대한다면 들어올 수는 있지만 나가지는 못할 것이며, 전쟁이 시작되면 그 한계는 없을 것이다"라고 강력히 경고하였다.34) 이와 함께 중국은 1965년 10월부터 북베트남에 대한 물적 지원을 대폭 증가하였을 뿐만 아니라 비전투병력을 파견하여 1968년 3월까지 32만의 병력을 지원하였다.35) 이렇게 볼 때 중국은 당시 미국의 베트남전 확전에 대해 심각한 안보의 위협을 느끼고 있었던 것을 짐작할 수 있다.

이념분쟁으로 시작된 중·소 양국관계의 파경은 1970년대까지 계속되었다. 그러나 이 시기에도 양국의 국내정세의 변화와 함께 중·소관계 개선의 기회가 두 차례 있었다고 볼 수 있다. 첫 번째는 후르시쵸프가 실각한 1964년으로서 중국은 그 기회를 이용하여 소련에게 관계개선의 의사를 비쳤으나 소련에 의해 거절되었다. 두 번째는 마오저둥과 조우은라이가 사망한 1976년으로서, 소련은 두 지도자의 사망에 때를 맞춰 중국에 대해 관계개선의 뜻을 비쳤으나 당시 중국 지도부는 마오저둥사상을 고수하는 두 개의 범시(兩個凡是)를 주장하면서 이를 거절하여 중·소 대립상태가 지속될 수밖에 없었다. 이러한 1960년대부터의 양국관계 파경에 대하여 1989년 덩샤오핑은 고르바쵸프를 만난 자리에서 "1960년대 중반부터의 양국관계 악화는 이념대립이라기보다는(이 문제에 대해서는 중국 우리 자신 역시 당시의 행동이 모두 옳았다고는 할 수 없으며) 실질적으로는 불평등의 문제였으며, 중국인들이 굴욕감을 느꼈기 때문"이라 밝힌 바 있다.36)

중·소관계 악화에 따라 중국의 대외전략이 '반제·반수'로 전환되면서 동구 사회주의국가들은 중국의 대외전략에서 '중간지대'로 분류하게 되었으나 소련의 수정주의와 중국의 반수정주의의 이념

---

34) 앞의 책, p.337
35) 앞의 책, p.336
36) 『鄧小平文選』 第3卷(北京: 人民出版社, 1993), pp.294-295

대립의 영향으로 중국과 동구권국가들과의 관계는 복잡하면서도 미묘하게 변하게 되었다. 지정학적인 요인과 소련의 영향력으로 인하여 폴란드, 동독, 체코슬로바키아, 헝가리, 불가리아 등 5개국은 소련의 편에 서서 중국을 교조주의, 대국쇼비니즘이라 비난하였으며, 중국 역시 이들 동구국가들을 소련과 함께 수정주의 집단으로 분류함으로써 양측이 서로 비난하였다. 1963년 소련과 미국, 영국이 체결한 '부분핵실험금지조약'문제를 놓고 동구 5개국과 유고슬라비아는 모두 중국의 입장에 반대하였으며, 1960년대 중반 이후 중국의 문화혁명으로 각국 주재 중국대사관에서 수정주의를 비판하는 대량의 전단을 살포하자 동구권 국가들은 이를 내정간섭으로 인식하게 됨으로써 이들 국가와의 관계는 냉각되었으며 몇몇 국가와는 관계가 급속히 악화되었다. 또한 유고슬라비아와의 관계에 있어서도 유고슬라비아와 미국과의 관계완화를 수정주의라 비난함으로써 악화의 길을 걸었다. 루마니아는 이념상의 차이에도 불구하고 소련패권주의를 반대한다는 점에서 중국과 공동이익을 가지고 있었으므로 우호적인 관계를 유지하고 있었다. 이 기간동안 알바니아만이 문화혁명을 지지한 유일한 국가로서 시종일관 중국의 편에 서 있었으며, 반수정주의 투쟁에서 가장 친밀한 전우가 되었다. 이러한 알바니아와 중국과의 관계로 인해 알바니아와 소련과의 관계는 단절되었다.

2. 대 제1중간지대 정책

'제1·2중간지대론'에 따라 중국의 제1중간지대, 즉 아시아, 아프리카, 중남미에 대한 전략은 표면적으로는 평화공존 5원칙에 기초하면서 반제·반수 투쟁에 대한 지지를 이끌어내는 국제연합전선을 구축하는 것이었다. 그러나 1960년대 초반까지는 민족해방운동에 대해서는 제한적이고 선별적인 지원을 하면서 주로 정부간 관계개선과 강화에 주력하였다. 동남아국가와의 관계에서도 베트남의 해방운동을 지원하는 것을 제외하면 대부분 정부간 관계개선과 강화에 주력하였다고 볼 수 있다. 중국은 지역 내 정부들과의 관계강화를 위해 무역협정, 경제원조 등의 실질적인 관계강화를 위한 조치들을 선호하였다. 1963~65년 중국과 버마, 인도네시아의 평균 연간 교역액은 각각 4,400만 불, 9,700만 불에 달하였고 말레이시아와는 1억 불을 초과하였으며, 인도네시아에 대해 6,600만 불(1964~65), 라오스에 대해 400만 불(1962)의 경제원조를 제공하였다.[37] 또한 버마와 캄보디아와는 미국과 소련의 군사기지 설치를 저지하기 위하여 각각 우호조약을 체결하였으며, 그 대가로 이들 두 국가 내의 반란혁명단체에 대한 지원은 거의 무시하거나 지원을 하더라도 이들 혁명단체들의 중국에 대한 충성심과 조직을 유지할 만큼의 최소한의 지원을 하는 정도로 제한하였다.[38]

그러나 이러한 동남아국가와의 관계발전은 중국의 문화혁명으로 인하여 더 이상 지속될 수 없었으며, 쌍방관계 개선을 위한 융통성 있고 온건한 정책도 추진할 수 없게 되었다. 1965년 이후 중국은 태국 내 해방운동을 지지함으로써 태국과의 관계가 악화되었으며, 인도네시아 역시 공산주의 쿠데타의 실패 후 철저한 반공주의로 전환되어 중국과의 관계는 악화될 수밖에 없었다. 버마 역시 문화혁명의 영향으로 버마주재 중국 외교관들의 혁명수출활동이 버마 국내정치문제로까지 확산되자 양국관계는 악화되었다.[39] 또한 문화혁명과 함께 베트남전의 확전은 인도차이나반도 국가들의 안보우려를 자아내어 인도차이나반도 국가들은 그들의 안보를 위해 미국

---

37) 김영문, 『중국외교론』(서울: 대왕사, 1990), p.145
38) Melvin Gurtov, *China and Southeast Asia: The Politics of Survival*(Lexington, MA: Heath Lexington Books, 1971), p.163
39) 위의 책, p.168

에 접근하는 한편 중국과의 관계발전에는 민감한 반응을 보였다. 그리고 태국과 필리핀은 미국과 동남아국가연합의 틀 속에서 내에서 동맹관계를 맺고 있었으며, 일부 국가들의 화교정책이 중국과 충돌하는 등 1960년대 후반 중국의 대 동남아 정책은 전반적으로 실효를 거두지 못하였다.

아프리카 국가들과의 관계에서 볼 때, '제1 · 2중간지대' 전략하의 중국의 대 아프리카에 접근 목적은 이들 국가에게 비동맹을 고무하고, 이들이 미 제국주의와 소련 수정주의에 말려들지 않도록 하는 것이었다. 중국은 미국이 2차대전 이후 아프리카에서 영국, 프랑스 등 전통적인 서구 제국주의의 쇠퇴를 이용하여 아프리카에 남겨진 거대한 힘의 공백을 메우면서 전 아프리카 대륙을 지배할 목적으로 아프리카 신생 독립국을 그의 희생물로 만들려고 한다고 인식하고 있었다.[40] 또한 소련이 채택한 평화공존은 미제국주의와 공모하는 성격을 지니고 있으므로 소련을 미제국주의의 협력자로 간주하였다. 그러나 이 시기 미국과 아프리카간의 유대관계는 현저히 신장된 반면, 소련의 대 아프리카 정책은 그다지 실효를 거두지 못하고 있었으므로 중국의 대 아프리카정책의 초점은 반미에 맞추어졌다.

대부분의 아프리카 국가들은 장기간의 무장독립투쟁을 거치지 않고 그들의 식민모국으로부터 독립을 얻어낸 것으로 대부분의 정부는 민족부르조아가 장악하고 있었기 때문에 상황에 따라서는 언제든지 우익으로 전환될 수 있었다. 따라서 미국은 민간차원에서의 무역과 투자를 증대시키는 한편, 정부차원에서도 반공주의 이념과 서구의 정치사상과 제도를 보존하기 위하여 정치, 경제, 군사, 외교적으로 다방면의 노력을 기울였다.[41] 그 결과, 1960년대 아프리카는

---

40) *Peking Review*, No.9(Feb. 27, 1970), p.16
41) 중국은 2차대전이 끝난 후부터 1969년까지 미국의 대 아프리카 원조액은 64억 불에 달한다고 추정하였다. *Peking Review*, No.15(April. 9, 1971), p.18

기니, 가나, 말리 등 3개 국가를 제외하고는 어느 곳에서도 사회주의 세력에 의한 혁명을 발견할 수 없었다. 그럼에도 불구하고 중국의 대 아프리카 정책은 당시 반동적 부르조아 계급에 의해 통치되고 있다고 인식되는 국가 내에서의 저항운동과 사회주의 운동에 대한 지원에 중점을 두고 있었으며, 더 나아가 니제르, 중앙아프리카공화국, 부룬디, 르완다 등의 국가에서는 기존 정부를 전복시키려는 기도를 했다는 주장과 증거가 제시되기도 하였다.42) 이러한 중국의 행동으로 인하여 많은 아프리카국가들이 중국에 등을 돌릴 수밖에 없었다. 1963년 12월에서 1965년 6월 사이 조우은라이 총리가 세 차례에 걸쳐 아프리카를 방문하였을 만큼 아프리카 국가들과의 관계증진에 노력하였으나 그 결과는 성공적이지 못하였다. 탄자니아 같은 몇몇 국가는 중국에 대해 호의적이었으나 대부분의 국가는 비동맹회의를 알제리에서 개최하고자 하는 당시 중국의 주장에 미온적인 반응을 보이는 등 비우호적이었다.43)

위에서 보는 바와 같이 1960년대 중국의 대 아프리카 외교는 정치적 이익을 중심으로 전개되었으며, 이에 따라 이념적인 색채가 농후했다. 특히 문화혁명기간 중 출현한 경직된 극좌의 사상이 이들 국가들과의 관계에 부정적인 영향을 끼쳤으며, 중국의 강경한 '반소' 입장으로 인하여 소련의 원조를 받고 있었던 다수 국가들의 불만을 사기도 하였다. 또한 이들 아프리카 국가들과의 관계는 주로 경제원조에 의해 유지되고 있었기 때문에 당시 중국의 경제력을 고려해볼 때 지속적인 관계유지는 중국에 상당한 부담으로 작용하였다.

---

42) 그 결과 루안다와 부룬디는 1965년 중국과 외교관계를 단절하였다. 자세한 것은 B. Larkin, *China and Africa 1949~1970*(University of California Press, 1971) 참조

43) 중국은 알제리회의를 주도함으로써 강력한 반미 제국주의 노선을 취하고 동시에 현대 수정주의에 대항하는 것이 필요하다고 주장하여 소련을 배제시킨다는 전략을 가지고 있었다. Alan Hutchison, *China's African Revolution*(London: Hutchinson, 1975), p.79

그 결과 문화혁명기간 중에 중국의 대 아프리카 원조 총액은 1960년대 전반기의 2억 9,100만 불에서 2,700만 불로 급감하였으며, 수혜국 역시 9개국에서 2개국으로 축소되었다.44)

    결과적으로 이 기간동안 중국의 원조와 지원이 주효해서 정권을 획득한 아프리카 국가의 정부나 혁명운동은 전무했다. 중국 자신의 경직된 이데올로기와 문화혁명의 과격성 그리고 미국의 대 아프리카 정책의 영향 등이 원인이 되어 중국과 외교관계를 유지한 아프리카 국가는 1965년 18개국에서 1969년 13개국으로 축소되었다.45)

    중남미국가들과의 관계에서, 1950년대까지 중국과 중남미국가들과의 관계는 중·미관계의 영향으로 거의 발전하지 못하고 있었다. 1959년 쿠바의 카스트로가 혁명에 성공하여 사회주의국가를 건설하자 중국은 다음해 쿠바를 승인하면서 비로소 중남미지역에 대해 관심을 가지기 시작하였다. 그러나 중남미지역은 미국의 뒷마당이라 인식될 만큼 미국의 영향력이 지배하는 지역이었기 때문에 이들 국가와의 관계발전에는 여전히 한계가 있었다. 하지만 당시 중국은 '2개의 중간지대론'의 외교이념을 제시하면서 중남미를 제1중간지대로 분류하고 반제국주의 투쟁을 위한 잠재적인 동맹국으로 생각하고 있었다. 정치적으로는 중남미국가들의 독립을 지지하고 중남미국가들에 대한 미국의 압력에 반대하고, 경제적, 문화적인 교류를 확대하여 상호신뢰를 증진시키고 오해를 해소하는데 주력하였다. 당시 마오저둥은 중남미국가들과의 관계에 대해 "중남미국가들이 중국과 수교를 원한다면 우리는 이를 환영할 것이고, 외교관계 수립

---

44) 기니와 잠비아가 각각 1,100만 불, 1,600만 불을 원조받았다. Carol Fogarty, "Chinese Relations with the Third World", in 2978 JEC Compendium (Table 1-China: Economic Aid Extended to the Third World, 1956~1967), pp.6-7, 김영문(1990), p.199 재인용

45) 이 13개국 중 케냐와 같은 국가는 중국 외교관의 감축을 요구하였으며, 중국의 자국 내에서의 선전활동을 금지하였다. Alan Hutchison(1975), pp.103-132 참조

이 곤란하면 경제적인 교류도 좋으며, 경제적인 교류가 힘들면 일반적인 왕래 역시 환영한다"고 언급한 바 있다.46) 이러한 어려움에도 불구하고 중국은 칠레에 중남미지역 최초로 비정부기관인 무역대표부를 설치하였으며, 칠레정부는 중국이 장기간동안 유엔에서 배제되어서는 안 될 것이라는 우호적인 입장을 표명하면서 양국간 민간차원의 교류가 대폭 증대되었다.47)

그러나 1960년대 중국과 중남미국가들과의 관계에 결정적인 영향을 미친 것 역시 '세계혁명'을 주장하는 문화혁명이었으며, '4인방'이 외교부문까지 장악함으로써 중국의 대외관계에 있어서 비정상적인 긴장상태를 초래하였다. 쿠바 역시 중소분쟁과 이념논쟁 등 정치적인 요인으로 중국과의 관계가 악화되었다. 또한 브라질의 경우에는 우파정부가 들어서면서 민간부문의 교류마저 단절되었다.

3. 대 제2중간지대 정책

'제1·2중간지대론'에서의 제2중간지대로 분류된 일본 및 서구 자본주의국가들은 소련 수정주의와 미제국주의에 반대하고 저항하는 중국의 통일전선전략의 대상으로 상정되었으나 당시 국제적인 상황과 이념적인 색채가 농후한 중국의 외교로는 이러한 목표를 달성하는데 한계가 있었다.

먼저 일본과의 관계에 있어서, 전후 냉전이 시작되면서부터 중국과 소련은 모두 미·일 안보조약이 미·일 양국간의 정치, 경제, 군사적 관계에 기반을 다지면서 중·소 양국에 대한 위협으로 등장할 것으로 보았으며, 1960년대 말까지 일본은 미국의 통제하에 미국의

---

46) 『毛澤東外交文選』(北京: 人民出版社, 1977), p.338
47) 楚樹龍·金威 主編 『中國外交戰略和政策』(北京: 時事出版社, 2008), p.287

세계전략에서 주어진 역할을 수행하고 있는 것으로 간주하였다. 따라서 중·소 양국의 대일 정책은 미·일 동맹체제를 이완시키거나 가능한 한 중립화시키는 것을 전략목표로 삼고 있었으나 중·소관계 악화 이후 소련은 일본과 중국과의 전략적 협력가능성을 우려하고 있었고 중국 역시 일본과 소련과의 협력 가능성에 대한 우려를 감추지 못하고 있었다.[48] 반면, 일본의 대외정책은 항상 정경분리를 시도하면서 대소·대중 등거리 외교를 유지함으로써 인접 양 강대국 간의 미묘한 권력투쟁에 휘말려 들지 않으면서 자신의 국가 이익, 특히 경제적 이익을 극대화시키고자 하였다.

1960년대 초반 중국의 대약진운동의 실패와 이에 따른 경제침체 그리고 이에 대한 반동으로 등장한 류사오치(劉少奇)와 덩샤오핑 등 실용주의자들은 일본의 경제발전에 관심을 가지고 일본과의 경제부문에 있어서의 관계강화를 촉진하게 되었다. 그 결과 이 시기 중국과 일본과의 교역은 '우호교류'와 '민간무역' 등의 채널을 통하여 급속히 확대되어 1963년 1억 3,700만 불, 1965년 4억 7000만 불 그리고 1966년에는 6억 2,000만 불로 급증하였으며, 일본과 언론사 특파원과 무역사무소의 교환에 합의하고 민간접촉을 확대하고자 하였다.[49] 그러나 중국이 '제1·2 중간지대론'을 거론했을 때 일본은 아직 '제2 중간지대'의 범주에 직접 지목되지 않고 있었으며, 한국과의 관계정상화와 미·일동맹의 강화에 대해 중국은 여전히 우려를 표명하고 있었다.[50] 여기에 1964년 중국의 핵실험으로 인한 일본여론 악화와 이어서 전개된 문화혁명은 제한된 부문에서의 양국간의 인식접근

---

48) 1960년대 중국은 '소련 수정주의자들은 미제국주의와 연합하여 일본 군국주의를 강화시키고 같이 한패가 되고 있다'고 공격하였다. *Peking Review*, No.14(April 4, 1969), pp.25-27

49) Doak A. Barnett, *China and Major Powers in East Asia*(Washington D.C. : Brookings Institution, 1977), p.107

50) *Peking Review*, No.4(Jan 24, 1964), p.7 참조

마저 단절시켜 중국은 다시 일본을 단지 제국주의 집단의 일원으로 간주하게 되었고, 다수의 일본 경제인과 기자들을 체포, 학대 또는 추방하는 사태로까지 발전하였다. 그 결과 민간부문에서 다소 서광이 보였던 중·일관계는 다시 암흑기로 접어들게 되었다.

반면, 이 시기 서구국가들과의 관계발전은 상당한 진전이 있었다. 1960년대 초, 서구국가들의 경제발전으로 유럽경제공동체가 출범하면서 서구국가들은 유럽과 세계정치무대에서 이에 상응하는 지위를 요구하게 되었고, 이는 프랑스의 드골을 중심으로 유럽의 사무에서 미국의 간섭을 배제하는 움직임으로 나타나게 되었다. 이와 함께 서구국가들의 대중정책에도 독자적인 움직임이 나타나기 시작하여 프랑스는 미국의 반대에도 불구하고 중국과 수교하였으며, 기타 국가들도 중국과의 관계 발전에 적극적인 관심을 표명하기에 이르렀다.

중국의 대외정책도 미국과 서구를 분리하는 2개의 중간지대 이념을 바탕으로 중국의 외교전략의 중점은 미국의 제국주의와 소련의 수정주의에 대한 반대에 모아졌으며, 서구국가들을 반제·반수 투쟁에서 '제2중간지대'로 발전시켜 간접적인 동맹을 구축하는 대상으로 상정하고 서구국가들과의 관계발전을 도모하였다. 그러나 전반적으로 '제2중간지대'의 국가들, 즉 서구 자본주의국가들이 미국과의 대립과 투쟁을 첨예화하는데 있어서 마오의 기대에 부응하지 못하였기 때문에 이 개념은 1960년대 중반 소멸되다시피 하였다. 다시 말해 정치적, 이념적인 측면에서 중국이 기대한 반제·반수를 위한 서구 자본주의국가들의 결집과 그들의 역할은 실현될 수 없었다.

그렇지만 전체적으로 볼 때, 1960년대 중국의 대 서구정책은 상당히 적극적인 것이었다. 문화혁명이 쌍방관계에 영향을 미치기는 하였으나 빠른 시일 내에 회복되었다. 북유럽 수교국들과의 관계는 지속적으로 발전하였으며, 프랑스와의 수교, 이태리, 오스트리아와의 무역대표부 설치, 서독, 벨기에와의 교류 확대 등이 실현되었다.

그 결과 1969년 서구국가들과의 교역액은 11.26억 불을 기록하여 1959년 대비 72.9% 증가하였다.51) 이는 당시 중국을 고립시키고 억지하려는 미국과 소련의 대중정책을 타파하는데 중요한 역할을 하였으며, 70년대 중점적으로 추진되었던 서구국가들과의 관계정상화를 위한 기반을 마련하였다.

다른 한편으로 중국은 여전히 반제국주의, 반식민주의를 견지하고 세계 각국 국민들의 평화, 민주, 민족독립 및 사회주의를 쟁취하고자하는 투쟁을 지지하는 원칙적인 입장을 고수하며, 서구국가들이 민족해방운동과 인민혁명투쟁을 저지하는 행위에 대해서는 강경한 입장을 표명하였다. 프랑스의 경우 1957년부터 대만과의 관계를 약화시키면서까지 중국과의 관계개선을 희망하였으나 1960년대 아프리카의 민족독립운동이 고조에 이르면서 중국은 아프리카의 프랑스식민지 혹은 프랑스령 국가들에 대한 독립 승인과 지지입장을 고수함으로써 중국과 프랑스와의 관계개선은 몇 년을 더 기다려야만 하였다. 당시 중국의 천이(陳毅) 외교부장은 "중국은 중·프 수교문제는 기다릴 수 있다. 그러나 알제리 인민에 대한 정치, 경제, 군사적인 지지는 그들이 독립을 쟁취할 때까지 계속되어야 한다"고 언급한 바 있다.52) 다른 한편으로 1961년 라오스문제 해결을 위한 제네바 회담에서 중국은 영국, 프랑스, 캐나다와 미국을 분리시키는 정책을 추진하여 프랑스를 대신하여 라오스를 지배하려는 미국의 기도를 좌절시킨바 있으며, 이는 프랑스와의 관계개선을 촉진시키는 결과를 낳기도 하였다.

---

51) 楚樹龍·金威 主編(2008), p.246
52) 王泰平 主編, 『中華人民共和國外交史』第2卷 (北京: 世界知識出版社, 1999), p.364

제 4 장
'3세계론'과 '반소' 외교전략

제1절 1970년대 중국의 세계관 : 3세계론

1960년대 말 문화혁명의 마무리 단계에서부터 중국의 세계관은 현실주의적인 경향을 띠기 시작하여 현실의 세계정세에 따라 변화되기 시작하였다. 당시 중국 지도부의 국제정세에 대한 기본 인식은 '쇠퇴해 가는 미국세력'과 '증대되는 소련의 팽창주의'였으며, 따라서 소련의 위협이 현실적으로 더 심각하다고 생각하고 있었다.

1960년대 '제2중간지대론'을 바탕으로 한 '반제(反帝)·반수(反修)' 외교가 실질적인 효과를 거두지 못하고, 특히 문화혁명 기간동안의 홍위병식 외교는 많은 외국정부들을 적으로 만들었을 뿐만 아니라 세계도처에서 중국의 이미지를 손상시킴으로써 외교적 고립을 자초하였다. 이러한 외교적인 타격과 함께 1970년을 전후해서 발생한 일련의 사태는 중국으로 하여금 외교노선의 전환을 심각하게 검토할 것을 요구하고 있었다. 즉 1968년 소련의 체코슬로바키아 침공과 함께 주장한 브레즈네프의 사회주의국가에 대한 '제한 주권론'과 1969년 중·소 국경충돌에 이은 국경지역에서의 소련군의 증강, 소련의 아시아집단안보체제 제의, 1969년 닉슨독트린, 미군의 베트남

철수 선언, 중·미관계 개선 가능성 증가 등의 일련의 사태는 그들의 세계관을 변화시키기에 충분하였다.

먼저, 중국은 과거 이념적인 접근에서 탈피하여 현실주의적인 관점에서 국제정세를 인식하기 시작하였다. '민족해방 투쟁'이나 '인민전쟁' 같은 개념은 더 이상 거론하지 않고 대신 '초강대국'과 '중소국' 간의 세력관계에 초점을 맞추었다. 또한 '초강대국'이라는 개념을 전통적인 마르크스·레닌주의적인 사회·경제적 관점에서의 정의가 아닌 '세력(power)'의 개념에 입각한 '타국에 대하여 우월하려하고 우월한 힘을 배경으로 지배적 지위를 고수하려는 국가'로 정의하는 등 현실주의적인 인식을 가지기 시작하였다.[53] 다시 말해, 중국은 '초강대국'을 세력과 세계패권을 추구하는 국가 행태적 차원에서 정의하기 시작하였다는 것이다.

다음으로, 소련의 팽창주의에 직면하여 중국은 새로운 통일전선전략을 구축할 필요성을 느꼈다. 당시 중국의 외교목표는 소련의 팽창 저지 및 제3세계에서의 자신의 주도적 지위 확립을 포함한 국제적 이미지 제고였다. 여기서 중국은 세계를 세 부분으로 구분하는 '제3세계론'을 구체화하였다. 즉 제1세계는 미·소 양 초강대국으로 이들은 제국주의와 사회제국주의를 추구하는 세력으로서 세계패권을 추구하고 있으며, 이들 간에는 상호 경쟁과 타협이라는 기본적인 모순이 존재하고 있다고 보았다. 제3세계는 일본을 제외한 아시아국가, 아프리카 및 중남미국가로 구성되며, 이들은 독립 후에도 여전히 제국주의국가들에 의해 경제적인 종속관계가 유지되면서 착취를 당하고 있다고 보고 있었다. 따라서 중국은 이들 제3세계 국가들을 패권주의와 제국주의에 대한 범세계적 투쟁에서 주요한 세력으로 간주하였다. 그리고 제1세계와 제3세계 사이에 있는 선진

---

[53] 김동성, 『중공대외정책론』(서울: 법문사, 1988), p.54 재인용

자본주의국가가 제2세계를 구성하고 있는데 이들은 제3세계 국가들을 착취하면서 동시에 초강대국의 통제와 위협을 받는 국가들로서 동·서 유럽 제국, 일본, 캐나다 등이 이에 속한다고 보았다.

중국은 '3세계론'에 근거하여 제1세계인 양 초강대국들의 세계패권 추구를 저지하기 위하여 제2세계와 제3세계가 단결해야 한다고 주장하면서 '반패권주의'를 새로운 통일전선전략 구상의 주 목표로 상정하였다. 그리고 1970년대에 들어서면서 미국의 세력은 쇠퇴하고 소련의 팽창주의가 부상하고 있다는 인식하에 소련을 '주적'으로 미국을 '제2의 적'으로 규정하고 '반소 패권주의' 전략을 그들 외교의 최우선 순위에 두었다. 따라서 소련의 팽창주의를 저지하기 위해서는 '제2의 적'인 제1세계의 미국까지도 통일전선에 합류시켜야 한다는 전략적 변화를 추구하게 되었고, 그러한 중국의 의도는 미국의 세계전략변화와 맞물리면서 중·미관계 개선이라는 결과를 가져오게 되었다. 또한 제3세계에 대한 외교에서도 '인민'을 강조하던 기존의 통일전선의 구상에서 '가장 광범위한 통일전선' 구상으로 확대되어 '국가와 인민'으로 대체되었다. 이것은 중국의 외교가 '인민 대 인민' 혁명전술에 전적으로 의존하기 보다는 국가 대 국가, 정부 대 정부 차원의 공식적 외교관계를 확대하고자 하는 전략으로 전환되었음을 의미하는 것이다.

제2절 '반소' 외교전략의 의의

1970년대 '반소' 외교전략은 '3세계론'에 입각하여 소련의 팽창주의에 대항하기 위한 광범위한 '반소패권주의 통일전선'을 구축하는 것을 그 골자로 하고 있다.

중·소 이념분쟁 이후 1960년대 양국관계는 긴장상태를 유지하였으나 적대적인 관계까지로 발전하지는 않았다. 그러나 1960년대 말 이러한 긴장관계는 적대적인 관계로 전환되게 되고 중국은 '반소'전략을 채택하게 된다. 그러한 계기가 된 두 사건이 바로 1968년 소련이 체코슬로바키아를 침공한 사건과 1969년 중·소 국경에서 양국이 무력으로 충돌한 '전바오다오(珍寶島)사건'이다.

  1968년, 소위 '프라하의 봄'이라는 자유화 물결에 부응하여 체코슬로바키아 정부는 국내적인 개혁을 단행하게 되었다. 이러한 개혁은 경제적인 영역에서 사회주의의 기반인 계획경제에 대한 개혁을 의미하였고, 정치적인 영역에서 국가기관과 기업의 인사제도, 특히 중앙조직의 인사에 대한 개혁을 의미하였으므로 이는 소련의 우려와 불만을 야기하였다. 따라서 소련은 처음부터 체코슬로바키아에 대해 압력을 가하여 개혁의 진전을 저지하려 하였으나 뜻대로 되지 않았다. 결국 1968년 8월 20일, 소련은 체코슬로바키아에 대한 무력침략을 감행하여 주요도시와 전략요충지를 점령하고 국경을 봉쇄하였으며, 체코슬로바키아 공산당의 주요 지도자들을 모스크바로 압송하였다. 이러한 주권국가에 대한 소련의 공공연한 패권주의적 무력침략행위는 중국을 비롯한 세계 각국의 강렬한 비난을 받았다. 중국 지도부는 이 사건을 계기로 소련이 패권을 추구하는 '사회제국주의'로 변질되어 국제 공산주의운동 내부의 문제를 무력으로 해결하려 하고 있으며, 공산국가 간의 분열을 획책하고 있다고 인식하게 되었다.

  또한, 1960년대 초반부터 이어져 온 중국과 소련의 국경선에서의 충돌은 마침내 1969년 3월 대대적인 무력충돌 사건인 '전바오다오 사건'을 야기하였다. 소련은 1960년대 중반부터 전바오다오 지역의 중국영토에 대한 요구를 해오다가 1969년 3월 2일 중국의 전바오다오 지역에 대해 대규모 무력공격을 시작으로 동년 8월 13일까지 모두 5차례에 걸친 무력공격을 감행하였다. 중국군의 강렬한 저항에 부딪혀 소련이 그 목적을 달성하지 못하였으나 이 사건으로 인하여 중국은 소련이 중국의 안전에 심각한 위협이 되고 있다는 것을 인식하게 되었다. 이 사건 이후 소련은 국제사회에서 중국의 핵시설 제거를 시도하였으나 중국은 분명하게 반대의지를 표명하고 이를 저지함으로써 소련의 계획은 무산되었다. 이에 중국은 1970년대 초부터 적극적으로 소련의 무력침공에 대항하는 준비를 하게 되었다.54)

악화된 중·소관계와 함께 1970년대 들어 중국지도부는 당면하고 있는 새로운 국제정세에 대한 인식을 달리하기 시작하였으며, 이러한 새로운 인식하에 중·소 양국간의 모순이 중·미 양국간의 모순보다 심각하며, 미·소 양국간의 모순이 미·중 양국간의 모순보다 심각하다고 판단하게 되었다.55) 이러한 판단아래 중국 지도부는 소련이 이미 중국의 국가안보에 있어 최대의 위협이며, 중국과 미국은 '반소'의 측면에서 공동의 전략적 이익과 상호협력의 필요성이 존재하고 있다고 인식하게 되었다. 이러한 인식은 이후 중국 지도부의 외교전략 조정에 중요한 근거를 제공하였다.56) 이와 함께 중국은 과거 '제1·2중간지대론'을 그들이 처한 국제환경에 적합한 '3세계론'의 대외전략 사상으로 발전시키기 시작하였다. 즉 주적인 소련에 대항하기 위하여 같은 제1세계 국가이지만 적대적이지 않은 미국과

---

54) 1969년 10월 마오저둥은 중·소국경의 군사기지와 근접한 곳들에 터널을 구축할 것을 지시하였다. Joseph Y.S. Cheng, "China's Foreign Policy: Continuity and Change", *Asia Quarterly*, 1976/4, p.310 또한 중국 동북부의 4개 사단을 국경지역으로 이동시켰으며, 북부에 주둔하고 있던 6개 사단을 내몽고의 국경지역으로 이동 배치하였다. Lu Yung-Shu, "Preparation for War in Mainland China" in *Collected Document of the First Sino-American Conference on Mainland China*(Taipei: Institute of International Relations, 1971), p.898

55) 熊向暉, "打開中美關係的前奏", 『瞭望』, 1992, 第35期 참조

56) 중·미 화해를 전제로 한 반소전략의 결정은 전바오다오 사건 이후인 1970년 9월 6일 개최된 중국공산당 제9기 제2차 중앙위원회전체회의 이전에 이루어진 것으로 추정할 수 있다. A. Doak Barnett, *China and Major Powers in East Asia*(Washington D.C. : Brookings Institution, 1977), p.194

의 협력을 추구하게 되었던 것이다. 이러한 전략하에 중국지도부는 미국의 중·미관계 개선 메시지에 대하여 적극적으로 화답하였고 결국 1971년 7월 키신저의 중국방문에 이어 닉슨 대통령의 중국방문을 이끌어 내어 중·미관계 정상화의 길로 들어서게 되었다.

1972년 닉슨의 중국방문 시 발표한 "상하이(上海) 공동선언"과 같은 해 일본과의 수교공동선언에서 소련 패권주의의 확장 저지를 위한 반패권주의를 명문화시키는데 성공하였다. 이후 중국은 '반소'의 목적을 위해 소련과의 접경국가를 중심으로 제3세계 국가들 모두를 포함하는 '반소 통일전선'을 구축하여 소련의 패권주의에 공동으로 대응할 것을 미국과 일본에 제의하였다. 이는 제3세계와 제2세계 국가들 뿐만 아니라 제1세계인 미국의 역량까지 이용하여 중국에 가장 심각한 위협으로 부상한 소련에 대항하고자 한 것이며, 이것이 1970년대 중국이 채택한 '반소'외교전략이다. 마오는 1973년 2월 17일 키신저를 만난 자리에서 "같은 위도상에 있는 국가 즉 미국, 일본, 중국, 파키스탄, 이란, 터어키, 유럽 국가들과의 협력을 추구하겠다"는 '반소'를 위한 '하나의 전선'전략을 밝힌 바 있다.[57]

1970년대의 '반소'전략은 당시의 국제정치적 상황으로 미루어 볼 때, 중국의 입장을 잘 대변해 주고 있는 전략이며, 일정 정도의 성과도 있었다. 당시 중국은 중·미관계 개선에 끊임없이 노력하였으며, 1979년 1월 드디어 중·미관계 정상화를 이룩함으로써 중·미 양국은 전략적 협력관계로까지 발전하게 되었고 레이건 정부는 중국을 역사상 유래 없는 '우호적인 비동맹국'의 지위로까지 올려놓았다. 또한 미국과의 전략적 협력관계는 중국의 안보에도 상당한 역할을 하였으며, 미국은 중국에 대해 무기판매를 시작하였다. 그리고 1979년 중·베트남 전쟁 시 베트남의 동맹국인 소련이 전혀 개입하지

---

57) 楚樹龍·金威 主編,『中國外交戰略和政策』(北京: 時事出版社, 2008), p.69

않았던 사실도 중·미 양국간에 전략적 협력관계가 존재하고 있었다는 사실과 무관하지 않을 것이다.

제3절 '반소' 외교의 실제

1. 대미 외교

1970년대 초, 중국은 여전히 문화혁명의 잔재가 남아 대내외적으로 계급투쟁을 강조하고 있었고, 중·소관계는 완전히 결렬되어 소련의 팽창과 침략가능성 등으로 심각한 안보위협에 노출되어 있었으며, 외교적으로는 고립된 상황에 처해 있었다. 이러한 상황에서 중국 지도부는 최대의 위협으로 떠오른 소련에 대항하기 위하여 미국과의 관계개선이라는 전략적 선택을 하게 된 것이다. 이러한 중국의 전략적 선택은 '소련사회제국주의'를 주적으로 하는 '3세계론'의 대외전략 사상으로 나타나게 되었다. '제1세계'에는 여전히 소련과 함께 미국이 포함되어 있었지만 이미 미국은 반소를 위한 연대의 대상이었다. 이는 1969년 미국의 닉슨독트린에서 밝힌 미국의 신아시아정책이 중·미 양국의 이익에 부응한다는 중국의 판단과 함께 소련의 위협에 대항하면서 자신의 안보환경을 개선하고자 하는 목적이 동시에 작용하였다고 볼 수 있다.[58] 미국의 세계전략의 변화와 중·미관계 개선은 중국으로 하여금 유엔안보리에서의 상

---

58) 닉슨 행정부는 당시 닉슨독트린을 포함하여 다양한 외교채널을 통하여 중국에 대해 일련의 메시지를 꾸준하게 보내고 있었다. 그것은 첫째, 미국은 더 이상 중국과의 적대적인 관계를 원하지 않는다는 것, 둘째, 미국이 중국의 안보를 위협하는 소련의 어떠한 군사적·외교적 행위에 대해서도 반대할 것, 셋째, 중국과의 접촉을 공개화, 확대할 것을 제안한다는 것 등이었다. Harry Harding, 안인해 역, 『중국과 미국 : 패권의 딜레마』(서울: 나남출판, 1995), pp.79-81

임이사국의 지위를 확보하게 하였으며, 1972년 9월 일본과의 수교도 가능하게 하였다. 중·일 수교는 미국이 대중정책을 조정하였기에 가능한 것이었으며, 이로써 중국의 외교환경이 개선되면서 주변의 안보환경도 크게 개선되었다. 따라서 1970년대 초 '연미반소(聯美反蘇)'는 중국 외교의 주축으로 자리잡게 되었다.

'상하이(上海)공동성명' 이후 중국의 대미외교전략의 목표는 첫째, 미국을 끌어들여 소련의 사회제국주의적인 패권추구를 저지함으로써 중국에 대한 안보위협을 감소시키고, 둘째, 중·미관계 정상화를 위한 조건으로 대만으로부터의 미군철수, 대만과의 단교, 상호방위조약 폐기를 제기하였으며, 셋째, 상호이익 증진을 위한 경제사회적 협력의 확대 등으로 요약할 수 있을 것이다.

그러나 중국의 이러한 대미전략목표는 1970년대 후반 덩샤오핑(鄧小平)이 실권을 장악하기 이전까지는 몇몇 요인으로 인하여 순조롭지 못하였으며 양국관계는 정체상태에 머물러 있었다. 그 주요 요인으로 지적할 수 있는 것은 먼저, 소련에 대한 중·미 양국의 전략적 차이를 지적할 수 있다. 1970년대 중·미 양국은 모두 소련의 팽창주의에 대해 우려하고 있었지만 구체적인 대소전략에 대한 양국의 인식은 상당한 차이가 있었다. 본질적으로 중국은 소련에 대항하기 위하여 미국과의 연대를 원하였지만, 미국은 미·소 데탕트를 증진시키기 위하여 중국과의 제휴를 원했던 것이다. 즉 중국은 소련을 봉쇄해야 할 군사적 도발세력으로 인식하고 있었고, 미국은 소련을 어느 정도 회해가 가능한 다소 복잡한 국제정치행위자로 보고 있었다. 따라서 중국은 미·소 데탕트를 위하여 자신들이 미국에 의해 희생될지 모른다고 우려한 반면, 미국은 중국으로 인해 중·소 대립에 휘말리는 것을 우려하고 있었던 것이다.

두 번째로, 대만문제에 대한 상호수용 가능한 해결책을 발견하는 데 실패하였다는 점이다. 중국은 '하나의 중국, 대만은 중국의 일부'

라는 입장을 고수하고 있었고, 미국은 대만과 공식적인 관계를 유지하면서 중국과의 관계정상화를 추구해 보고자 하는 희망을 가지고 있었다. 따라서 상하이 공동성명 이후 미국은 여전히 대만과의 관계를 유지하고자 하였고, 특히 베트남전 철수 이후 대만에 대한 포기문제가 국내의원들과 여론의 반대에 부딪치고 있었다. 반면, 중국 관료들은 미국이 중국과의 외교관계를 정상화하는 방향으로 나아가기보다는 대만과의 관계를 더욱 접근시키는 방향으로 후퇴하고 있다고 인식하였고 이는 궁극적으로 대만과의 관계단절을 주저하고 있다는 증거로 보고 있었다.[59]

세 번째로는 양국의 국내정치적 문제를 들 수 있다. 당시 조우언라이(周恩來)는 대내외 문제에 대하여 보다 실용적인 노선으로 회귀하려는 시도를 하고 있었고 이는 쟝칭(江靑)이 이끄는 중국지도부 내의 보수파로부터 끊임없는 공격과 비판을 받고 있었다. 그러한 상황에서 대만문제에 대해 조금이라도 미국에 양보한다면 그것은 보수파에게 공격을 가속화할 구실을 제공하는 것이었다. 조우언라이의 건강악화와 함께 외교정책에 관한 결정은 다시 재기한 덩샤오핑에게 넘어갔으나 덩(鄧) 역시 보수파의 공격을 의식하지 않을 수 없는 상황이었으며, 따라서 중·미관계 정상화의 세 가지 조건(대만과의 단교, 상호방위조약 폐기, 미군철수)을 고집할 수밖에 없었다. 미국 역시 대선을 앞두고 베트남 붕괴 이후 대만과의 관계단절을 대부분 반대하고 있었으므로 대만문제는 미국의 대선과 직접 연결되고 있었다.

미국에서 카터 행정부가 들어서고, 중국에서 쟝칭을 비롯한 문혁

---

[59] 중국이 미국과 대만과의 관계가 오히려 접근하고 있다는 근거로 지적하는 것은 대만으로부터의 미군철수 속도가 느린 점, 신임 주대만 대사의 임명, 미국 내의 대만 영사 확대, 대만에서의 새로운 미국무역센터의 건립, 미국의 대만에 대한 지속적인 무기판매 계획 등이었다. Harry Harding(1995), p.101

4인방이 체포되고 덩샤오핑의 지위가 점차 확고해지면서 양국관계는 활력을 되찾게 되었다. 결국 중국은 일본과 1978년 8월 중일평화우호조약을 체결하였고, 이어서 1979년 1월 1일 중·미관계 정상화를 이룩함으로써 1970년대 초반에 목표하였던 미국, 일본을 끌어들인 반패권주의 연대를 구축하는데 성공하였다. 1971년 키신저의 방중 이후 1989년까지 근 20년 동안 중국과 미국은 실제로 소련의 팽창과 위협에 대항하는 전략적 협력관계를 유지하였다. 이 시기에 중국은 여전히 '반제국주의'를 포기하지 않았고 미국과 대만문제 및 지역과 국제문제에 있어서는 여전히 갈등과 분쟁이 있었지만 양국관계의 기본 구도는 '반소'협력이었으며, 중국의 대미전략은 '연미반소'를 주요 내용으로 하는 것이었다.

2. 대 제2세계 외교

1960년대 중국은 일본을 주로 중·미 대결의 맥락에서 대립세력으로 간주해 왔지만 1970년대 들어와서는 일본을 잠재적 경쟁자라는 관점에서 대일전략을 재구성하기에 이르렀으며, 당시 소련의 위협에 대처해야 하는 중국으로서는 자신의 '반소'전략에서 일본의 변수를 심각하게 고려하지 않을 수 없었다. 1969년 11월 닉슨-사토 공동성명 발표로 인하여 한때 중국에서는 반일군국주의 정서가 팽배되기도 하였으나 1971년 7월 키신저의 방중에 이어 미국과의 성공적인 접촉은 중국으로 하여금 보다 유리한 입장에서 일본에 접근할 수 있게 하였다. 또한 1971년 10월 중국의 유엔 대표권 획득과 1972년 2월 '중·미 상하이공동성명' 등 일련의 사건들에 충격을 받은 일본은 중국과의 관계정상화에 적극적인 태도로 전환하게 되었고, 반중 정서를 가지고 있었던 사또가 사퇴하고 다나까가 총리가 되면서 양국관계정상화에 적극성을 보이기 시작하여 1972년 9월 중·일 양국은 관계정상화에 이르게 되었다. 이로써 중국은 미국과의 상하이 공동성명에 이어 조우(周)-다나까 공동성명에서 반패권주의 원칙을 삽입하는데 성공함으로써 당시 중국의 세계전략목표에서 가장 중요한 성과를 이루어냈다.

중·일 양국은 소련패권주의 저지에 대한 공동인식을 가지고 있었고, 중·일 수교로 중국은 중·소관계 악화의 국면에서 드디어 자신의 외교공간을 개척할 수 있었으며 자신의 국제적 지위를 제고시키고 안보환경을 크게 개선할 수 있었다. 당시 조우은라이 총리 겸 외교부장은 "중·일관계 개선과 우호관계의 발전은 중국의 발전과 양국의 이익을 가져다 줄 뿐만 아니라 중국의 국가안보문제를 해결할 수 있는 중요한 요인이 되었다"고 언급한 바 있다.60) 이와 더불어 1978년 8월 체결된 '중·일 평화우호조약'은 '반패권주의'조항의 문제로 난항을 거듭한 결과 일본의 요구로 단서조항이 부가되었지만 결국 '반패권주의'조항을 명기하는데 성공함으로써 '반패권주의 통일전선'에 일본을 끌어들이는데 성공하였다.61) 중국 자신도 이 조약을 상당히 성공적으로 평가하고 있다. 즉 중국은 최초로 법적 효력을 가지는 국제문서에 자신들의 외교원칙인 '반패권주의 원칙'을 명기할 수 있었다는 점, '제2세계'국가와의 첫 번째 조약체결이라는 점, 초강대국의 패권주의에 대항하는 자신의 가장 광범위한

---

60) 裵堅章, "關于周恩來外交思想研究的幾個問題", 『中外學者論周恩來』 (天津: 南開大學出版社, 1990), p.393

61) 제2조에는 "쌍방 당사자는 아시아·태평양지역, 혹은 지역 내에서 패권을 추구하지 않으며, 이러한 패권을 장악하려는 어떠한 국가 또는 국가군의 시도에도 반대한다"는 반패권주의 조항이 명기되어 있으며, 일본의 요구를 받아들인 단서조항으로서 제4조에는 "이 조약은 어느 한 일방의 제3국과의 관계에 영향을 주지 않는다"고 되어 있다. 일본은 제3국의 패권주의를 지칭하는 조항의 삽입은 쌍무조약의 원칙과 실제에 부합되지 않으며, 이러한 조항의 삽입은 소련에 의해 '중·일간의 야합'으로 해석 될 수 있다는 이유로 반대하였다. Peking Review, No.33 (Aug. 18, 1978), pp.7-8 참조

통일전선전략에서 중요한 상징적인 의미를 지니고 있다는 점 등을 언급하며 대단히 만족하였다.62)

동구국가들과의 관계에서 과거 중국의 외교적인 노력은 소련으로부터 이들 국가들의 자주와 독립을 촉구하면서 중립화시키려는 전략으로 제한되어 있었으나 중·미관계 개선을 계기로 중국은 반패권주의 원칙에 입각한 실용주의적 대외정책에 적극적으로 접근하면서 동구국가들과 서구국가들을 동등하게 고려하기 시작하였다.63)

동구국가 중 폴란드, 동독, 체코슬로바키아, 헝가리, 불가리아 등 5개국과는 이념과 소련과의 관계로 인한 갈등이 있었을 뿐 이해관계에 있어서의 충돌은 없었다. 따라서 이들 5개국은 중·소관계의 개선을 희망하면서 중국에 접촉을 시도하였지만 중국은 여전히 이들 5개국을 소련이 주도하는 '현대 수정주의'집단의 일원으로 보았다. 그러나 한편으로는 이들 국가들을 '제2세계'로 분류하고 소련과의 잠재된 갈등이 분출되어 소련과의 관계가 소원해지기를 희망하면서 실질적인 관계발전을 추구해 나갔다.64) 따라서 이들 5개국과는 정치적 관계보다는 경제적 관계발전에 치중하여 교역량은 꾸준히 늘어 갔으며, 이 시기는 주로 철강, 농기계, 화공원료 등의 수입이 주를 이루었다.65)

이 시기 동구국가 중 중국과 우호적인 관계를 유지한 국가로는 루마니아와 유고슬라비아를 들 수 있다. 루마니아는 소련과의 갈등이 심화되면서 소련의 원조가 감소되자 정치적 지지와 경제적 지원이 필요하게 되었고, 중국 역시 루마니아의 지지를 필요로 하였으므

---

62) *Peking Review*, No.33(Aug.18, 1978), pp.9-10
63) 김동성(1988), p.107
64) 王泰平 主編, 『中華人民共和國外交史』 第3卷(北京: 世界知識出版社, 1999), pp.223-254 참조
65) 위의 책, p.228

로 우호적인 관계를 유지하였다. 유고슬라비아와 중국과의 관계는 소련의 체코슬로바키아 침략으로 전환기를 맞이하여 결국 양국은 적대관계에서 우호관계로 발전하였으며, 화궈펑(華國鋒)과 티토의 상호방문에 이어 양 공산당과의 관계도 회복되었다. 그러나 우호적인 관계를 유지하고 있었던 중국과 알바니아와의 관계는 1970년대 중반 이후 파국을 맞이하게 되었는데 그 이유는 당시 중국이 알바니아에 대해 과다한 원조를 제공해 줄 수 없었고 알바니아 국내문제와 미국의 요인이 작용하였으며, 또한 알바니아가 여전히 문화혁명시기의 극좌이념을 지지하였기 때문이다.

중국의 대 서구 선진자본주의 국가들에 대한 외교전략의 중점은 우선 미국과 서구국가들의 모순을 이용하여 이들을 미국의 영향력에서 벗어난 독자적인 세력으로서 반패권주의 통일전선에 동참시키는 것 그리고 당시 소련의 데탕트 외교 공세에 서구국가들이 '데탕트의 기만적 성격'에 현혹되지 않고 소련의 팽창주의적 실체를 인식하게끔 하는 데 있었다. '반소 통일전선' 구축을 추구하고 있었던 중국으로서는 동서 진영의 데탕트가 중국을 다시 고립시킬 수 있는 결과를 가져올 수 있기 때문에 곤혹스러울 수밖에 없었다. 따라서 중국은 '유럽은 세계패권을 위한 미·소 각축장'임을 강조하고, 서구에서 초강대국의 행동에 대한 의구심을 조장하면서 미국과의 신뢰 퇴색을 촉진하는 동시에 소련이 '유럽안보회의', '헬싱키회의' 등을 이용하여 자신의 패권을 추구하고 있다고 비난하면서 소련과 서구 간 데탕트의 허구성을 지적하기도 하였다.[66]

하지만 중·미관계 개선이 중국과 서구국가들의 관계발전에 긍정적인 역할을 하였다는 사실은 부인할 수 없다. 1970년대 중·미관계 개선의 환경 속에서 중국과 서구국가들과의 관계는 급진전되어 외교

---

66) *Peking Review*, No.32(Aug. 9, 1976), pp.11-13

관계정상화의 최고조를 이루었다. 1979년까지 중국은 모로코, 바티칸 등 소국을 제외한 서구 14개 주요국가와 외교관계를 수립하였으며, 1975년에는 유럽공동체와 공식적인 관계를 수립하였다. 따라서 이 시기는 중국과 서구의 장기적인 발전 기반이 구축된 시기라고 볼 수 있다. 서구는 상품과 원료시장으로서 중국을 주목하기 시작하였으며, 중국의 역량을 이용하여 미국과 소련을 견제하려 하였다. 또한 모든 역량을 집중하여 대내적인 경제발전을 도모하고 소련에 대항해야 하는 중국으로서는 '제2세계'에 속하는 서구국가들이 '반소 패권주의 통일전선' 구축의 잠재적 동맹국으로서의 역할을 기대하였고, 또한 서구로부터 첨단 기술과 제품들을 도입하기를 희망하였다. 서구국가들이 중국의 의도한 바와 같이 '반소패권주의 통일전선'의 일원으로서의 역할을 어느 정도 수행했는지 그리고 그것이 성공적이었는지 가늠하기는 어렵지만 1973년 9월 중국을 방문한 프랑스 퐁피두와의 회담 후 발표한 중·프 공동성명에서 '반패권'의 단어를 삽입하는데 성공하였으며,[67] 그 외에도 서독의 슈미트 수상, 캐나다의 트뤼도 수상, 호주의 휘트램 수상 등 서국 국가들의 지도자들이 중국을 방문하였을 때 반패권 통일전선에의 참여를 설득하는데 많은 노력을 기울인 것으로 알려져 있다. 이와 함께 경제적인 교류도 대폭 증가하여 중국과 서구와의 무역액은 이미 동구와의 무역액을 능가하였으며, 서독은 일본에 이어 두 번째 무역파트너가 되었다.

3. 대 제3세계 외교

마오의 '3세계론'에 의하면 많은 아시아, 아프리카, 중남미 국가들이 비록 독립은 쟁취했지만 여전히 완전한 경제적 자립 및 정치적

---

[67] *Peking Review*, No.37(Sept. 14, 1973), pp.4-5

독립을 달성해야 할 어려운 과제를 안고 있다고 보고 있다. 이는 제국주의 국가들이 제3세계에 대해 경제적 종속관계를 유지하려고 할 뿐만 아니라 세계시장에서 이들 후진국의 생산과정을 통제하는 독점적 지위를 이용하여 제3세계를 착취하고 있다고 보기 때문이다. 따라서 중국은 이들 제3세계 국가들을 초강대국에 대항하는 중심세력으로 인식하고 있으며, 이는 1974년 유엔총회에서 덩샤오핑은 "많은 아시아, 아프리카, 중남미국가들이 정치적인 독립 이후에도 식민주의, 제국주의가 여전히 이들 국가의 경제를 지배하고 있어 구시대의 경제구조에 근본적인 변화가 없었다. 식민주의, 제국주의, 특히 초강대국의 압박과 착취는 빈국은 더욱 가난하게, 부국은 더욱 부유하게 만들어 빈부의 격차는 나날이 커지고 있다. 제3세계 국가들은 불평등한 현 국제경제질서의 변화를 강렬하게 요구하고 있으며, 중국정부는 제3세계 국가들이 제기하고 있는 이러한 주장 모두에 대해 열렬한 지지를 보낸다"라는 언급에서 잘 나타나고 있다.[68]

이러한 제3세계 국가들은 중국 자신이 주도하는 반제국주의, 반패권주의 투쟁을 위한 중요한 역량이었으며, 특히 아시아 지역의 국가들은 당시 중국의 '반소패권주의' 통일전선을 위한 중요한 대상국가로 떠오르고 있었다. 소련의 아시아에서의 팽창은 구체적으로 인도와의 관계 강화와 인도차이나반도에서의 영향력 확대로 나타나고 있었고 중국은 이를 '중국포위'전략으로 인식하고 있었다. 이러한 인식아래 중국은 인도양에서의 소련의 전략적 우위를 저지하는데 우선적인 전략목표를 설정하고 인도양을 '평화지대'와 '비핵지대'로 선언하는 연안국들의 움직임에 대해 공개적으로 지지하면서 인도양이 군사기지화되는 것을 저지하였다.[69] 또한 1971년 인도·파키스탄 전쟁에서 소련이 인도를 적극 지원한 이후 중국은 아시아에서

---

68) 王泰平 主編(1999), pp.440-441
69) *Peking Review* No.12(March 19, 1976), pp.20-21

의 '소련·인도 연합의 패권주의'를 경계하게 되었고, 이에 대응하기 위하여 인도의 인접 국가들인 파키스탄, 스리랑카, 버마, 방글라데시 등과 유대를 강화하였다.[70] 버마와는 1973년 12월 비렌트라(Birentra) 국왕과 반패권주의에 합의하고 공동성명을 발표하였으며,[71] 1975년 11월 우 네윈(U Ne Win) 대통령과의 공동성명에서도 강력한 반패권주의를 표방하였다.[72] 또한 파키스탄과는 1976년 6월 알리 부토(Ali Butto) 수상과의 공동성명에서 강력한 반패권주의 입장을 천명하였다.[73] 방글라데시와는 1975년 방글라데시의 무지브(Sheikh Mujib)정권이 무너지고 반인도감정이 폭발하자 중국은 즉각 외교관계를 수립하고 1977년 당시 방글라데시의 계엄사령관이었던 라만(Ziaur Rahman)을 초청하여 반패권주의 공동성명을 발표하는 성과를 거두었다.[74]

뿐만 아니라 인도차이나 반도를 포함한 동남아지역 역시 1970년대 중국의 주요 관심지역이었다. 미국의 아시아 전략의 조정으로 미군이 인도차이나 반도에서 철수하자 소련은 '아시아 집단안보체제'를 제창하면서 그 공백을 메우고자 하였다. 더욱이 1975년 베트남에서 공산주의가 완전히 승리하자 소련은 베트남과 라오스에서의 영향력을 완전히 굳히게 되었다. 특히 소련은 1972년부터 '아시아 집단안보체제' 구축을 끊임없이 주장하여 왔으며, 중국은 이를 '평화와 안보라는 구호아래 단지 소련의 침략과 팽창정책에 봉사하도록 고안된 것이며, 이를 이용하여 소련은 실제로 미국의 영향력을 대체하고 아시아에서의 팽창주역이 되고자 하고 있다'고 비난하

---

70) 특히 파키스탄에 대해서는 정치·외교적인 시원 뿐만 아니라 1972년 파키스탄의 채무 1억 4천만 불을 면제해 주는 경제적 지원을 단행하였다. Shirin Tahiri-Kheli, "Chinese Objective in South Asia" *Asian Survey*, XVIII, No.10(Oct. 1978), p.1007 참조
71) *Peking Review*, No.51(Dec. 1973), p.6
72) *Peking Review*, No.47(Nov. 21. 1975), p.69
73) *Peking Review*, No.23(Jun. 4. 1976), pp.7-8
74) *Peking Review*, No.3(Jan. 14. 1977), p.26

였다.75) 이와 함께 중국은 이 지역의 안전과 독립을 지키는 가장 효과적인 방법은 패권주의에 대항하여 결속하는 것이라 주장하면서, 이 지역국가들과의 공식적인 외교관계를 확대하는데 주력하였다. 그리하여 1971년에는 버마와 외교관계를 재개하였으며, 1974년에는 말레이시아, 1975년에는 필리핀, 태국과 각각 외교관계를 정상화하였다. 뿐만 아니라 중국은 이들 국가와의 공동성명에 상호간의 경제협력 확대를 포함한 반패권주의 원칙을 포함시키는데 성공하였다.76)

그러나 이러한 국가들이 중국의 반패권주의에 동의했다는 사실이 중국이 주도하는 반소 통일전선의 구도에 적극 참여하고자 하는 것이라고 해석하기에는 무리가 있다. 하지만 1975년부터 소련과 라오스의 유대강화, 1978년 베트남의 소련과 군사동맹에 버금가는 우호조약을 체결, 이어 12월 캄보디아 침공, 1979년 중·베트남 전쟁 등으로 동남아에서 공산국가와 비공산국가간의 분열과 대립이 두드러지게 나타나게 되었다. 자국의 안전에 위협을 느끼고 있었던 이들 비공산국가들은 소련을 등에 업은 베트남의 지역패권주의에 반대하는 중국의 입장에 동의하고 있었고, 이러한 측면에서 중국 역시 동남아 비공산국가들과 협력강화의 가능성이 열려있었던 것이다. 이러한 이해관계의 일치가 중국과 동남아 비공산국가들과의 관계발전에 촉매제가 되었던 것이다. 그리하여 중국은 동남아국가들과의 협력강화를 위하여 공식적인 외교관계정상화와 함께 경제관계를 강화하여 동남아국가들과의 무역액은 괄목할 만한 성장을 이룩하였다. 1975년의 중국과 동남아국가들과의 무역량은 1970년의

---

75) *Peking Review*, No.47(Nov. 19, 1976), pp.30-32
76) 동 공동성명들은 모두 "세계의 어느 부분에서도 패권을 수립하고자 하기나 영향권을 창출하고자 하는 어떠한 국가나 국가군의 시도에 반대한다"는 언급을 하고 있다. *Peking Review*, No.23(June 7, 1974), p.8, *idem*, No.24(June 13, 1975), p.7, *idem*, No.27(July 4, 1975) 참조.

4배로 증가하였으며, 수출액은 9억 불, 수입액은 1억 8,000만 불을 기록하여 중국의 제3세계 무역액 중 34%를 차지하였다.[77]

아프리카 지역에 대한 중국의 외교를 살펴보면, 1970년대 중국의 대 아프리카 외교의 목적은 가능한 모든 정치적 역량을 동원하여 우방을 확보하고 증대되는 소련의 대 아프리카 영향력을 견제하는 것이었다. 1970년대 초 소련의 대외관계에서 아프리카의 지위는 여전히 주목을 받지 못하였으며, 1973년과 1974년 소련의 대 아프리카 원조액은 각각 900만 불과 1,700만 불에 그쳐 같은 해 소련의 제3세계 원조액 중 1.3%와 2.9%를 차지하고 있었을 뿐이었다.[78] 그러나 1974년 말부터 아프리카에서 소련의 활동은 현저하게 증가되었다. 소련과 쿠바의 군사개입으로 1975년 11월 앙골라인민해방운동(MPLA)은 루안다에서 네토정권의 수립을 지원하였으며, 1977년 3월 소련 최고회의 의장 포드고르니가 120여명의 수행원들을 이끌고 소련지도자로서는 최초로 아프리카 대륙을 순방하였다. 포드고르니는 탄자니아, 잠비아, 모잠비크, 소말리아를 방문하였으며, 모잠비크와는 상호우호협정을 체결하였다. 얼마 후, 이디오피아 임시군사행정위원회 의장 맹기스투 중령이 모스크바를 방문하여 소련과 상호우호관계를 증진시키는 성명을 발표하였다. 이러한 소련의 행위에 대해 중국은 소련 사회제국주의자들이 아프리카에서 구식민주의자들을 대신하여 자국의 세력침투 및 확장을 기도하고 있다고 판단하였다.[79] 따라서 중국은 당시 대 아프리카 정책에서 현상유지를 목적으로 하고 있는 미국이 소련의 팽창주의에 대항하는 연합전선의 파트너가 될 수 있다고 보았다.

---

77) 김영문, 『중국외교론』(서울: 법문사, 1990), p.169
78) George Ginsburg, "The Soviet View of Chinese Influence in Africa and Latin America", in Alvin Z. Rubinstein, *Sovet and Chinese Influence in the Third World*(New York: Praeger, 1975) pp.197-216 참조
79) *Peking Review*, No.17(April 21, 1978), p.10

중국은 소련의 팽창을 저지하기 위하여 대 아프리카 외교의 중점을 정치·외교적 유대관계 강화, 경제적 관계 증진, 반패권주의 선전활동 등에 두었다. 먼저, 중국은 아프리카 국가들과의 공식적인 유대관계 강화를 위하여 관계정상화 외교에 박차를 가하여 1970년부터 1978년 덩샤오핑체제가 공식 출범할 때까지 적도 기니를 비롯한 24개국과 수교하여 총 40개 아프리카 국가들과 외교관계를 수립하는 성과를 거두었다.[80] 다음으로 중국은 아프리카 국가들과의 경제적 유대관계 강화에 역점을 두고 신용차관, 무상원조, 기술지원 등의 경제원조를 강화하였다. 중국은 1970~1977년간 총 17억 불에 달하는 대 아프리카 차관 및 무상원조를 제공하였으며, 이는 중국의 대외원조 중 53%를 차지하였을 뿐만 아니라 소련의 두 배에 달하는 규모였다.[81] 또한 소련이 20개국에 원조를 제공한데 비하여 중국은 28개국이었으며, 특히 중·소가 서로 경쟁했던 15개국 가운데 11개국에서 소련을 능가하였다. 동시에 중국은 소련의 아프리카에서의 활동 동기와 음모를 폭로하는데 중점을 둔 반패권주의 선전활동을 적극 전개하였다. 즉 중국은 소련이 민족해방운동을 지원한다는 명목 하에 실질적으로는 아프리카에서 침략, 간섭, 전복 및 분할의 음모를 수행하기 위하여 아프리카 민족해방운동에 대한 간섭에 박차를 가하고 있다고 비난하면서 반패권주의 선전활동에 집중적인 노력을 기울였다.[82]

1970년대 중국과 중남미국가들과의 관계를 본다면, 중남미국가들

---

80) 1970년대 수교한 아프리카 국가는 1970년: 적도 기니, 이디오피아, 1971년: 카메룬, 나이지리아, 르완다, 세네갈, 시에라리온, 1972년: 차드, 말라가시공화국, 모리시어스, 토고, 자이레, 1973년: 어퍼볼타(1984년 부르키나파소로 국명 변경), 1974년: 가봉, 감비아, 기니비사우, 니제르, 1975년: 보츠와나, 코모로, 상투메 프린시페, 모잠비크, 1976년: 카보베르데, 세이셸, 1977년: 라이베리아 등이다. 김동성(1988), pp.115-116
81) *Peking Review*, No.13(Mar. 29, 1974), p.23
82) *Peking Review*, No.29(July 15, 1977), pp.11-12

의 대내외적인 변화와 함께 장기간에 걸친 민간부문의 교류가 밑바탕이 되어 쌍방관계는 공식적인 관계로 발전하면서 상당한 관계진전이 이루어지게 되었다. 1970년대 중남미국가들은 대내적으로는 민족주의적인 성향이 강한 정부들이 연이어 들어서서 국유화를 추구하였으며, 대외적으로는 지역주의를 내세우며 강대국들이 지배하는 세계 자본주의체제 속에서의 불평등한 착취현상을 성토하면서 신국제경제질서의 수립을 촉구하였다. 또한 미국의 영향권과 통제에서 벗어나려는 노력을 시작하였으며, 이념의 다원성을 인정하고 일본과 서구 자본주의국가, 동구 사회주의국가 및 아시아 개발도상국들과의 관계발전을 적극 추진하게 되었다.

이러한 중남미국가들의 변화에 편승하여 중국은 1970년 남미국가 중 처음으로 칠레와 수교하였으며, 중·미관계 개선을 계기로 페루, 멕시코, 아르헨티나, 가이아나, 자메이카, 트리니다드토바고, 베네수엘라, 브라질, 수리남, 바바도스 등 10개 국가와 외교관계를 수립하였다. 이 시기 중국은 소련의 수정주의와 사회제국주의에 대한 반대에 역량을 집중하고 있었으며, 중남미지역이 미·소의 각축장이 되고 있었기 때문에 반패권주의 정서가 팽배해 있었으므로 쌍방은 패권주의와 강대국의 팽창주의에 반대한다는 점에서 공동인식과 공동이익을 가지고 있었다. 중국은 중남미국가들과의 관계에서 평화공존 5원칙을 고수하였으며, 특히 내정불간섭의 원칙을 철저히 지켰다. 당시 아르헨티나, 칠레, 브라질 등 국가와는 그들의 국내정세의 문제로 인하여 관계가 소원해지기도 하였으나 내정불간섭의 원칙은 고수하였다. 이 시기 쿠바와 소련은 정치, 경제, 군사적인 관계가 더욱 밀접해진 반면, 중국과 쿠바와의 관계는 중·미관계가 개선됨에 따라 소원해질 수밖에 없었다.

제 5 장
마오저둥시기의 통일정책

제1절 '하나의 중국'원칙의 확립

1. '하나의 중국'원칙 형성의 역사적 배경

중국의 분열은 1921년 중국공산당의 설립 이후 중국국민당과의 장기적인 대립과 협력 그리고 내전의 과정 속에서 내부에서 발전한 '내전형의 분열'이다.[83] 이러한 중국의 분열은 2차대전 후 분열된 다른 아시아 국가들과 마찬가지로 근대사에서 서구의 침탈에 항거하는 저항적 민족주의와 소련혁명 이후 급속히 확산된 사회주의 이데올로기가 그 역사적 배경을 이루고 있다. 또한 중국의 분열은 국공 양당의 대결과정에서 일본의 침략, 미국과 소련의 정치군사적인 개입 등의 국제적인 요인이 직간접적으로 작용하였다.

1949년 10월 1일 중국대륙에 수립된 중화인민공화국의 공산당정권과 대만으로 쫓겨간 중화민국 국민당정권은 국제적인 냉전과 쌍

---

[83] 중국의 분열과 특징에 관한 연구는 Gregory Henderson, *Divided Nations in a Divided World*(New York: David Mckay Company Inc., 1974), 張五岳, 『分裂國家互動模式與統一政策之比較硏究』(臺北: 國家政策硏究中心, 1992) 등 참조

방의 적대적 의식 속에서 일종의 '제로섬 게임'과 같은 대항일변도의 양안관계를 유지하게 되었다. 즉 중국은 '대만해방'을, 대만은 '대륙수복'을 목적으로 '전승' 아니면 '전패'라는 정책논리를 견지한 정치· 외교· 군사적인 대결이었다.[84] 따라서 중국은 대만이 중국의 일부이며, 대만에 대한 주권은 중국에 있다는 '하나의 중국'원칙을, 대만은 일종의 망명정부로서 중국대륙에 대한 주권은 여전히 중화민국 자신에게 있다는 '하나의 중국'원칙을 각각 천명하게 되었다. 각각 완전히 해석을 달리하는 '하나의 중국'원칙이었지만 이 원칙의 저변에는 치욕적인 중국근대사를 배경으로 탄생한 중국국민당과 중국공산당 모두 중국의 분열은 더 이상 용인할 수 없다는 중국민족주의적인 정서가 공통적으로 깔려 있었다.

중국공산당의 설립은 '5·4운동' 이후 일부 지식인들이 제국주의의 침략에 무력했던 중국의 상황에서 나라를 구하기 위해서는 당시 소련과 사회주의라는 이념 이외에는 선택의 여지가 없었던 상황에서 이루어졌다.[85] 즉 반제국주의는 곧 중국을 구하기 위한 것이었으며, 반제국주의를 이념적으로 지지해 줄 수 있었던 것은 소련과 사회주의 이념 밖에 없었다. 이러한 측면에서 중국공산당은 다분히 중국민족주의적인 '중국적 특성'의 일면을 가지고 있다. 손중산(孫中山: 孫文)의 국민당혁명 역시 일종의 민족주의 운동이었다. '5·4운동' 이전 손중산은 영국, 미국 등 서방국가에 대한 기대를 버리지 않았다. 그러나 '파리강화회의' 이후 산동(山東)의 권익이 일본에게 넘어가는 것을 본 손중산은 서방국가들의 침략적인 본질을 다시 인식하게 되었고, 정치적· 군사적 수단이 결핍된 상황에서는 소련과 연계하여 반제국주의를 제창하는 것만이 서구열강들의 중국 분할을 저

---

84) 包宗和, 『臺海兩岸互動理論與政策面向』(臺北: 三民書局, 1990), pp.15-16 참조
85) 張國燾, 『我的回憶』第一冊』(香港: 明報月刊出版社, 1971), pp.79-80

지하고 중국이 독립된 하나의 통일국가가 될 수 있는 길이라고 판단하였다. 이러한 공통된 중국 민족주의적인 '중국적 특성'이 국민당과 공산당이 두 차례에 걸쳐 협력을 이루어낼 수 있었던 기초가 되었다.

중국공산당 초기에는 소련의 영향을 많이 받아 독립자주적인 성향 및 민족주의적인 성향이 대단히 취약하였다. 그러나 1935년 준이(遵義)회의에서 마오저둥(毛澤東)이 실권을 장악한 이후부터 중국공산당의 자주성과 민족주의적인 성향은 점차 짙게 나타나게 되었다. 중일전쟁 동안 중국에 주재하고 있던 미국의 외교관과 군 장교들 중 많은 사람들이 중국공산당은 인민들의 지지를 받는 토지개혁자이며, 공산주의 색채보다 민족주의 색채가 진하다고 인식하고 있었다.[86] 국공내전기간 미국의 트루먼 행정부 역시 중국공산당이 유고의 티토가 되기를 기대하고 있었으며, 중국공산당과 소련공산당간에는 민족주의적 정서에서 오는 본질적인 갈등이 존재하고 있다고 믿었다.[87] 또한 사회주의 중국이 건립된 후, 1950년 중국이 '소련일변도' 정책을 선언하기는 하였으나 덜레스 국무장관을 포함한 많은 미국의 중국 전문가들은 중·소 공산당은 필히 분열될 것이라고 보고 있었다.[88] 이러한 맥락에서 후르시쵸프 시기 이념분쟁으로 시작된 중·소관계의 갈등이 결국 전면적인 분열로 진전된 중요한 요인 중의 하나는 바로 중국공산당이 가지고 있는 민족주의적인 정서라고 볼 수 있을 것이다.

1949년 9월 21일, 전국정치협상회의 개막식에서 마오(毛)는 "세계 인구의 1/4을 차지하는 중국인이 이제 일어섰다. 우리 민족은 앞으로 다시는 치욕을 당하는 민족이 되지 않을 것이다. 우리는 이미

---

86) 邵玉銘, 『中美關係論文集』(臺北: 傳記文學出版社, 1980), p.29
87) 袁明 主編, 『中美關係史上沈重的一頁』(北京: 北京大學出版社, 1989), p.255
88) 위의 책, p.262

일어섰다"라고 외쳤다.89) 마오의 이러한 언급에서 우리는 중국의 강한 민족주의적 성향과 서구열강의 중국 분할과 주권 침해에 대한 강한 반발을 읽을 수 있다. 따라서 중국과 중국민족에 있어서 영토의 분열과 주권의 침해는 어떠한 일이 있어도 다시는 용인될 수 없는 사활적인 문제가 되었으며, 이러한 배경에서 '하나의 중국'원칙은 너무도 당연하고 자연스럽게 대두되었던 것이다.

'하나의 중국'원칙에서 비록 중국과 그 해석을 달리하고 있지만 대만 역시 중국과 마찬가지로 서구열강들의 침략에 굴복한 굴욕적인 근대사를 배경으로 한 중국 민족주의적인 성향이 짙게 깔려 있음을 볼 수 있다. 그 예로서 마오는 닉슨과의 회담에서 공산당원으로서는 쟝제스(蔣介石)를 증오하지만 중국인으로서는 쟝제스를 존경한다고 언급한 바 있으며,90) 러스크 역시 그의 회고록에서 쟝제스와 국민당군에 대한 미국의 지원문제를 논의하였을 때 쟝제스는 중국대륙의 중국인에 대해 핵무기를 사용해서는 안 된다는 입장을 분명히 하였다고 기록하고 있다.91) 또한 두 차례에 걸친 대만해협위기에서 미국은 쟝제스에게 진・마(金・馬)를 포기하고 철수할 것을 수차례 설득하면서 '두 개의 중국' 구상을 받아들이기를 요구하였으나 쟝제스는 끝까지 이에 반대하였다.92) 뿐만 아니라 1980년 6월 쟝징궈(蔣經國)는 "만일 중국대륙이 침략을 받으면 대만은 절대 이를 이용하지 않을 것이며, 수수방관하지도 않을 것이다. 대륙을 침략하는 모든 세력은 우리의 적이다"라고 주장한 바 있다.93)

---

89) 『毛澤東選集』第五卷(北京: 人民出版社, 1977), p.5
90) Richard M. Nixon, *Leaders*(New York: Warner Books, 1982), p.254
91) 『聯合報』(臺灣), 1994. 12. 23.
92) 陳毓鈞, '台海危機與美國干預, 『美歐月刊』第10卷 第1期(台北: 1995. 1), p.4-23 참조
93) 程林勝, 『鄧小平 '一國兩制' 思想硏究』(深陽: 遼寧出版社, 1992), p.232 재인용. 蔣經國은 蔣介石의 아들로서 아버지의 뒤를 이어 대만 총통을 지낸 인물이다.

당시 '하나의 중국'을 고수하는 쟝제스의 중국 민족주의적 입장은 중국의 지지를 받으면서 이후 양안이 공히 동의하는 통일의 근본이념이 되었다. 중국의 입장에서 대만이 '하나의 중국'원칙에 동의한다는 것은 통일문제를 평화적으로 해결할 수 있다는 확신을 가지게 해 주는 의미로서 받아들여질 수 있었다. 마오 이후 지금까지 중국의 통일정책의 핵심은 바로 '하나의 중국'원칙이며, 중국의 구체적인 대 대만정책과 통일방침들은 모두 이 '하나의 중국'원칙에 근거하고 있다. 이러한 '하나의 중국'원칙이 포함하고 있는 주요 의미들은 첫째, 세계에는 하나의 중국이 존재할 뿐이며, 따라서 '두 개의 중국' 혹은 '과도적인 두 개의 중국'에 반대한다. 둘째, 대만은 중국의 일부이므로 대만독립에 반대한다. 셋째, 양안관계는 통일을 지향해야 하며, 장기적으로 분열되어서는 안 된다. 넷째, 양안 모두 '하나의 중국'에 동의하고 있으므로 평화적인 방법으로 통일문제를 해결할 수 있을 것이다. 다섯째, 대만에 대한 무력사용을 배제하지 않는다는 것은 대만이 중국으로부터 분리되어 나가는 것을 방지하기 위함이라는 주장 등이다. 이러한 중국의 '하나의 중국'원칙이 포함하고 있는 구체적인 의미에서 볼 때, 중국의 어느 시대, 어떠한 지도자도 이 원칙에서 자유로울 수 없으며, 그 어떠한 융통성마저도 허락되지 않는 경직성을 가지고 있다 할 수 있다.

2. '하나의 중국'원칙의 법리적 근거

중국은 1949년 10월 1일 정부수립을 선포하면서 국제사회에 대해 '중화인민공화국정부는 중화인민공화국 전 인민을 대표하는 유일한 합법정부이다. 본 정부는 평등·호혜 및 영토주권의 상호존중 등 원칙을 준수하는 어떠한 외국정부와도 외교관계를 수립하기를 희망한다'고 선언하였다. 또한 유엔에 대하여 '국민당 당국은 이미 중국인민을 대표하는 모든 법리적·사실적 근거를 상실하였으므로 중국을 대표한 권리가 없다'고 선언하였다. 그리고 '외국정부가 중화인민공화국정부를 전 중국을 대표하는 유일한 합법정부로 승인한다는 의미는 대만당국과 기존의 외교관계를 단절하거나 새로운 외교관계를 수립하지 않는 것이며, 이는 또한 신중국정부가 외국정부와의 외교관계를 수립하는 기본원칙'이라 천명하였다.[94] 이는 중화인민공화국은 대만을 포함하여 전 중국을 대표하는 유일한 합법정부로서, 중국의 외교는 '대만은 중국의 일부'라는 논리에 기초한 '하나의 중국'원칙에 의해 지배될 것이라는 점을 분명히 표명한 것이다.

중국은 대만이 중국의 일부라는 '하나의 중국'원칙이 확실한 사실적·법리적 기초에 근거하고 있다고 주장한다.[95] 이러한 근거는 1895년 4월 청·일 전쟁의 결과 체결된 '시모노세키조약'까지 거슬러 올라가 당시 일본은 불평등조약을 강요하여 대만을 강점하였다고 주장한다.[96] 또한 1937년 중일전쟁 발발 후 1941년 12월 중국정부는 '대일 선전포고'에서 '시모노세키조약'을 포함한 모든 중·일 양국간에 체결된 조약, 협정, 계약 등을 파기하며, 대만을 수복할 것임을 선언하였다는 점을 강조하고 있다. 뿐만 아니라 1943년 12월 중·미·영 3국은 '카이로선언'에서 '일본은 중국으로부터 탈취한 만주, 대만, 펑후(澎湖)열도 등을 포함한 모든 영토를 중국에게 반환할 것'을 결정하였고, 1945년 중·미·영 3국이 공동서명하고 이후 소련이 서명한 '포츠담선언'에서도 '카이로선언'을 재확인하였으며, 동년 8월 일본이 항복하면서 조인된 '일본항복문서'에서도 일본은 포츠담

---

94) '一個中國的原則和臺灣問題', 『人民日報』 2000. 2. 22
95) 위의 글
96) '시모노세키 조약'은 청일전쟁 결과 청이 패하면서 맺어진 강화조약으로 동 조약은 '청은 요동반도와 대만 및 펑후열도를 일본에게 할양한다'고 되어 있으며, 당시 전쟁에 패하면 영토의 일부를 할양하는 것이 보편화되어 있던 점을 감안하면 '불평등조약으로 일본이 대만과 펑후열도를 강점하였다'는 중국의 주장은 인정하기 어렵다.

선언 각 조항의 의무를 성실히 이행할 것을 약속하였음을 상기시키고 있다.97) 이에 따라 동년 9월 4일 중국정부는 관련 협정에 근거하여 대만과 펑후열도의 통치권을 접수한다고 선언하였으며, 이어 동년 10월 25일 타이베이(臺北)에서 일본 제10군사령관이 중국에게 정식으로 항복함으로써 중국정부는 대만과 펑후열도를 수복하고 대만에 대한 주권을 회복하였다고 주장하고 있다.98)

이후 1949년 10월 1일 중화인민공화국정부가 수립되면서 당시까지 중화민국이 향유하고 있었던 전 중국을 대표하는 중국의 유일한 합법정부의 지위를 이어받았으며, 이로써 중화민국은 역사에서 사라지게 되었다는 점을 강조한다. 이러한 현상은 국제법의 주체에는 변화가 없는 동일한 상태에서 단지 신정권이 구정권을 대체하는 자연스러운 정권의 변동일 뿐이며, 이로 인하여 중국의 주권과 고유영토에 변동이 생기는 것은 아니므로 중화인민공화국정부는 당연히 대만에 대한 주권을 포함하여 전 중국에 대한 완전한 주권을 향유할 수 있는 것이라고 주장하고 있다. 이는 국민당정권이 대만으로 퇴각한 후 '중화민국'과 '중화민국 정부'의 명칭을 사용하고는 있지만 그들은 이미 중국을 대표하여 주권을 행사할 수 있는 권리가 없으며, 실질적으로 중국 영토 내에서 하나의 지방정부일 뿐이라는 논리이다.

3. 국제사회에서의 '하나의 중국'원칙

'하나의 중국'원칙이 국제적으로 시험대에 오르게 된 것은 상당부분 미국의 대중정책에 기인한다. 1949년 사회주의 중국의 건립으로 대만의 공산화가 불가피해 보이는 상황에서 미국은 이를 묵인하는

---

97) 宮力, 『中美關係熱点透視』(哈爾濱: 黑龍江教育出版社, 1998), p.66
98) 韓玉貴, 『冷戰後的中美關係』(北京: 社會科學文獻出版社, 2007), p.80

것이 현명한 처사라는 인식도 있었으나 국민당정부가 대만에 존재하는 한 중화인민공화국의 즉각적인 승인을 거론할 수는 없었다. 더구나 중국은 이념과 전략적인 이유로 소련과 군사적, 경제적 동맹을 결성하는 '소련 일변도'정책을 채택하고 있었다. 다른 한편으로 당시 트루먼 행정부는 마샬플랜에 대한 국내의 지지 획득을 위하여 유럽뿐만 아니라 아시아에서도 공산주의의 확산을 막기 위해 노력하고 있다는 것을 보여줄 필요가 있었다. 따라서 미국은 중국에 대한 전략물자 수출을 금지시켰고, 중국의 유엔가입을 반대하면서 난징(南京)에 있던 대사관을 대만으로 옮김으로써 대만의 국민당정부와 외교관계를 유지하였다.[99] 그러나 1950년 1월 트루먼 행정부는 대만을 중국의 일부로 규정하고 서태평양의 미국 방어선에서 제외시킴으로써 대만 공산화의 불가피성을 인정하고 '하나의 중국'원칙에 부응하는 정책을 채택하였으나 한국전쟁의 발발은 이 모든 것을 뒤집어 버렸다.

한국전쟁이 발발하자 미국은 대만을 아시아공산주의의 팽창을 저지하기 위한 '서태평양을 따라 이루어진 섬들의 고리에서의 핵심적인 지역'으로 간주하는 국방부의 견해를 채택하면서 미국의 대대만정책은 완전히 선회하게 되었다. 1954년 미국은 대만과 상호방위조약을 체결하고 대만의 법적지위가 미정이라는 '대만지위 미정론'을 주장하면서 중국의 '하나의 중국'원칙을 부정하였으며, 1960년대에는 중국에 대한 화해의 제스쳐를 취하면서 양안관계를 안정시키려는 '두 개의 중국'정책을 추진하는 등 '하나의 중국'원칙은 시종일관 중·미관계의 쟁점이 되었다.[100] 그러나 '하나의 중국'원칙을 둘러싼 갈등은 1971년 중국의 유엔대표권 획득과 다음해 중·미 양국의 '상하이(上海)공동성명'으로 일단락되었다.

---

99) Harry Harding, 안인해 역, 『미국과 중국: 패권의 딜레마』(서울: 나남출판, 1995), p.62
100) 위의 책, pp.73-80 참조

'하나의 중국'원칙이 미국을 비롯한 국제사회에서 인정되기까지 20여 년 동안 그리고 이후 지금까지도 이 원칙에 대한 중국의 입장은 대단히 완고하여 이에 대해서는 어떠한 탄력성이나 유연성을 기대할 수 없는 것이 사실이다. 1954년 제1차 대만해협위기가 발발한 후 중국은 미국과의 협상에 임하면서 대만문제의 성격에 대하여 다음과 같이 규정하였다. 첫째, 중국은 미국과의 협상을 희망하며 대만과의 협상도 원한다. 그러나 전자는 국제적인 성격의 협상이고, 후자는 내정에 속하는 협상이다. 둘째, 이 두 협상은 동시에 진행할 수도 있고 각각 진행할 수도 있으나 그 성격은 혼합될 수 없는 것이다. 셋째, 미국과의 협상은 정전의 문제가 아니라 대만해협의 긴장완화에 관한 것이다. 중국이 미국과 정전문제를 논하지 않는 것은 미국이 주장하는 대만침략의 합법성과 '두 개의 중국'을 인정할 수 없기 때문이다.[101] 중국은 이 규범적인 원칙에서 대만문제는 중국의 내정문제이며, 국가주권과 관련된 문제이기 때문에 외국의 간섭을 용인할 수 없다는 점을 분명히 하고 있으며, 이러한 논지는 모두 '하나의 중국'원칙에 근거하여 나온 것이다.

한국전쟁 이후 미국은 중국에 대한 적극적인 포위정책을 추구하였으며, 중국의 유엔가입을 저지하면서 대만의 중화민국정부가 유엔에서 중국을 대표하는 것을 계속 지지하였다. 그러나 1960년대 이후 미국의 '두 개의 중국'정책은 중국의 유엔가입을 반대하지 않는 '두 개의 중국'정책으로 전환되었다. 당시 미국의 '두 개의 중국'정책은 '중화인민공화국'과 '중화민국'이라는 두 개의 실체를 국제사회에서 인정하고 이 두 개의 중국을 각각의 독립된 국제사회의 행위주체로 승인함으로써 양안관계를 안정시키고 '하나의 중국'원칙에서 야기되는 분쟁에 말려들지 않으려는 배경이 깔려 있었다. 하지만 미국

---

101) 鄭宇碩·石志夫 編著, 『中華人民共和國對外關係史稿』(香港: 天地圖書公司, 1994), pp.207-208.

의 이 '두 개의 중국'정책은 중국으로부터 단호히 거부되었을 뿐 아니라 대만의 반대에도 부딪히게 되었으며, 중국은 자신의 유엔가입 전제조건으로 대만이 유엔에서 축출되어야 함을 명백히 하였다. 당시 미 국무장관이었던 러스크는 그의 회고록에서 미국이 '두 개의 중국'정책을 추구하였지만 그 정책은 '두 개의 중국' 모두가 반대하고 있었기 때문에 처음부터 성공할 수 없는 정책이었다고 언급하고 있다.[102]

1971년 10월 제26차 유엔총회에서 제2758호 결의안이 통과됨으로서 대만의 중화민국정부가 유엔에서 축출되고 중화인민공화국정부가 유엔에서의 합법적인 권리를 획득함으로써 '하나의 중국'원칙은 국제사회에서 보편적으로 인정받게 되었으며, 이어 1972년 '상하이공동성명'과 '중일수교성명'에서도 각각 확인되었다. '상하이공동성명'에서 미국은 중국에 대해 다음 사항들을 약속하였다. 그것은 첫째, 중국은 하나이며, 대만은 중국의 일부이다. 둘째, 어떠한 대만독립운동도 지지하지 않는다. 셋째, 일본의 세력이 대만에 침투하는 것을 최대한 저지하며, 일본의 대만독립운동에 대한 지지를 고무하지 않는다. 넷째, 대만문제의 평화적 해결을 지지한다. 다섯째, 미·중관계 정상화를 모색하며, 4년 이내에 점진적으로 대만으로부터 군대와 군사시설을 철수한다는 것 등이었다.[103] 또한 '중일수교성명'에서 일본은 중화인민공화국정부가 중국 유일의 합법정부이며, 대만은 중화인민공화국 영토의 일부라는 중국정부의 입장을 존중하며, '포츠담선언' 제8조를 준수할 것이라 밝혔다.

1949년 중국정부 수립 이래 대만문제는 항상 중·미 양국에게 있어서 가장 민감한 문제였다. '상하이공동성명', '수교공동성명', '8·17

---

[102] 『聯合報』(臺灣), 1994. 12. 23
[103] 外交部外交史硏究室編, 『新中國外交風雲』 第三輯(北京: 世界知識出版社, 1994), pp.89-90

공동성명' 협상에 참여하였던 키신저, 브레진스키, 헤이그 등 모두는 '하나의 중국'에 대한 중국의 입장이 대단히 명확하고 완고하였기 때문에 대만문제가 중국과의 협상과정에서 가장 처리하기 힘든 문제였다고 언급한 바 있다. 또한 중·미 수교 이후 미국이 제정한 '대만관계법'에 대하여 중국은 이를 공개적으로 비난하였으며, 1986년 9월 덩샤오핑(鄧小平)은 "만일 중·소관계에 3대 장애가 있다면 중·미관계에도 장애가 있다. 그것은 바로 대만문제이자 중국의 통일문제이다"라고 강조하였다.104) 이렇게 볼 때, 앞에서도 언급한 바와 같이 '하나의 중국'원칙은 중국이 한 치도 양보할 수 없는 통일의 기본원칙이자 외교관계 수립의 전제조건이라 할 수 있을 것이다.

제2절 마오시기 통일정책의 변화

1. 무력통일정책

1949년 3월 15일 신화사(新華社)는 '중국인민은 반드시 대만을 해방시킬 것이다'제하의 글에서 "중국인민(대만인민을 포함한)은 국민당 반동파들이 대만을 최후 몸부림의 근거지로 만들려는 것에 대해 절대로 용인할 수 없다. 중국인민의 해방투쟁의 임무는 전 중국의 해방이며, 대만, 하이난다오(海南島) 및 중국에 속한 마지막 한 치의 땅까지 해방시킬 때까지다"라고 주장하였다. 이는 중국공산당이 대만해방을 처음으로 언급한 부분이다. 이후 1949년 6월 중공중앙군사위원회는 제3야전군 간부들과 화동지역 간부들에게 대만해방문제를 철저하게 연구할 것을 지시하면서 비교적 적은 대가로

---

104) 『鄧小平文選』第三卷(北京: 人民出版社, 1993), pp.169-170

비교적 짧은 시간 내에 대만을 해방해야 할 것이라 강조하였다.[105) 또한 1949년 9월 29일 중국 전국정치협상회의 제1차 전체회의에서 통과된 '공동강령'에서는 '중화인민공화국 중앙인민정부는 반드시 인민해방전쟁을 철저히 수행하여 전 중국영토를 해방시켜 중국통일을 완성시켜야 한다'고 규정하였다.[106) 정부수립 후 1949년 12월 31일 중국공산당 중앙은 '전방의 장병들과 전국동포에게 고함'이라는 성명서를 통해 '1950년의 임무는 바로 하이난다오와 대만, 티베트를 해방시키고 쟝제스의 잔여세력을 섬멸하는 것'이라 강조하였다.[107)

1950년 1월 미국 트루먼 행정부는 대만의 국민당정부를 더 이상 지원하지 않을 것이라고 선언하고, 중국내전에 다시 개입하지 않을 것이라는 성명을 발표함으로써 중국 신정부가 대만에 대한 주권을 향유하고 있음을 인정하였다.[108) 이는 미국이 다시는 중국의 내전에 개입하지 않을 것이라는 메시지였으며, 미국의 지원없는 국민당군을 상대로 전쟁을 한다는 것은 중국에 있어서 대만의 해방을 기정사실화 하는 것과 마찬가지였다. 동년 3월과 5월 중국 인민해방군은 먼저 하이난다오와 조우산(舟山)군도를 각각 점령하였으며, 대규모의 부대가 남방에 집결하여 대만에 대한 총공세를 준비하고 있었다. 그러나 앞에서 언급한 바와 같이 예상치 않게 6월 25일 한국전쟁이 발발하자 미국의 제7함대가 대만해협에 진주하였고 트루먼 행정부는 '대만중립화'정책을 추진함과 동시에 '대만지위 미정론'을 주장하기에 이르렀다.[109) 또한 한반도에서의 중국과 미국의 군사적 충돌

---

105) 國務院臺灣事務辨公室, 『中國臺灣問題外事人員讀本』(北京: 九州出版社, 2006), p.32
106) 程林勝(1992), p.205 재인용
107) 國務院臺灣事務辨公室(2006), p.32
108) Tang Tsou, *America's Failure in China, 1941~1950*(Chicago: University of Chicago Press, 1963), p.531

은 중·미 양국의 적대적 관계를 상당기간 지속시켰으며, 한국전쟁 이후 미국의 대중정책의 주요부분은 중국을 계획적, 지속적으로 고립시키는 것이었다. 이의 연장선에서 미국이 다시 국민당정부를 지원하기 시작하자 중국은 이를 '하나의 중국'원칙을 정면으로 부정하면서 중국통일을 저해하는 '대만문제'로 인식하기 시작하였다.

중국이 한국전에 참전한 이후 조우은라이(周恩來)는 중국에 있어서 한국전쟁은 단순한 한반도문제가 아니라 대만문제가 연계되어 있다고 인식하였다.110) 1953년 정전협정의 체결로 한국전쟁이 휴전에 들어가고, 1954년 제네바 협정의 체결로 인도차이나반도의 전쟁이 잠시 멈추자 중국의 관심은 다시 대만에 집중되었다.111) 1954년 9월 초 중국은 미국과 대만의 상호방위조약체결 가능성과 아이젠하워 행정부의 '두 개의 중국'정책의 추진에 대응하여 진먼(金門)·마주(馬祖)를 포격함으로써 제1차 대만해협 위기가 발발하게 되었다. 따라서 당시 중국의 진·마 포격은 '하나의 중국'원칙에 대한 자신의 의지를 미국과 대만에게 과시하고자 한 무력시위였다고 볼 수 있다.

중국의 우려대로 1954년 12월 2일 미국과 대만이 상호방위조약을 체결하자 조우은라이는 1954년 12월 21일 제2기 전국정협 제1차 전체회의에서 미국에 대해 대만, 펑후(澎湖) 및 대만해협에서 일체의 군사력을 철수하고 중국의 국가주권 및 영토에 대한 침범을 중지할 것을 엄중하게 요구하였다.112) 또한 1955년 1월에서 2월에 걸쳐 중

---

109) *FRUS*, 1950, Vol.7, pp.105-161 참조
110) 周恩來, 『周恩來選集』(北京: 人民出版社, 1984), pp.52-53
111) 1954년 인도차이나 문제를 해결하기 위한 제네바협상에서 덜레스 국무장관은 조우은라이와의 악수를 거부하였다. 당시 덜레스는 조우은라이의 존재를 인정하는 것이 곧 미국의 중국 불인정정책의 약화를 암시하는 것이며, 그리하여 유럽과 아시아의 동맹국들에게 혼동을 가져다줄 것을 우려했다는 것이다. Gordon H. Chang, *Friends and Enemies: The United States, China, and the Soviet Union, 1948~1972* (Stanford University Press, 1990), p.321 참조
112) 程林勝(1992), p.207

국은 이쟝산다오(一江山島)와 다전다오(大陣島)[113]를 무력으로 점령함으로써 미국과 대만에 대하여 무력통일의 의지를 다시 한 번 과시하였다. 그러나 1950년대 중반이 지나면서 중국의 이러한 무력통일정책은 여러 가지 요인에 의해서 평화통일정책으로 전환하게 된다. 이렇게 볼 때, 1949년에서 1955년 초까지를 중국의 통일정책 제1단계라 할 수 있으며, 그 특징은 무력을 통하여 대만해방과 통일을 완성하고자 한 것이라고 볼 수 있다.

2. 평화통일정책

1) 정책전환배경

1950년대 중반 중국의 대 대만정책이 '평화적인 해방'으로 전환된 배경은 당시 중국의 대내외정세의 변화와 함께 대만 요인들이 작용한 것이었다. 먼저, 국제정세가 경직된 냉전체제가 이완되면서 긴장이 완화되고 있었다. 특히 아·태지역 국가들의 평화에 대한 갈망이 표면화되고 있었다. 2차대전 이후 세계적으로 평화를 정착시키려는 노력이 전개되고 있었으나, 한국전쟁과 인도차이나전쟁이 발발하고 대만해협에서는 중국과 대만이 충돌하는 등 아시아지역에서는 여전히 포화가 멈추지 않고 있었다. 그러나 1953년 7월 한반도에서 정전협정이 체결되고, 1954년 7월 제네바에서 인도차이나반도 전쟁의 정전협정이 체결됨으로써 아시아지역의 긴장정세는 완화국면으로 들어가게 되었으며, 이는 아시아인들 역시 평화를 원하고 있다는 것을 말해주는 것이었다. 대만해방을 위한 전쟁이 비록 중국 내정의 연장이라 할지라도 당시 국제정세와 무관하게 수행될 수는 없는 것이며, 대만해협의 긴장에 대한 국제사회의 관심과 우려는 날이

---

113) 중국 저쟝성(浙江省) 동부 타이조우(臺洲)만 남동 동중국해에 위치한 섬

갈수록 증폭되고 있었고, 이 지역의 긴장완화를 갈망하는 국제사회의 목소리가 나날이 높아져가고 있었다. 따라서 이러한 국제환경에서 무력을 통한 대만해방은 평화를 갈구하는 주변국가들의 불안을 야기시킬 것이며, 이는 당시 국제적인 조류를 거스르는 행동이었다.

둘째, 중국 국내에서도 사회주의 개조와 제1차 경제개발 5개년계획이 진행되고 있었으며, 이를 위해서는 평화적인 국제환경이 필요하였다. 정부 출범 후 사회주의 신생국가인 중국으로서는 해결해야 할 국내문제가 산적해 있었으나, 한국전쟁의 참전으로 이러한 문제들이 제자리걸음을 하고 있었다. 특히 피폐해진 경제를 일으켜 세우는 일이 가장 급선무였다. 이에 중국은 1953년부터 농업, 수공업, 자본주의 상공업에 대한 사회주의적 개조에 착수하였으며, 동시에 제1차 경제개발 5개년계획을 추진하게 되었다. 마오는 "농업국가인 중국이 공업국가로 전환하기 위해서는 수십 년이 소요될 것이며, 많은 지원이 필요하지만 가장 필요한 것은 평화적인 국제환경이다"라고 강조하는 한편 "우리는 지금 5개년계획과 사회주의 개조사업을 시작하였다. 만일 전쟁이 발발한다면 우리의 경제와 문화계획은 모두 정지될 것이며, 중국의 공업화과정은 연기될 수밖에 없을 것이다. 따라서 반드시 평화적인 국제환경을 지속적으로 조성해야 할 것이다"라고 언급함으로써 대 대만 무력통일정책의 전환을 암시하였다.[114]

셋째, 대만요인이 작용하였다는 것은 크게 두 가지를 지적해 볼 수 있다. 그 중 하나는 미국과 대만과의 상호방위조약의 체결이고 다른 하나는 쟝제스 역시 '하나의 중국'원칙을 고수하고 있다는 사실이었다. 먼저, 1954년 12월 미국과 대만이 체결한 '상호방위조약'은 중국으로 하여금 대만 무력통일정책을 재고하게 만들었다. 비록 미국이 대만과의 '상호방위조약'에 근거하여 쟝제스의 대륙진공을 지

---

114) 國務院臺灣事務辦公室(2006), pp.34-35

원할 생각은 없었다 할지라도 중국 역시 동 조약이 효력이 발생되고 있는 한 대만에 대한 무력행사는 현실적으로 불가능한 것이었다. 다음으로, 당시 미국의 의도는 대만, 펑후 지역을 철저히 방어하여 최종적으로 대만을 중국으로부터 분리시키고자 하는 '두 개의 중국'정책이었다. 그러나 이러한 미국의 '두 개의 중국'정책에 대해 쟝제스 역시 '하나의 중국'의 입장을 분명히 함으로써 중국과 대만은 '하나의 중국'원칙에 있어서는 공동인식이 형성되었다. 이렇듯 '하나의 중국'원칙에 중국과 대만 모두가 동의하고 있다면 중국이 진먼과 마주를 점령한다 하더라도 그것은 통일이라는 큰 틀에서 볼 때 별 도움이 되지 않는 것이었으며, 오히려 대만과 대륙의 최후 연결고리를 끊어버림으로써 대만을 대륙에서 더욱 고립되게 만들어 미국의 '두 개의 중국'정책을 용이하게 할 뿐이라고 인식하였다. 위와 같은 요인들에 의해 마오는 대 대만정책을 수정하면서 무력통일정책에서 평화통일정책으로 선회하게 되었던 것이다.

2) 평화통일정책의 제시와 의의

위와 같은 요인들에 의해서 중국의 통일정책은 평화통일정책으로 전환되면서 대만에 대해 평화통일방안을 제의하게 되었고 이는 미국과 대만에 대하여 협상을 제의함으로써 구체화되었다. 먼저, 중국은 미국에 대해 대만문제의 평화적인 해결을 위하여 협상을 제의하는 유화적인 자세를 보였다. 제1차 대만해협 위기에서 중국은 대만과 미국이 진먼·마주 방어문제를 둘러싸고 갈등이 발생하는 것을 보았고, 중국 자신 역시 군사적인 수단의 한계를 실감하였으며, 따라서 미국의 대중 포위와 고립정책을 타파하기 위해서는 외교적인 노력과 행동이 필요하다는 점을 인식하게 되었다. 이러한 인식하에 조우언라이는 1955년 4월 인도네시아 반둥에서 개최된 비동맹회의에서 "중국국민과 미국국민은 우호적이다. 중국국민은 미국과의 전쟁을 원하지 않는다. 중국은 미국과의 협상을 통하여 대만해협의 긴장을 완화시키기를 희망한다"고 언급하였다.115) 중국의 태도가 변화함에 따라 아이젠하워정부도 평화적인 협상을 환영하여 동년 8월 제네바에서 중·미 양국간 대사급 회담이 개최되었다. 이 협상은 1955년 8월부터 1970년까지 15년 동안 136차례 개최되었으나 아쉽게도 대만해협의 긴장완화를 위한 구체적인 진전은 없었다.

다음으로, 중국은 대만에 대해 평화적인 통일방안으로 협상을 제의하였다. 1955년 4월, 조우은라이는 버마 방문기간 중 우누총리와의 회담에서 "만일 미군이 철수한다면 우리는 평화적인 방법으로 대만을 해방할 수 있을 것이다. 쟝제스가 이를 받아들인다면 대표를 파견하여 베이징에서 협상하는 것을 환영한다"고 언급하였다. 또한 동년 5월, 조우은라이는 제1기 전인대 상무위원회 제15차회의에서 "대만해방을 위해서는 전쟁의 방법과 평화적인 방법 등 두 가지 방법이 가능하다. 중국인민은 가능한 조건하에서 평화적인 방법을 통한 대만해방을 희망하고 있다"고 언급하였으며, 이는 중국정부가 처음으로 평화적인 대만해방을 공식적으로 주장한 것이다.

이러한 중국의 통일정책의 변화는 마오의 언급에서도 나타나고 있었다. 1956년 1월 마오는 "국공 양당은 과거 두 차례에 걸쳐 협력한 바 있다. 우리는 다시 한 번 제3차 국공합작을 준비하고 있다"고 언급하면서 '제3차 국공합작'을 주장한 바 있었으며, 7월에는 '대만의 평화적인 해방에 관한 지시'를 하달하고 대만 업무의 중점을 쟝제스와 쟝징궈(蔣經國)를 포함한 대만의 실권자와 대표성을 가진 인사들에 대한 접촉강화와 그들의 지지를 획득하는 것에 두어야 한다고 강조하였다.116) 이러한 중국의 태도변화에 따라 중국의 통일정책은 제2단계로 전환되었으며, 그 특징은 가능한 조건하에서의 '평화적인

---

115) 『中美關係資料滙編』第二卷 下冊(北京: 世界知識出版社, 1960), pp.2250-2251
116) 陳德昇, 『兩岸政經互動』(臺北: 永業出版社, 1994), p.5

대만해방 추구'라고 할 수 있다. 다시 말해, 기존의 무력을 사용한 '무조건의 대만해방'에서 일정한 조건하에서의 '평화적인 대만해방 추구'로 전환하였다는 것이다.

1956년 조우은라이는 전국정협 상무위원회에서 '대만의 평화적인 해방과 완전한 조국통일의 실현을 위하여 투쟁하자'는 구호를 내세웠으며, 동년 6월 제1기 전국인민대표대회 제2차회의에서 중국정부를 대표하여 "우리는 대만당국과 대만의 평화적인 해방을 위한 구체적인 절차와 조건을 협상하기를 희망하며, 대만당국이 적당한 시기에 대표단을 베이징 혹은 기타 적당한 지점에 파견하여 우리와 협상하기를 기대한다"고 정식으로 제의하였다.[117]

이후 마오와 조우는 기회가 있을 때마다 평화적인 대만해방을 위한 구체적인 방침과 정책을 제기하였으며, 이들을 정리하면 다음 몇 가지로 요약될 수 있다. 첫째, 자유로운 가족, 친지방문 보장이다. 대만의 국민당원들은 언제라도 대륙의 가족, 친지를 방문하고 통신할 수 있고, 중국의 각급 인민정부는 그들의 자유로운 방문을 보장할 것이며, 각종 편의와 협조를 제공할 것이다. 둘째, 공을 세운 자에 대해서는 과거를 묻지 않고 보상할 것이다. 대만의 평화적인 해방을 원하는 사람은 누구든 과거를 불문에 부치고 관대하게 대할 것이며, 대만의 평화적인 해방을 위하여 공을 세운 사람에게는 상응하는 보상과 지위가 주어질 것이다. 또한 대만이 미국과의 관계만 단절한다면 대표를 파견하여 전국인민대표대회와 전국정치협상회의에 참여할 수 있을 것이다. 그러나 외국군대는 반드시 대만해협에서 철수해야 한다. 셋째, 제3차 국공합작의 제의이다. 국민당과 공산당은 과거 두 차례에 걸쳐 협력하였으며, 제1차 국공합작으로 국민혁명군이 북벌에 성공하였고, 제2차 국공합작으로 항일전쟁에 승리하였다.

---

117) 程林勝(1992), p.208

이는 모두 역사적인 사실이다. 화합은 귀중한 것이며, 애국은 선후가 없다. 대만문제는 내정문제이며, 중국공산당은 국민당과 제3차 국공합작을 추진할 준비가 되어 있다. 넷째, 평화적인 해방과 서로를 파괴하지 않는다는 것이다. 대만동포와 국민당원 모두가 통일만이 유일한 길임을 잘 알고 있기 때문에 평화적인 대만해방의 가능성은 증대되고 있다. 만일 대만이 조국의 품으로 돌아온다면 모든 것은 과거와 변함이 없을 것이다. 그러나 통일과정에서 공작원들을 파견하여 서로를 파괴해서는 안 될 것이다.[118]

중국의 이러한 평화통일 정책으로의 전환에 대해 대만은 중국의 진의를 파악하면서 신중한 대응을 보였다. 사실 중국에 앞서 먼저 평화적인 협상을 제의한 것은 쟝제스였다. 1950년 1월 트루먼 정부가 대만의 국민당정부를 포기하고 필리핀 정부에 쟝제스의 '망명정부'를 받아들일 것을 요청한 후, 쟝제스는 고립무원의 비통한 마음으로 중국과 협상하기로 결정하고, 중국에 리츠바이(李次白)를 밀사로 파견하여 중국공산당과의 협력 가능성을 타진하였다. 그러나 이 비밀협상은 한국전쟁의 발발로 미국이 다시 대만문제에 개입하게 되자 쟝제스는 협상을 포기하고 이를 없던 것으로 하고 말았다.[119] 하지만 당시 쌍방의 군사적인 역량에는 현저한 차이가 있었고 중국이 이미 대만에 대한 무력통일의 준비를 완료한 상황이었기 때문에 당시의 비밀협상은 처음부터 진정한 협상이 되기는 어려웠다.

1956년 조우언라이의 공개적인 평화협상 제의에 대만당국이 정식으로 화답함으로써 비로소 양안간의 평화협상이 시작되었으나 아쉽게도 협상은 별다른 진전이 없었다. 1956년 7월 대만은 대만중앙통신사 차오쥐렌(曹聚仁) 기자를 베이징에 파견하여 중국이 제시한 '평화적인 협상을 통한 통일' 의도를 파악하게 하였다. 마오저둥과

---

118) 國務院臺灣事務辦公室(2006), p.36
119) 直雲, 『鄧小平外交生涯』(香港: 鏡報文化公司, 1994), p.181-182

조우은라이는 차오기자를 직접 접견하였으며, 조우는 차오기자를 접견한 자리에서 "대만문제는 내정문제이며 모두 중국인인데 왜 협력할 수 없다는 것인가? 우리는 대만에 대해 항복을 요구하는 것이 절대 아니며, 서로 협상하자는 것이다. 정권이 통일만 된다면 다른 어떠한 문제들도 같이 협의하여 해결할 수 있을 것이다"라고 언급하였다.[120] 이어 1957년 초 쟝제스는 당시 입법위원(국회의원)이었던 송이산(宋宜山)을 비밀리에 베이징에 파견하였다. 조우은라이는 송이산을 접견하고, 중국정부를 대표하여 국민당정부에 대해 평화협상과 관련된 구체적인 제의를 하였다. 그 요지는 '양당은 대등한 협상을 통하여 평화통일을 실현하고 대만은 중국정부 관할하의 자치구로서 고도의 자치를 향유한다. 대만 지방정부는 여전히 쟝제스가 통치할 것이고, 공산당은 관리를 파견하여 간섭하지 않을 것이며, 또한 국민당은 국민당 인사를 베이징에 파견하여 중국정부의 요직에 참여할 수 있을 것이다. 그러나 외국군대는 반드시 대만해협에서 철수해야 한다'는 것이었다.[121] 그러나 당시 냉전이라는 국제정세와 기타 요인들에 의해 협상은 더 이상 진전이 없었다.

3. '8·23포격전'과 평화통일정책의 정착

1) '8·23포격전'의 의의

1958년 8월 23일 중국이 진먼(金門)을 맹렬히 포격한 '8·23포격전'으로 인하여 '제2차 대만해협 위기'가 발생하였다. 중국이 한편으로는 평화통일과 협상의 메시지를 보내면서 돌연 진먼을 포격하여 양안간의 위기를 조성한 의도에 대해서 대만은 당시 중국의 평화적인 메시지는 기만전술에 불과하며 중국은 무력통일방침을 포기하

---

120) 앞의 책, pp.182-183
121) 앞의 책, pp.183-184

지 않고 있는 증거라고 인식하였다. 즉 대만은 중국이 진먼·마주의 방어문제에 대한 대만과 미국의 갈등을 이용하여 '8·23 포격전'을 야기하여 무력통일의지를 관철시키고자 하였으나 미국이 대만해협으로 신속하게 해군력을 투입함으로써 그 목적을 이루지 못하였다고 보았다. 다시 말해 '8·23포격전'은 중국의 대 대만정책이 여전히 무력수단이 주가 되고 있고, 평화협상은 보조적인 수단에 불과하다는 것을 입증하는 것이라 대만은 인식하였다.

그러나 당시 '제3차 국공합작'까지 제의하면서 평화통일방침으로 전환했던 중국이 갑자기 무력통일을 위한 시도를 했다고 보기에는 무리가 있다. 따라서 중국의 진먼 포격의 목적은 '연장저미(聯蔣抵美)'의 전략으로 당시 미국이 추구하고 있었던 '두 개의 중국'정책을 저지하는데 있었다는 주장이 설득력을 가진다.[122] 다시 말해 진먼·마주를 중국대륙과의 지리적, 정치적 연결고리라고 생각하고 있었던 쟝제스가 이 두 섬을 절대로 포기하지는 않을 것이라는 점을 이용하여 당시 진먼·마주를 포기할 것을 종용하고 있던 미국과의 갈등을 증폭시키면서 사태의 진전에 따라 대만문제에 관한 대미정책과 통일정책을 조정하고자 하였다는 것이다. 실제로 진먼 포격이 시작되자 미국은 한편으로는 중국에 대해 포격 중지와 대만에 대한 무력사용 중지를 요구하였으며, 다른 한편으로는 대만에게 진먼·마주로부터의 철수를 설득함으로써 대만해협을 경계로 중국과 대만을 완전히 분리시키는 실질적인 '두 개의 중국'의 상황을 조성하려 하였다. 쟝제스에 있어서 진먼·마주의 포기는 당시 대만이 주장하고 있던 중국대륙에 대한 주권을 포기하는 것과 마찬가지였다. 또한 중국의 내전에 미국을 끌어들이려는 의도를 가지고 있었던 대만으로서는 절대로 포기할 수 없는 문제였다. 그리하여 중국의 의도대로

---

122) 國務院臺灣事務辦公室(2006), pp.36-37

진먼·마주 문제에 대한 미국과 대만의 갈등은 깊어지게 되었고 마침내 공개적으로 폭발하게 되었다.

1958년 9월 29일 쟝제스는 내외신 기자회견에 직접 나와서 대만의 진먼·마주 고수에 대한 결심을 밝히고, 심지어 독자적인 군사작전의 결심까지도 언급하였다. 다음날 미국 덜레스 국무장관은 만일 대만해협에 신뢰할 수 있는 정전상태가 지속된다면 진먼·마주 등의 도서지역에 방대한 군사력을 유지하는 것은 현명하지도 신중하지도 못한 우둔한 짓일 것이라고 훈계 섞인 발언을 하였다. 이에 10월 1일 쟝제스는 미국 기자들과의 회견에서 덜레스의 발언은 단지 단편적인 성명에 불과하며, 대만은 이를 받아들일 의무가 없다고 반박하였다. 또한 대만 외교부는 진먼·마주 고수의지와 함께 군사력의 감축은 없을 것이라 재차 성명하였다. 뿐만 아니라 쟝제스는 그의 부인과 함께 진먼을 시찰하였으며, 쟝징궈로 하여금 3차례에 걸쳐 진먼을 방문하게 하여 진먼 사수에 대한 강렬한 의지를 과시하였다.[123]

마오와 중국지도부는 진먼 포격으로 야기된 국제적인 반응과 포격전 과정에서의 미국의 행동 그리고 진먼·마주문제에 대한 미국과 대만의 격렬한 대립, 중·미관계에서의 대만문제, 대만문제에서의 연해도서문제 등에 대한 새로운 인식을 가지게 되었고 이는 대만과 연해도서에 대한 정책 전환의 중요한 요인으로 작용하였다. 결국 중국은 '8·23포격전'을 통하여 쟝제스의 진먼·마주 고수에 대한 확고한 의지를 확인하였으며, 이는 쟝제스 역시 '하나의 중국'이라는 원칙에서는 중국과 공통분모를 가지고 있음을 말해 주는 것이었다. 이로써 대만해협을 분계선으로 한 미국의 '두 개의 중국'정책은 쟝제스의 '하나의 중국'원칙에 의해 무산되면서 중국의 진먼 포격의 목적은 달성되었다고 볼 수 있다. 또한 중국은 자신의 의도대로 대만과

---

123) 앞의 책, p.37

미국과의 갈등이 증폭되기는 하였으나 그것이 그들의 상호방위조약과 쌍방 관계에 치명적인 손상을 주지는 못하였음을 알게 되었다.

위에서 볼 때, 1958년의 '8·23포격전'은 양안관계 발전에 결정적인 영향을 미쳤다고 할 수 있다. '8·23포격전'을 거치면서 양안의 마오와 쟝은 '하나의 중국'이라는 공동인식을 서로 확인하였으며, 국민당군은 진먼에서 철수하지 않음으로써 미국의 '두 개의 중국' 기도를 좌절시켰다. 또한 이를 계기로 해협양안은 과거 격렬한 군사적 대립의 상태에서 정치적 대립이 주가 되고 군사적 대립이 부차적인 대치상태로 전환되었다.

2) 평화통일정책의 정착

'8·23포격전'을 통해 쟝제스의 '하나의 중국'원칙을 확인한 중국은 연해도서와 대만에 대한 정책을 전환하게 되었다. 먼저, 1958년 10월 3일 마오는 정치국상무위원회를 소집하고, 미국의 '두 개의 중국'정책을 와해시키기 위해서는 국민당군을 진먼·마주에 계속 주둔하게 해야 한다는 결정을 하였다. 또한 대만문제는 중국 내정문제이며 진먼·마주 포격은 중국내전의 연장이므로 어떠한 국가나 국제기구도 간섭할 수 없다는 점을 확인하고, 따라서 미국이 대만에 군대를 주둔시키고 있는 것은 중국의 영토와 주권에 대한 침해이므로 이를 즉각 철수시켜야 할 것이라 주장하였다. 또한 동년 10월 5일 마오는 '진먼·마주 등 연해도서에 대한 군사투쟁에 관한 지시'에서 "진·마의 즉각적인 해방이 주는 이익과 진·마 및 대만의 해방을 같이 해결하는 장기적인 이익을 비교할 때, 진·마의 해방을 잠시 늦추고 국민당군으로 하여금 점령토록 하는 것이 우리에게 유리하다. 진·마는 대륙에 대단히 가깝기 때문에 우리는 이를 통해 국민당과 계속 접촉할 수 있을 것이다"라고 지적하였다.[124]

그리고 1958년 10월 6일 중국은 '대만동포에게 고함'을 통해 새로운 통일방안을 공포하였으며, 이어서 '국방부 명령', '재차 대만동포에게 고함' 등을 통해 새로운 통일방안의 내용을 분명히 하였다. 이러한 일련의 새로운 통일방안의 주요내용을 정리한다면 다음 여섯 가지로 요약할 수 있을 것이다. 첫째, '하나의 중국'을 견지하고 '두 개의 중국'에 반대한다. '대만동포에게 고함'에서 '우리 모두는 중국인이며, 대만, 펑후, 진먼, 마주는 중국의 일부분이지 다른 국가가 아니다. 세계에는 하나의 중국뿐이며, 두 개의 중국은 없다'고 강조하였다. 둘째, 조국통일의 완성은 중국인의 신성한 임무이다. '국방부 명령'에서 '대만, 펑후, 진먼, 마주지역을 수복하여 조국통일을 완성하는 것은 우리 6억 5천만 중국인의 신성한 임무이다. 이는 중국의 내정문제로서 다른 국가는 어떠한 권리도 없으며, 유엔 역시 아무런 권리가 없다'고 주장하였다. 셋째, 국공 양당이 협상을 통하여 평화적으로 대만을 해방한다. '대만동포에게 고함'에서 '36계에서 화해가 최고의 계략이다. 당신들과 우리와의 전쟁이 30년이 되도록 아직 끝나지 않았다. 이는 바람직하지 않은 일이다. 이에 협상을 제의하니 평화적으로 해결하자'고 언급하였다. 넷째, 대만문제에 있어서 내정과 외교를 엄격하게 구분해야 한다. '대만동포에게 고함'에서 '진먼 포격은 국공내전의 연장이므로 국공 양당이 협상을 통하여 평화적으로 해결할 것을 제의한다. 미국이 대만과 펑후, 대만해협을 점령하고 있는 것은 중국과 미국과 관련된 문제이므로 양국이 협상을 통하여 해결해야 할 것'이라 주장하였다. 다섯째, 미제국주의는 우리의 공동적이다. '재차 대만동포에게 고함'에서 '미제국주의가 대만을 점령한 이후 미제국주의는 우리의 공동적이 되었다. 국공양당의 대립은 민족간의 모순과 비교할 때 이미 부차적인 모순이 되었다'고 강조하였다. 여섯째, 진먼 포격의 중지는 미국에 대항하기 위해서

---

124) 張樹軍 主編, 『中南海: 三代領導集體與共和國外交實錄(上卷)』(北京: 中國經濟出版社, 1998), p.76

이며, 대만군대가 진면을 고수하기 용이하도록 하는 것이다. 이는 민족대의에서 나온 것이라고 주장하였다.[125]

이후 1960년 5월 중국은 '8·23포격전' 이후 중국이 제의한 대만문제의 평화적인 해결 방안과 주장들을 종합하여 강령적인 성격을 가진 '일강사목(一綱四目)'이라는 통일정책을 제시하였다. '일강사목'에서 '일강(一綱)'이란 통일의 기본원칙으로서 대만은 반드시 중국에 통일되어야 한다는 것이다. 이는 '하나의 중국'원칙에 근거하여 대만은 중국의 일부이며, 대만에 대한 주권은 중국에 있다는 점을 분명히 하고 있는 것이다. 다음으로 '사목(四目)'이란 위와 같은 기본원칙 하에 추진될 수 있는 구체적인 방안으로서 첫째, 대만이 중국에 통일된 후 외교는 중국정부가 통일적으로 관할해야 하지만 기타 정치, 군사, 인사 등의 권한은 쟝제스에 위임한다. 둘째, 정치, 군사 및 경제 건설에 필요한 경비 중 부족한 부분은 중국정부가 보조한다. 셋째, 대만의 사회개혁[126]은 뒤로 미룰 수 있으며, 필요한 조건이 성숙되면 쟝제스의 동의를 거쳐 진행한다. 넷째, 쌍방은 서로 공작원들을 파견하지 않으며, 상대방을 파괴하는 일을 하지 않는다 등이다.[127] 이 '일강사목'의 통일정책은 당시까지의 통일정책과 비교할 때 상당히 구체화된 것을 볼 수 있으며, '하나의 중국'원칙에 근거하여 '일국일제(一國一制)'에 바탕을 두고 대만은 중국의 지방정부로서 고도의 자치를 보장한다는 보다 진전된 통일정책일 뿐만 아니라[128] 중국의

---

125) 國務院臺灣事務辦公室(2006), pp.37-38
126) 대만사회에 대한 사회주의 개혁을 의미한다
127) 張亞中·李英明 著, 『中國大陸與兩岸關係槪論』(臺北 : 生智文化事業有限公司, 2003), p. 208
128) 그러나 중국의 이러한 제의에 대해 대만은 1959년 중국이 티베트의 독립운동을 무력으로 진압한 후 양안간의 평화협상의 가능성은 거의 희박해졌다고 인식하고 있었다. 오히려 쟝제스는 1962년 여름, 중국의 대약진운동의 실패에 따른 혼란과 위기를 이용하여 중국에 대해 군사행동을 계획하였으나 미국의 반대로 무산되었다. Roger Hilsman, *To Move a Nation*(New York: Doubleday Company, 1967), pp.318-319

통일정책에서 평화통일정책이 정착되고 있음을 의미하는 것이라 한다고 볼 수 있을 것이다.

그러나 '일강사목' 제의 이후 중국의 통일정책은 더 이상의 진전을 보지 못하였다. 1960년대 국공 쌍방은 대만해협에서 전쟁도 평화도 아닌 상황을 형성하고 있었으며, 그 주요 원인은 중국 내부의 곤경으로 인한 것이었다고 볼 수 있다. 특히, 1966년부터 전개된 10년 동안의 문화혁명으로 인하여 중국은 대만문제 해결에 대한 새로운 구상이나 변화를 추구할 수 없었으며, 여전히 무력을 통한 대만해방을 배제하지 않으면서 평화적인 해결도 포기하지 않고 있었다. 또한 '4인방'이 몰락한 후 1977~78년 중국은 내부정돈에 집중하고 있었고 덩샤오핑과 화궈펑(華國鋒)과의 권력투쟁으로 대 대만정책은 진전이 없었다. 1978년 말 중국공산당 제11기 전국대표대회 3차 중앙위원회전체회의에서 덩샤오핑이 실권을 장악하고 중·미수교를 완성한 이후, 중국의 대 대만정책은 덩의 주도하에 평화통일 위주의 전략방침을 확립하게 되었고 이로써 새로운 단계에 접어들게 되었다. 이 새로운 진전이란 대만문제 해결에 있어서의 '일국일제'에서 '일국양제'로의 전환이었다.

제 3 부

개혁개방과 중국 외교

제1장
중국 외교에서 개혁개방의 의미

오늘날 중국은 현대사에서 두 번에 걸친 혁명을 거치면서 비약적인 발전을 이룩했다고 주장한다. 그 중 첫 번째는 마오저둥(毛澤東)의 신민주주의 혁명의 성공이고, 두 번째는 1978년 중국공산당 제11기 전국대표대회 제3차 중앙위원회전체회(11기 3중전회)의 이후 추진된 덩샤오핑(鄧小平)의 개혁개방이 '제2의 혁명'이라는 것이다. 덩샤오핑이 주도한 중국의 '제2의 혁명'은 무엇보다도 마오(毛)시대와는 전혀 다른 방향에서 중국적 사회주의를 건설하려고 하였다는 점에서 '혁명'이라는 수식어가 타당성을 가지고 있다고 평가할 수 있다.

11기 3중전회에서 덩샤오핑을 위시한 개혁파들은 대규모적인 대중적 계급투쟁의 종결을 선언함으로써 계급투쟁이 모든 것에 우선한다는 마오시대의 좌경적 노선과의 결별을 명확히 하였다. 또한 4개현대화와 경제발전을 당과 국가가 추구해야 할 '새로운 시기의 총체적 과업'이라 규정하고 '현대화된 사회주의 강국을 건설하기 위한 장정'을 요구하였다. 또한 이들은 중국의 문호개방을 선언하고 자본주의 국가와의 교류와 협력을 확대하여 중국의 4개현대화와 경제발전을 이룩해야 한다고 강조하였다.[1)]

'4개현대화'는 이미 1975년 1월 '제4기 전국인민대표대회'에서 조우은라이(周恩來)가 정부업무보고를 통해 "농업·공업·국방·과학기술의 현대화"를 공식적으로 제기함으로써 마오저둥(毛澤東) 이후의 정책방향을 시사한 바 있으며,[2] 이어 1977년 8월에 개최된 '중국공산당 제11기 전국대표대회(11大)'에서 "당의 기본 임무는 금세기 내에 농업·공업·국방·과학기술 현대화를 이룩한 사회주의 강국을 건설하는 것"이라 천명하고, 이를 처음으로 당장(黨章, 당 헌장)에 명기하였다.[3] 또한 1978년 3월에 개최된 '제5기 전국인민대표대회'에서 이를 공식적으로 재확인하였다.[4] 이어 명실상부한 덩(鄧)체제의 출범을 의미하는 1978년 12월 중국공산당 제11기 3중전회에서 "4개현대화의 과정에서 많은 새로운 문제와 상황에 직면하게 될 것이며, 이러한 문제의 해결을 위한 고정된 모범답안은 없을 것이며, 불변의 규율도 존재하지 않을 것이다. 이것은 바로 우리에게 사상의 해방을 요구하는 것이며, 마르크스주의와 마오사상의 보편적인 진리를 4개현대화의 실현을 위한 실천적인 면과 결합해야 한다는 것을 의미하는 것이다. 정신적인 구속과 금기를 타파하고 실질적인 문제를 해결하는 것은 사회주의 현대화건설을 위해 필요한 정신적인 조건"[5]이라 강조하였다. 또한 "사회주의 현대화건설에 필요한 안정되고 단결된 국내정치상황에 대한 파괴는 절대 용납되지 않을 것"[6]이라 강조함으로써 안정과 단결의 목적이 4개현대화를 위한 유리한 조건을 제공하기 위한 것에 있음을 명백히 하였다.

---

1) 『人民日報』, 1978. 12. 25
2) 유세희 편, 『오늘의 중국대륙』(서울: 한길사, 1984), pp.31-38
3) "葉劍英在「十一大」上的「關於修改黨的章程的報告」", 『人民日報』, 1978. 2. 27
4) "華國鋒在「五屆人大一次會議」上的「政府工作報告」", 『人民日報』, 1978. 3. 7
5) '中共十一屆三中全會公報', 『三中全會以來重要文獻選編 上册』(北京: 人民出版社, 1982), p.5
6) 위의 글

그리고 4개현대화를 위해서는 안정되고 단결된 국내정치·사회 환경의 조성 뿐만 아니라 '사상해방(思想解放)과 실사구시(實事求是)'를 중요한 과제로 상정하였다. 마오저둥 시기의 폐쇄정책에서 덩샤오핑 시기의 개방정책이라는 중국 외교정책의 근본적이고도 전략적인 변화를 가져오게 한 것은 '사상해방과 실사구시'의 이념이다. 중국이 11기 3중전회에서 4개현대화 실현을 위해 강조된 '안정되고 단결된 정치·사회 환경의 조성'과 '사상해방과 실사구시'는 바로 대외적인 영역에까지 확대되어 중국의 외교노선에 일대 전환을 가져오게 하였으며, 이는 사상이 외교노선의 기조를 결정한다는 사실을 보여준 것이다.[7]

즉 '안정되고 단결된 정치·사회 환경의 조성'은 대외적인 영역에까지 확대되어 "우리의 대외정책이 가지는 의미는 안정되고 평화적인 국제환경을 조성하여 4개현대화를 달성하는 것이다"라고 강조하게 됨으로써 '안정되고 평화적인 주변 국제환경의 조성'이라는 외교기조가 공식화되기에 이르렀다. 또한, '사상해방과 실사구시' 요구의 대외적인 의미는 과거 모든 대외문제에 대한 인식과 판단의 기준을 제공하였던 경직된 마르크스주의와 마오사상으로부터의 해방이라 할 수 있다. 즉, 과거의 '3세계론에 근거한 모순론적 세계관과 세계혁명투쟁노선'에서 탈피하여 안정되고 평화적인 주변 국제환경의 조성을 위하여 협상방식을 통한 평화적인 국제문제의 해결을 주장하게 된 것이다. 특히 4개현대화 실현을 위한 '사상해방과 실사구시'의 강조는 자본주의사회에 대해서도 국가이익을 위한 현실적인 입장에서 접근하여야 한다는 의미로서 이는 중국 외교의 중점이 미국, 일본 및 서구자본주의국가들과의 관계강화라는 파격적인 우경화정

---

7) Goldstein, Judith, and Robert Keohane, ed., *Ideas and Foreign Policy: Beliefs, Institutions, and Political Change*(Ithaca, NY, and London: Cornell University Press, 1993), p.12

책으로 전환될 수 있는 이론적인 근거를 제공하였다.

또한 중국의 개혁개방은 그들의 외교정책결정과정에서 볼 때 마오시기와 같은 자신의 사상과 경험, 세계관 등이 반영된 개인적인 변수가 지배하던 경향이 줄어들면서 현실주의적이면서 실용주의적인 사회적 변수가 중요한 정책결정요인으로 작용하게 하였다. 뿐만 아니라 기존의 중앙집권적이고 폐쇄적인 정책결정구조가 점차 다원화, 제도화, 전문화 추세로 변화하였다는 점을 지적할 수 있다.[8] 이러한 변화는 덩샤오핑에 의해 시작된 개혁개방정책이 점차적으로 중국의 정책결정구조를 '수직적 권위주의'에서 '수평적 권위주의'로 전환하게 만들었으며, 이는 외교정책 결정과정에 참여하는 기관과 조직이 다원화되고 다양화되기 시작하였다는 것을 의미한다.[9]

결론적으로 중국 외교에 있어서 개혁개방이 가지는 의의는 현대화와 경제발전에 필요한 안정적 환경을 만드는 실용주의가 중국 외교정책을 지배하게 될 것이며, 4개현대화와 평화적인 국제환경을 유지하는데 필요한 정책을 충실히 수행할 것이라는 강한 예측을 가능하게 하였다는 점이다. 또한 개혁개방 이후 중국의 외교정책은 경제 지향적이며, 실용적이고 독자적이면서도 국제사회와 보조를 맞추려는 경향을 지속할 것이라는 점을 암시하고 있다는 것이다.

---

8) Marc Lanteigne, *Chinese Foreign Policy : an Introduction*(New York: Routledge, 2009), 張歷歷, 『外交決策』(北京: 世界知識出版社, 2007) 등 참조

9) 趙全勝, 김태완 역, 『중국의 외교정책』(서울: 오름, 2001), pp.123-168 참조

제 2 장
덩샤오핑의 반패권주의 외교

제1절 덩샤오핑의 세계관과 대내외환경의 변화

1. 덩샤오핑의 세계관

 덩샤오핑의 세계관 역시 기본적으로는 마오저뚱의 '모순론'과 '3세계론'에 근거한 '반패권주의'적 세계관에 기초하고 있다고 보아야 한다. 1960년대 말 소련의 체코슬로바키아 침공과 전바오다오(珍寶島) 사건의 발발 그리고 닉슨 독트린으로 시작된 미국의 대아시아 정책의 전환은 중국지도부의 세계관에 근본적인 영향을 미쳤다. 마오는 피압박민족과 제국주의·사회제국주의간의 모순을 주요모순이라 규정짓고, 그 중에서도 피압박민족과 사회제국주의간의 모순이 더 중요한 의미를 지닌다고 인식하였다. 이것은 이미 소련이 미국과 함께 중국의 최대 적으로 인식되고 있다는 것을 의미하고 있다. 이러한 마오의 모순론적 세계관은 1960년대 말 이후 1970년대 중국의 세계관으로 자리잡게 되었고 중국은 이를 기초로 대외적인 혁명외교를 추구하였다.
 덩샤오핑 역시 미·소 양 초강대국은 세계 패권을 추구하는 국가로서 그들은 갖가지 방법을 이용하여 개발도상국인 제3세계 국가들을 각자의 통제하에 두려하기 때문에 통일전선을 확대 형성하여 이들의 세계지배 기도를 저지해야 하며, 통일전선의 대상은 제2세계와 제3세계 국가들로서 특히 제3세계국가인 개발도상국들은 반식민주의, 반제국주의, 반초강대국의 주력군이 되어야 한다고 주장하였다.10)

그러나 1970년대 중반에 이르러 이러한 마오식의 세계전략관은 전환기를 맞이하게 된다. 1976년 이후 중국은 대내적으로는 조우언라이, 마오저둥, 주더 등 혁명시대 지도자들의 연이은 사망과 4인방의 체포, 덩샤오핑의 실권 장악과 같은 중대한 변화가 일어났고, 대외적으로는 중·베트남관계 악화, 소·베트남 군사동맹 체결, 소련의 대중포위망 형성, 중일평화우호조약체결, 중·미관계 정상화 등의 사건들이 발생하여 중국의 지도자들의 세계전략관의 전환에 깊은 영향을 미쳤다. 이 시기 중국지도부의 세계전략 전환의 특징은 과거 미·소 양 초강대국을 공동 주적(主敵)으로 지칭하고 '3세계론'에 근거한 반패권주의 통일전선의 형성을 주장하면서 대외 혁명외교를 주장한 것에서부터 이제는 소련을 실질적인 주적으로 보고 제1세계의 또 다른 패권국가인 미국을 통일전선 협력국으로 간주하여 제2세계와 함께 반패권주의 통일전선의 주력군으로 하는 실질외교를 추구해 나간다는 것이다.

이에 따라 제3세계에 대한 실질적인 전략적 중요성은 상대적으로 술어들세 되었으며, 비록 덩(鄧)을 비롯한 중국의 지도자들은 여전히 반제국주의, 반패권주의, 반식민주의를 견지하고 제3세계 국가들은 세계혁명의 원동력이며, 반식민주의·반제국주의의 근원지라 주장하였으나,11) 이미 마오의 '모순론'과 '3세계론'에 입각한 세계관

---

10) "鄧小平在第六屆特別聯大的演說", 『人民日報』 1974. 4. 11
11) 『鄧小平文選』(北京: 北京人民出版社, 1983), p.122

은 그들 세계전략의 핵심은 아니었으며 식민주의와 제국주의에 대한 비난의 목적은 제3세계 국가들에 대한 외교적 고려일 뿐이었고 실질적인 의의보다는 구호적인 의의가 더 크다고 볼 수 있다.12)

그리고 중국으로 하여금 마오의 모순론적 세계관에 근거한 외교노선을 포기하게 한 또 다른 요인 중의 하나로 지적될 수 있는 것은 바로 4개현대화의 추구라 할 수 있다. 덩샤오핑의 실권 장악 이후 가장 핵심적인 국가목표로 떠오른 4개현대화의 목표를 달성하기 위해 중국은 미국과 제2세계 국가들과의 관계를 강화하지 않을 수 없었고 장기적으로 안정된 평화적인 국제환경의 유지를 위해서는 세계혁명투쟁노선을 포기하지 않을 수 없었다. 따라서 중국은 "협상방식을 통한 국제분쟁의 해결이 국제관계를 처리하는 정확한 길이다"라고 주장하면서 과거 투쟁일변도의 태도로부터 전환하게 되었다.

결론적으로 1970년대 중반 이후 덩샤오핑을 비롯한 중국 지도부의 세계전략관은 '반패권주의'적인 태도가 그 기초를 이루고 있었으나, 이미 마오의 '모순론적 세계관'에서부터 탈피하여 미국과 제2세계국가들을 그들의 전략적 동반자로 규정하고, 혁명외교를 포기하고 협상방식을 통한 평화적 외교를 추구하는 실질적인 세계관과 외교자세가 그들에게 자리 잡았다고 할 수 있다.

2. 대내외 환경의 변화

국제사회에서 모든 국가들은 국가이익에 기초한 국가목표를 추구하고 있으나, 각 국가가 가지고 있는 능력과 구조적인 차이로 인하여 국가이익 추구의 우선순위와 국가목표는 달라진다. 외교정책이

---

12) John F. Copper, "The PRC and the Third World: Rhetoric and Reality", *Issues & Studies* Vol.22 No.3 (March 1986), pp.111-113

란 바로 국내외환경의 변화에 직면하여 정책결정자들이 자신의 능력에 근거해서 선택할 수 있는 많은 대안들 중에 최선의 것을 선택하는 과정을 통해 산출된다. 따라서 외교정책이란 국내외 상황의 변화와 발전에 따라 필히 이에 대응하고 조정되어야 하는 것이다.[13] 이러한 의미에서 본다면 덩샤오핑의 외교노선에 가장 큰 영향을 미친 것은 바로 당시 중국의 '4개현대화'와 경제발전이라는 국내적인 요구에서 비롯된 대내적인 환경변화와 미국의 대아시아 정책의 전환 그리고 소련의 세력팽창으로 인한 중국의 안보불안이라는 대외적인 환경변화로 압축될 수 있다.

먼저, 중국 대내적인 환경의 변화라는 측면에서 볼 때, 1976년 마오의 사망과 4인방의 제거로 권력의 전면에 재등장한 덩샤오핑은 중국이 고통과 질혹의 문화혁명을 거치면서 국민들은 이미 정부와 중국공산당의 통치에 대해 신뢰를 상실하였고 이러한 현상은 중국의 국력을 허약하게 만들었다고 생각하였다. 이러한 그의 인식에 따라 어떻게 민심을 돌리고 공산당 통치의 위엄을 다시 세우며, 국력을 증대시켜, 정권을 안정시키느냐의 문제는 중국의 최우선 국가이익이자 국가목표가 되었다. '4개현대화' 정책의 제시는 바로 이러한 국가이익과 국가목표가 구체화된 것이다.

문화혁명은 도시지역과 지식인 사회 그리고 당정 간부들에게 괴멸적인 타격을 줌으로써 장기적인 차원에서 중국사회의 발전에 엄청난 좌절과 후퇴를 초래하였다. 뿐만 아니라 문화혁명이 단기적이고 표면적으로는 중국경제에 다른 영역보다는 피해가 크지 않았다고 할 수는 있으나 장기적인 차원에서 볼 때 문화혁명은 중국경제의 구조적 발전을 저해한 것은 사실이다. 자력갱생과 대중들의 희생정신을 강요하면서 소비보다는 축적을, 개인의 창의성과 물질적 동기

---

13) Howard H. Lentner, *Foreign Policy Analysis: A Comparative and Conceptual Approach*(Columbus: Charles E. Merril Publishing Co., 1974), p.5

보다는 집단의 공동이익과 혁명사상을, 전문적 기술개혁보다는 대중운동방식을 중시하는 마오의 경제발전전략은 중국경제의 폐쇄성, 비효율성 그리고 낙후성을 초래했다는 비판을 받지 않을 수 없다. 특히 마오와 좌파들은 대중들의 장기적인 이익을 강조하면서 대중들의 생활개선 요구를 계속 유예하고, 여전히 중공업을 중심으로 한 공업과 농업의 동시적 발전정책을 추진하면서 고축적·저소비 정책을 추구하였기 때문에 대중들의 불만이 심화되었다.[14]

덩샤오핑을 비롯한 개혁파들이 등장하여 과감한 개혁을 추진할 수 있었던 이유 역시 중국국민들에게 일대 재난을 가져다준 문화혁명 10년의 경험이 밑받침이 되었다는 점이라는 사실을 부인할 수 없다. 따라서 4개현대화와 경제발전은 국내적인 안정과 발전 그리고 개혁파 자신들의 정권안정을 위해서 필수불가결한 정책 목표였으며, 이를 위해서는 모든 국가, 특히 중국 자신의 경제발전에 필요한 선진 자본주의국가들에 대한 문호개방과 교류협력은 필수적인 것이었다. 따라서 덩샤오핑은 '사상해방과 실사구시'라는 이념을 제시함으로써 경직된 마오사상과 마르크스주의사상의 관점에서부터 해방되어 자본주의사회에 대한 인식의 전환을 요구하였으며, 이는 앞에서도 언급하였듯이 중국 외교의 중점이 미국, 일본 및 서구자본주의국가들과의 관계 강화라는 파격적인 우경화정책으로 전환될 수 있는 근거를 제공하였다.

다음으로, 대외환경의 변화라는 측면에서 볼 때, 중국의 입장에서는 1970년대 초의 국제정세는 기본적으로 1960년대 말의 정세가 지속되고 있다고 인식하고 있었으며, 이러한 인식의 중요한 부분은 바로 1960년대 말에 격화된 중·소분쟁의 여파로 소련이 여전히 중국을 위협하고 있다는 것이었다. 따라서 중국은 이러한 국제정세의

---

[14] 서진영, 『현대중국정치론』(서울: 나남출판, 1999), pp.49-50

변화에 대응하기 위해 '중간지대론'을 수정하여 소위 '3세계론'을 제시하게 되었던 것이다.

그러나 1970년대 초반이 지나면서 소련의 행동은 중국을 더욱 불안하게 만들었다. 미국의 대아시아정책의 전환으로 생긴 힘의 공백을 이용하여 소련은 아·태지역에서 세력을 증대시키고 있었고, 제3세계에 대한 소련의 영향력도 점점 증가하는 등 국제정세는 점점 중국에 불리하게 전개되고 있었다. 아시아 지역에서는 베트남이 적화통일을 완성한 후 소련과 군사동맹을 체결하고 소련의 지원을 받으며 인도차이나반도에서 지역패권주의를 추구하고 있었고, 동구국가들로 구성된 COMECON(공산국가간 경제상호원조회의)에 가입하면서 소련과의 관계는 밀접해지고 있었다. 이어서 소련의 아프간 침공과 중·소 국경지역에서의 소련 군사력 및 태평양함대의 증강으로 소련의 세력이 중국을 포위하는 형태가 나타났고, 특히 중·베트남 국경지역의 안보불안이 증대되고 있었다. 소련의 세력에 의해 포위되고 있다는 인식과 함께 중·베트남 국경지역의 안보불안은 1979년 2월 드디어 중국 자신이 '징벌전쟁'이라 일컫는 중·베트남 전쟁으로까지 발전하게 되었다.

아프리카 지역에서는 앙골라의 독립이후 내전이 일어나자 소련은 쿠바를 통해 간접적으로 앙골라인민해방운동(Popular Movement for the Liberation of Angola)을 지원하여, 중국이 지원하는 앙골라민족해방전선(National Front for the Liberation of Angola)과 미국이 지원하는 앙골라독립민족연맹(National Front for Total Independence for Angola)과 대항한 결과, 결국 소련이 쿠바를 통해 지원했던 앙골라인민해방운동이 정권을 장악하게 되었다. 이러한 과정에서 중국은 소련이 아프리카에서 패권주의적 죄악을 저지르고 있으며, 앙골라사태에서 소련의 신제국주의적인 실체가 폭로되었다고 비난하면서 아프리카국가들이 단결하여 소련의 세력이 앙골라에 침투하는 것에 대항할 것을 호소하였지만 아프리카 국가들의 별다른 반응을 얻지 못하였으며, 이는 곧 중국의 대 아프리카 정책의 중대한 좌절을 의미한다고 볼 수 있다.15)

　　유럽지역에서는 1975년 유럽안보회의가 개최되어 마침내 '헬싱키 공동선언'이 채택되었으며, 이는 중국의 외교정책에 깊은 영향을 미치게 되었다. 1969년 진보도사건 이후 중·소 국경지역에서는 긴장상태가 계속되었지만 소련과 서구국가들 간의 관계는 화해무드가 조성되고 있었다. 중국이 동서 쌍방 간의 화해를 바라지 않고 있었지만 결국 유럽안보회의는 '헬싱키 공동선언'을 채택함으로써 유럽에서의 소련과 미국의 세력권을 인정하고 이러한 힘의 구도 하에 일종의 세력균형을 이룩하여 유럽의 평화를 유지하는데 합의하였던 것이다. 유럽안보회의의 성공은 유럽에서의 동서긴장완화를 의미하고, 소련이 유럽문제를 해결하고 난 후에는 필히 유럽에서의 모델을 아시아에 적용하고자 하는 '아시아안보체제' 구축을 위한 노력에 최선을 다할 것이므로, 이것은 곧 간접적으로 소련이 중국을 포위하는 전략을 부추기는 결과가 된다는 것이다.

　　중국이 비록 '3세계론'을 견지하면서 제3세계 국가군에서 중심적인 역할을 하려하고 있었지만 위에서 언급한 1970년대 국제정세의 변화는 중국으로 하여금 제3세계에 대해 무능함만을 드러내는 결과가 되고 말았으며, 소련과 서구국가들 간의 화해무드는 필연적으로 중·소간의 갈등을 증폭시키는 결과를 낳았다.

　　그러나 미국의 대아시아정책의 전환이 소련의 대중 포위 전략과 팽창정책을 자극하여 중국에게 불리한 국제정세를 조성하기도 하였지만 동시에 미국과의 관계개선을 이룩하고 외교적 고립상태를 타파하는 계기를 제공하였다. 닉슨 독트린으로 시작된 미국의 대

---

15) 葉伯棠, "中共外交政策的硏究(上)", 『東亞季刊』第20卷 第2期(臺北: 國立政治大學國際關係硏究中心), 1981.

아시아 정책 변화는 먼저 1970년대 초 중국의 UN 대표권 획득, 닉슨의 중국방문과 상하이공동성명 발표, 중·일관계 정상화 등을 이루어내면서 중국이 그 동안의 외교적 고립상태를 탈피하는데 결정적인 작용을 하였다. 그리하여 중국과 일본 및 서구 자본주의국가들과의 관계는 1970년대 급속히 발전하기 시작하였으며, 1979년 미국과의 수교와 함께 중국의 세계전략의 전환에 깊은 영향을 미쳤다.

제2절 반패권주의 외교노선 : '연미반소'전략

1970년대의 국내외정세 변화 속에서 중국이 만일 이러한 변화에 대응하고 적응하지 못한다면 국제사회에서 상당히 불리한 위치에 머무를 수밖에 없는 현실이었다. 따라서 1970년대 말 덩샤오핑에 의해 주도된 중국 외교 역시 반패권주의 노선에 기초한 '연미반소(聯美反蘇)'라는 특징을 가지고 있지만 그것은 마오시기와는 성격을 달리하고 있었다고 볼 수 있다. 덩의 '연미반소'정책은 한편으로는 '3세계론'의 연장선에서 아시아에서 소련의 대중 포위전략으로부터 오는 위협을 미국과의 전략적 협력관계의 구축을 통해 저지하겠다는 것이었으며, 다른 한편으로는 최우선 국가목표로 상정된 '4개 현대화'의 추진을 위한 협력자로서 미국이 필요하였으며, 이를 위해 1979년 1월 1일 미국과 국교정상화를 이룩하는 적극적인 대미 접근정책을 의미하는 것이었다. 따라서 덩샤오핑 시기의 '연미반소'정책은 마오시기보다는 다원적이고 복합적인 '연미반소'전략으로서 다분히 우경화된 성향을 띠고 있었으며, '3세계론'에 근거한 대미 접근외교보다는 더욱 적극적인 성격을 가지고 있었다고 할 수 있을 것이다.

마오시기의 '반소'외교전략에서도 언급하였듯이 1970년대 중국이 미국을 이용한 소련세력 팽창저지라는 전략을 가능케 한 배경으로는 미국의 대아시아 전략의 전환을 들지 않을 수 없다. 닉슨 독트린으로 시작된 미국의 대아시아전략의 전환이 결국 인도차이나반도에서의 철수결정으로 이어지자, 소련은 미국이 철수한 아시아에서의 힘의 공백을 이용해 아시아에서의 세력 확장을 기도하게 되었고, 이를 중국은 자신에 대한 포위 전략으로 인식하여 안보에 대한 위협을 느끼게 되었다. 미국의 대아시아 전략의 전환에는 중국과의 관계개선이 중요한 부분을 이루고 있었고, 이는 1971년 중국의 UN에서의 대표권 획득과 닉슨의 중국방문이라는 가시적인 결과로 나타났으며, 중국 역시 소련의 포위 압력 타파를 위해 미국과의 관계개선에 적극성을 보이기 시작하였다.

1972년 2월 닉슨의 역사적인 중국 방문이 이루어졌고, 중국은 이를 이용하여 한편으로는 '연미반소'전략을 추구하면서도 다른 한편으로는 미국의 패권주의를 여전히 경계하고 있었다. 중·미 양국이 '상하이공동성명'에서 밝힌 "어느 일방도 아시아·태평양지역에서 패권을 추구해서는 안 되며, 각방은 어떠한 국가라도 이러한 패권을 추구하는데 반대한다"는 말은 중국에 있어서는 다양한 의미를 가진다고 볼 수 있다. 그것은 미국 역시 아·태지역에서 패권을 추구해서는 안 된다는 의미와 중·미 양국의 공동 노력으로 아·태지역에서 소련의 세력이 증대되는 것을 저지해야 한다는 의미를 동시에 포함하고 있다고 보아야 한다. 이로써 중국은 미국과 처음으로 초보적이고 선언적이기는 하지만 반소연합전선을 형성하게 되었다.

이어서 1973년 11월 중국을 방문한 키신저는 조우은라이와 같이 발표한 공동성명에서 "패권주의가 세계 어떠한 지역에도 확산되는 것을 반대한다"[16)]고 언급함으로써 반패권주의의 지역적인 범위를 아·태지역에서 전세계 지역으로 확대하였다. 이러한 미국의 행동은 이미 소련세력의 확산추세를 경계하고 있으며, 이러한 소련의 팽창 행동을 중국과 공동으로 저지하겠다는 의지로 풀이될 수 있을 것이다. 또한 1974년 12월 포드 대통령은 중국을 방문한 후 소위 '신태평양주의'를 발표하였는데, 여기서 미국은 중국과의 수교가 미국의 최종 목표라 밝힘으로써 중·미관계 접근을 가속화시켰다.

또한 이러한 대외적인 요인과 함께 중국의 외교정책의 전환에 중대한 영향을 미친 것으로 1977년 7월 '중국공산당 제10기 전국대표대회 제3차 중앙위원회전체회의(제10기 3중전회)'에서 밝힌 덩샤오핑의 '실사구시'사상을 지적할 수 있으며, 이후 이 사상은 중국의 모든 대내외사무를 처리하는 데 있어서 기본방침이 되었다.17) 동 회의에서 덩샤오핑은 중국 외교정책의 대전환을 의미하는 대담한 발언을 하였다. 그의 발언 중 가장 주목을 끄는 것은 '반패권주의'에 대한 입장과 일본 및 서방국가에 대한 태도의 변화이다. '반패권주의'는 덩에 있어서는 곧 '반소'를 의미하였고, "소련에 대한 원한과 소련과의 분열은 자손 대대로 이어져 갈 것이며, 소련과의 관계개선이나 우호관계 회복 가능성은 거의 없다"고 말하면서 "우리는 미·소간의 모순을 이용하여야 한다"고 주장함으로써 미국과 전략적인 협력을 통해 소련의 위협을 저지할 것임을 밝혔다.18) 이러한 정책 전환의 대외적인 목적은 기본적으로 날이 갈수록 점점 강화되고 있는 소련의 위협을 완화시키면서 국제정치체제 속에서 힘의 절대적 열세 상황을 외부와의 힘의 연합을 통해 상대적 우세 상황으로 전환시켜 보고자 하는데 있었다. 그러나 덩의 이러한 대소태도가 소련과의 화해를 위한 일체의 노력을 포기한다는 것을 의미한다고

---

16) 『人民日報』, 1973. 11. 14
17) 李廉, "鄧小平外交路線與戰爭危險", 『匪情月報』第12卷 第2期(臺北: 國立政治大學國際關係研究中心, 1989. 4), p.69
18) "鄧小平在中共十屆三中全會上的講話" 『人民日報』, 1977. 7. 21

는 볼 수 없다. 같은 맥락에서 덩의 연미반소의 우경화 정책이 과거 마오의 대 소련 일변도정책과 같이 대미 일변도 정책이라고는 볼 수 없으며 단지 외교전략적 범주 내에서 평가되어야 할 것이다. 이러한 점은 당시 덩샤오핑의 "미국은 중·소 분쟁을 이용하여 그들에 대한 소련의 위협을 견제하고, 사회주의제도를 무너뜨리려 하고 있는데, 우리는 왜 미·소간의 모순과 갈등을 이용하여 우리에게 유리한 정책을 추진하지 못 하겠는가"[19]라는 언급에 잘 나타나 있기 때문이다.

이러한 중국의 반소태도는 1977년 8월에 개최된 중국공산당 제11기 전국대표대회에서의 화궈펑(華國鋒)의 '정치보고'에서 더욱 명확히 나타났다. 화궈펑은 동 회의에서 비록 소련과 미국이 새로운 세계대전의 발원지이긴 하지만 '소련제국주의'가 훨씬 더 위험하다고 지적하면서 소련은 공세적이고 미국은 방어적이며, 소련이 각종 구실로 세계도처에서 세력을 확장하고 있으나 서방세계에는 대소 유화적인 사조가 출현하여 타협과 양보의 방법을 통한 평화유지를 추구하고 있어 소련의 팽창야심을 더욱 부추기고 있다고 강조하였다.[20] 또한 1978년 3월 7일 제5기 전국인민대표대회 제1차 회의의 '정부업무보고'에서 당시 국제정세의 발전추세를 첫째, 미국과 소련이 세계패권을 위하여 투쟁하고 있어 언젠가는 전쟁이 일어날 것이고 둘째, 소련의 중국대륙에 대한 침략 가능성이 존재하고 있으며 셋째, 국방력을 증대하여 '사회제국주의와 제국주의'의 침략에 효과적으로 대처하기 위해서는 4개현대화를 추진하는 일밖에는 없다고 언급하였다.[21]

이렇게 본다면 당시 소련의 안보위협에 대해 중국이 선택할 수

---

19) 앞의 글
20) "華國鋒在中共十一大上的政治報告", 『人民日報』, 1977. 8. 7
21) "華國鋒在五屆人大一次會議上政府工作報告", 『人民日報』, 1978. 3. 8

있는 대응 방안은 첫째, 국방력을 증대시켜 소련의 위협을 힘으로 저지하는 방안과 둘째, 소련과 패권투쟁을 하고 있는 미국을 이용하고 동아시아에서 소련과 영토문제 등으로 갈등 관계에 있는 일본을 끌어들이는 방안과 함께 서유럽국가들과 소련의 접근을 저지하는 외교적인 노력으로 모아진다. 그러나 당시 미국과 어깨를 겨루는 초강대국인 소련의 군사력을 저지할 만한 군사력이 중국에게는 없었고 또한 그러한 군사력이 단시일 내에 증대될 수도 없었으므로 4개현대화를 효율적으로 추진하여 소련에 필적할 만한 군사력을 보유하게 될 때까지 중국이 선택할 수 있는 대안은 미국과 일본을 이용하여 아시아에서 소련과 힘의 균형 상태를 구축하고 유럽에서 소련과 서유럽국가들과 관계의 지나친 접근을 저지하여 소련의 힘을 유럽과 아시아에 분산시키는 외교적인 방안 밖에 없었다고 볼 수 있다.

    이러한 중국의 전략적 선택아래 제1세계인 미국과 제2세계인 일본을 비롯한 서구자본주의국가들과의 관계개선을 적극적으로 추진하게 되었다. 중국은 1972년 8월 일본과 전격적으로 수교를 함으로써 그 동안 고립되어 있었던 중국의 외교적 지위를 크게 개선시켰으며, 1978년 8월 12일에는 일본과 반패권주의 조항을 삽입한 '평화우호조약'을 체결하는데 성공하였다. 또한 1978년 12월 드디어 미국과 중·미 수교 공동성명을 발표하고, 1979년 1월 1일을 기해 양국은 외교관계를 수립한다고 밝히면서, "상하이공동성명의 원칙을 존중하고 어느 일방도 아·태지역 및 세계 어떠한 지역에서도 패권을 추구하지 않으며, 각방은 어떠한 제3국이나 국가군이 이러한 패권적 지위를 수립하려는 노력에 반대 한다"고 천명하였다. 수교 공동성명에서 이렇게 '반패권주의'에 대한 공동의 입장을 강조한 것은 쌍방이 이미 '반소'의 목적으로 결합되어 있음을 말해주는 것이다. 이리하여 중국은 '반소'를 위한 중·미·일 삼각 협력체제를 구축하는데 성공하였다.

　이러한 중·미 양국간의 반소 협력체제를 더욱 강화시키는 촉매작용을 한 것은 바로 1979년 12월 소련의 아프간 침공이었다. 소련의 아프간 침공으로 동서간의 긴장이 고조되자 1980년 1월 미국은 소련에 대한 제재조치를 발표하였고, 중국에 대해서는 상업적·군사적인 이용이 모두 가능한 일부 첨단과학기술과 군사적 품목에 대한 수출제한을 완화하였다. 또한 미 국방장관 해럴드 브라운이 중국을 방문하여 아프간 국내의 저항세력에 대한 최대한의 원조와 파키스탄에 대한 군 장비 선적에 합의함으로써 양국간 군사협력의 길을 열었다. 이어 5월에는 중국 국방부장 궁뱌오(耿飈)가 미국을 방문하여 군사장비 구입관련 협상을 가졌으며, 그 후 홀 브루크 미 국무차관보가 중국의 국방강화를 지원할 것임을 밝힘으로써 중·미간의 군사적 협력은 더욱 표면화되었다.22)

　중·미간의 군사협력의 가능성이 표면화되는 것과 함께 중·일간의 안보협력관계도 강화되었다. 1978년 9월 중국인민해방군 부총참모장 우슈췐(伍修權)이 토쿄(東京)를 방문하였고, 일본 퇴역장성 및 제독들과 함께 국방대학 관계자들이 대거 북경을 방문하였으며, 1980년 3월부터 일본의 방위청대학에서 파견된 교관들이 중국 군사기술자들에게 미국이 개발한 반자동 대공 포위망에 대한 교육을 실시하였다.23) 그리고 1979년까지 일본은 미사일 추적 및 유도체계의 필수부품인 집적회로를 중국에 판매한 것으로 밝혀졌다.

　이와 더불어 1980년 3월 11일 중국 국방부 부부장 수위(粟裕)는 베이징(北京)을 방문한 일본 방위청 고위인사들에게 일본의 방위비를 국민총생산액의 0.9%이상으로 증액시켜 줄 것을 요구하였으며,24) 4월 29일 우슈췐 부총참모장은 일본 자민당 나까소네 간사장

---

22) 김동성, 『중공대외정책론』(서울: 대왕사, 1988), pp.176-177
23) 위의 책, p.176

에게 미군의 철수는 아시아에 불리하다고 언급하고, 미일군사동맹을 찬성하며 미일안보조약은 동아시아의 평화와 안정에 도움이 된다고 말하였다.25) 이와 함께 그는 일본의 방위비를 국민총생산액의 2%까지 제고시켜 줄 것을 요구하였다.26)

중국의 이러한 일련의 외교행위 속에 나타난 그들의 의도는 1970년대 들어, 특히 1970년대 말 중국에게 가장 큰 위협이 되는 것은 소련 사회제국주의이라 인식하고 있었고, 힘의 열세 상태에 있는 중국으로서는 다른 힘들과의 규합을 통한 힘의 평형상태를 이루어 내어 자신의 안전을 도모하고 안정된 국제환경을 유지하는 전략을 택할 수밖에 없었다. 이러한 중국의 반패권주의 전략은 소련의 팽창전략으로 인해 자신에게 불리한 아시아에서의 국제정세를 결국 미국과 일본을 이용한 세력균형 상태를 조성함으로써 그 목적을 달성하였다고 볼 수 있다.

제3절 반패권주의 외교와 중·소관계

덩샤오핑의 반패권주의 외교노선은 마오시기의 반소정책과 그 맥락을 같이하고 있지만 그 중요한 차이점 중의 하나는 개혁개방정책의 천명과 더불어 최우선순위의 국가목표로 떠오른 4개현대화 건설과 반소정책을 동시에 만족시킬 수 있는 외교정책의 모색이라 할 수 있을 것이다. 이러한 측면에서 볼 때, 이 시기의 반패권주의 외교에서 가장 두드러진 특징은 미국과 일본 및 서구 자본주의국가

---

24) 尹慶耀, "從中共外交政策的演變看中共當前的基本外交政策",『問題與研究』第23卷 第10期(臺北: 國立政治大學國際關係研究中心, 1984. 10), pp.15-16
25)『大公報』(香港), 1980. 4. 30
26) 尹慶耀(1984), p.17

들과의 관계발전이었지만 앞에서도 언급하였듯이 중국의 이러한 우경화 외교가 곧 중국이 소련과 화해와 긴장상태 해소를 위한 일체의 노력을 포기한 것이라고 보기는 어렵다. 이러한 점은 4개현대화를 위한 안정된 평화적인 국제환경의 조성이라는 그들의 대외목표에서 볼 때 충분히 이해될 수 있는 부분이며, 더구나 중·소관계 개선을 위한 노력과 흔적들을 많은 곳에서 발견되는 점이 이를 뒷받침한다.

특히 접경국인 소련과의 관계는 무엇보다도 국경지역에서의 안보위협을 둘러싼 문제가 가장 핵심적인 사안일 것이다. 국경지역에서 소련의 위협은 중국 영토의 안전에 직접적인 영향을 미치는 심각한 문제이다. 1963년부터 소련은 동북아지역의 군사력을 강화하기 시작하여 1967년 소련은 중국국경지역에 15개 사단을 배치하였다. 1969년 전바오다오 무력충돌 이후 소련은 즉각 국경지역의 병력을 21개 사단으로 증가시켰으며, 1973년에는 45개 사단 규모까지 증가시켰다. 몽고를 포함한 7,000km에 달하는 국경지역에 세계 초강대국인 소련의 군사력이 끊임없이 증강되고 있었고, 그로 인해 고조된 위기는 1970년대 중반까지 중국으로 하여금 소련이 자신에 대해 직접적인 군사행동을 취할 수도 있다는 우려와 두려움을 자아내게 하였으며, 이러한 중국의 우려는 1968년 체코슬로바키아 사태와 이어서 나온 소련 브레즈네프의 '제한주권론'의 주장으로 더욱 깊어지게 되었다. 소련의 군사적인 행동을 억지하기 위하여 중국 역시 국경지역 군사력을 1969년 60개 사단에서 1971년 90개 사단으로 증강하였고, 1973년에는 109개 사단을 국경지역에 배치하게 되었다.27) 이러한 국경지역의 긴장상태가 지속되면서 중국은 공개적으로 소련을 제국주의국가로 비판하였고 '반소'중심의 반패권주의

---

27) 范英, "蘇俄在東亞的挑戰"『中華戰略學刊』(臺北, 1983), p.98

외교노선을 채택하고 있었다. 따라서 1979년 미국과의 수교 후에도 중국은 대내적으로는 경제개혁과 발전을 추진하는 한편, 대외적으로는 '반소'를 중심으로 하는 반패권주의 외교노선을 견지하면서 미국, 일본, 서구 자본주의국가들과의 관계를 지속적으로 발전시키고자 하였다.

그러나 1980년대에 들어서 중국은 계속되는 중·소국경의 긴장상태와 소련의 포위 전략에 대응한 그들의 반포위정책이 대가가 클 뿐만 아니라 효과도 크지 않으며, 당시 추구하고 있었던 중국의 국가목표와 이익에 부합되지도 않는다는 것을 발견하게 되었다. 그 중요한 원인 중의 하나는 덩샤오핑의 국내정치적 지위가 확고해지면서 개혁개방정책이 국가목표로서 확정되었고, 이에 따른 사회주의 경제건설이 중국의 1980년대 중심과제로 떠올랐다는 것을 들 수 있다. 경제발전에 국력을 집중시켜야 하고, 이를 위해서는 충분한 자본과 기술 그리고 평화롭고 안정된 국제환경이 필요하였으나 소련으로부터 오는 위협이 존재하는 한 중국은 국방비의 지출을 증가시키지 않을 수 없고 또한 방대한 지상군 부대를 국경지역에 유지시킬 수밖에 없었다. 이 두 가지 부담은 '반소'를 중심으로 하는 반패권주의 노선을 고수하는 한 해소될 수 없는 것이었다. 또 다른 원인으로 지적할 수 있는 것은 미국과 수교 후 몇 년간의 밀월기간이 지난 후 중국은 미국이 단지 중국카드를 이용하여 소련을 견제하고자 하는데 관심이 있을 뿐 자신을 우호국가로 생각하지 않는다는 것을 발견한 것이다. 이는 중국이 만일 소련으로부터 공격을 받았을 때 미국이 도와주지 않을 것이라는 사실을 인식하게 되었다는 것을 의미하는 것이었다.[28]

안정되고 평화적인 국제환경의 장기적 유지는 4개현대화의 원만

---

28) Edmund Lee, "Beijing's Balancing Act", *Foreign Policy* Vol.51, 1983, pp.44-45

한 추진에 필수적인 조건이므로 중국이 미국과의 관계가 급진전하고 있었지만 이로 인해 소련과의 긴장관계가 더욱 악화되거나 확대되어 그들의 4개현대화의 원만한 추진을 위협하는 것은 바라지 않고 있었다. 중국은 중·소 쌍방의 장기적인 적대관계로 인하여 양국 간에는 이미 반사이미지(mirror image)이론에서 말하는 왜곡된 태도가 고정화되어가고 있다는 것을 깊이 인식하고 있었다. 따라서 중국은 중·미관계 개선과 수교가 단순히 '반소'만을 의미하는 것이 아니라 국내적인 요구에 부응하는 외교정책의 일부라는 점을 소련에게 인식시킴으로써 소련의 의혹을 제거하고 긴장의 악화를 피하면서 4개 현대화에 유리한 국제환경을 조성하는가의 문제를 심각하게 고려하여야만 하였다.

다시 말해서 4개현대화라는 국가목표를 달성하기 위하여 중국은 소련에 대해 대립적인 자세를 고수한다는 것이 자신의 이익에 부합되지 않는다는 것을 인식하게 되었으며, 이에 중국은 1982년 8월 소련과의 관계 개선을 위한 조건으로 제시하였던 '3대 장애'[29] 제거를 더 이상 고집하지 않고 브레즈네프의 타슈켄트선언의 제의를 받아들여 소련과 양국관계 개선을 위한 회담을 재개할 것을 선언하였다. 이러한 중국의 대 소련 정책의 변화는 분명히 당시 중국 자신의 안보와 이익의 관점에서 외교정책을 종합적으로 평가한 결과라고 보아야 할 것이다. 다시 말해 중국은 소련과의 관계 개선을 통해 평화롭고 안정된 국제환경을 조성하고 국경지역 주둔군을 감축하여 국방비를 절감함으로써 경제발전에 더욱 더 많은 역량을 투입할 수 있을 것이라는 계산을 하였다는 것이다.[30] 덩샤오핑이 미국을

---

29) 중·소 국경으로부터 소련군 철수, 아프간 주둔 소련군 철수, 친베트남 정권인 캄보디아 정부에 대한 지원중단 등 3가지이다.
30) William E. Griffth, "Sino-Soviet Re-approachment?", *Problem of Communism*, Vol. 32 (Mar./Apr., 1983), p.20

비롯한 구미 자본주의국가들과의 관계발전과 교류협력의 확대를 "4개현대화를 실현하기 위해 우리가 필요한 과학기술과 설비를 도입하기 위한 것이지 마르크스주의자인 우리가 절대로 피아(彼我)를 구분하지 못할 정도로 바보는 아니다"31)라고 강조한 것은 소련과의 관계를 염두에 두고 있다는 점을 입증하고 있는 것이며, 이러한 중국의 고려는 한편으로는 미국과 연계한 대소 억지정책을 추구하면서 다른 한편으로는 대소 긴장완화정책을 병행하게 하였다.

또한 여기서 지적해야 할 것은 중국이 소련에 대한 태도를 전환하게 된 또 다른 계기는 역설적으로 중·베트남 전쟁이 가져다주었다는 것이다. 중국의 베트남침공에 대해 소련의 태도는 예상 외로 상당히 소극적이었고32) 이는 소련이 비록 베트남과 동맹관계에 있었지만 중국과의 직접적인 분쟁을 원하지 않고 있다는 것을 말해주는 것이었다. 소련의 이러한 태도는 중국의 대소 화해를 자극하기에 충분하였으며 따라서 중·베트남전쟁 후 중국은 소련과의 관계회복을 위한 노력을 다시 시작하였다. 먼저 그 동안 소련을 지칭하며 비난하였던 '수정주의'라는 수식어를 사용하지 않음으로써 쌍방간의 이념투쟁의 강도를 약화시켰으며, 비록 1979년 4월 제5기 전국인민대표대회에서 1980년 4월 만기의 '중소상호우호동맹조약'을 더 이상 연장하지 않는다는 것을 결정하였지만 동시에 소련에 대해 쌍방 관계개선을 위한 외무차관급 회담을 제의하였다.33) 이에 따라 중·소 외무차관급 회담이 1979년 9월에 열렸으며, 동 회담에서 소련은 쌍방 간의 긴장완화를 위한 적극적이고도 구체적인 정책대안을 제

---

31) "鄧小平在中共十屆三中全會上的講話",『人民日報』, 1977. 7. 21
32) 소련은 흑해에 있던 항공모함 민스크호를 남중국해에 급파하고 약간의 군수물자를 공수하는 등 상징적인 최소한의 군사조치에 그쳤으며, 중·소국 경에서는 아무런 동정을 보이지 않았다. 張樹軍 編『中南海三代領導集團體與共和國外交實錄』(北京: 中國經濟出版社, 1997), p.134
33)『鄧小平文選』(1983), p.307

시하였다. 즉 평화공존 5원칙에 입각하여 '긴장조성문제'가 발생할 때 양국정부는 즉각 통보하고 평화적 협상을 통해 문제를 해결하자는 것과 양국 간에 무역·경제·과학기술 및 문화교류와 평화적 유대를 도모한다는 공동선언의 채택을 제시했던 것이다.[34] 그러나 중국은 중·소 국경으로부터의 소련군 철수와 베트남에 대한 지원중단을 전제조건으로 제시함으로써 회담은 아무런 결실을 보지 못하고 끝나고 말았고, 그 후 소련이 아프간을 침공함으로써 냉각상태에 들어갔다. 이후 중국은 소련에 대해 소위 '3대 장애'의 제거를 중·소관계 개선을 위한 전제 조건으로 내세우며 소련을 설득하게 되었다. 하지만 위에서 언급하였듯이 1982년 8월부터는 이 '3대 장애'마저도 더 이상 제기하지 않게 되었다.

소련 역시 1980년대에 들어 미국의 동아시아에서의 군사력이 증강되어가고 미·일 동맹체제가 강화되자 미·일·중 연합체계가 소련의 안보를 위협하는 중요한 변수로 작용할 것으로 보고 이에 대한 대응책으로 중국과의 관계 개선을 적극적으로 추진하기에 이르렀다. 1980년대 초부터 소련은 중국에 대해 회담재개, 경제교류, 기술교류, 무력사용금지 및 상호불가침을 제안하는 등 적극적인 화해의 손짓을 보내기 시작했다.[35]

소련의 이러한 적극적인 대중관계 개선의지와 중국의 4개현대화를 위한 평화롭고 안정된 주변 국제환경 조성이라는 목표 그리고 레이건 행정부 출범 이후 미국의 외교 정책 전환 등의 복합적인

---

34) 김동성(1988), p.183
35) 1981년 2월 소련은 양국 간 과학기술분야에 대한 협력재개를 제의하였고, 1982년 2월 중·소국경회담의 재개를 촉구하였으며, 대학교수와 학생교류를 제의하였다. 또한 1982년 3월 24일 브레즈네프는 '타슈겐트 선언'을 통하여 이념적인 차이가 중·소간의 중요한 문제가 될 수 없음을 강조하고, 상호이해존중, 내정불가침, 상호이익의 원칙 하에 양국관계를 개선해 나갈 것을 주장하면서 적극적인 관계개선의 태도를 표명하였다.

요인은 중국으로 하여금 1982년 중국공산당 제12기 전국대표대회에서의 외교노선 전환을 가져오게 하였던 것이다.

제4절 반패권주의 외교와 제3세계

덩샤오핑 시기의 반패권주의 외교노선이 중국의 대 제3세계 외교에서 가지는 의미를 본다면 그것은 중국 자신의 주도하에 제3세계 국가들을 규합하여 미·소 초강대국에 대항하는 반패권주의 통일전선을 형성하고자 하는 것이라 할 수 있다. 이는 중국의 대 제3세계 외교가 여전히 마오저둥의 '3세계론'의 전략적 이념에서 벗어나지 못하고 있다는 것을 의미하기도 한다. 즉, 세계의 양대 축을 형성하고 있는 미국과 소련이라는 초강대국에 대항하여 비동맹 그룹인 제3세계를 규합하여 중국 자신이 주도하는 통일전선을 형성함으로써, 중국 자신이 제3의 진영의 또 다른 한 축으로서의 역할을 추구하면서 궁극적으로 자신의 국제적 지위를 제고시키겠다는 것이다.

이러한 측면에서 본다면 중국의 반패권주의 외교는 제1세계 국가들에 대해서는 반패권을 주장하면서 제3세계 국가들에 대해서는 패권을 추구하는 외교라고 할 수 있다. 중국은 기회가 있을 때마다 자신은 제3세계에 속한 국가이며, 제3세계 국가들의 이익을 수호하기 위한 신성한 세력이라 자신을 칭하고 있었다. 중국의 이러한 태도는 제3세계에서 지도적인 지위와 패권을 추구하고 있다는 의미이며, 더 나아가 이러한 제3세계에서의 지위를 바탕으로 제3세계 국가들과 연합하여 미·소 패권주의에 대항함으로써 미·소·중 삼각관계에서의 영향력을 증대시키려는 것이다. 이러한 관점은 덩샤오핑이 언급한 "우리는 여전히 제3세계 국가와 같이 호흡하고 운명을 같이 하고 있으며, 초강대국 패권주의의 위협으로부터 평화를 수호할 중대한 책임이 있다."는 말에서 잘 나타나고 있으며, 이러한 의도는 중국공산당 제12기 전국대표대회에서 개정된 당장(黨章)에도 명확히 언급되어 있다.36)

또한 중국의 이러한 의도는 당시의 실제적인 중국의 제3세계 외교에서도 충분히 읽을 수 있다. 중국은 1970년대 중반 소련이 남아시아와 인도양에서의 세력 확장을 위한 전진기지 확보를 위해 인도와의 관계를 강화하고 있다고 판단하고, 인도와 인접하고 있는 파키스탄, 버마, 스리랑카, 방글라데시와의 외교관계를 강화하고 반패권주의 통일전선에 합류할 것을 종용하였다.37) 또한 1974년에 말레이시아, 1975년에는 필리핀, 태국과 각각 외교관계를 수립하였고, 수교시 발표된 공동성명에는 동일한 문구의 '반패권주의 조항'이 삽입되어 있다.38) 물론 이것이 적극적인 반패권 통일전선의 구축을 의미한다고는 볼 수 없지만 최소한 소련을 겨냥한 반소통일전선의 초보적인 구축작업이라는 의미와 함께 이러한 아시아 국가들의 반패권주의 통일전선의 중앙에 중국이 서있다는 것을 인정시키려는 의도가 있다고 보아야 할 것이다.

그러나 '11大'기간39) 중 중국이 여전히 반패권주의 외교노선을 견지하였지만 '3세계론'은 그다지 강조되지 않았으며, 따라서 제3세계가 중국의 외교에서 차지하는 비중은 상대적으로 미약했다. 특히 제11기 3중전회 이후 4개현대화를 국가의 최우선 목표로 상정함에 따라 실질적인 외교목표는 4개현대화의 순조로운 추진을 위한 개방외교와 안정되고 평화적인 주변 국제환경 조성에 모아졌다. 반패권

---

36) 唐華亮, "維護第三世界國家權益是我國應盡的國際義務, 『紅旗』 제16期, 1984
37) 김동성(1988), p.200
38) 위의 책, p. 201
39) 1977년 중국공산당 제11기 전국대표대회 개최 이후 1982년 중국공산당 제12기 전국대표대회가 개최되기 전까지의 기간을 의미한다.

주의와 4개현대화는 다같이 '11大'기간 중 중국의 가장 중요한 국가 목표이자 과제였지만 '3세계론'에 근거한 통일전선전략은 반패권주의의 필요에 부응하는 것이지 4개현대화의 요구에 부합되는 것은 아니었다. 빈곤한 제3세계 국가들이 중국의 4개현대화 사업에 공헌할 수 있는 것은 거의 없었기 때문이다. 반패권주의를 만족시키면서 4개현대화에 도움을 줄 수 있는 국가들은 바로 제2세계인 일본과 서구 자본주의제국들과 제1세계 중의 하나인 미국이었던 것이다. 따라서 중국 외교의 중심이 제1세계인 미국과 제2세계 국가들에게 옮겨간 것은 당연한 현상이라 할 수 있다.

  덩샤오핑의 개혁개방과 함께 제3세계에 대한 외교적 비중이 상대적으로 축소된 것은 사실이지만 그렇다고 하여 이 시기 중국의 제3세계 외교에 대한 중요성과 노력을 과소평가할 수는 없다. 또한 덩샤오핑이 실권을 장악한 이후, 특히 1979년 2월 중·베트남 전쟁 이후 중국의 대 제3세계 외교는 근본적인 재조정의 단계에 들어갔다고 할 수 있다. 마오시기 중국의 대 제3세계 외교가 '반소'전략에 기초한 통일전선 구축을 지나치게 강조한 나머지 제3세계정책이 스스로 경직성을 띠거나 제약을 받았으며, 또한 중국 자신의 안보적 이해관계로 제3세계를 이용하지 않는가 하는 의구심을 제3세계국가들로부터 받아왔다. 그러나 덩샤오핑 시기에 들어서면서 중국의 독자적인 이미지를 구축하고 실리중심으로 제3세계와의 관계를 강화하려는 노력이 점차 구체화되면서 제3세계에 대하여 자신의 이미지 건설과 경제발전을 위한 대외정책을 추진하였다. 이를 위해 기존 정부 대 정부의 관계를 더욱 강화하는 한편, 민족해방전선과 같은 혁명 내지 극좌적인 세력과의 연계를 부정하거나 그 지원을 거의 중단하였다.[40]

---

40) 김영문, 『중국외교론』(서울: 대왕사, 1990), p.313

또한 위에서 언급한 바 있는 미·소 초강대국의 패권주의에 반대하면서 제3세계에서의 자신의 주도적 지위와 역할을 확보하고자 하는 전략에 있어서도 과거와는 달리 경제적 지원의 부담을 줄이면서 자신의 독자적인 이미지와 영향력을 증대시키고자 하였으며, 경제적 교류 또한 정치적·경제적 실리를 가져다 줄 수 있는 지역 내지 국가에 집중되는 경향을 보이게 되었다. 아울러 제3세계의 지역분쟁에 대해서는 자신의 안보적 이해관계에 직접적인 영향을 미치는 인접지역이거나 문제의 해결에 있어서 제3세계의 일반적인 합의가 이루어진 것을 제외하고는 불개입의 원칙을 고수하였다.[41]

덩샤오핑이 '반패권주의' 외교노선을 걷던 1980년대 초까지의 실제적인 중국의 대 제3세계외교를 살펴본다면, 먼저 대 동남아정책은 1970년대와 마찬가지로 소련과 베트남의 세력팽창에 직면하고 있는 이 지역국가들에 대한 군사적·외교적 지원을 통하여 자신의 안보환경을 개선하는 동시에 경제발전에 필요한 보다 효과적이고 현실적인 경제외교를 병행하였다. 당시 중국의 동남아정책 추진의 가장 큰 걸림돌은 베트남이었다. 중국은 베트남이 1979년 1월 소련의 지원하에 캄보디아를 침공한 이래 이 지역에서 중국의 정치적·안보적·경제적 이익을 심각하게 침해하고 있는 것으로 판단하고 이에 대응하여 중국은 베트남을 응징하기 위한 '징벌전쟁'을 감행하였으며, 베트남의 침공에 의해 축출된 폴포트 정권을 지원하고 이들에 대한 지원통로가 되는 태국과의 유대관계를 강화하였다.

이러한 베트남의 팽창주의에 대한 연합전선의 형성과 함께 중국은 아세안 국가들의 경제성장을 자신의 4개현대화에 최대한 이용하고자 하였다. 따라서 중국은 동남아 국가들과의 우호관계를 유지할 필요가 있었고 정부 대 정부관계를 강화하고자 하였다. 그러나 동남

---

41) Robert G. Sutter, *Chinese Foreign Policy : Development after Mao*(New York: Preaeger, 1982), pp.197-198.

아국가들과의 우호관계를 강화하는 과정에서 가장 큰 장애요인은 중국과 이 지역 공산반군 및 화교들과의 연계 가능성에 대한 지역국가들의 뿌리깊은 의구심과 중국의 패권주의에 대한 불안이었다. 이러한 동남아국가들의 중국에 대한 의구심과 불안을 해소하기 위하여 중국은 이 지역 내 민족해방운동에 대해 지원을 전면 중단하거나, 지원을 하더라도 물질적인 면보다는 정신적인 유대관계를 유지하는데 그쳤다. 구체적으로 중국은 1980년부터 버마공산당의 메시지를 자신의 언론매체에 보도하는 것을 중단하였으며, 이들에게 게릴라활동을 중단하고 네윈 정부와 대화할 것을 종용하였다. 1981년 태국을 방문한 자오즈양(趙紫陽) 총리는 중국은 태국 내 공산반군의 반정부활동을 국내문제로 간주하고 이들 공산당에게 단지 정신적 지원만 할 것이라 약속하였다. 또한 1984년 말레시아를 방문한 우쉐젠(吳學謙) 외교부장 역시 말레시아 공산당과의 정신적 유대관계만을 강조하였다.[42] 또한 화교문제에 대해서도 이들의 이중국적 보유를 거부하는 동시에 거주국가의 법을 지키고 현지화할 것을 강조하고, 과거와는 달리 동남아국가들의 부당한 화교정책에 대해 거의 항의를 제기하지 않았다.[43]

중동국가들과의 관계에 있어서도 중국은 팔레스타인 문제를 제외하고는 지역분쟁에 대한 개입을 자제하는 한편, 부유한 산유국에 대해서는 실리적인 경제외교를 펼쳤다. 중국은 팔레스타인문제에 대해서는 아랍국가 뿐만 아니라 국제사회에서도 대다수의 국가들의 지지를 받고 있다고 인식하고 이에 대해 강력한 정치적 공감을 표시하면서 팔레스타인 해방운동을 적극 지지함으로써 이 지역에 대한 정치적 역량을 강화하고자 하였다.[44] 하지만 사하라 영유권문

---

42) 김영문(1990), p.317
43) *Beijing Review*, 1984. 3. 12, p.8
44) 중국은 팔레스타인 해방기구(PLO)가 팔레스타인의 합법적인 대표로

제, 오가덴사막 영유권문제, 차드 내전, 이란·이라크 전쟁 등 지역분쟁에 대해서는 태도표명을 유보하거나 문제해결을 분쟁 당사국에 맡김으로써 공식적으로 중립을 지켰다. 다른 한편, 부유한 산유국들을 상대로 활발한 교역을 추진하였으며, 건설 근로자의 진출과 무기판매를 통해 막대한 이익을 기록하였다. 특히 1980년 9월 이란·이라크 전쟁시 이라크에 대해 상당한 무기판매 수입을 올린 것으로 알려지고 있다.[45)]

이 시기 중국의 대 아프리카 외교는 1970년대 반소 통일전선전략 하에 대 아프리카외교의 비중이 크게 강조되어 제3세계에 대한 경제원조, 기술지원, 군사원조의 대부분을 이 지역에 치중하였으나 덩샤오핑 등장 이후 경제와 군사원조는 급속히 축소되었으며, 경제협력 또한 이 지역의 후진성으로 인하여 크게 위축되었다. 이렇게 아프리카지역에 대한 지원과 중요성이 급격히 하락한 가장 큰 요인은 자신의 4개현대화를 위한 필요성에 기인한다고 할 수 있다.

중국은 유엔안보리의 상임이사국의 지위를 이용하여 남아공의 인종차별문제에 대해서는 흑인국가들의 입장을 대변하여 남아공에 대한 제재조치를 강력히 지지하고 나미비아의 조속한 독립을 촉구하였다. 그러나 남아공의 공업용 다이아몬드의 수입을 위하여 간접적인 교역을 진행함으로써 이중적인 태도를 보였다. 또한 미·소의 영향력에 대항하는 자신의 이미지를 심어주기 위하여 강대국이 지배하고 있던 국제경제질서의 재편을 요구하면서 남북협력과 남남협력을 강조하였다. 하지만 중국 자신의 경제발전에 필요한 기술·

참석하는 국제회의 개최, 이스라엘의 보복과 적대정책 비난, 민족자결과 실지를 회복하려는 아랍국가와 팔레스타인의 투쟁지지 등을 강조하였고, 아랍 국가들의 단결을 촉구하였다. 김영문, 앞의 책, p.319 참조
45) Yitzhak Shichor, "The Middle East in Chinese Defense Policy", in Gerald Segal and William Tow, eds., *Chinese Defense Policy*(London: Macmillan, 1984) 참조

자본·개발기금 등을 선진자본주의 국가와 국제기구, 특히 국제통화기금(IMF), 세계은행 등으로부터 유치해야 하는 입장에서 그들과 경쟁해야 함으로써 중국의 대 아프리카 외교는 상당한 모순을 안게 되었다. 이러한 모순과 장애요인을 희석시키기 위하여 중국은 1970년대까지만 해도 친소국가 혹은 민족해방기구로 지목하고 그 관계발전을 회피해 온 앙골라, 모잠비크, 서남아프리카인민기구(SWAPO), 아프리카민족회의(ANC), 범아프리카회의 등과의 관계개선을 추진하는 한편, 1981년 황화(黃華) 외교부장의 아프리카 5개국 순방과 같은 지도자의 상호방문과 각종 경제·사회·문화단체들의 교류를 추진하면서 상호이해를 증진시키고자 하였다.46)

제5절 전략적 삼각관계에서의 반패권주의 외교

전략적 삼각관계에서 분석하는 중국 외교는 아시아지역에서 중·미·소 3국의 전략적 이해관계의 변화가 중국 외교정책과 행위를 제약하고 결정하는 주요 요인이라는 관점이다. 여기서 아시아지역으로 한정시킨 이유는 당시 중국의 국력은 미·소의 국력과는 비교가 되지 않을 정도의 수준에 머물러 있었으나 적어도 지역적인 차원에서는 충분히 고려할 만한 가치가 있었다고 보는 것이다. 따라서 본 절에서는 덩샤오핑의 반패권주의 외교가 중·미·소의 전략적 삼각관계에서는 어떠한 의미를 가지는가를 분석해 본다.

아시아지역에서 역사적·문화적·지리적·정치적 등 모든 관점에서 볼 때, 중국이 시종 추구해 왔던 두 가지 외교목표는 안보와 패권이었다. 물론 중국은 시종 자신은 패권을 추구하지 않으며, 어떠

---

46) 김영문(1990), pp.322-323

한 국가 혹은 국가군의 패권추구에도 반대한다고 주장하고 있다. 그러나 중국이 적어도 아시아지역의 강대국으로서의 지역패권을 추구하고 있으며, 또한 역사적으로 그러하였다는 사실은 부인하기 어려울 것이다. 많은 학자들의 관찰에 의하면 중국은 아시아 국가들 중에서 중추적인 역할을 추구하고 있으며, 이러한 중국의 태도는 기본적으로 중국고대의 조공체제의 연장선에서 이해될 수 있다고 본다.[47] 중국은 역사적으로 통치권이 공고해지면 주변의 소국들에게 조공을 요구하였으며, 이러한 태도는 기본적으로 지역 내에서 패권적인 지위를 유지하려는 의도인 것이다. 이러한 역사적인 유산과 현재의 중국을 완전히 격리시킬 수 없다면, 중국은 여전히 아시아지역에서 자신이 중심적인 역할을 하고 있다고 생각하고 있고, 자신이 아닌 다른 국가가 중심적인 역할을 하려 하는 것을 패권을 추구하기 위한 것으로 간주하고 이를 저지하고자 한다는 것은 의심할 바 없다.[48] 이러한 측면에서 본다면 중국이 끊임없이 미국과 소련을 아시아 밖으로 배제하려 기도하고 이들이 아시아국가가 아니라는 것을 공개적으로 선언하고 나서는 이유는 바로 미·소와 아시아지역에서 우세한 지위를 나누어 가지고 싶지 않기 때문인 것이다.

당시 중국은 미·소 양 패권주의 중 소련의 패권주의가 훨씬 더 위험하다고 보고 있었고, 소련의 아·태지역에서의 팽창은 중국의 안보에 위협이 될 뿐만 아니라 이 지역에서 중국 자신의 패권추구에 가장 큰 장애가 된다고 생각하고 있었다. 중국의 이러한 인식은 앞에서 언급한 1972년 중·미 '상하이공동성명'에서도 그 의미를 찾을 수 있다. 동 성명은 "어느 일방도 아시아·태평양지역에서 패권을 추구해서는 안 되며, 각방은 모두 어떠한 국가라도 이러한 패권을

---

47) John K. Fairbank, *China's Perceived* (New York: Alfred A. Knopf, 1974), 참조
48) Howard H. Lenter(1974), p.174

추구하는데 반대한다"고 명시하고 있다. 이것이 의미하는 또 다른 사실은 중국의 반패권주의 외교의 지역적인 대상은 바로 '아·태지역'이라는 것이고 '이 지역에서는 중국 자신을 포함한 미국과 소련 모두는 패권을 추구하면 안 된다는 것이다. 그러나 이 말 속에는 자신을 제외한 미국과 소련은 국외자, 즉 아시아 국가가 아니라는 인식이 깔려 있고, 결국 비아시아 세력을 아·태지역에서 배제시킬 수만 있다면 아·태지역에서의 자신의 우월적인 지위의 추구는 훨씬 수월할 것이라는 계산이 숨어있다고 해석해야 할 것이다.

중국은 다만 자신의 안보에 대한 위협, 국력의 상대적인 약세 등 자신들의 객관적인 여건이 패권의 추구를 어렵게 할 경우 차선책으로 지역 내의 세력균형을 추구하였다. 즉 세력균형을 향후 세력의 우위를 점할 수 있는 최소한의 조건이라 인식하고 이를 저해하는 요인들을 제거하면서 세력균형을 추구하여 왔다. 실제로 중국이 가지고 있는 객관적인 조건들은 기타 아시아 국가들과 현저한 차이를 보이고 있으며, 이러한 객관적인 사실만으로도 중국은 지역적인 강대국으로서의 자격은 충분히 갖추고 있는 것이다. 그러나 초강대국인 미·소가 지배하고 있던 국제질서 하에서 그리고 두 초강대국이 아시아지역에 깊은 이해관계를 가지고 개입하고 있는 상황에서 아시아의 강대국인 중국의 국력은 이들 초강대국과는 비교될 수 없는 것이었다. 이러한 상황에서 미·소 양국은 아시아지역에 대해 상당한 영향력을 행사하고 있었으며, 중국을 포함한 역내 국가들의 외교정책결정에 중요한 변수로 작용하고 있었다. 당연히 중국 자신이 패권을 추구할 객관적인 조건이 구비되지 않은 상황에서 중국이 선택한 차선책은 역시 역내의 세력균형상태의 추구였다.

1978년 이후, '4개현대화'를 내용으로 하는 경제발전이 중국의 최우선 국가목표가 되었고, 이를 위해 중국은 평화롭고 안정된 주변국제환경을 조성해야 하였다. 그러나 중국의 국력이 미·소와 견줄 수 없는 상황에서 그들이 국제환경의 조성을 주도하는 데는 한계가 있었으며, 따라서 중·미·소 3각 관계 속에서 최대한의 안보 추구와 안정적인 세력균형의 추구가 중국의 대아시아정책에 있어서의 가장 중요한 목표가 될 수밖에 없었다. 당시 중국이 인식하고 있었던 아시아 국제정세를 불안하게 하는 요인들은 첫째, 아시아지역 차원에서 중국에 대한 소련의 위협, 둘째, 베트남의 동남아지역에서의 팽창, 셋째, 동북아지역의 불안 등이었다. 그런데 이들 요인들이 가지고 있는 공통분모는 소련의 대 아시아전략이라는 것이다.

  이러한 불안 요인들을 좀 더 자세히 살펴보면 첫째, 아시아지역 차원에서 중국에 대한 소련의 위협이라는 측면에서 본다면, 세계적인 차원에서 미국과 경쟁하고 있는 소련의 대아시아전략은 그들 세계전략의 일부였지만 아시아지역에서는 중국이 지역의 강대국으로서 아시아의 패권을 자처하고 있었으므로 1970년대 이후 소련의 아시아전략은 중국을 가상적으로 하고 있었다.[49] 1970년대 소련이 제의한 '아시아집단안보체제'는 미국과의 아시아에 대한 영향력 확보의 경쟁과 중국의 지역 패권주의 정책 추진을 저지하려는 두 가지 측면의 의도를 가지고 있었다. 비록 소련의 이러한 구상은 실현되지는 못하였지만 인도와 베트남을 성공적으로 포섭하여 남아시아지역과 동남아지역에서의 활동의 근거지를 마련하게 됨으로써 1970년대 말 소련의 아시아에서의 팽창정책과 중국 포위전략은 대체로 성공하게 되었다. 그러나 소련의 이러한 팽창정책은 중국과 아·태 지역을 대상으로 하고 있어 중국과 동 지역의 불안을 가중시켰다.

  둘째, 베트남의 동남아지역에서의 팽창이다. 중국은 소련이 베트남의 캄보디아 침공을 지지하는 것은 베트남의 캄보디아 침공이 소련의 아시아전략의 일부라는 것을 말해주는 것이라고 인식하고

---

49) Richard H. Solomon, "South Asia and the Great Powers" in Donald S. Zagoria eds., *Soviet Policy in East Asia*(New Heaven: Yale Univ. Press, 1982), p.228

있었다. 중국은 베트남이 소련 팽창정책의 도구로서의 역할을 하면서 '지역 패권주의'를 추구하고 있다고 비난하였다. 또한 당시 중국 지도부는 베트남의 이러한 행동은 바로 중국의 중요한 국가이익을 침해하는 것이라고 생각하고 있었다.[50] 베트남의 지역 패권주의 추구는 중국의 동남아지역에서의 우위 확보에 대한 도전이자 장애였던 것이다. 이에 중국은 이 지역에서 최소한 자신에게 유리한 세력균형의 유지를 위해 한편으로는 소련이 베트남의 인도차이나반도에서의 세력 확장을 지원하고 있는 것을 강력하게 비난하고, 다른 한편으로는 동남아국가들이 베트남의 팽창을 우려하고 있는 심리를 이용하여 특히 ASEAN국가들을 대상으로 베트남의 침략행위 저지를 선동하고 주도하였다. 중국은 동남아국가들에 대하여 "인도차이나반도의 문제는 국지적인 문제가 아니며 더더욱 중국과 베트남 간의 문제도 아니다. 이것은 동남아의 안전과 아시아 및 세계평화와 관련되어 있는 중대한 문제이다"라고 줄곧 ASEAN국가들을 향해 강조하였다.[51] 또한 "군사동맹으로 결합된 소련의 패권주의와 베트남의 지역 패권주의는 동남아지역의 평화와 안전을 심각하게 위협하고 있으며, 동 지역의 정세불안과 긴장의 주요 근원이다"라고 주장하였다.[52]

셋째, 동북아지역의 불안이었다. 이 지역은 세계에서 보기 드물게 복잡한 국제정치적 특징을 가지고 있었다. 우선 세계 초강대국인 미국과 소련이 깊숙이 개입되어 있고 여기에 미국의 우방국인 일본과 한국, 대만이 있으며, 사회주의국가인 중국과 북한이 자리 잡고 있는 세계 어느 지역보다 이해관계가 복잡하게 얽혀있는 지역이라

---

50) Gerald Segal eds., *Chinese Defence Policy*(Ubana and Chicago: Univ. of Illinois Press, 1984), pp.234- 243
51) 『人民日報』, 1983. 6. 24
52) 『人民日報』, 1983. 11. 3

할 수 있다. 또한 데땅트의 분위기가 확산되는 가운데서도 경직된 냉전적 사고방식과 체제가 유지되고 있던 지역이었다. 특히 1970년대 소련이 동북아지역에서 계속 군비를 확장하자 미국은 동 지역에 대해 더욱 더 관심을 집중하게 되었다. 소련이 동북아 지역에서 군비를 확장한 전략적인 목표는 태평양으로의 출구를 확보하고 나아가서 전 아시아·태평양지역을 영향권아래 두기 위해서였다. 이러한 소련의 팽창정책에도 불구하고 역내 어떠한 국가도 미국의 지원 없이는 단독으로 소련의 행동을 저지할 수 없었다. 따라서 1970년대 이후 동북아지역이 최소한의 평정을 유지할 수 있었던 것은 양 초강대국이 개입된 이념을 기초로 한 동 지역의 미묘한 세력균형이었다고 할 수 있다. 즉 소련·중국·북한 등 사회주의국가로 구성된 '북방 삼각협력관계'와 미국·일본·한국 등 자본주의국가로 구성된 '남방 삼각협력관계'간의 세력균형 상태가 유지되고 있었다는 것이다. 하지만 '북방 삼각협력관계'의 구성원인 중국은 개혁개방정책을 천명한 70년대 말부터 '남방 삼각협력관계' 구성원들과의 관계발전을 적극 추진하고 있었다. 이러한 피아(彼我)식별이 모호한 외교로 말미암아 중국은 당시 미묘한 동북아 세력균형 상태를 더욱 복잡하고 불안하게 만드는 자기모순과 이를 해결해야 하는 외교적인 딜레마 속에 빠지게 되었다.

중국이 '11大'이후 채택한 '반패권주의'외교는 소련의 세력 확장에서 오는 이 같은 불안요인들을 제거하기 위한 중국의 최선의 선택이었다. 당시 소련으로부터 오는 안보위협과 아시아지역의 불안을 제거하기 위하여 힘의 열세 상태에 있는 중국으로서는 다른 힘들과의 규합을 통한 힘의 평형상태를 이루어내어 자신의 안전을 도모하고 안정된 국제환경을 유지하는 전략을 택할 수밖에 없었다. 이러한 의도를 바탕으로 채택된 '반패권주의'외교의 가장 구체적인 표현이 바로 '연미반소'정책이었으며, '반패권 조항'이 삽입된 '중일평화우호조약' 체결이었다. 이러한 중국의 '반패권주의'전략은 소련의 팽창전략으로 인해 자신에게 불리한 아시아지역에서의 힘의 역학관계를 결국 미국과 일본을 이용한 세력균형상태를 조성함으로써 그 목적을 달성한 것이다.

제6절 덩샤오핑의 반패권주의 외교의 성격과 의의

덩샤오핑의 반패권주의 외교의 가장 두드러진 특징이라면 그 내용에 있어서의 복합성과 전략적 목표에 있어서의 다원성을 들 수 있을 것이며, 또한 독립자주외교노선으로 전환하는 과도기적 성격을 가지고 있다는 점일 것이다.

중국이 1970년대 말부터 적극 추진하기 시작한 개혁개방정책이란 '4개현대화'를 중심으로 하는 대내적인 경제개혁과 이를 위한 대외적인 개방정책을 의미한다. 이때부터 중국의 모든 국가역량은 국내적인 경제개혁과 발전에 집중되었으며, 외교정책 결정에 가장 중요한 변수로 작용한 것이 역시 바로 경제발전이었다. 이것은 '중국공산당 제11기 3중전회'이후 중국의 가장 중요한 국가목표가 되었으며, 중국지도부는 이러한 국가목표를 달성하기 위해 외교적인 영역에서 두 가지 사항을 강조하게 되었다. 그것은 첫째, 서구 선진자본주의국가들의 과학기술과 자본을 유치하기 위하여 대외 개방정책을 고수할 것이며, 둘째, 중국은 장기적인 평화와 안정된 국제환경이 필요하다는 것이었다. 중국은 이로써 대외개방정책을 국내경제개혁과 발전을 실현하기 위한 중요한 수단으로 인식하기 시작하였으며, 이것은 바꾸어 말하면 경제개혁과 발전이라는 국내정책이 대외개방정책을 추진하게 한 중요한 요인으로 작용하였다는 것이다.

연계정치적인 관점에서 본다면 외교란 내정의 연장이며, 외교정책이란 대내적인 요인과 대외적인 요인간의 상호관계의 산물이다. 이러한 관점은 한 국가의 정치·경제·사회 등 국내적인 영역의 변수들이 그 국가의 국제적인 행위와 외교정책의 결정에 어떻게 영향을 미치고 있는가를 분석해 볼 수 있는 이론적인 틀을 제공해 주고 있는 것이다.53) 당시의 중국을 둘러싼 국제정세의 가장 큰 특징은 세계적인 데땅트 분위기를 이용한 소련의 아시아·태평양지역에서의 팽창이었다. 중국은 이러한 소련의 팽창정책의 목적이 중국을 포위하는데 있었고, 이는 중국의 국경지역의 안전을 심각하게 위협할 뿐만 아니라 아·태지역의 평화와 안정을 해치는 행위라고 인식하였다. 즉 소련의 팽창정책은 당시 중국이 모든 국력을 집중하여 이룩하고자 하는 4개현대화 추진에 필요한 국제환경 조성에 정면으로 배치되는 것이었다. 따라서 중국은 평화롭고 안정된 주변국제환경의 조성이라는 목적을 위해서는 관련 국가들과 유연하고 탄력적인 외교를 추진해야 하였으나 가장 중요한 접경국가이자 초강대국으로서 아·태지역에서 강력한 영향력을 행사하고 있었던 소련에 대해 '반패권주의'외교라는 경직된 외교를 하지 않을 수 없는 딜레마에 빠지게 되었던 것이다. 이러한 외교적인 딜레마가 말해 주듯이 덩샤오핑의 '반패권주의'외교는 이미 마오시기의 '반패권주의'의 이념과는 상당한 차이를 보일 수밖에 없었다.54) 실제로는 접경국가와의 양자관계에서 접경국가들에 대한 소련의 영향력을 완전히 배제시키려는 적대적인 시도는 하지 않았으며, 소련의 영향력의 존재를 인정하면서 단지 소련 일변도의 경향을 저지하는 외교적인 노력을 하였을 뿐이다. 아·태지역에서도 역시 극단적인 대립보다는 일

---

53) James N. Rosenau, eds., *Linkage Politics: Essays on the Convergence of National and International System* (New York: Free Press, 1969) 참조
54) 마오시기의 '반패권주의'란 중·소 분쟁이 격화되면서부터 대두된 사상적·이념적·정치외교적·군사적인 측면 등을 모두 포함하는 전방위적인 반소외교노선을 의미한다.

종의 세력균형을 추구하였다. 이렇게 볼 때, 당시 덩샤오핑의 '반패권주의'외교는 4개현대화의 필요에 부응하는 다분히 현실적이고 다원적인 것이었다. 이것은 중국이 '반패권주의'외교로 인해 소련과의 긴장관계가 더욱 악화되거나 확대되어 평화롭고 안정된 주변국제환경의 조성을 저해하여 그들의 '4개현대화'를 중심으로 하는 경제발전을 위협하는 것을 원하지 않고 있었다는 것을 의미한다.

　이러한 관점에서 본다면 중국은 한편으로는 미국과 연계한 대소 억지정책을 추구하면서 다른 한편으로는 대소 관계개선을 모색하고 있었다는 것은 당연한 일일 것이다. 그러나 중국과 소련은 적대관계의 장기화로 인하여 이미 서로가 서로에 대해 왜곡된 태도가 고정되어가고 있었다. 따라서 중국은 접경국가와의 우호관계 유지, 관계개선 노력, 중·미 수교와 관계발전 등이 단순히 '반소'만을 의미하는 것이 아닌 국내적인 요구에 부응하는 외교정책이라는 점을 소련에게 어떻게 인식시켜 소련의 의혹을 제거시키고 갈등을 피하면서 국내경제발전에 유리한 국제환경을 조성할 것인가의 문제를 고려해야만 하였다.

　결국 소련을 겨냥한 중국의 '반패권주의'외교는 개혁개방 이전에는 소련을 견제하는 세력과의 연계에 중점을 두었지만 개혁개방 이후에는 단순히 소련을 견제하는 차원에서 벗어나 그들의 경제발전에 도움을 줄 대외적인 자원들을 찾아 나섰다고 보는 것이 타당할 것이다. 1980년대 초 아시아지역에서 소련의 위협이 감소되고 중·소관계 개선을 위한 협상이 진행되면서 양국은 긴장완화의 국면에 진입하였고, 미국은 레이건 정부가 들어서면서 역으로 공격적인 외교자세를 취하게 되는 상황이 전개되었다. 이론적인 측면에서 볼 때 이러한 상황에서 중국은 미국을 견제하기 위하여 소련과 연합해야 하겠지만 실제로 중국은 계속 미국과의 관계발전에 치중하고 있었다. 그 이유는 바로 미국은 그들의 경제발전에 도움을 줄 자원들을 보유하고 있었고, 소련은 국내의 경제침체와 정국 불안 등으로 그렇지 못하였다는 것이다. 따라서 '반패권주의'의 이름아래 추구하였던 세력균형 역시 순수한 힘의 논리가 지배한 것만은 아니었음을 알 수 있다.

위에서 언급한 바와 같이 덩샤오핑 시기의 중국 외교는 대외적으로 '3세계론'에 근거한 '반패권주의'노선을 표명하였으나 당시 외교는 '반패권주의'라는 원래의 이념적인 개념에 부합되는 것은 아니었으며 실제로는 아·태지역에서 일종의 세력균형을 추구하면서 4개 현대화의 필요에 부응하는 다분히 현실적이고 다원적인 것이었다. 그렇다면 중국이 이 시기에 소련과의 관계개선의 의지가 있었음에도 불구하고 대내외적으로 반패권주의를 표면에 내세운 이유는 무엇인가.

그것은 먼저 대내적인 요인으로 국내 보수세력들의 반발에 대한 고려를 들 수 있다. 물론 국내 보수세력들도 소련의 위협을 과소평가하지는 않았지만 그렇다고 해서 전통적으로 중국의 적으로 인식되어온 미 제국주의자들과 손을 잡는다는 것에 대해서는 선뜻 적응하기 힘들었을 것이고 이에 대한 반발도 충분히 예상했을 것이다. 따라서 반패권주의라는 틀 속에 미·소를 일단 같이 묶어두고 당시로서는 소련의 패권주의가 미국의 패권주의보다 훨씬 위험하므로 중국 전통적인 외교전략인 '이이제이(以夷制夷)'의 방법을 사용하고 있다는 인상을 줌으로써 보수세력들을 무마할 수 있었다는 것이다.

다음으로 대외적인 요인으로 소련의 팽창주의적 위협을 강조할 필요성과 제3세계 국가들의 지지확보 및 이들에 대한 영향력 유지를 들 수 있다. 힘의 열세에 있는 중국으로서 소련의 대중 포위망을 벗어나기 위해서는 외부세력을 이용한 힘의 균형 상태를 이루는 것이 최선의 방법이었기 때문에 외부의 지원을 받기 위해서는 반패권주의를 주장하면서 소련의 팽창주의를 상대적으로 강조할 필요가 있었던 것이다. 또한 제3세계 국가들 중에는 미국에 대하여 적대감을 가지고 있는 국가들이 적지 않았고 이들에게 있어서는 미국과의 접근이 자칫 제국주의자들과의 야합으로 비쳐질 수 있었다. 따라서 중국은 기존의 반제국주의적 이미지를 유지하면서 제3세계와의 동질성을 강조하여 이들에 대한 영향력을 유지하기 위해서는 반패권주의라는 구호적인 외교노선이 필요하였던 것이다.

따라서 이 시기의 중국의 반패권주의 외교는 다분히 다방면적이고 다원화된 전략적인 것이며, 또한 '독립자주외교'노선으로 전환하는 과도기적인 성격을 가지고 있다고 볼 수 있다. 즉 소련의 팽창정책으로부터 오는 안보위협을 제거하기 위해서는 아·태지역에서 미국, 일본 반패권주의 협력 체제를 구축하여야만 하였고, 4개현대화를 위해서는 미국, 일본 및 서구 자본주의국가들과의 적극적인 관계발전이 필요하였으며, 소련과의 긴장상태를 완화하는 대소화해정책을 병행하여 추진해 나가지 않을 수 없었다. 또한 제3세계 국가들에 대해서도 현대화를 위한 물질적인 필요에 의해 미국과 제2세계 지역에 비해 상대적으로 외교적 비중이 저하되었다 할지라도 중국 자신이 제3세계의 중심이자 맹주라는 전통적인 인식이 여전히 지배하고 있었다.

제3장
중국의 대 베트남 '징벌'전쟁 :
'반패권주의'전략의 외교탐색전

제1절 중·베트남관계 악화와 소·베트남의 전략적 접근

1. 중·베트남관계 악화

베트남의 공산화 이후 중국은 그들의 혁명이 완수된 것으로 보고 베트남에 대한 군사원조를 중단하였으나 이와 동시에 소련과의 관계에서 중·베트남 양국간의 입장차이가 커져 갔다. 1975년 캄보디아에서 승리를 거둔 폴포트(Pol Pot) 정권이 친중국의 성향을 보이자 중국과 베트남간의 적대감은 더욱 짙어갔다. 1977년 9월 중국이 지원하는 캄보디아와 소련이 지원하는 베트남간의 소규모 충돌이 베트남의 캄보디아 일부영토 점령으로 이어지면서 사태가 악화되었다. 중국과 캄보디아 폴포트 정권은 베트남이 라오스와 캄보디아를 흡수하여 인도차이나 연방수립을 기도하고 있다고 비난하였다. 드디어 1979년 1월 7일 베트남군의 침공으로 캄보디아 프놈펜이 함락되고 친중 폴포트 정권이 축출됨으로써 중국은 외교적인 타격을 감수해야 하였으며, 이후 중국의 지원을 받은 폴포트군의 게릴라 저항이 계속되는 가운데 중·베트남 국경충돌도 격화되었다. 이러한 베트남의 적대적인 행위가 계속되자 덩샤오핑(鄧小平)은 "베트남이 왜 이렇게 비우호적인 태도로 나오는지 이해할 수 없다. 우리가 대량의 원조를 제공하고 있었을 때 역시 그렇게 우호적이지는 않았다"라고 언급하면서 분노한 바 있다.55)

그러나 중국의 베트남 침공에 도화선이 된 것은 1978년 3월 베트남이 중소기업을 국유화하면서 수십만의 베트남 화교들이 박해를 받기 시작하면서부터였다. 베트남 정부로부터 박해를 받은 화교들은 중국으로 피신하기 시작하였으며, 그 숫자는 1978년 봄 이후 급속히 증가하여 몇 개월 만에 17만 명에 이르게 되어 중국과 베트남간의 화교문제가 대두되었다.56)

해외화교문제에 대해 중국이 관심을 가지게 된 배경은 역사적인 요인과 현실적인 요인이 있었다. 역사적인 요인으로는 문화혁명 당시 중국국민들 중 해외화교와 관계를 가지는 사람들은 모두 박해를 받았으며, 이는 중국의 대외이미지에 상당한 부정적인 영향을 미쳤다. 때문에 중국은 1977년부터 이전의 귀국 화교와 그 가족들에 대한 손실과 상해에 대한 보상을 하고 있었다. 현실적이 요인으로는 개방정책에는 자본과 기술의 도입이 필요하였고 이를 위해서는 먼저 해외화교들의 자본을 흡수하는 것이 중요한 과제로 떠올랐고, 이를 위해 필히 화교들에 대한 온건하고 우호적인 대외이미지가 필요하였다. 당시 중국은 푸젠(福建), 광동(廣東)지역의 귀국화교와 화교가족들에 대해 해외화교들과의 관계를 발전시킬 것을 장려하고 있었다.57) 이러한 이유들로 인해서 당시 베트남 화교들이 베트남 정부의 박해를 받았을 때 중국은 부득이 화교보호의 태도를 취하지 않을

---

55) 袁文靖, 『越南戰爭史』(臺北: 國際現勢週刊社, 1981), p.604
56) 『동아일보』, 1979. 2. 19
57) Wang Gungwu, "External China as a New Policy Area", *Foreign Affairs*, Vol 58, No.1(Spring 1985), pp.28-43

수 없었다.

베트남 화교문제가 대두된 이후 중국과 베트남의 관계는 더욱 악화되어 갔다. 중국은 화교보호의 입장을 표명하기 위하여 1978년 6월 두 척의 선박을 베트남에 파견하여 화교들의 철수를 도우려고 하였으나 베트남은 중국이 화교철수 이전에 필히 먼저 관련문제에 관한 협상을 진행한 후 화교들의 승선을 허가하겠다고 주장하였으며, 중국은 무조건 우선 화교들을 중국으로 돌려보낼 것을 요구하였다.58) 1978년 6월 10일 중국은 베트남과의 협상에 반대하는 입장을 밝히고 베트남에 대한 원조를 중단한다고 선언하였다. 중국은 그 이유를 "베트남이 화교를 추방하는 것은 베트남 정부가 고의로 중·베트남 관계를 파괴하고자 하는 엄중한 반중행위"라고 밝히고 "베트남에 대한 원조를 철회하고 이 자금과 자원들을 귀국화교의 정착과 생활안정에 지원할 것을 결정하였다"고 언급하였다.59)

천신만고 끝에 1978년 6월 13일부터 7월 19일까지 쌍방은 하노이에서 17차례에 걸친 회담을 하였으나, 중국은 박해받은 화교들의 명단에 근거하여 이들을 중국으로 돌려보낼 것을 요구하였고 베트남은 자국 내에는 박해 받은 화교들이 존재하지 않기 때문에 그 명단을 받아들일 수 없다고 주장하면서 회담은 평행선을 달렸다.60) 중국은 이에 7월 3일 베트남에 대한 경제 및 기술 원조를 중단하고 베트남에 파견된 중국기술자들을 철수한다고 선언하였다.61) 1978년 7월 19일 중국은 회담을 대사급에서 차관급으로 격상시켜 베트남의 화교문제 전반에 대한 해결방안을 모색할 것을 다시 베트남에 제의하였다. 중국은 1977년 6월부터 각종 채널을 통하여 수차례의

---

58) Hemen Ray, *China's Vietnam War* (New Delhi: Radiant Publishers, 1983), pp.79-80
59) 袁文靖(1981), p.605
60) 위의 책, p.606
61) 위의 책, p.620

대표를 베트남에 파견하여 베트남에 거주하고 있는 화교들에 대한 적대감, 배척, 박해 및 추방 등의 행동을 중지 할 것을 요청하였으나 베트남측은 이러한 요청을 무시하였다고 비난하고, 상황이 날이 갈수록 악화되고 있다고 주장하였다.62) 이는 만일 베트남이 계속 사태를 악화시킨다면 그 모든 결과는 베트남측이 책임져야 할 것이라는 경고를 암시하고 있는 것이다. 그러나 차관급 회담 역시 1978년 8월 5일부터 9월 26일까지 모두 8차례의 개최되었으나 아무런 진전 없이 상대방을 비난하면서 중단되었다.

중국이 베트남과 화교문제에 대한 협상을 이렇게 대대적으로 중시한 이유는 위에서 언급한 바와 같이 동남아 화교들의 마음속에 남아있던 중국의 나쁜 이미지를 개선해 보고자 하는 것이었으며, 또한 협상을 통하여 베트남이 양보를 하게 함으로써 화교들의 마음을 잡아보고자 함이었다. 그러나 협상의 결과 베트남은 한 치도 양보하지 않았으며, 따라서 중국은 화교보호의 결심을 보여주고 체면을 되찾기 위해서라도 베트남에게 교훈을 주어야 한다는 생각을 굳히게 되었을 것이다.

2. 소·베트남의 전략적 접근과 우호협력조약

1970년대 소련의 대아시아정책 목표는 중국을 포위하여 소련과 타협하게 하고, 베트남 및 북한과의 관계강화, 미·일동맹 약화, 중·일의 과도한 접근 저지, 일본과의 시베리아개발 협력, 동남아국가들과의 관계 개선과 중국의 세력 확대 저지 등을 통한 아시아에서의 패권적인 지위 확보였다.63)

---

62) 앞의 책, pp.607-608
63) 畢英賢, "蘇聯對中越共火拼的反應", 『問題與研究』 第8卷 第7期(臺北, 1979. 4), p.70

미국이 인도차이나반도에서 철수한 이후 동아시아의 세력균형은 무너졌으며, 소련은 이러한 기회를 이용하여 미국이 떠난 힘의 공백을 메우려 하였다. 베트남 공산화 이후 베트남의 캄란 만과 하이퐁 항을 소련의 해군기지로 사용하려는 것이 탐지되는 등 소·베트남 양국의 급속한 접근은 중국으로 하여금 소련이 베트남과 연대하여 중국을 포위하려는 것이라고 생각하기에 충분하였다.[64] 이후 소련과 베트남의 전략적 접근은 소련의 실질적인 언동에서 잘 나타나고 있었다. 1978년 6월 마다카스카르 대통령이 모스크바를 방문하였을 때, 브레즈네프는 "일단 베트남이 외부로부터 불합리한 압박이나 공격을 받을 시에 우리는 베트남에 대해 확실한 지지를 보낼 것이며, 과거 뿐 아니라 미래에도 우리는 항상 베트남과 같이 있을 것이다"[65]라고 언급하면서 양국 간의 전략적 제휴관계를 과시하였다. 또한 중국과 베트남관계가 악화일로에 있을 때인 1978년 9월 소련은 수송기 15~20대 분량의 군수보급품을 베트남에 제공하였으며, 이 보급품은 이후 베트남의 캄보디아 침공에 쓰여졌다.[66] 중국은 이러한 소련의 아시아에서의 움직임에 대해 "소련 사회제국주의의 전략 목표는 세계를 제패하는 것이다. 이를 위해 소련은 동남아에서 지역 패권주의를 추구하는 베트남을 지원하여 캄보디아를 침략하게 하여 동방의 쿠바역할을 하게 하였다"고 비난하였다.[67]

1978년 9월 소련은 베트남에 대해 중국을 포함한 주변 적대국에 대항하기 위한 26억불 상당의 무기를 원조하였으며, 그 중에는 캄란 만과 라오스 동북부에 미사일기지 건설을 위한 자금도 포함되어 있었다. 이 미사일기지는 공대공 방어용일 뿐만 아니라 베트남이

---

64) Hemen Ray(1983), p.83
65) 袁文靖(1981), p.594
66) 위의 책
67) 위의 책

중국에 대해 중거리 미사일 공격 능력을 보유할 수 있게 하는 것이었다.[68] 이에 폴포트 정권은 소련이 이미 대량의 전략물자와 기술자들을 베트남에 지원하여 캄보디아 침략을 준비하고 있다고 지적하고 베트남과 소련의 동남아에서의 팽창주의를 비난하였다. 반면, 베트남은 소련의 지원 하에 캄보디아와 중국에 대해 선전공세를 강화하고 캄보디아를 중국의 위성국이라 지칭하면서 중국을 침략대국이라 비난하였다.[69]

당시 소련은 베트남에 대한 직접적인 원조 외에도 극동지역과 중·소 국경지역에서 대대적인 군비확장을 추진하고 있었다. 이는 중국에 대한 군사적인 압박을 강화하면서 베트남에 대한 중국의 무력행사를 저지하는 역할을 하였다. 당시 소련의 극동 군사력은 병력의 수나 전력의 수준에서 동구나 소련 서부지역의 수준에 버금가는 것이었다. 특히 중국을 목표로 하는 SS-20 핵미사일을 배치 완료하였으며, 소련 공군 전력의 25%에 달하는 2,100여대의 최신형 미그 전투기를 극동에 배치하였다.[70]

1978년 11월 3일 드디어 소련과 베트남은 유효기간 25년의 군사동맹의 성격을 가지는 우호협력조약을 체결하였으며, 베트남은 동구 경제협력기구인 코메콘(COMECON)에 가입하였다. 이 우호협력조약은 과학기술, 문화, 교육 등 각 영역에서의 상호교류와 협력 및 사회주의 제도의 고수와 발전을 명시하고 있는 것 외에도, '만일 체약국 일방이 공격의 목표 혹은 공격위협의 목표가 될 경우 쌍방은 즉시 상호협의를 통하여 이러한 위협을 제거하거나 이에 대응하는 유효한 조치를 취함으로써 양국의 평화와 안전을 보장한다'는 제6조의 조항이 주목을 끌었다. 특히 중국은 이 조항에 대해 상당히 민감한

---

68) *News Week*, 1978. 9. 18
69) Hemen Ray(1983), p.83
70) 袁文靖(1981), pp.595-596

반응을 보였으며, 덩샤오핑은 "소련과 베트남의 이 조약은 중국뿐만 아니라 더 큰 범위를 겨냥하는 것이며, 그것은 아시아를 위협하는 것"이라 비난하였으며,71) 신화사 통신은 "이 조약은 대패권주의(소련)와 소패권주의(베트남)가 정치군사적으로 상호협력이 절박한 시기에 나온 것"이라 평가하였다.72) 뿐만 아니라 베트남은 우호협력조약 체결 후 브레즈네프와 코시긴으로부터 만일 베트남이 제3국(중국을 지칭)으로부터 공격을 받는 경우 소련은 베트남에 대한 원조를 강화할 것이라는 구두 메시지를 받았다고 전해지고 있다.73)

소련과의 우호협력조약의 체결과 소련 지도자들의 베트남에 대한 보장과 함께 베트남은 우선 캄보디아의 친중적인 폴포트 정권을 축출하기 위하여 우호협력조약 체결 3개월이 채 지나지 않은 1979년 1월 7일 13개 정예사단을 투입하여 캄보디아를 침공하였다. 친중적인 캄보디아 폴포트 정권에 대한 베트남의 공격은 중국에게는 도전과 위협으로 받아들여졌으며, 곧 이은 프놈펜의 함락과 폴포트 정권의 축출은 중국에게 대단히 치욕스러운 일이었다. 이로써 중국과 베트남간의 분쟁은 극으로 치닫게 되었으며, 중국은 폴포트 정권이 패배한 1개월 후 베트남에 대한 '징벌'전쟁을 감행하게 된다. 이렇게 볼 때, 중국의 베트남 침공은 소련의 대패권주의, 베트남의 소패권주의 그리고 소련과 베트남의 우호협력조약의 체결을 비롯한 전략적 접근 등과 밀접히 연관되어 있다.

---

71) 『大公報』(香港), 1978. 11. 9
72) 『大公報』(香港), 1978. 11. 12
73) 袁文靖(1981), p.599

제2절 중국의 '징벌'전쟁 개전탐색 외교

1. 덩샤오핑의 아세안 3개국 순방

 아세안 비공산국가들은 베트남이 공산화되면서부터 이미 베트남을 불신과 회의의 눈으로 보기 시작하였으며, 베트남이 소련의 세력을 등에 업고 동남아국가들에 대한 공산화를 시도하지 않겠느냐는 우려를 하고 있었다. 소련과 베트남이 1978년 11월 3일 군사동맹의 성격을 가지는 우호협력조약을 체결하자 이러한 우려는 더욱 가중되었고, 특히 베트남의 캄보디아 침공과 같은 지역패권주의적인 군사행동이 조만간 이어질 것이라는 불안에 빠져 있었다. 아세안 국가들의 이러한 우려와 불안은 드디어 1979년 1월 7일 베트남의 캄보디아 침공으로 현실로 나타났다.
 베트남과 소련의 전략적 제휴에 불안감이 가중되고 있던 1978년 11월 5일부터 14일까지 덩샤오핑은 아세안 3개국(태국, 말레이시아, 싱가포르)을 방문하였다. 덩샤오핑의 아세안 3개국 순방이 화교문제로 인하여 베트남과의 관계가 악화된 상황에서, 또한 소·베트남 우호협력조약 체결 며칠 후에 이루어졌다는 사실은 상당한 의미를 지니고 있을 뿐만 아니라 세인들의 주목을 끌기 충분하였다. 덩샤오핑은 순방기간 동안 3개국 지도자들과 수차례 회담을 가졌으나 그 내용에 대해서는 공개된 것이 별로 없다. 그러나 인도차이나반도의 정세에 관하여 의견 교환이 있었다는 것은 어렵지 않게 짐작해 볼 수 있을 것이다. 비록 각국과의 회담내용은 공개되지 않았지만 덩샤오핑은 가는 곳마다 공개적인 장소에서 아세안이 동남아의 평화와 자유 그리고 중립을 견지하는 것은 구성원들의 단결과 협력을 강화할 뿐 아니라 아시아 및 세계의 평화와 안정, 번영에 공헌하는 것이라는 언급과 함께 특별히 경계해야 할 것은 패권주의가 지금 동남아에서 세력을 확장하고 있다는 사실이라고 재삼 강조하였다.74) 덩샤오핑이 비록 순방기간 중에 소련과 베트남을 패권주의라고 공개적으로 지칭하지는 않았지만, 같은 기간 동안 중국의 언론매체들은 소련이 베트남과 연합하여 아세안 국가들을 그들이 구상하는 소위 '아시아집단안보체제' 속으로 편입시키고자 시도하고 있다고 강력하게 비난하고 있었다.75)

이렇게 볼 때, 당시 덩샤오핑의 아세안 3개국 순방의 진정한 의도는 소련과 베트남의 접근에 대한 이들 국가의 인식과 중국의 '반소', '반패권주의'에 대한 아세안 국가들의 반응을 탐색하고자 하는데 있었으며, 이는 다음 행동을 결정하는데 고려해야 하는 중요한 요인 중의 하나를 사전에 분명히 파악해 두고자 하는 의도로 볼 수 있다.

다음해인 1979년 1월 7일 베트남이 캄보디아를 침공하여 폴포트 정권을 축출하자 태국, 말레시아, 인도네시아 등 인접 아세안 국가들의 불안감은 더욱 가중되었다. 아세안 국가들의 폴포트 정권의 붕괴에 대한 태도가 비록 일치하지는 않았지만, 이것이 '외국군대'에 의한 정권붕괴라는 사실에는 모두 동의하였다. 또한 아세안 5개국 외무장관 공동성명에서 아세안 국가들은 여전히 폴포트 정권을 승인하며 '외국군대'의 즉각 철수를 촉구하고, 그렇지 않을 경우 전 세계의 국가들이 이 '외국'에 대해 즉시 제재행동에 나설 것이라 경고하였다. 이 성명 중 비록 이 '외국'이 베트남이라 명시하지는 않았지만 얼마 후 싱가포르 외무장관은 말레시아 쿠알라룸푸르의 한 회의에서 이 '외국'이 베트남이라고 공개적으로 지적하였다.76)

또한 아세안 5개국 정부는 각각 베트남 판반동(Phan Van Dong) 수상이 자신들에게 보장한 타국에 대한 내정 불간섭의 약속은 이미 믿지

---

74) 『大公報』(香港), 1978. 11. 7
75) 『大公報』(香港), 1978. 11. 8
76) 『大公報』(香港), 1979. 1. 11

못하게 되었다고 비난하였고, 아세안 5개국이 표방하던 중립의 입장은 프놈펜의 함락으로 급속히 무너졌다. 말레이시아는 "베트남의 캄보디아 침공은 그 여파가 자신에게 미칠 것이며, 가장 먼저 충격을 받은 태국은 중국이 지지하는 폴포트 정권과 소련을 배후에 업고 있는 프놈펜의 베트남 중 누구를 지지할 것인가에 대하여 선택의 여지가 있는가?"를 되물어 보면서 "우리는 판반동에 대하여 더욱 경계해야 할 것"이라 강조하였다.77) 태국은 프놈펜 함락 후 자국으로 피신한 구 캄보디아 정부지도자들을 북경으로 보내 줌으로써 이미 중립적인 입장에서 벗어났으며, 그러한 상황에서 태국이 선택할 수 있는 대안은 거의 없었다.78)

기타 아세안 국가들도 지정학적인 이유에서 태국의 입장을 따라가지 않을 수 없는 입장이었다. 말레이시아와 싱가포르는 말할 것도 없고, 필리핀도 미국의 동맹국으로서 미국의 전략을 추종할 것이며, 다만 중국과 소련 사이에서 비교적 소련에 편향되어 있던 인도네시아가 어떠한 태도를 취할지는 미지수였지만 기타 아세안 국가들과의 관계와 미국과의 관계를 고려해 볼 때 이 역시 아세안 국가들의 입장과 크게 다를 수는 없었다.

2. 덩샤오핑의 미국, 일본 방문

1979년 1월 1일 미국과의 수교 직후인 1월 28일 덩샤오핑은 대규모의 대표단을 이끌고 미국을 방문하였다. 방문기간 동안 덩샤오핑과 카터는 3차례 회담을 가지고 2월 1일 발표한 공동성명에서 '쌍방은 어떠한 국가 또는 국가군이 패권을 추구하거나 타국을 지배하는

---

77) 鄭炎, "中越戰爭與東南亞國際關係", 『七十年代』第110期(香港, 1979. 3), p.33
78) 위의 글, p.34

것에 반대한다'고 강조함으로써 양국은 반소·반패권주의에 동의하였다.79)

　미국과 중국은 당시 회담의 자세한 상황을 공개하지는 않았으나 언론에 보도된 덩샤오핑의 언급 등에서 미국방문의 주된 목적을 읽을 수 있다. 덩샤오핑은 미국 방문길에 오르기 전 기자회견에서 미국, 서구, 일본, 중국 그리고 기타국가들이 연합하여 소련의 팽창을 저지해야 한다고 언급한 바 있었다.80) 또한 덩샤오핑은 미국과 군사동맹과 유사한 것을 결성하거나 실질적인 군사협력을 희망하였을 뿐 아니라 방어와 관련된 과학기술, 예를 들어 컴퓨터, 인공위성, 전략물자 등을 판매해 줄 것을 미국에 요청하였으며, 또한 중국에 대한 미국 우방 국가들의 무기판매를 지지해 줄 것을 희망하였다고 미국 언론이 보도하였다.81)

　미국이 중국에 접근하는 주요목적 중의 하나가 중·소간의 관계악화와 충돌을 이용하여 사회주의진영의 분열을 시도하는 것임은 덩샤오핑도 잘 알고 있었다. 더구나 소련이 직·간접적으로 세계 도처에서 팽창을 추구하자 이의 견제를 위해 미국은 적극적으로 중국에 접근하였다. 중국 역시 소련이 세계 도처에서 중국을 고립시키고자 하는 대중 봉쇄정책을 저지해야 했고, 따라서 국제사회에서 소련에 대항할 동맹을 찾아 나서야만 하였다. 즉 '반소'는 당시 중·미 양국의 공동관심사이자 공동이익이었던 것이다. 덩샤오핑은 미

---

79) 이외에도 쌍방의 상이한 사회제도가 서로의 우호관계 및 협력강화에 장애가 되지 않으며, 이러한 협력은 특히 아시아·태평양지역의 평화와 안정에 공헌할 것이다. 쌍방은 과학기술협력협정과 문화협정을 체결한다. 쌍방은 기자들의 상호파견에 동의한다. 덩샤오핑은 중국을 대표하여 카터 대통령의 중국방문을 요청하였고 카터 대통령은 화궈펑(華國鋒)의 미국방문을 요청하였다. 葉伯棠, "鄧小平訪問美國之分析" 『匪情月報』, 1979. 2(臺北, 1979), p.18
80) *Times*, Feb. 5, 1979.
81) *U. S. News &World Report*, Feb. 5, 1979, p.26

국 방문기간 동안 이러한 양국 공동이익인 '반소'를 위한 중국의 실질적 행동, 즉 베트남 '징벌'전쟁에 대한 미국의 반응을 탐색해 보고자 하였다.

덩샤오핑은 미국 방문기간 동안 거의 모든 장소에서 기회가 있을 때마다 소련의 위협을 잊지 않고 언급하였다. 1월 31일 미국 언론계와의 오찬에서 덩샤오핑은 소련 팽창주의를 저지하기 위하여 미국, 중국, 일본, 서구국가들이 단결하여 봉쇄조치를 취할 것을 제의하였으며, 소련에 대처하기 위한 보다 효과적인 조치를 취할 것을 미국측에 촉구했다고 밝히고, 그러나 중·미·일·서구의 봉쇄조치가 군사조약이나 동맹체 결성을 필요로 하는 것은 아니라고 언급하였다.[82] 또한 2월 1일 애틀랜타에서 "현실적인 사람이라면 모두 세계가 불안정하고 전쟁의 위험이 확실히 존재하고 있다는 것을 인정해야 한다"면서 소련 팽창주의를 저지해야 한다고 재차 강조하였다.[83] 미국 NBC와의 인터뷰에서도 덩샤오핑은 소련은 현 세계에서의 주요한 전쟁의 온상이라 비난하고, 미국, 일본, 서구, 제3세계가 공동으로 소련의 팽창을 저지할 것을 호소하였다.[84]

또한 덩샤오핑은 소련의 패권주의를 비난하면서 베트남에 대한 응징문제에 대해서도 베트남 '징벌'의 필요성을 제기하였다. 방미 전부터 덩샤오핑은 이미 수차례 베트남에 대한 '징벌'을 언급하였을 뿐만 아니라 베트남에 대해 중국은 '말한 것은 실천한다'고 강조하면서 중국의 말을 명심해야 할 것이라 경고하였다.[85] 또한 미국 언론들과의 회견에서 중국의 안보와 국경지역 보호를 위하여 베트남에 대해 적절한 행동을 할 필요가 있으며, 우리가 원하지 않은 행동을

---

82) 『동아일보』, 1979. 2. 1
83) 『大公報』(香港), 1979. 2. 2
84) 『大公報』(香港), 1979. 2. 1
85) 『星島日報』(香港), 1979. 3. 1

취할 수밖에 없을 경우도 있을 것이라고 언급함으로써 베트남에 대한 군사행동의 가능성을 시사하였다.[86] 미국 역시 폴포트 정권을 지지하는 것은 아니었으나 그렇다고 캄보디아가 베트남의 세력권(이는 곧 소련의 세력권)에 들어가는 것은 원하지 않고 있었으며, 베트남군의 캄보디아 철수를 촉구하고 있었다. 즉 미국은 소련의 영향력에 의한 동남아의 공산화를 우려하고 있었다.

그러나 미국은 아시아에서의 힘의 균형을 유지하기 위해서 미국이 중국을 필요로 하는 것 못지않게 세계적 차원의 안정을 위해서 미국은 소련과도 균형과 협력관계를 유지해야 하는 입장이었다. 따라서 미국으로서는 만일 덩샤오핑의 방미 직후 중국이 어떠한 군사행동을 취한다면 중·미의 밀월무드에 비추어 보아 미국의 묵시적 지지를 받은 것으로 소련이 받아들일 수도 있다는 점을 우려하고 있었고, 이러한 측면에서 덩샤오핑이 카터와의 정상회담 직후에 베트남에 대한 무력행사를 시사한 것은 카터 행정부의 입장을 곤란하게 만드는 것이었다. 이러한 우려에서 미국은 덩샤오핑의 베트남에 대한 행동개시 의사 표명에 대해 미국은 지지의 뜻을 표명하지 않았으며, 중국에게 신중하게 행동해 줄 것을 주문하였다.[87] 이에 대해 레스터 울프 미하원 국제위원회 아태소위원장은 1979년 8월 모스크바에서 "우리는 중국의 베트남침공을 반대했다. 중국이 베트남을 침공하기 전에 우리는 이 문제에 대한 우리의 생각을 강경한 어조로 중국에 통고했다는 사실을 개인적으로 다짐할 수 있다. 지난 1월 워싱턴에서 등소평과 이 문제가 논의되었을 때 나는 그 자리에 있었다."고 언급함으로써 당시 미국은 중국의 베트남침공에 대한 반대의사를 명확히 했음을 밝혔다.[88] 그러나 일본의 언론은 당시 카터 대

---

86) 『동아일보』, 1979. 2. 1
87) 『星島日報』(香港), 1979. 3. 1
88) 『동아일보』, 1979. 3. 5

통령의 태도는 '묵인'의 의미이며, 이것은 중국에게 미국이 소련을 견제할 수 있으니 중국의 베트남 공격이 소련의 보복을 불러오지는 않을 것이라는 의미로 받아들여졌다고 보고 있었다.[89]

　이는 당시 중국과 미국 모두 소련의 패권주의와 팽창주의를 저지해야 한다는 점에서는 공동이익을 가지고 있었으나, 미국이 실질적인 반소 행동에 대해 어느 정도의 지지와 지원을 해줄지는 중국으로서는 여전히 불투명하였다는 점을 말해 주고 있는 것이다. 따라서 중국으로서는 수교 이후 중국의 실질적인 반소 행동에 대한 미국의 지지 정도를 탐색해 볼 필요가 있었고 베트남과의 전쟁이 이를 가능하게 해 줄 것이라는 계산이 깔려 있었다고 볼 수 있을 것이다.

　미국 방문을 마치고 귀국하는 길에 2월 6~7일 일본을 비공식 방문한 덩샤오핑은 고위인사들과의 회담에서 베트남을 동방의 쿠바라고 지칭하고 캄보디아를 침공한 베트남에 대해 '최소한의 징벌'을 가할 것이라고 공언하였다. 먼저, 오히라 수상과의 회담에서 덩샤오핑은 "중·베트남 국경문제는 중국과 베트남의 문제에 머무르지 않고 아시아 태평양지역, 나아가 세계에 영향을 주는 중요한 문제이다. 베트남은 소련에 의해 놀아나는 동방의 쿠바이다. 단호한 회답을 해주지 않는 한 소련은 손을 떼지 않을 것이다. 그동안 몇 번이나 베트남에게 경고한 바 있지만 중국은 말한 것은 반드시 실천한다."고 강조하였으며, 후쿠다 전 수상과의 회담에서는 "소련은 갖가지 다양한 방법으로 공격을 하고 있다. 미국의 대처는 효과적인 것이 아니다. 소련에게는 분명한 회답을 해주지 않으면 안 된다. 중국으로서는 캄보디아 문제에 팔짱을 끼고 있으면 아세안 국가들에까지 소련의 힘이 미칠 것으로 생각한다."고 언급하였다. 또한 다나까 전 수상과의 회담에서도 "베트남이 캄보디아를 대거 침략했으니 침

---

89) 『星島日報』(香港), 1979. 2. 4.

략자에 대해서는 필요한 징벌을 주지 않으면 안 된다. 베트남이 캄보디아에서 철수하면 좋으나 그것은 불가능하다. 중국으로서는 어떠한 위험을 무릅쓰고라도 행동에 나설 것을 고려하고 있다. 그러나 그것은 절도있는 필요 최소한의 행동이다."라고 언급하면서 '징벌'전쟁에 대한 강한 의지를 드러내었다.[90]

2월 8일 귀국한 덩샤오핑은 곧 중국인민해방군 지상군을 신속하게 중·베트남 국경지역에 집결시켰으며, 2월 11일 리셴녠(李先念)은 파키스탄 국방장관을 접견하는 자리에서 캄보디아와 중·베트남 국경충돌과 관련된 중국의 성명들을 베트남이 흘려들어서는 안 될 것이라 경고함으로써 중국이 행동을 취할 것임을 강하게 암시하였다.[91]

제3절 '징벌'전쟁의 외교전략적 의의

1. 제한전으로서의 '징벌'전쟁

1979년 2월 17일 중국 관영 신화사통신은 베트남의 캄보디아 침공과 잦은 국경도발을 응징하기 위하여 중국인민해방군이 윈난(雲南)성과 광시(廣西)자치구에서 일제히 베트남의 랑손, 카오방, 라이추우, 호앙 이롄 손, 쾅닌 등 5개성을 침공하여 12개 성읍을 함락시키고 다른 수개 성도를 공략중이라 밝히고, 그러나 중국은 다른 나라의 땅을 한 치도 원하지 않으므로 베트남에 교훈과 응징을 한 후 철수할 것이라 밝혔다. 또한 중국의 침공과 때를 같이 하여 폴포트 전 수상이 지휘하는 크메르 루즈(Khmer Rouge) 전 캄보디아 정부군도 캄보디아 전역에서 일제히 공세를 개시하여 베트남·캄보디아 신정부 연

---

90) 『동아일보』, 1979. 2. 19
91) 『星島日報』(香港), 1979. 2. 12

합군을 위협하고 있다고 보도하였다.92)

중국은 1979년 1월 초순 그들의 친중적인 캄보디아 폴포트 정권이 소련을 등에 업은 베트남의 침공에 의해 붕괴되어 크게 낭패감을 느꼈으며, 소련의 팽창주의에 경각심을 가지고 있던 중국으로서는 베트남의 세력 확장에 당황하지 않을 수 없었고 어떠한 형태로든 이를 견제하려 했던 것이다. 베트남의 팜반동 수상과 반 티엔동 육군참모총장, 구엔트린 외상 등이 캄보디아를 방문하는 틈을 탄 침공의 직접적인 목적은 무너진 폴포트 전 정권의 정권탈환을 지원하고 중국에 대한 베트남의 국경도발을 영구 종식시키며, 캄보디아를 침공한 베트남군의 철수를 유도하기 위한 것으로 볼 수 있다. 그러나 1월 17일 발표된 중국의 성명서에는 "베트남의 침략행위를 견제하지 않는다면 이는 동남아는 물론 아시아전체의 평화를 위협하게 될 것"이라고 강조함으로써 베트남의 배후에는 소련이 있음을 암시하였다.93)

덩샤오핑이 미국을 방문하여 카터 대통령에게 캄보디아를 침공한 베트남에게 "본때를 보이겠다"고 말한 데 이어 귀국길에 일본을 방문하여 막말을 써가며 베트남에 대한 제재를 다짐한 것을 보면 베트남 침공에 대한 계획은 일찍부터 다져진 것으로 보인다. 덩샤오핑은 베트남 '징벌'전쟁을 계획하였을 당시 다음 4가지의 전쟁에 부정적인 요인들을 고려한 것으로 보인다.94)

첫째, 소련의 개입 가능성이었다. 당시 덩샤오핑은 이러한 소련의 개입 가능성을 세 가지 차원에서 고려하였다. 먼저, 강도가 가장 강한 개입으로서 소련이 중·소 국경에서 대규모 공격을 감행해오는 것이었다. 그러나 덩샤오핑은 중·소 국경에 소련군이 배치되

---

92) 國炎, "中越戰爭的戰略戰術", 『七十年代』 第111期(香港, 1979. 4), pp.31-32
93) 張樹軍 主編, 『中南海 － 三代領導集團與共和國外交實錄(中卷)』(北京: 中國經濟出版社, 1998), p.131
94) 『三中全會以來重要文獻選編(上)』(北京: 人民出版社, 1982), pp.64-67, 施華, "鄧小平談中越戰爭"『七十年代』 第111期(香港, 1979. 4), p.26

어 있긴 하지만 소련의 주요군사시설과 주력군은 유럽지역에 배치되어있으므로 소련이 대규모 병력을 이동하여 중국과 대규모 전쟁을 한다는 것은 소련에게도 별 이익이 없다고 판단하였다. 다음으로 과거 신쟝(新疆), 내이멍구(內蒙古)에서 소련으로 도피한 사람들을 중심으로 '반군'을 구성하여 진격해 오는 경우였다. 이 경우도 별로 두려워 할 것은 아니라고 판단하였다. 마지막으로 가장 강도가 낮은 상황으로서 중·소 국경지역에서의 소련의 부분적인 도발이었다. 이 또한 항상 발생하는 일이었고 베트남에 대한 '징벌'전쟁으로 중소 국경지역에서의 부분적인 도발은 거의 당연한 일로 받아들여야 한다고 생각하였다. 이렇듯 별로 큰 위험이 따르지 않는다면 소련의 반응을 한번 떠볼 필요가 있다고 생각하였다.

둘째, 4개현대화 계획에 장애가 된다는 점이다. 베트남이 캄보디아를 침공하고 국경지역에서의 도발을 일삼는 이유 역시 중국이 4개현대화에 집중하고 있기 때문에 전쟁을 개시하여 4개현대화에 필요한 평화적인 환경을 파괴할 리가 없다고 생각하기 때문이라고 덩샤오핑은 인식하고 있었다. 그러나 베트남이 동남아에서 세력을 확장하고 국경지역에서 도발을 일삼는 것이 바로 중국이 필요한 평화적인 환경을 파괴하는 것이었다. 베트남의 세력이 커지고 소련이 배후에서 위협한다면 중국은 협공을 받는 형세에 노출될 것이다. 덩샤오핑은 "현대화계획이 아직 초보단계에 있으므로 손해 볼 것은 별로 없다. 차라리 주동적인 자위성 반격은 베트남의 실력을 시험함으로써 중국 남부국경지역에 위협이 되는지를 살펴보고, 소련의 태도도 탐색하여 베트남을 위하여 파병할 것인지를 파악할 수 있게 할 것이다. 전쟁을 하지 않는다면 베트남은 더욱 더 불안감을 조성할 것이고, 반대로 전쟁을 하면 안정된 환경을 조성할 수 있어 4개현대화 추진에 도움이 될 것이다."라고 언급하였다.

셋째, 국제사회로부터의 비판이다. 덩샤오핑은 베트남에 대한 '징벌'전쟁은 국제사회로부터의 비판을 면치 못할 것이라 보았으나 그러한 비판은 별로 심각하지 않은 것이라고 생각하였다. 또한 베트남에 대한 공격 이전에 동남아, 미국, 일본을 돌면서 이미 그들의 반응을 탐색하였고, 특히 베트남의 캄보디아 침공으로 국제여론이 악화된 상태에서 중국의 베트남 '징벌'전쟁이 국제적인 비판에 직면하지는 않을 것이며, 국제여론이 중국에 유리하게 전개될 수도 있다고 보았다.

넷째, 체면 손상에 대한 우려이다. 덩샤오핑은 베트남은 인도와 비교할 수 없을 정도로 강력한 군사력을 보유하고 있어 체면이 손상될 가능성을 배제할 수 없으나 중국의 군사력이 베트남보다는 우세하다고 생각하였다. 어느 정도의 체면 손상은 있을 수 있지만 결정적인 체면손상은 없을 것이라 믿었다. 이에 대해 덩샤오핑은 "어느 정도의 체면 손상은 별 상관없다. 자신이 인정하고 확실하게 인식하면 된다. 자신을 미인으로 화장시켜서는 안 된다. 어느 정도의 체면 손실은 자신의 실력을 분명히 알 수 있게 하고 실전 경험을 쌓게 하여 어떤 부분을 개선해야 되는지를 말해 주는 것이다. 이것 역시 국방현대화에 도움을 줄 것이다."라고 언급하였다.

그러나 위와 같은 '징벌'전쟁에 대한 부정적인 요인이 덩샤오핑의 계산대로 되기 위해서는 그것은 필히 '제한전쟁'이 전제되어야 하였고, 만일 전쟁이 전면전이나 장기화될 경우 위와 같은 계산은 그 결과가 정반대로 나타날 가능성이 높아진다는 사실을 덩샤오핑 자신도 인식하고 있었다. 따라서 덩샤오핑은 "우리는 베트남의 한 치의 땅도 원하지 않는다. 우리는 베트남 침략자들에 대한 응징 후 조국의 국경을 굳건히 지킬 것이다"[95]라고 언급함으로써 베트남에 대한 중국의 제재는 최소한의 필요한 부분에 그칠 것이라 말해 전면

---

95) 張樹軍 主編(1998), pp.131-133

전의 가능성을 배제하였다.

이 외에 1978년 11월에 체결된 소련과 베트남의 우호협력조약도 중국에게는 큰 부담이 되었을 것이다. 덩샤오핑은 소련의 대규모 개입 가능성을 낮게 평가하고 있었지만 상호방위조약의 성격을 가진 동 조약으로 인하여 만일 중국이 베트남 깊숙이 침공해 간다면 어떤 형태로든 소련의 개입이 불가피해질 수 있다는 점이다.

그리고 또 한 가지 지적되어야 할 것은 국내적인 문제를 고려해 볼 때도 역시 전면전을 벌이기는 힘든다는 점이다. 베트남에 대해 단기적인 전격전으로 '교훈'을 주는 것은 중국 권력층 내부에서 덩샤오핑의 지위를 확고히 하는데 도움이 되겠지만 대규모의 전면전이나 장기전으로 끌고 갈 경우 권력층 내부나 국민들의 호응을 받을 수 있을지는 의문이었다. 또한 베트남에 대한 전면전은 그들의 국방현대화에도 부정적인 영향을 줄 수 있다. 위에서 언급한 바와 같이 덩샤오핑은 카터 대통령과의 회담에서 미국의 우방 국가들의 중국에 대한 무기판매를 지지해 줄 것을 희망하였다. 이것은 그들의 국방현대화를 위해서 서방 선진국들로부터 무기를 도입하고자 한다는 의미이나, 당시 대외침공 가능성 때문에 프랑스가 무기판매를 거부하고 나섰듯이 중·베트남전쟁이 전면전으로 확대될 경우 소련의 눈치를 살피는 영국과 이태리가 이를 따를 공산이 크다는 것이다.

결국 중국은 1979년 3월 초 베트남의 전략요충지인 '랑손'을 함락시킴으로써 그들의 '징벌'목표를 달성하였다고 보았고, 3월 5일 전쟁 발발 17일 만에 일방적인 철수를 시작하였으며 3월 7일 철수를 완료할 것임을 공식 발표하였다. 중국은 이번 전쟁의 숨은 목적인 캄보디아 주둔 베트남 병력의 흡인 전략은 성공하지 못하였지만 성명을 통해 "우리는 모든 평화애호국가들이 베트남 당국에 대해 캄보디아 침략을 중지하고 모든 침략군을 철수하도록 하기 위한 조치를 취해 주기 바란다"고 언급하여 이번 전쟁이 베트남의 캄보디아 침공과

관련이 있음을 분명히 표명하였다.[96]

2. '연미반소'통일전선의 실효성 탐색

1970년대 중국은 미국과의 관계개선을 바탕으로 '연미반소'의 외교전략을 채택하였다. 특히 베트남의 공산화 이후 소련의 팽창주의적인 대아시아정책이 자신을 포위하고 있다는 인식을 가지고 있던 중국은 미국을 주축으로 일본과 서구, 제3세계 국가들을 연결하는 반소 통일전선구축을 시도하게 되었다. 중국은 특히 미국, 일본과 반패권주의에 대한 공동인식을 형성하는데 많은 노력을 기울였다. 이러한 외교적인 노력의 결과 1978년 8월 일본과의 평화우호조약에 '반패권주의'조항을 명기하는 데 성공하였으며, 이어 1979년 1월 미국과의 관계정상화를 이룩하면서 일단 중·미·일을 잇는 '반소·반패권주의'통일전선이 구축되었다.

미국 역시 비록 베트남에서 철수하였지만 소련세력이 동남아지역으로 확대되는 것은 원치 않았으며, 자신이 떠난 힘의 공백을 일본과 중국이 채워 주기를 희망하였다. 그러나 1970년대 말 소련의 아시아에서의 팽창 저지라는 '반소·반패권주의'는 중·미 양국의 공동관심사이자 공동이익이긴 하였지만 그 내용에 있어서는 각자 상당한 차이를 가지고 있었다. 즉 중·미 양국은 모두 소련의 팽창주의에 대해 우려하고 있었지만 소련에 대한 양국의 전략은 상당한 차이를 보이고 있었던 것이다. 본질적으로 중국은 소련의 아시아에서의 팽창을 저지하고 그 포위망에서 탈피하기 위하여 미국과의 연대를 원하였지만, 미국은 중국이 생각하는 '반소'를 위하여 소련과 전략적 대결만으로 나갈 수는 없었으며 세계적 차원에서는 소련과의 균형

---

96)『동아일보』, 1979. 3. 6

및 협조관계를 유지하여야만 하였다. 다시 말해 중국은 소련을 봉쇄해야 할 군사적 도발세력으로서 인식하고 있었고, 미국은 소련을 어느 정도 화해가 가능할 뿐 아니라 사안에 따라서는 긴밀히 협조해야 하는 다소 복잡한 국제정치행위자로 보고 있었다.

따라서 미국과 일본이 비록 중국의 반패권주의에 동의하였다고는 하나 그것이 중국 자신이 생각하는 것과 완전히 일치할 수 없는 현실에서 미·일이 가지고 있는 소련의 팽창주의와 반패권주의에 대한 인식과 중국의 반소정책에 대한 지지도가 어느 정도인가를 탐색하는 것은 반소통일전선의 실효성을 측정하는 중요한 근거가 될 뿐 아니라 그들의 외교노선의 적실성과도 관련된 문제인 것이었다. 이러한 측면에서 중국의 베트남 '징벌'전쟁은 상당한 외교탐색전의 성격을 가지고 있다고 보는 것이다.

앞에서도 언급하였듯이 중국의 베트남에 대한 무력행사에 대해 미국은 반대의 의사와 함께 신중한 행동을 주문하였다. 1979년 1월 덩샤오핑과의 회담에서 카터는 "미국과 중국은 많은 공통된 장래에 대한 전망을 가지고 있으나 미국의 안보관심이 반드시 중국의 그것과 완전히 일치하는 것은 아니며, 또한 미국과 중국이 책임을 분담하는 것도 아니다. 소련과의 긴밀한 협조없이는 세계적 평화수립도 어렵고 또한 가공할 핵무기위협의 저지도 어렵다"고 언급한 바 있다.[97] 이는 아시아에서의 힘의 균형을 유지하기 위해서 미국이 중국을 필요로 하는 것 못지않게 세계적 차원의 안정을 위해서 미국은 소련과의 균형과 협조관계를 유지해야 한다는 미·소의 공동책임을 강조한 것이며, 덩샤오핑에게 격한 반소언동을 삼가해 달라는 부탁이었다. 당시 카터로서는 소련과 5년이나 끌어온 제2차 전략무기제한협정(SALT II)를 하루속히 완결지어 핵 경쟁에 제동을 걸어야

---

97) 『동아일보』, 1979. 2. 3.

하는 절실한 이해관계가 있었고 덩샤오핑의 초청 못지않게 브레즈네프를 끌어들여 카터의 정치적 위상을 제고시켜야 하는 당면한 문제를 가지고 있었다. 결국 미국은 중국의 비위를 맞추려 소련과 전략적 대결로 나갈 수는 없으며 그렇다고 소련의 눈치를 보다가 중국과의 협력체제 구축을 지연시킬 수도 없었다. 그렇다면 미국은 소련과 중국 사이에 등거리외교를 할 수 밖에 없으며, 이것이 카터 외교의 기본방침이었다.

1979년 2월 17일 중국이 베트남 침공을 감행하자 미국은 국가안보회의에서 '불찬성의 뜻을 전해야 하나 당황을 나타내는 용어를 써서는 안 되며, 중국의 행동에 비난을 퍼부어 댈 소련을 두둔하는 태도를 보여서는 더욱 안 된다'는데 참석자들이 인식을 같이 하였다고 브레진스키는 회고하고 있다. 또한 회의참석자들은 미국이 베트남으로부터 중국군의 철수를 요구하려면 캄보디아로부터 베트남군의 철수요구도 함께 결부시켜야 한다고 주장하였으며, 소련에 대해서는 특히 군대의 이동배치나 다른 형태의 군사행동으로 사태를 악화시키지 않도록 촉구하는 메시지를 보내기로 합의하였다.98) 이에 따라 대중 메시지에는 베트남과 함께 중국의 침공행위에 대한 비난과 함께 군대의 철수를 요구하는 냉담한 반응이 포함되어 있었고,99) 대소 메시지에는 상호주의적인 입장을 바탕으로 하여 중·베트남 전쟁에 미국은 절대 개입하지 않을 것이라 말했지만 만일 소련이 개입할 경우 미국의 이익을 보호하기 위하여 개입하지 않을 수 없다는 점을 분명히 하였다고 밝혔다.100)

또한 중국의 베트남진격이 계속되자 미국은 소련 측에 메시지를

---

98) 『동아일보』, 1983. 4. 12
99) Daniel Tretiak, "China's Vietnam War and Its Consequences", *China Quarterly*, December, 1979, p.740
100) 『동아일보』, 1979. 2. 24

보내 소련해군이 베트남 특히 캄란만에 출현한 것과 같은 어떠한 조직적인 군사력의 시위도 미국으로 하여금 극동에 있어서의 미국의 안보를 재평가하게 될 것이라는 경고를 전달하였으며, 이 메시지의 의미는 그러한 소련의 개입결과가 중·미관계 발전을 가속화시킬 수 있다는 뜻을 담고 있는 것이었다.[101] 결국 미국이 가지고 있었던 중국의 베트남 침공에 대한 기본적인 인식은 중·베트남간의 위기가 미·소관계와 미·중관계 등 각각의 쌍무적인 관계에 어떠한 영향을 미쳐서도 안 된다는 점이었다.

일본은 중·베트남 분쟁이 예상보다 장기화되고 있는데 깊은 우려를 나타냈다. 일본이 가장 우려하고 있었던 점은 베트남의 배후에 있는 소련이 무력분쟁을 틈타 블라디보스톡에 사령부를 둔 태평양함대를 비롯한 극동군을 증강함으로써 서태평양지역에 대한 소련의 위협이 급격히 증대되어 이지역의 군사적 세력균형을 깨질지 모른다는 것이었다. 특히 일본은 이번 사태가 장기화됨에 따라 소련이 베트남에 대해 군사적 영향력을 증대시키는 가운데 캄란만을 인도양 항로의 중계정박지화 할 공산이 크다는데 우려를 나타내고 있었다. 그러나 일본 역시 소련이 직접 중국과 충돌하지는 않을 것으로 보고 있었으며, 소련은 오히려 이 분쟁이 오래 계속되어 베트남에 장기적인 원조를 제공함으로써 이에 대한 반대급부를 요구할 수 있게 되는 것을 희망하고 있다는 방위청의 분석도 있었다.[102] 이렇게 볼 때, 일본은 중국의 베트남 침공이 소련의 팽창을 저지하는 역할보다는 이로 인하여 서태평양에서의 급속한 군사력 팽창을 유발할 것이라는 인식을 가지고 있었음을 알 수 있다. 따라서 일본 역시 비록 중국과 반소·반패권주의에 동의하였지만 미국과 마찬가지로 소련을 자극하는 적극적인 행동에 대해서는 찬성하지 않는

---

101) 『동아일보』, 1983. 4. 12
102) 『동아일보』, 1979. 2. 27

다는 태도를 보여주었을 뿐이다.

결론적으로 '징벌'전쟁의 주요 목적중의 하나였던 '반소'통일전선의 실효성 탐색 결과는 그것이 중국의 '반소'통일전선 구상과는 상당한 거리가 있음이 드러났다. 중국은 소련의 아시아에서의 팽창을 저지하고 그 포위망에서 탈피하기 위하여 미국과의 연대를 원하였지만 미국은 중국이 생각하는 '반소'를 위하여 소련과 전략적 대결만으로 나갈 수는 없었으며, 세계적 차원에서는 소련과의 균형 및 협조 관계를 유지하여야만 하였다. 결국 미국이 가지고 있었던 중국의 베트남 침공에 대한 기본적인 인식은 중·베트남간의 위기가 미·소관계와 미·중관계 등 각각의 쌍무적인 관계에 어떠한 영향을 미쳐서도 안 된다는 점이었다. 미국의 외교정책을 대체로 추종하던 일본 역시 중국의 베트남침공은 소련의 극동지역 군사력의 급속한 팽창을 불러와 자국의 안보와 동아시아의 세력균형을 위협한다는 인식과 함께 중국의 '징벌'전쟁을 부정적으로 보고 있었다.

3. 소련의 반응 탐색

중국이 소련과 베트남의 우호협력조약 체결 후 얼마 되지 않아 베트남을 침공한 것은 다분히 소련의 태도와 반응을 떠보고자 하는 의도가 있었다. 친소 베트남은 소련에 적대적인 중국을 남쪽에서 견제해주는 맹방일 뿐만 아니라 아시아에서 소련의 영향력을 확대하는데 가장 긴요한 전략적 요충지였으며, 베트남이 중국으로부터 공격을 받는 것은 동남아에서 소련의 이익이 직접 타격을 받는 것을 의미하였다. 하지만 중국이 베트남을 침공한 후 만일 베트남에 대한 소련의 적절한 지원이 없을 경우 양국간 우호협력조약은 휴지조각이 되어 버리고 말 것이며, 이는 베트남에게 소련은 믿을 수 없다는 것을 보여주는 것이 될 것이다. 더 나아가 모든 공산진영 국가들과

제3세계 국가들에게도 소련의 약속은 신뢰할 수 없다는 사실을 알려주는 것이 될 수 있을 것이다. 또한 중국이 베트남 침공에서 탐색하고자 했던 소련의 반응과 태도는 중·소 양국관계의 미래에 대한 시사점을 발견하는 것이었다. 즉 중국은 악화되어 있는 당시 중·소 관계에서 중국의 베트남 침공에 대한 소련의 태도는 향후 양국관계 설정에 중요한 단초를 제공해 줄 수 있을 것이라 보았다.

중국이 베트남을 침공하자 소련은 중국에 대해 이를 중지할 것을 촉구하고 2월 19일에는 7,200km의 중·소 국경에 배치된 43개 전투사단을 포함한 전군에 '전투태세 1호'를 발하고 전 장병의 휴가를 취소하였으며, 휴가 장병의 귀대를 명령함으로써 중·소국경의 긴장이 고조되었다.103) 또한 소련은 2월 20일 국영TV를 통해 베트남을 침공한 중국에 대해 소·베트남 우호협력조약에 따라 대응하겠다고 경고함으로써 대중 군사응징을 처음으로 시사하였다.104) 그리고 중·베트남전이 장기화될 기미가 보이자 흑해에 있던 항공모함 민스크호가 태평양함대에 합류하기 위하여 출항하는 한편 미사일로 무장한 대형 구축함과 순양함, 급유함들과 TU95정찰기 등이 일본 열도 주변에서 활발한 활동을 벌이는 등 소련의 극동 군사력이 극적으로 증강되고 있었다.105)

그러나 당시 소련이 쉽게 행동하지는 않을 것이라는 견해가 지배적이었고 결과적으로 소련은 그렇게 하지 않았다. 3월 2일 브레즈네프는 재차 중국의 베트남 침공 중지 및 완전 철수를 촉구하였으나 전쟁 직후 발표한 성명에 비해 대중 보복이나 소련이 취할 구체적 조치에 대한 언급을 찾아볼 수 없는, 즉 구체적인 진전이 없는 비교적 온건한 성명이었다. 또한 이와 함께 미국에 대해 전략무기제한협

---

103) 『동아일보』, 1979. 2. 20
104) 『동아일보』, 1979. 2. 21
105) 『동아일보』, 1979. 2. 27

정(SALT II)체결을 위한 미·소 정상회담의 조속한 개최를 희망하였다.[106]

이러한 브레즈네프의 중국에 대한 철수 촉구와 카터 대통령과의 정상회담 개최 희망은 소련이 전쟁과 평화의 길 중 평화를 택했음을 의미하였다. 세계는 중국과 베트남 전쟁의 확대로 결국 미·소가 개입하지 않을 수 없는 대전이 아시아에서 일어나지 않을까 우려하고 있었으나 브레즈네프는 결국 온건노선을 채택한 것이다. 소련이 이러한 온건노선을 택한 것은 무엇보다도 소련이 강경한 결정을 내릴 경우 그것은 곧 미국 등 강대국이 개입하지 않을 수 없는 대전으로 비화될 것이라는 것을 잘 알고 있었고, 중국이 이번 베트남과의 전쟁을 '제한전쟁'으로 하려는 의도를 분명히 알고 있었기 때문이라 볼 수 있다. 또한 카터 대통령이 "미국이 중·베트남 전쟁에 절대 개입하지 않을 것이라 말했지만 만일 소련이 개입할 경우 미국의 이익을 보호하기 위하여 개입하지 않을 수 없다"는 미국의 대응적 개입을 분명히 시사하면서 소련의 자제를 강력하게 촉구한 것도 크게 작용하였다. 그리고 소련이 미·소 정상회담의 조속한 개최를 희망한 것도 미국의 입장과 마찬가지로 소련도 핵문제 등 전략적인 문제에 있어서 미국과의 협력이 필수적이라는 사실을 충분히 인식하고 있었다는 것을 말해 준다.

또 다른 측면에서 소련은 이 전쟁이 자신에게 유리하게 작용하는 몇 가지를 고려하였다고 볼 수 있다. 먼저, 자신을 패권주의국가라고 비난하고 있던 중국이 베트남을 침공함으로써 반대로 패권을 추구한다는 나쁜 이미지를 생성하였다는 사실이다.[107] 많은 아시아 국가들이 중국을 비난하였으며, 인도는 중국을 침략자로 규정하는 등

---

106) 『동아일보』, 1979. 3. 3.
107) 싱가포르는 유엔에서 중국은 법을 마음대로 주물러서는 안 될 것이라 지적하였으며, 인도네시아도 이에 동조하고 나섰다. 『동아일보』, 1979. 3. 6.

특히 중국 외교의 중요부분인 제3세계 국가들에게 침략적인 이미지가 각인되었다. 따라서 이제 다시 중국을 공격함으로써 소련이 다시 그 허울을 뒤집어쓰는 것을 바라지 않았다. 다음으로, 중국의 적극적인 대 서구 접근과 영국, 프랑스 등의 대중 무기판매는 소련을 직접 위협하는 것이나 마찬가지였지만 이번 전쟁으로 서구선진국들이 중국에게 무기를 판매하여서는 안 된다는 소련의 주장에 힘을 실어주는 결과를 가져올 것이라 예상하고 있었다.

결국 소련 역시 중·소국경 그리고 일부 극동에서의 군사력 강화라는 군사적인 움직임이 있었으나 소·베트남 우호협력조약에도 불구하고 중국과의 직접적인 충돌을 피하려는 대체적으로 온건한 반응을 보였으며, 전략무기제한협정의 마무리를 위하여 미·소 정상회담의 조속한 개최를 희망하고 있었다. 이러한 소련의 반응은 중국과의 극단적인 충돌을 원하지 않는다는 것이었고, 소련의 온건한 입장 속에는 만일 베트남을 도와 중국을 공격한다면 중국과의 화해기회는 영원히 놓치고 말지도 모른다는 우려와 함께 언젠가는 중국과의 화해를 기다리고 있다는 메시지가 포함되어 있다고 해도 무방할 것이다.

위와 같은 '징벌'전쟁의 탐색 결과 중국은 '반소'통일전선이 중국의 구상과 같이 작동되지 못할 뿐만 아니라 실효성 없는 명목상의 '반소'통일전선은 오히려 소련의 동아시아에서의 군비증강과 팽창에 구실만 제공한다는 사실을 인식하게 되었다. 이러한 중국의 인식은 1980년대 들어 대미정책을 조정하고 대소관계를 개선하면서 실리를 추구하는 독립자주노선으로 전환하게 되는 중요한 요인으로 작용하였다.

제 4 장
독립자주외교노선의 추진과 의의

제1절 독립자주외교노선의 기조와 기본 방침

중국은 개혁개방 이후 외교정책결정에 있어서 가장 우선 고려요인은 4개현대화를 중심으로 하는 국내경제의 발전이었다. 경제발전은 '중국공산당 제11기 전국대표회의 제3차 중앙위원회 전체회의(제11기 3중전회)' 이후 중국의 최우선 국가목표가 되었으며, 이러한 국가목표를 달성하기 위하여 외교적인 영역에서 두 가지 사항을 강조하게 되었다. 그것은 첫째, 구미 선진 국가들의 과학기술과 자본을 도입하기 위하여 대외개방정책을 고수할 것이며, 둘째, 중국은 장기적인 평화와 안정된 주변 국제환경이 필요하다는 것이었다. 그러나 1970년대 중국은 소련의 아·태지역에서의 팽창정책과 대 중국 포위 전략으로 자신의 안보를 크게 위협받고 있다고 인식하고 있었다. 이러한 소련으로부터 오는 안보의 위협을 제거하기 위하여 1970년대 중국은 '연미반소'를 골자로 하는 반패권주의 외교노선을 채택하고 있었다. 그러나 이러한 반패권주의외교는 오히려 소련의 안보불안을 야기시켜 소련을 더욱 경직시켰으며, 국경지역과 아·태지역의 긴장정세는 완화되지 않는 등 그 한계가 발견되면서 중국은 외교노선의 근본적인 전환을 시도하게 되었다. 이러한 중국 외교의 전환은 1982년 '중국공산당 제12기 전국대표대회(12大)'에서 후야오방(胡耀邦)의 독립자주외교노선의 선언으로 구체화되었다.

1982년 9월 개최된 동 대회에서 후야오방은 '사회주의현대화건설의 새로운 장을 열자'라는 제하의 연설을 통해 '독립자주적인 외교정책 견지'의 기본구상을 밝히면서 다음의 8개항을 강조하였다.[108] 그것은 첫째, 중국의 외교정책은 마르크스·레닌주의와 마오저둥(毛澤東)의 과학적인 이론에 기초하고 있으며, 중국국민과 세계 인류의 근본적인 이익에서 출발하고 있음을 강조하고 그것은 장기적이고도 전반적인 전략의 근거로서 일시적인 상황변화에 흔들리지 않을 것이며, 어느 누구의 책동이나 교사의 영향도 받지 않을 것이다. 둘째, 중국은 어떠한 강대국 혹은 국가집단에 의존하지 않을 것이며, 어떠한 강대국의 압력에도 굴복하지 않을 것이다. 셋째, 평화공존 5원칙을 재천명하고 이를 사회주의국가를 포함하는 모든 국가들과의 관계에 적용할 것이라 밝혔다. 넷째, 중국과 일본 국민들 간의 우호관계는 지속되어야 하며, 다만 일본의 일부세력의 군국주의의 부활기도는 비난받아야 할 것이다. 다섯째, 미국과의 관계발전을 희망하고 있으나 대만관계법 등의 문제에 대해서는 미국을 비난하였다. 여섯째, 소련을 패권주의국가로 칭하면서 중·소관계 개선을 위해 제거되어야 할 3가지 문제, 즉 소련이 중·소국경과 중·몽국경지역에 대규모의 병력을 배치하고 있는 것과 베트남의 캄보디아 침공을 원조하고 있는 것 그리고 소련의 아프간 침공 등을 제기하였다. 또한 만일 소련이 중국의 안전을 위협하는 이러한 요인을 실질적으로 제거한다면 쌍방 간의 관계는 즉시 정상화될 수 있을 것이라 강조하였다. 일곱째, 중국 자신이 제3세계 국가에 속한다는 점을

---

108) 『人民日報』, 1985. 10. 26

강조하고 제3세계국가 및 기타 국가들과 하나가 되어 제국주의, 패권주의, 식민주의에 반대하여 투쟁할 것이며, 이러한 투쟁을 중국 자신의 신성한 국제의무라고 주장하였다. 여덟째, 중국공산당은 마르크스주의의 기초 위에 독립자주, 완전평등, 상호존중, 상호 내정불간섭 등의 원칙에 근거하여 세계 각국의 공산당과 기타 프롤레타리아 정당들과의 관계를 발전시켜 나갈 것이라 밝혔다.

이와 함께 국가목표의 우선순위가 조정되면서 경제건설이 공식적으로 국가목표의의 최우선 순위에 자리잡게 되었다. 즉 1980년 1월 덩샤오핑(鄧小平)은 중국의 3대 과제를 반패권주의, 조국통일 완성, 경제건설 추진이라고 밝힌 바 있으나[109] 이러한 3대 과제는 '12大'에서 우선순위가 조정되어 사회주의현대화 건설, 즉 경제건설이 최우선의 위치에 놓이게 되었고 조국통일의 완성이 두 번째, 반패권주의가 마지막에 위치하게 되었다.[110] 이로써 1980년대 초까지 중국 외교의 중추를 이루었던 '반 패권주의'는 '경제건설'에 자리를 내 주게 되었고, '경제건설'이 중국의 대내외정책의 가장 우선적인 목표가 되었다.

중국이 경제건설을 1980년대 최우선 목표로 설정하였다면 이의 달성을 위해서는 당시 중국 국내의 제한된 인적, 물적 자원을 고려할 때 외부의 협력과 지원 확보가 필수적인 과제로 떠올랐을 것이다. 따라서 중국의 외교정책 역시 과거 국제적인 힘의 역학관계에 근거한 상대적인 안보를 추구하던 반패권주의 외교에서 탈피하여 국내 경제발전을 위한 경제외교 강화에 역점을 두게 될 것이라는 것이며, 경제외교의 주요대상은 주로 선진 자본주의국가들이 될 것이라는 것을 짐작할 수 있게 한다. 또한 반패권주의 외교노선 하에서 미국과 그 우방국들이 가지고 있었던 전략적인 지위에 부분적인 변화가

---

109) 『三中全會以來重要文獻選編: 上册』(北京: 人民出版社, 1982), p.306
110) 위의 책

올 것이라는 예상과 함께 과거 반패권주의 외교의 주 목표였던 소련 및 그 우방국들과의 관계에서도 상당한 변화가 있을 것이라는 예측을 가능하게 해 주고 있다.

뿐만 아니라 1982년 12월 4일에 개최된 중국 제5기 전국인민대표대회 제5차 회의에서 통과된 신헌법 서문에서 '중국은 독립자주외교정책을 견지하여 상호 주권존중과 영토의 보전, 상호불가침, 상호내정불간섭, 평등호혜, 평화공존의 5원칙의 기초 위에 각국과의 외교관계 및 경제·문화교류를 발전시키고, 제국주의, 패권주의, 식민주의를 반대하고 세계 각국 국민들과의 협력강화를 통하여 피압박민족과 개도국들이 민족독립을 쟁취, 수호하고 민족경제발전을 위한 정의로운 투쟁을 지지하며, 세계평화를 수호하고 인류의 진보를 위하여 노력하는 것이다'라고 명문화하였다.[111] 헌법의 서문에 외교노선을 명칭과 함께 이같이 분명히 밝힌 것이 중국의 헌정사상 처음이라는 점에서 본다면 독립자주외교노선이 중국지도부에 있어서 가지는 의미가 어떠한 것이라는 것을 짐작해 볼 수 있을 것이다.

위와 같은 특징을 가지고 있는 '독립자주' 외교정책은 '13大' 시기에도 그대로 계승되었다. 1987년 중국공산당 제13기 전국대표대회에서 자오즈양(趙紫陽)이 정치보고에서 밝힌 중국 외교노선의 특징은 첫째, 독립자주외교노선이 다시 강조되었으며, 독립자주외교노선이 가지고 있는 의미는 어떠한 강대국 혹은 국가집단에 의존하지 않고, 어떠한 강대국의 압력에도 굴복하지 않으며, 어떠한 강대국과도 동맹관계를 맺지 않는 것이고 둘째, 평화공존의 범위를 확대하여 사회주의국가들도 대상에 포함시킨다는 것이며 셋째, 중국의 대외정책은 장기적이고 전방위적인 전략임을 밝히고, 애국주의와 국제주의를 결합시켜 제3세계 국가들과 함께 제국주의, 패권주의, 식민

---

111) 全國人大常委會辦公廳新聞局, 『中華人民共和國憲法和有關法律』(1998. 3), p.5

주의에 반대하는 투쟁을 자신의 신성한 국제의무로 간주하며 넷째, 대외개방의 범위를 확대하고 그 수위를 높이며, 대외경제기술교류와 협력을 지속적으로 발전시켜 나갈 것이라는 것이다. 여기서 볼 때, 중국 외교의 기본적인 정신과 원칙은 변함이 없음을 알 수 있으며, 경제외교가 여전히 강조되고 있음을 읽을 수 있다.

제2절 외교노선의 전환요인과 함의

1. 대미관계 조정

중·미 수교 후 양국관계발전은 여러 가지 측면에서 중국의 기대와는 상당한 차이가 있었고 이에 대미관계의 조정을 통하여 새로운 관계를 정립할 필요성이 대두되었다. 중국의 미국에 대한 태도의 변화를 가져온 요인들은 아래 몇 가지로 요약해 볼 수 있을 것이다. 첫째, 중국은 당초 미국과의 수교와 함께 전면적인 관계발전을 기대하고 있었고, '4개현대화' 추진을 위한 개방정책과 해외시장 개척, 선진 과학기술 도입 등은 모두 미국을 주요 대상국으로 설정하고 있었다. 그러나 쌍방의 교류과정에서 미국은 첨단과학기술, 특히 군사과학기술 제공에 대해서는 대단히 신중한 자세를 보여줌으로써 중국의 불만을 야기하였다. 이러한 미국의 자세에 대해 북경 언론들은 "중·미수교 이후 중국이 미국으로부터 도입한 고급과학기술은 많지 않으며, 미국은 인구통계에 사용하는 컴퓨터조차도 중국에 판매하는 것을 원하지 않았다"고 비난하였다.[112] 뿐만 아니라, 중·미간의 무역액 역시 중국의 입장에서는 기대치에 훨씬 미치지

---

112) *Beijing Review*, March 15, 1982

못하는 것이었다.113) 이러한 상황에 대해 인민일보는 '심각하게 왜곡된 착오적 계산'이라는 제하의 글에서 "중국이 4개현대화를 위해 미국에 대해 구걸하고 미국의 시혜를 얻기 위해 미국의 압력에 굴복하는 것은 사기이다"114)라고 말하면서 중국의 미국에 대한 불만을 강렬하게 표명하였다.

둘째, 레이건 행정부의 대만과의 관계개선 움직임, 특히 대만에 대한 무기판매문제는 중국의 미국에 대한 불만을 고조시켰으며, 이는 레이건 행정부에 대한 공개적인 비난으로 이어졌다. 1980년대 초 미국 레이건 행정부의 이러한 움직임으로 인하여 중·미관계는 상당히 냉각되었으며,115) 후야오방은 '12大' 정치보고에서 "미국이 대만에게 무기를 판매하는 것은 대만을 하나의 독립된 정치실체로 간주하는 행위이며······ 이러한 미국의 행위는 중국의 주권을 침해하고 중국의 내정을 간섭하는 행위"라고 강력히 비난하였다.116)

셋째, 중국은 미국이 자신을 외교전략적인 '카드'로 활용하고 있다는 사실에 불만을 표시하였다.117) 1982년 황화(黃華) 외교부장은 "중국은 어떤 초강대국에게도 의존하지 않을 것이며, 소련과의 관계에서 '미국카드'를 이용하지 않으며, 미국과의 관계에서 '소련카드'를 이용하지 않을 것이다. 마찬가지로 어떠한 국가도 '중국카드'를 이용하는 것을 용인하지 않을 것"이라 강조하였다.118) 이러한 황화의

---

113) 1982년의 예를 들면 중국의 대외무역에서 미국이 차지하는 비율은 13.7%로 단일 국가로서는 여전히 높은 수준이었다고 볼 수 있지만, 일본이 22.5%, 아시아지역이 31.5%를 기록한 것에 비하면 미국은 상대적으로 낮은 수준에 머물러 있었다.
114) 席林生, "嚴重的歪曲錯誤的估計", 『人民日報』, 1982. 5. 26
115) Harry Harding, 안인해 역, 『중국과 미국』(서울: 나남, 1995), pp.189-206 참조
116) 胡耀邦, "全面開倉社會主義現代化建設的新局面", 『紅旗』第18期, 1982
117) James C. Hsiung, "Challenge of China's Independent Foreign Policy", in James C. Hsiung eds., *Beyond China's Independent Foreign Policy* (New York: Praeger Publishers, 1985), p.182

언급은 중국의 '미국카드' 혹은 '소련카드'의 활용여부는 중국 자신의 필요에 의해 결정할 것이나 미국이 자신을 전략적인 카드로 인식하여 외교적으로 농락한다는 것에 대해서는 절대 용납하지 않을 것임을 강조한 것이며, 이는 자신이 미국의 전략적인 '중국카드'로 전락할 경우 중·미관계에서의 주도권을 상실할 수 있다는 우려에서 나온 것이라 볼 수 있을 것이다.[119]

넷째, '4개현대화' 과정에서 미국에 대한 지나친 의존은 미국의 중국에 대한 정치, 경제적 통제력을 증대시켜 자칫 양국관계에서 중국의 자주성을 약화시키는 결과를 초래할 수 있다는 우려가 대두되고 있었다. 이러한 측면은 1950년대 소련의 원조에 대한 일방적인 의존이 중국에 가져다주었던 고통스러웠던 결과가 그 교훈이 되었다고 볼 수 있다.[120] 따라서 미국과의 관계는 '자력갱생'의 원칙에 기초해야 하며, 선진과학기술과 발전모델은 배워야 하지만 직접투자는 배제하여 의존이 심화되어 다시 통제받는 일은 피해야 할 것이라 주장하였다.[121] 이러한 맥락에서 중국은 미국이 과학기술과 자본을 이용하여 자신을 통제하려는 의도를 상당히 경계하고 있었다. 당시 인민일보는 "중국국민들은 공동이익의 기초 위에 타국과의 연합을 중요시하고 있으나 이것은 우리 자신의 독립자주를 포기한다는 의미는 절대 아니다. 우리는 평등한 연합을 주장하며, 일방이 타방을 통제하거나 일방이 타방에게 손해를 끼치는 연합은 반대한다"고 강조하였다.[122]

---

118) 『人民日報』, 1982. 8. 21
119) John F. Copper, "Sino-American Relations: On Track or Off Track?", *Asia Pacific Community*(Winter, 1983), p.21
120) Harold C. Hinton, *China's Turbulent Quest*(Bloomington & London: Indian Univ. Press, 1970), pp.206-210
121) Gerald Segal, "China Security Debate", *Survival* Mar.-Apr. 1982, pp.185-187
122) 『人民日報』, 1981. 6. 17

다섯째, 미국과의 관계발전을 통하여 소련의 위협에 대항하려 했던 중국의 전략이 추진과정에서 실패했음이 입증되고 있었다. 미국은 중국의 '베트남 징벌전쟁'에 대하여 냉담한 태도를 보여주었을 뿐만 아니라 심지어 중국이 베트남을 침공하였다고 공개적으로 비난하기까지 함으로써 중국에게 상당한 실망감을 안겨주었다.[123] 또한 미국은 소련의 아프간침공 사건에서 소련과 중국의 직접 충돌을 의도함으로써 중국으로 하여금 더욱 불만을 가지게 하였다.[124] 소련요인에서 볼 때, 중·미관계발전의 결과는 중국은 소련의 위협을 감소시킬 수 없었을 뿐만 아니라 도리어 소련의 아시아지역 군사력의 증대시켜 중국에 대한 소련의 포위전략을 가속화시키는 결과를 초래하고 말았던 것이다.

상기와 같은 이유들로 중국은 미국과의 관계를 조정할 결심을 하게 되었으며, 미국의 대만 무기판매를 구실로 쌍방의 관계를 냉각시키면서 수동적인 지위에서 탈피하여 주동적인 지위를 점하려고 시도하게 되었다.[125]

중국은 독립자주외교노선을 표방함으로써 미국과 서구국가들에게 과도하게 편향된 외교정책을 더 이상 채택하지 않을 것이라는 점을 명확히 하였다. 이러한 중국의 태도는 '어떠한 강대국 혹은 국가집단에게도 의존하지 않을 것'이라 밝힌 후야오방의 언급에 잘 나타나고 있으며, 이는 또한 개혁개방정책을 표방한 이후 중국의 외교가 미국과 서구국가에 편중되어 있었다는 사실을 인정하는 것이기도 하다.[126] 미국과의 관계에서 거리를 두겠다는 것은 대미 의

---

123) Daniel Tretiak, "China's Vietnam War and Its Consequences", *China Quarterly*, December, 1979) p.740
124) Copper(1983), pp.20-21
125) John W. Garver, "Arons Sales, The Taiwan Question and Sino-U.S. Relations", *ORBIS*, Winter, 1983, p.1028
126) 尹慶耀, "從中共外交政策的演變看中共當前的基本外交政策", 『問題與

존도가 과도하게 높아져 자신의 자주성이 제한되는 것에 대한 우려를 제거하고 친미성향이 수반하는 자본주의적인 정신오염의 확산을 막아보고자 하는 데 그 목적이 있었다고 볼 수 있다. 그러나 비록 '친미'의 수위를 낮췄다고는 하나 그것이 '반미'를 의미하는 것은 아니며 미국과 서구국가들과의 관계를 격하시키겠다는 의미도 역시 아니다. 미국과 서구국가들은 4개현대화 추진에 필수적인 선진과학 기술과 자본의 주요 공급처이기 때문이었다. 또한 중국의 소련에 대한 태도 변화가 중국의 대미전략의 일환이라는 측면도 지적할 필요가 있다. 즉 중국이 '반소'의 강도를 낮추고 관계개선의 의지를 보인 것은 중·소관계 회복에 대한 미국의 우려를 심화시켜 중·소의 접근을 저지하기 위해서는 필히 막대한 대가를 지불해야 한다는 것을 인식시키기 위한 것이라 할 수 있고, 동시에 여전히 '반소'입장을 강조한 것은 미국으로 하여금 안심하고 중국을 지원할 수 있게 하기 위한 양면성을 띠고 있는 것이라 해석될 수 있다. 다시 말해 중국은 소련에 대한 강과 온의 이중적인 자신의 태도를 미국에게 보여줌으로써 최대한의 실리를 취하고자 하였던 것이다. 그밖에도 중국은 미국의 대만에 대한 무기판매가 중·미 양국관계의 발전을 저해하는 중요한 장애가 되고 있다고 비난하면서 미국이 이 문제 해결에 있어서 모든 책임을 져야 할 것이라 계속 주장한 이유 중의 하나도 대만 무기판매문제에 대한 압박을 통하여 미국과의 관계에서 유리한 위치에서 그들의 경제발전에 필요한 최대한의 이익을 추구해 보고자 하는 의도가 있음을 부인할 수는 없을 것이다.

研究』第23卷10期(臺北: 政治大學 國際關係研究所, 1984), p.21

2. 소련과의 관계개선 필요

1980년대 들어 중·미관계의 발전은 소강국면으로 접어들었으나 중·소관계는 긴장이 완화되면서 관계개선의 조짐이 보이기 시작하였다. 중·소 긴장완화와 관계개선의 요인을 정리해 본다면 첫째, 1970년대 이후 중·미관계의 급속한 발전은 소련의 불안감을 가중시켜 군사행동을 확대시키는 원인으로 작용하였다는 것을 중국이 인식하게 되었다는 것이다. 소련은 중국과 미국, 일본과의 관계발전 추이에 고도의 경각심을 가지고 있었으며, 중·미·일관계를 '반소 3각관계'로 간주하고 있었다. 따라서 미국은 소련의 팽창주의가 중·미·일 3각관계를 공고하게 하는 주원인이라고 주장하지만, 소련에 있어서는 이러한 3각관계가 공고해지면 질수록 그들의 군비확장과 대외팽창에 더욱 더 좋은 구실과 충분한 이유를 제공할 수 있다는 것이다. 이러한 상황 하에서 중국은 '4개현대화'의 추진에 유리한 평화롭고 안정된 국제환경을 조성할 수 없을 것이다. 뿐만 아니라 1980년대 소련의 세계전략에서 중국은 이미 주요 적이 아니었으므로 소련이 중국에게 무력공격을 감행할 가능성은 대단히 낮다고 중국 자신은 인식하고 있었다.[127]

둘째, 중국 역시 '소련카드'를 이용하여 미국의 중국정책, 특히 레이건 행정부의 대만정책에 대응할 필요가 있었던 것이다.[128] 따라서 중국의 대소 긴장완화정책은 소련을 겨냥한 것일 뿐 아니라 역시 미국을 겨냥한 것이라 볼 수 있다. 그러나 중국이 반소적인 태도를 완화시키기는 하였으나 소련과의 관계개선에 조급하게 서두는 태도는 찾아볼 수 없었다. 양국회담 중 소련이 제안한 상호내정 불간섭, 무력불사용 등을 골자로 하는 '관계원칙선언 초안'에 대한 서명

---

127) Edmond Lee, "Beijing Balancing Act", *Foreign Policy* vol.51, 1983, p.32
128) Hsiung(1985), p.167

을 거부한 것이나, "대소련 관계에 극적인 변화는 없을 것"이라는 덩샤오핑의 언급, "대소협상은 마라톤식이 될 것"이라는 자오즈양의 말 등이 이를 잘 입증한다고 할 수 있다.129) 중국이 이렇게 중·소관계를 급속히 진전시키지 않았던 것은 미·소와의 관계에서 탄력적인 입지를 유지하기 위한 전략으로 볼 수 있으며, 이는 중국 자신이 '소련카드'를 이용하지 않을 것이라고 강조한 바와는 달리 그들이 대미정책에 '소련카드'를 실제로 이용하고 있다는 것을 입증한 것이라 할 수 있다.

셋째, 중국이 '4개현대화'를 추진하기 위해서는 동구국가들과의 경제통상관계 역시 발전시킬 필요가 있었다. 중국의 대소련 관계개선의 배경에는 경제적인 이익 고려 역시 중요한 요인으로 작용했음을 부인할 수 없다. 그것은 먼저, 소련과 동구지역은 여전히 세계 주요시장으로서 중국 역시 이 시장의 개척이 필요하였으며, 이를 위해서 필히 소련과의 관계개선이 우선적으로 이루어져야 한다는 것이다. 소련의 동의 없이 동구국가들이 중국과의 경제협력에 적극 나설 가능성은 거의 없기 때문이다. 또한, 당시 중국대륙에 있던 40여만 개소의 공장들 대부분이 50년대 소련의 원조 하에 건설된 것들이었으며 이미 기계설비들의 노후로 인하여 생산효율이 저하되어 새로운 기계설비 교체가 필요한 시점이었다. 1970년대 중국은 서구국가들과의 협력을 통한 해결을 시도하였으나 높은 비용으로 인하여 실현되지 못하고 있었다. 만일 소련의 협력으로 이 문제를 해결할 수 있다면 중국은 많은 비용을 줄일 수 있다는 계산이었던 것이다.130)

그밖에도, 1981년 6월의 중국공산당 제11기 6중전회에서의 중국

---

129) 尹慶耀(1984), p.23
130) 葉伯棠, "當前中共對越南策略", 『匪情月報』 第27卷3期(臺北: 政治大學 國際關係研究所, 1984), p.31

권력구조의 개편으로 대 소련 강경파들이 물러나고 대소 유화론자들이 권력을 장악함에 따라 대소접근이 이루어질 수 있었다는 주장과 1982년 초 소련의 브레즈네프 사망이 중·소관계 개선을 가져온 요인 중의 하나였다는 주장 역시 설득력이 있다 할 것이다.131)

1970년대 중국의 반패권주의 외교는 '연미반소(聯美反蘇)'를 주축으로 전개된 것이었다. 그러나 1980년대 들어 중국은 '중·소 양국관계는 상당히 오랜 기간 동안 우호적이었다'132)고 강조함으로써 '반소'의 목소리를 누그러뜨리고 소련과 제한적이나마 실질적인 화해를 모색하고자 하였다. 이는 위에서 보는 바와 같이 소련으로부터 오는 위협을 완화시켜 주변 국제환경을 안정시켜 보고자하는데 주요 목적이 있다고 할 수 있다. 그러나 '어떠한 강대국의 압력에도 굴복하지 않을 것'133)임을 특별히 강조함으로써 과거와 같은 소련의 자신에 대한 통제를 용인하지 않겠다는 결심을 보여주었다. 또한 '양국관계의 발전은 소련의 말이 아닌 실제행동에 의해 결정될 것'이라 주장함으로써 중국은 중·소관계 개선과정에서 주도권을 장악하고자 하였다. 그리고 여기서 미국과의 관계 조정을 이용한 대소전략 구사라는 측면도 지적되어야 한다. 즉 중국은 미국과의 관계를 조정함으로써 소련으로 하여금 자신에게 접근할 수 있는 기회로 인식되기를 기대하고 있었다는 것이다. 만일 소련이 중국의 대미태도의 변화를 자신과의 관계개선 의지를 표명한 신호로 받아들인다면 소련은 중국에 대한 군사적인 압력을 완화시키거나 혹은 적당한 원조를 제공할 수도 있을 것이고 나아가 중·소관계 정상화의 가능성도 증대될 것으로 기대하였던 것이다.134)

---

131) Hsiung(1985), p.167
132) 胡耀邦(1982), p.9
133) 위의 글
134) Gilbert Rozman, "Moscow's China-Watcher's in Post-Mao Era", China Quarterly, June 1983, pp.229-231

3. 제3세계 국가들과의 관계 강화

중국은 제3세계와의 관계와 이익을 재검토할 필요가 있었다. 중국은 줄곧 자신이 제3세계 국가임을 강조하여 왔으며, '3세계론'에 근거한 외교정책을 추구하여 왔다. 그러나 중·미수교 이후 중국의 대 제3세계 외교정책의 이념과 실제 간에는 상당한 차이를 보이게 되었다. 소련 패권주의의 위협에 효과적으로 대항하고 4개현대화를 추진하기 위하여 중국은 미국과 제2세계 국가인 서구 선진자본주의 국가들과 밀접한 관계를 유지하게 됨으로써 제3세계 국가들과의 관계는 자연히 소원해질 수밖에 없었다. 따라서 중국은 제3세계 국가들과 관련된 국제문제에 적극적인 태도를 보여주지 못하면서 자칭 제3세계 지도자로서의 이미지는 손상되고 있었다.[135] 그러나 1980년대 들어 제3세계 국가들은 중국의 중요한 해외시장으로 부상하고 있었으며, 그들의 4개현대화 사업추진에 상당한 도움을 줄 수 있을 것이라 판단하였다. 이러한 이유에서 중국은 제3세계의 지도적 지위유지와 해외시장의 확보를 위하여 제3세계 국가들과의 관계를 강화할 필요성이 대두되고 있었다.

중국이 자신을 항상 제3세계에 속해 있다고 주장하고 있었던 만큼 중국은 제3세계 국가들로부터 다시 제3세계 국가로 인정을 받으려 하였다. 1970년대 소련의 패권주의를 견제하고 4개현대화 추진을 위하여 미국에 접근함으로써 제3세계 국가들로부터 멀어지기 시작한 중국은 1980년대 들어 미·소간의 균형외교의 필요성과 양 초강대국에 대항할 지지세력의 필요성을 절감하게 되었고 이러한 지지세력을 제3세계에서 찾으려 하였다. 후야오방은 "중국은 제3세계국가들과 함께 제국주의, 패권주의, 식민주의에 반대하여 투쟁할 것이

---

135) Godwin(1979), p.218

며, 이것을 우리의 신성한 국제의무라 생각하고 있다"136)고 강조하였다. 이러한 언급은 제3세계와 미·소간의 갈등을 재확인시키면서 자신의 '반초강대국'의 이미지를 부각시켜 제3세계 지도자로서의 지위를 확고하게 하겠다는 의지로 해석될 수 있으며, 제3세계 국가들과 미·소를 비롯한 선진자본주의국가들과의 갈등을 자신에게 유리한 방향으로 유도하겠다는 의미라 할 수 있다.

또한 '평화공존 5원칙'을 거듭 강조한 것도 제3세계에 대한 외교적인 포석이라고 볼 수 있다. 중국은 새로운 당장(黨章)에 '평화공존 5원칙의 기초위에 세계 각국과의 관계를 발전시켜 나갈 것'이라고 명기하였을 뿐 아니라 후야오방은 "평화공존 5원칙은 제3세계 국가들에게 반제국주의와 반패권주의를 위한 강력한 무기를 제공하고 있는 것이며, 평화공존 5원칙은 신흥세력인 제3세계에 유리하고 국제반동세력에게는 불리한 것"이라 언급한바 있다.137) 이렇게 볼 때, 중국의 평화공존 5원칙은 자신의 주도적인 역할을 통해 제3세계를 결속시키고, 미·소 등의 패권국가에 대항하기 위한 이념적인 도구로서 기능하고 있음을 알 수 있다.

제3절 독립자주외교노선의 실제

1. 경제외교 강화

중국은 국가의 모든 역량을 4개현대화 추진에 투입해야 한다는 방침 아래 독립자주외교정책의 실질적인 목표 역시 4개현대화 사업

---

136) 尹慶耀(1984), p.24
137) 韓念龍, "和平共處五項原則是中國對外關係的基本準則", 『紅旗』第14期, 1984, p.27

의 원활한 추진을 위하여 설정되었으며, 따라서 경제외교의 비중은 더욱 증대 되었다. 중국은 '평화적인 발전과 4개현대화'를 지원하기 위한 경제외교의 성패에 외교업무의 사활이 걸려있음을 강조한 바 있다.138) 이러한 경제외교의 중점은 주로 4개현대화에 필요한 선진 과학기술외교, 자본을 유치하기 위한 차관외교 그리고 통상외교 등으로 크게 구분해 볼 수가 있을 것이다.

1) 선진과학기술외교

선진과학기술은 4개현대화의 기반이 되는 것으로서 당시 중국의 제한된 자본과 인적 자원으로 개발을 추진한다는 것은 불가능하였으며, 단지 구미 선진국가들로부터 선진 과학기술을 도입하는 길 밖에 없었다. 중국국가경제위원회가 1982년 5월 발표한 '1983~85년 선진기술 3,000건 도입계획'에 따르면, 1981년 이미 50여건의 선진기술을 도입하였고, 1982년 100여건, 1983년 500여건, 1984년 1,000여건, 1985년 1,500여건을 도입할 예정이며, 기계와 전자관련 기술이 그 중심을 이룰 것이고, 프랑스, 오스트리아 등 서구제국과 미국이 그 대상이 될 것이라고 언급하고 있다.139) 이러한 계획은 1982년 11월 개최된 제5기 인민대표대회 5차회의에서 발표된 제6차 5개년계획에서도 "1985년까지 3,000건의 선진기술을 도입하여 현 기술수준을 개조할 것"이라고 강조함으로써 다시 한 번 확인하였다.140)

당시 중국은 경공업, 중공업, 에너지, 교통운수 등 전 부문에 걸쳐 낙후되어 있는 상황에 직면하고 있었고, 40여 만 개소에 이르는 공장들의 생산설비들이 노후되어 대대적인 개조작업이 필요하였다. 이를 위해서는 대량의 선진기술의 도입이 필요하였고 그 주요 대상은

---

138) 『文匯報』(香港), 1985. 12. 18
139) 『香港經濟報道』, 1982, 16기
140) 趙紫陽(1982)

일본과 구미국가들이 될 수밖에 없었다. 특히 유럽 국가들은 '12大' 기간 동안 가장 중요한 선진기술 도입대상지였다. 동 기간동안 중국이 유럽 국가들과 체결한 과학기술 협력관련 외교문건들을 보면 동구국가들과 41건의 문서에 서명함으로써 20.7%, 서구국가들과는 62건에 서명하여 31.3%를 차지하여 중국의 과학기술외교에서 유럽 국가들이 차지하는 비중이 절반이 넘는 103건으로 52%에 이르고 있다.141) 당시 중국의 대 서구정책은 유럽통합을 지지하고 서구와 미국과의 관계에 긍정적인 입장을 취함으로써 서구국가들과의 정치적 관계를 개선하고자 하였으며, 그 주요 목적은 경제적 이익의 추구에 있었다. 즉 정치적인 관계개선을 통하여 서구국가들의 자본과 기술의 지원과 원조를 희망하고 있었던 것이다. 1986년의 예를 보면, 중국은 21억3천만 달러 상당의 과학기술을 유럽으로부터 도입하였고, 1987년 유럽 국가들과의 과학기술도입계약 건수는 미국과 일본을 초과하였으며, 유럽은 이미 중국의 과학기술 도입의 주요 공급자로서 기술과 설비도입의 45%를 차지하고 있었다.142)

또한 과학기술외교에서 동구국가가 차지하는 비중이 20.7%에 달하는 것은 중·소관계 개선의 파급효과라고 보아야 할 것이다. 여기에 덧붙여 '11大'기간 동안 중국이 교류한 동구국가들은 루마니아, 유고, 알바니아 등으로 주로 소련과의 관계에서 비교적 독립적인 태도를 가지고 있던 국가들이었다면 '12大'이후에는 모든 동구국가들로 확대되었다는 사실에도 주목해야 할 필요가 있다. 그리고 소련과의 교류협력은 '12大'기간에는 별로 눈에 띄지 않았으나 '13大'기간인 1989년 6건의 과학기술협력관련 외교문서에 서명함으로써 동구국가들과 함께 중국의 과학기술외교의 중점지역으로 떠오르게 되

---

141) 김옥준, "1980년대 중국 '독립자주'외교노선의 함의와 실제", 『대한정치학회보』 제13집 3호, 2006, p.388
142) 唐啓曙(1987), p.37

었다. 더구나 1988년과 1989년 2년 동안 중국은 중·소관계가 악화된 60년대 이후 처음으로 소련과 7건에 달하는 공업부문 기술관련 외교문서에 서명하였다. 같은 기간동안 일본이 3건, 미국이 5건에 지나지 않았음을 감안할 때 대단한 관계발전이라 아니할 수 없는 것이다.143) 이러한 현상은 비록 완전한 관계정상화를 이룩하지는 못하였지만 중·소 양국의 실질적인 관계는 이미 상당히 밀접해지고 있었음을 입증하는 것이다. 이러한 중국과 소련, 동구국가들과의 관계증진은 중국의 독립자주외교노선의 방향의 실제를 입증하고 있는 것이라 할 수 있다. 공업부문의 현대화에 소련의 협력이 절실하게 필요하였던 중국으로서는 이러한 실질관계의 발전이 고르바쵸프의 등장과 함께 관계정상화를 촉진하는 요인이 되었음을 짐작할 수 있을 것이다.

　이와 함께 공업시설 플랜트 수입, 노후된 공장의 개조사업, 에너지 개발관련 사업 등 위주의 공업부문의 협력은 일본, 미국, 서구에 집중되어 있었다. 동 기간동안 이들 국가 및 지역과 체결한 공업부문 협력 외교문건은 일본 26건(13.1%), 미국 51건(25.6%), 서구국가 48건(24.1%) 등 총 125건으로서 이들이 차지하는 비중은 62.8%를 차지하고 있으며,144) 특히 단일국가로서의 일본과 미국이 차지하는 비중을 볼 때 공업현대화외교에서 미국과 일본의 절대적인 지위를 짐작할 수 있다.

　2) 차관외교
　4개현대화를 위한 자본의 확보를 위한 차관외교는 시종일관 중국 외교활동의 주요목표였다. 후야오방은 1982년 '12大'보고에서 "우리

---

143) 『中華人民共和國條約集』 31卷-32卷 참조: 주로 과거 소련의 지원하여 건설되었던 노후된 공업시설의 개조 등과 관련된 문서임
144) 김옥준(2006), p.387

는 이용할 수 있는 외국의 자본을 최대한 이용해야 할 것"145)이라 언급하였고, 자오즈양은 1983년 '제6기 전국인민대표대회'에서 "국가의 중점건설이 당면한 최대의 문제는 국가의 재정부족"146)이라 강조하였다. 이러한 중국 지도자들의 언급은 중국의 경제발전을 위해서는 외자의 도입이 절실하다는 것을 의미하는 것이다. 중국은 당시 '6차 5개년계획'의 추진에 모두 1,300억 불, 매년 240여 억 불이 소요될 것이며 그 일부는 필히 외자에 의존해야 한다고 밝힌 바 있다.147) 이러한 국내 자본수요를 충족시키기 위하여 중국은 적극적인 외자도입외교를 전개하였으며 '12大'기간 동안 [표 1]에서 보는 바와 같이 세계 각국과 차관관련 외교문서에 서명하게 되었다.

[표 1] '12大'기간 중국이 체결한 차관관련 외교문서 현황
(단위 : 건)

	아시아	일본	북미	미국	중남미	동구	서구	아프리카	대양주	기타[148]	합계
1982.9~	1	2					1			1	5
1983	1	4				1				1	7
1984		5					3	3			11
1985	3	2			1		5	3		1	15
1986		5	1				7	1		3	17
1987	6	2			1		8	7		7	31
합계	11	20	1		2	1	24	14		13	86
%	12.7	23.3	1.2		2.3	1.2	29.7	16.3		15.1	100

〈자료출처〉 中華人民共和國外交部編, 『中華人民共和國條約集』 第25集 −31集(北京: 世界 知識出版社), 1982~1987

[표 1]에서 볼 때, 동 기간동안 중국의 차관외교는 주로 일본과

---

145) 胡耀邦(1982)
146) 趙紫陽(1983)
147) 위의 글
148) 국제금융기구를 의미함

서구국가들에 편중되어 있음을 알 수 있다. 금액으로 볼 때도 동 기간동안 중국은 일본과 서구국가 등 10여개 국가로부터 109억 불의 정부차관을 약속받았고, 56.6억 불을 실제로 제공받았다. 그 중 일본이 최대 차관 공여국으로서 40.2%를 차지하고 있었고, 이태리가 다음으로 20.8%, 프랑스가 8.1%, 캐나다가 6.7%, 영국이 6.6%를 각각 차지하고 있었다.149) 중국이 비록 독립자주외교노선을 표방하면서 전방위외교를 추구하였지만 자신의 외교노선 역시 국내경제발전이라는 대전제 하에서 추진해야 하였으므로 특히 자본의 도입이라는 문제를 해결하기 위한 차관외교활동은 당연히 자본이 풍부한 구미 선진국가들과 일본에 집중될 수밖에 없었던 것이다.

[표 1]에서 미국은 '12大' 기간 중 정부차관을 제공하지 않은 것으로 나타나 있다. 그러나 미국이 비록 정부차관은 제공하지 않았다 하더라도 기업을 통한 민간차원의 합자경영, 합작경영, 합작개발 등의 직접투자가 이루어지고 있었다. 민간차원의 투자는 홍콩과 마카오가 가장 활발하여 1979년에서 1986년 8년 동안 대중국 총 투자액의 61.9%를 차지하였고, 다음이 미국으로 13.9%, 일본 9.4% 그리고 영국, 싱가포르, 프랑스, 서독 등의 순이었다. 그리고 1983년에서 86년 4년 동안 중국에 대한 홍콩·마카오의 민간투자액은 28.3억 불로서 민간 총 투자액의 54%를 차지하였고, 미국이 다음으로 9.2억 불 17.7%, 일본이 7.4억 불 14.1%를 차지하고 있었다.150)

그 밖에도 눈에 띄는 것은 국제금융기구의 차관제공 관련문서가 급증하였다는 사실이다. 이 기간 중 중국에게 차관을 제공한 국제금융기구는 IMF, IDA, IBRD, IFAD등 이었으며, 이는 1980년 5월 중국이 IBRD의 회원국 자격을 회복함으로서 비로소 본격적인 차관외교를 전개할 수 있었기 때문이다. 중국은 동 기간동안 모두 55억 불

---

149) 『大公報』(香港), 1988. 10. 12
150) 『中國對外經濟貿易年鑑』, 1984

상당의 차관을 이들 국제금융기구로부터 제공 받았다.[151] 또한 중남미와 아프리카 등 제3세계 국가들과의 차관외교가 증가하였다는 사실을 발견할 수 있는데 이는 중국의 제3세계에 대한 영향력 강화를 위한 독립자주외교노선 추진의 결과라고 보아야 한다. 이 경우는 중국이 차관을 제공한 것이며, 국내 경제발전을 위한 외자의 도입이 절실한 실정에서도 제3세계국가들에게 오히려 차관을 제공한 것은 무엇보다도 제3세계에 대한 영향력을 유지해 보고자 하는 정치적인 이유에서 출발한 것이라 할 수 밖에 없을 것이다. 또한 동구권 국가들과의 차관외교는 당연히 침체되어 있을 수밖에 없었으나, 표에서는 나타나 있지 않지만 1988년 소련이 중·소관계 악화 이후 처음으로 중국에게 차관을 제공했다는 사실을 지적할 필요가 있다.

3) 통상외교

경제발전이 국가의 최우선 목표가 되면서 대외통상관계는 중국의 외교에서 상당히 중요한 의미를 가지게 되었다. 또한 통상관계 발전 과정, 통상규모의 변화 등은 쌍방관계를 설명해 줄 수 있을 뿐만 아니라 한 국가의 외교방향과 추세의 특징을 나타내기도 한다. 특히 4개현대화와 경제발전을 추구하고 있는 중국의 대외통상관계 발전과정에서 중국 외교의 방향과 추세를 파악해 볼 수 있을 것이다.

'12大' 이후 독립자주외교노선 하에서 중국의 대외통상관계의 발전에서 나타나는 특징은 [표 2]에서 보는 바와 같이 첫째, 소련이 중국의 대외무역에서 차지하는 비중이 1982년 0.7%에서 1986년 4.5%까지 증가하고 있을 뿐만 아니라, [표 3]에서 보듯이 무역액 역시 1982년 2.7억 불에 불과하던 것이 1986년 26.4억 불로 큰 폭으로 증가하였다는 것이다. 동구권 국가 역시 비율이 큰 폭은 아니나 증

---

151) 『北京經濟日報』, 1988. 3. 14

가추세에 있으며 무역액도 큰 폭으로 증가하고 있음을 볼 수 있다. 이러한 현상은 1982년 중국이 독립자주외교노선을 천명한 이후 소련과의 관계가 개선되고 있다는 것을 입증하는 것이다.

[표 2] 주요국가 및 지역별 중국의 대외무역 비중현황

(단위 : %)

	아시아	일본	북미	미국	중남미	동구	소련	서구	아프리카	대양주	합계
1982	31.5	22.5	3.2	13.7	3.6	4.0	0.7	14.3	3.1	3.4	100
1983	31.5	22.7	3.8	10.1	4.5	3.9	1.7	17.1	2.3	2.4	100
1984	31.9	26.1	2.5	12.2	3.0	3.5	2.4	14.1	1.8	2.5	100
1985	30.1	27.5	1.8	11.8	3.2	4.0	3.1	15.3	1.1	2.1	100
1986	30.4	23.4	1.8	10.1	2.7	5.7	4.5	17.3	1.4	2.7	100
1987	36.7	19.7	2.2	10.1	2.3	4.8	3.5	16.7	1.5	2.5	100

〈자료출처〉 中國對外經濟貿易年鑑編輯委員會, 『中國對外經濟貿易年鑑』, 1983~1988

[표 3] 중국의 주요국가 및 지역과의 무역액

(단위 : 억 불)

	일본	미국	소련	서구	동구
1982	87.6	53.4	2.7	55.4	18.2
1983	90.8	40.2	6.7	68.5	22.2
1984	127.3	59.6	11.8	68.5	28.6
1985	164.3	70.2	11.8	91.4	42.2
1986	138.6	59.9	26.4	102.2	60.4
1987	135.2	67.7	23.0	111.4	55.7

〈자료출처〉 [표 2]과 동일

둘째, 미국과 일본, 서구국가들이 중국의 대외무역에서 차지하는 비중은 여전히 높은 수준을 유지하고 있다는 것이다. 특히 일본과는 1984년 100억 불을 돌파하였으며, 미국과는 변화 폭이 그다지 크지 않고 거의 안정된 수준에서 발전하고 있었음을 알 수 있다. 이러한 현상은 '11大'기간 중의 급속한 증가와 비교할 때, 양국관계는 상당히

소강상태에 빠져있었다고 할 수 있을 것이다.152) 서구국가들과의 관계에서는 상당히 안정적인 발전을 보이고 있으며, 이는 중국의 대서구 외교가 여전히 적극적으로 전개되고 있었다는 것을 의미한다.

다음으로 제3세계와의 통상관계에서 볼 때, 아시아지역 국가들을 제외한 중남미와 아프리카국가들과의 관계는 여전히 소원한 수준임을 알 수 있다. 중국이 비록 독립자주외교노선 하에서 제3세계의 지도자로서 '남남협력'을 주도하려 하였으나 제3세계국가 중에서도 경제력이 있는 동남아국가들과의 협력이 주를 이루고 있었다는 것은 중남미와 아프리카지역이 중국 경제발전에 공헌할 수 있는 역할은 여전히 제한적이라 판단했기 때문일 것이다.

2. 안정된 주변 국제환경 조성

대내적인 경제발전을 위해서는 대외적인 국제환경이 안정되어야 한다는 것은 당연한 논리일 것이다. 중국의 개혁개방정책 천명이후 '장기적인 평화와 안정된 주변국제환경의 조성'은 중국 외교의 기조가 되었고, 그것이 '11大'시기에는 당시 중국에 대한 포위전략을 구사하면서 중국의 안전을 위협하고 있다고 간주한 소련에 대한 '반패권주의'외교로 나타났으며, '12大'시기에는 대소 관계개선을 포함하는 '독립자주외교'노선으로 표명되었던 것이다. 따라서 '안정된 주변 국제환경의 조성'이라는 목적에 있어서는 '반패권주의'외교노선과 '독립자주외교'노선에서 별다른 차이점을 발견하기 어렵다. 그러나 그 구체적인 외교전략은 상당한 차이점을 가지고 있다고 하겠다. 본 절에서는 중국이 자신의 안전과 경제발전을 위협하는 요소들을

---

152) '11大'기간 중 미국은 중국의 대외무역에서 1977년 무역액 2.9억 불 2.0%를 차지하고 있었던 것이 1982년 53.4억 불 14.7%를 차지할 정도로 대폭 증가하였다.

제거하고 장기적인 평화와 안정된 주변 국제환경을 조성하기 위하여 채택하였던 외교정책들을 국경지역의 안정 및 아시아지역 안정이라는 두 차원에서 살펴보기로 한다.

1) 국경지역의 안정과 접경국과의 관계

가. 북부 접경국가 : 몽고

중국, 소련, 몽고 3국이 접하고 있는 국경의 길이는 7,000km에 달하고 있으며, 세계 초강대국 중 하나인 소련과 그의 위성국 몽고는 1960년대 중·소 분쟁 이후 줄곧 중국 국경지역의 안전을 위협해왔다.

북부 접경국인 소련과의 관계는 앞의 중·소관계에서 이미 언급하였으므로 여기서는 몽고와의 관계를 주로 언급하도록 한다. 몽고인민공화국은 1912년 독립을 요구한 이후에도 계속 중국의 관할권 하에 있었다. 그러나 1931년 6월 28일 소련 적군이 몽고에 진군하면서 반란이 일어나 7월 10일 쿨롱에서 '몽고인민공화국'이 수립되어 소련의 첫 번째 위성국이 되었다. 1949년 10월 6일 중국은 몽고의 독립을 승인하였고, 몽고는 세계 양대 공산국가인 소련과 중국의 중간에 위치함으로써 그 지정학적인 중요성을 구비하게 되었다.

몽고는 전략적인 위치와 자원 등으로 인해 소련에 있어서 특수한 정치적인 의미를 가지고 있었다. 소련에 있어서 몽고의 지정학적·전략적인 지위는 소극적으로는 시베리아 지역을 보호하는 병풍의 역할과 적극적으로는 중국대륙을 위협할 수 있는 전초기지로서의 역할을 할 수 있다는 것이다. 이러한 이유들로 인하여 초기 몽고의 정치와 경제의 발전은 완전히 소련의 조종 하에 진행되었으며, 몽고의 자주권은 찾아보기 힘들었다.

1950년대 중·소 양국이 우호관계를 유지하고 있을 때, 몽고는 중·

소 양국을 이어주는 통로로서 중국과 상당한 우호관계를 유지하고 있었다. 그러나 중·소관계 악화 이후 몽고는 선택의 능력이 결여된 상황에서 소련의 팽창정책의 전초기지로서 중국을 압박하는 전략적 요충지가 되어 버렸다. 1960년대 중·소 양국간 이념분쟁이 발생하면서 소련은 몽고에 군대를 진주시켰으나 중국은 국내의 문화혁명으로 소련군의 몽고 주둔에 대해 적절히 대응하지 못함으로써 몽고는 소련의 통제 하에 들어가 버렸고 이로써 중국과 몽고의 관계는 소원해지기 시작하였다. 하지만 중국이 주몽고 대사를 한번 소환한 적은 있었으나 1969년 전바오다오(珍寶島)사건 발생 전까지는 중국의 몽고에 대한 경제원조와 쌍방의 문화교류는 완전히 중단된 것은 아니었으며, 중국의 원조액은 소련 다음으로 많은 것이었다.[153]

1970년대 중국이 '반소'를 목적으로 하는 '반패권주의'외교정책 추진하자 극단적인 친소노선을 걷고 있던 몽고는 중국을 사회주의국가의 반역자이며 서구 제국주의세력들과 손을 잡고 지역에서 패권을 추구하고 있다고 비난하였다. 이렇게 악화되기 시작한 양국관계는 1977년과 1979년 두 차례에 걸친 국경폐쇄와 양국을 연결하던 철도폐쇄라는 상황에까지 이르게 되었다.[154]

그러나 1980년대에 들어 양국관계는 개선의 조짐이 보이기 시작하였다. 양국관계개선에는 국제환경의 변화 역시 무시할 수는 없겠지만 중국과 몽고의 내부적인 변화가 중요한 요인으로 작용하였다. 중국의 개혁개방정책은 중·몽관계의 개선에 직접적인 영향을 미쳤으며, 더 나아가서 이는 몽고 내부에 개혁의 물결을 일으키게 되었다. 경제 발전에 모든 역량을 집중시키고 대외무역의 확대를 통하여 아시아 각국과의 경제통상관계를 발전시켜 아시아 경제권 형성을

---

153) Victor P. Petrov, *Mongoria-A Profile* (New York: Praeger Publishers, 1970), pp.3-6
154) 『聯合報』(臺灣), 1979. 8. 3

주도하려는 중국으로서는 몽고 역시 중요한 관계개선 대상국이었을 뿐만 아니라 유럽지역과의 무역관계를 발전시키기 위해서는 시간과 운송비용 등을 고려할 때 몽고와의 관계개선은 필수적이었다.155) 또한 1980년대 중국의 개혁개방의 물결과 함께 몽고에서도 자유화와 민주화운동이 일어나게 되었고 중국의 개혁개방의 경험은 몽고의 개혁에 거울이 되었으며, 이로써 양국 간의 경제통상관계의 강화와 정치적인 관계개선은 중요한 의의를 가지게 되었다.156)

중·몽 양국관계발전을 더욱 가속화시킨 것은 고르바쵸프 등장 이후 소련의 변화였다. 1986년 7월 28일 고르바쵸프는 블라디보스톡 연설에서 아시아국가로서의 발전을 위하여 중국과의 관계개선을 희망하고 이를 위해 몽고에 주둔하고 있는 소련군의 단계적인 철수를 선언하였다. 몽고로부터의 소련군 철수는 소련·중국·몽고 3국의 상호관계에 변화를 가져 왔으며, 무엇보다도 몽고의 독립적인 지위 강화에 결정적인 작용을 하여 1987년 1월 27일 미국과의 국교정상화를 가능하게 하였다.157) 이러한 것들은 몽고로 하여금 중국과의 정치·경제적 관계개선에 자신감을 주었으나 아쉽게도 몽고의 독립적인 지위는 여전히 한계가 있었다. 그러나 양국간 정부차원의 교류는 점진적으로 강화되고 있었고 민간차원의 교류와 경제통상관계도 급속히 팽창하게 되었다. 중·몽 양국은 1985년 11월 '1985~1986년 중몽국경무역에 관한 협정서', '1986년 중몽국경무역 계약서', '중국은행과 몽고 국가은행간의 변경무역 결산 및 재무처리 절차에 관한 의정서' 등 3개의 문서에 서명하였고,158) 1986년 4월에는 '1986~1990

---

155) 北京에서 유럽으로 가는 가장 가까운 길은 몽고의 울란바트로를 경유하는 철도이다. 廖淑馨, "八十年代中共與外蒙關係", 『중국대륙연구』第32卷 5期(臺北1: 政治大學 國際關係研究所, 1989), p.23

156) Jim Abrams, "Mongolia Follows Popular Socialist Road to Reform" in *Hong Kong Standard*, Jan. 29, 1989, p.4

157) 『聯合報』(臺灣), 1987. 1. 28

년 장기무역협정', 동년 12월에는 '1987년 중·몽 상호무역 및 결재 의정서' 등에 서명하였다.159) 그리고 통계에 의하면 1985년의 중·몽 무역액은 전년도 대비 53.3% 증가하였으며, 1987년 쌍방의 무역액은 1985년 대비 무려 14배가 증가하였다.160)

위에서 보듯이 중국과 몽고는 개혁개방정책에 기초한 경제발전의 필요에 의해 정치·경제·무역 등의 모든 영역에서의 상호협력관계가 발전하기 시작함으로써 1970년대까지 경직되었던 양국관계는 1980년대 들어 점차 완화되었고 특히 경제적인 영역에서는 급속한 발전을 하기 시작하였던 것이다.

나. 남서부 접경국가 : 인도, 파키스탄, 네팔, 아프가니스탄

중국의 남서부 국경지역은 중국의 안보에 상당한 위협을 주고 있던 지역이다. 1950년대 말 이후 인도는 중·인 국경지역에서 적극적인 공세정책을 취하고 있었으며, 1979년에는 소련의 아프간 침공이 있었다. 따라서 중국의 이 지역 접경국가에 대한 외교의 주요목표는 이러한 국가들과의 적대상황을 제거하고 최소한의 안정 상태를 유지하는 것이었다.

중국과 인도간의 분쟁은 국경지역의 보잘 것 없는 작은 지역에 대한 주권문제를 둘러싸고 발생한 것이지만 그 저변에는 국경을 접한 아시아의 두 대국의 양보할 수 없는 자존심이 깔려있었으며, 이러한 관점에서 중·인 영토분쟁은 양국이 지역패권을 추구하면서 국가위신을 놓고 벌인 충돌의 결과라고 볼 수 있다. 1950년대 초 인도는 대내적인 취약성으로 인하여 중국이 티베트를 강제병합하는 것을 묵인해 주는 등 양국간의 관계는 1955년 반둥회의까지

---

158) 『文匯報』(香港), 1986. 3. 5
159) 『文匯報』(香港), 1986. 12. 16
160) 蒙藏委員會編(臺灣), 『蒙藏地區敵情週報』 第222期, 1988, p.12

상당히 우호적이었다. 그러나 1957년부터 인도가 적극적인 공세정책을 취하면서 중·인 양국간의 우호관계는 막을 내리고 갈등이 나날이 깊어갔으며, 결국은 무력충돌로까지 이어지게 되었다.

1955년까지 중국은 남서부와 남부 국경지역에 대한 명확한 개념이 없었으나, 1958년 이후 인도와의 분쟁이 날이 갈수록 확대되자 중국은 동 지역 국경문제의 심각함을 느끼게 되었다. 이에 따라 다른 접경국가들과의 영토분쟁 발생을 사전에 차단하기 위하여 1959년 중국은 주변국가에 대한 선린정책을 표방하고 접경국가들에 대해 국경문제를 해결할 것을 제의하였다. 그 결과 1960년 버마, 1961년 네팔과 각각 국경조약을 체결하였으며, 1960년대 초 네팔, 아프간, 캄보디아, 인도네시아 등 국가들과 '우호 및 상호불가침조약'을 체결하였다.161) 이러한 주변국가들과의 우호관계를 다진 후 중국은 1961년 인도에 대한 무력공격을 감행함으로써 중·인 국경에서의 무력충돌이 일어나게 되었다.162)

당시 중국과 인도와의 관계악화는 인도와 소련이 접근하게 되는 계기가 되었으며, 특히 중·소의 분쟁이 격화된 이후, 소련은 인도를 이용하여 중국을 포위하는 전략을 추진하였다. 이에 중국은 소련과 인도의 연합에 대응하기 위하여 파키스탄과 동맹관계를 수립하게 되었으며, 1963년에는 파키스탄, 아프간과 각각 국경조약을 체결하였다.163) 이러한 중국과 인도와의 긴장관계는 1970년대 말 덩샤오핑의 등장과 소련의 아프간 침공으로 전환의 계기를 맞이하게 되었다.

---

161) 國防部情報局編(臺灣), 『共匪與東南亞國家的邊界問題』, 1964, p.24
162) 이 전쟁은 중국이 내부적으로 대약진운동의 실패로 경제위기가 초래되자 대외전쟁을 감행함으로써 국내의 관심을 대외로 전환시켜 국내적인 문제를 해결하고자 한 의도와 함께 자신의 국제적인 위신을 제고하고자 한 의도가 포함되어 있다고 볼 수 있다.
163) Norman D. Palmer, "South Asia and the Great Power" in *ORBIS* Vol.17, 1973, p.1008

1970년대 말 중국은 개혁개방정책과 함께 '연미반소'외교노선을 추진하여 미국, 일본, 서구 자본주의국가들과의 관계를 개선, 발전시키면서 이들로부터 자본과 기술을 도입하고, 동시에 이들의 힘을 빌어 소련의 대 중국 포위망을 타파하려 하였다. 그러나 이러한 대내외적인 목적이 결합된 중국의 '연미반소'정책이 소련의 아프간 침공의 중요한 원인중의 하나를 제공하는 결과가 되었다는 주장도 제기되고 있다. 소련의 아프간 침공의 목적은 중국을 겨냥한 것이 아니라 세계적인 전략 즉, 중동지역에 대한 영향력 확보의 차원에서 미국을 겨냥한 전략이라는 측면이 있으나,164) 중국의 입장에서는 소련이 베트남과 동맹조약을 체결하고 아프간을 점령한 것은 당시 중국을 가상적으로 상정하고 있던 소련이 아시아·태평양전략 차원에서 중국을 포위하고자 하는 의도라고 볼 수도 있는 것이다.165) 소련의 아프간 침공을 어떠한 관점에서 보든 분명한 것은 1970년대 말 중국의 개혁개방정책으로부터 야기된 중·미관계의 급속한 발전이 소련을 불안하게 하였다는 사실이다.

소련의 아프간 침공이 가져온 주변 국제정세의 변화 즉, 남서부 국경지역의 안전에 대한 위협은 도리어 중국으로 하여금 남서부 국경문제에 대한 기타 접경국가들과의 관계에서 탄력적인 태도를 가지게 하였다. 즉, 중국은 동 지역에서 '반소'통일전선의 구축을 위해서는 파키스탄과의 관계를 다시 강화하고 인도와의 국경문제회담을 재개하여 양국관계개선을 모색함으로써 인도가 소련에 일방적으로 기우는 것을 방지해야 할 필요성을 인식하였다는 것이다. 이러한 인식 하에 1981년 4월 8일 덩샤오핑은 인도의 스와미(Swami)

---

164) Segal(1982), pp. 68-72
165) Richard H. Solomon, "Coalition Building or Condominium?" in Donald S. Zagoria eds., *Soviet Policy in East Asia*(New Heaven: Yale Univ. Press 1982), p.288

의원을 접견한 자리에서 그리고 자오즈양(趙紫陽) 총리는 파키스탄을 방문한 자리에서 각각 인도에 대한 관계개선의 의지를 표명하면서 중·인 양국 간의 관계에 있어서 근본적인 이해충돌은 존재하지 않으며, 양국 간의 우호관계와 민간차원의 교류가 발전·확대되지 않을 아무런 이유가 없다고 언급하고, 쌍방의 국경문제를 상호이해와 양보를 바탕으로 우호적인 협상을 통하여 점진적으로 해결할 것을 제의하였다.166)

또한 당시 인도로서도 비동맹국가그룹에서의 지도적인 지위를 추구하고 있었기 때문에 비동맹국가로서의 이미지를 조성하기 위하여 과거 인도의 친소정책에 대한 비동맹국가들의 불만을 해소시킬 필요가 있었다. 따라서 미국과 소련에 대한 중립노선의 채택을 고려하고 있었으므로 중국과의 영토분쟁문제 및 아프간과 캄보디아문제에 대한 입장차이가 있었음에도 불구하고 1980년대에 이르러 중·인관계 개선의 가능성은 이미 상당히 높았다고 볼 수 있다. 1981년 6월 황화(黃華) 외교부장이 중·인 국경전쟁 이후 처음으로 인도를 방문하여 모든 영역에 있어서의 양국관계발전을 희망하였고 대화와 협상을 통한 국경문제 해결을 재차 제의하였다.167) 이후 양국 간의 국경문제회담은 몇 차례의 예비회담을 거쳐 드디어 동년 12월 북경회담을 시작으로 1987년까지 모두 7차례에 걸쳐 개최되었으나, 영국식민시대가 남겨놓은 이 역사적인 문제에 있어서 양국 간의 입장 차이는 좀처럼 좁혀지지 않았다.168) 그러나 비록 양국 간의 국경문제는 해결의 실마리를 찾지 못하고 있었지만 쌍방의 무역, 문화, 과학기술 등 방면에서의 교류와 협력은 점점 활성화되고 있었다. 특히 1982년 중국의 독립자주외교노선 선언과 소련과의 점진적

---

166) 馭志, "對中共與印·巴關係探討", 『匪情研究』第26卷 3期, 1983, p.72
167) 위의 글
168) 簡鐵, "中共與印度的邊界衝突", 『中國大陸研究』第29卷 12期, 1987, p.19

인 관계개선추세 등의 영향으로 1982년 말부터는 쌍방간 정부차원 및 민간차원의 교류가 대폭 증가하여 서로의 입장 차이를 좁히고 관계를 개선시키는 촉매제 역할을 하였다.

한편, 1960년대 파키스탄은 중국과 소련과의 관계에서 등거리외 교정책을 채택하고 있었으며, 미국과도 정치·경제적인 관계를 유지하려 하였다. 그러나 이러한 파키스탄의 외교정책이 중국과의 우호관계에 별다른 영향을 미치지는 않았으며, 그 주요 원인은 중국과 파키스탄 양국 모두 인도와의 심각한 국경분쟁에 휘말려 있었다는 점과 중·파 양국관계는 줄곧 안정적인 발전을 지속하고 있었다는 점을 들 수 있다.169) 또한 중국의 입장에서 파키스탄과의 우호관계 유지는 파키스탄이 소련의 남아시아지역에서의 과도한 팽창을 저지할 수 있는 중국의 '반패권주의'카드로서의 역할을 할 수 있다는 점에서 중국에게는 상당한 전략적인 이익을 제공하고 있었다. 파키스탄 역시 내정이 불안하고 정권이 자주 바뀌기는 하였지만, 중국과의 관계를 대단히 중요하게 생각하고 있었다. 그 중요한 이유 중의 하나는 인도와의 적대관계에서 약세를 면치 못하고 있는 자신의 지위를 중국과의 관계를 이용하여 강화해보고자 하는데 있을 것이다.

소련의 아프간 침공은 파키스탄으로 하여금 소련과 인도로부터의 협공이라는 위협 그리고 파키스탄 자신이 아프간 다음으로 소련의 팽창전략의 목표가 될 수 있다는 우려에 직면하게 하였다. 또한 중국 역시 자신의 안보적 차원에서 파키스탄이 제2의 아프간이 되는 것을 방지해야 한다는 인식을 하게 되었고, 이러한 인식하에 파키스탄에 대한 경제·군사원조를 대폭 증대시킴으로써 파키스탄의 국방력을 강화하여 소련의 계속되는 남진을 저지하려 하였다.170) 경

---

169) U. Alexis Johnson eds., *China Policy for the Next Decade*(Boston: Oelgeschlager, Gunnand Hain, 1984), pp.379-387
170) 소련의 아프간 침공이후 중국의 파키스탄에 대한 군사원조는 30억

제적인 측면에서도 경제발전을 최우선으로 하는 중국의 개혁개방 정책과 외부의 원조에 의존해야 하는 파키스탄의 경제개발정책과의 이해관계가 일치하여 양국 간의 경제통상관계는 지속적으로 발전하였다. 1980년 중국은 파키스탄에 대해 3억 6천만 불의 경제원조를 제공한 것 외에도 2억 5천만 불의 차관을 무이자로 제공하였으며, 쌍방의 무역액은 1976년의 7천 5백만 불에서 3억 4천만 불로 급증하였다. 그밖에도 1982년 10월 중·파 양국은 '경제·무역·과학기술 협력위원회 설립에 관한 협정'을 체결하여 쌍방의 경제·과학기술 등 방면의 협력관계를 더욱 더 강화하였다.[171] 또한 파키스탄은 부족한 에너지문제를 해결하기 위하여 핵에너지 개발을 필요로 하고 있었으나 핵무기문제와 연관되기 때문에 인도가 이에 민감하게 반응하고 있었다. 핵기술을 외부로부터 지원받아야 하는 파키스탄으로서는 서구국가로부터 핵기술을 획득하기에는 많은 장애가 있었으며, 이러한 장애가 없는 유일한 국가가 중국이었다. 당시 중국은 '핵확산금지조약'에 가입하지 않은 상태였으므로 원칙적으로 중국의 파키스탄에 대한 핵기술의 수출은 아무런 제한을 받지 않고 있었다. 당시 파키스탄이 중국에 대해 가지는 전략적인 가치와 중·파 양국 간의 각 부문에서의 관계 등으로 미루어 볼 때, 핵에너지와 핵무기 개발에 중국이 어느 정도 개입되어 있었는가는 확인할 방법은 없다 할지라도 당시 상황으로 미루어 어느 정도 짐작해 볼 수는 있을 것이다.

그러나 파키스탄은 소련의 아프간 침공 이후 중국과 미국의 군사적·경제적 원조가 더욱 절실히 필요했음에도 불구하고 소련과 대치하거나 인도와 장기적인 적대관계를 유지하기를 원하지는 않았다. 따라서 파키스탄은 미국, 소련, 중국에 대한 탄력적이고 유연성

불에 달했다. 馭志(1983), p.73
171) 위의 글

있는 외교를 전개하였으며, 중국 혹은 어느 일방에 완전히 치우치지는 않았다.

네팔과의 관계에 있어서 중국은 네팔을 인도에 대항하는 중요한 거점으로 인식하였을 뿐만 아니라 남아시아에서의 세력 확장을 위한 디딤돌이라 생각하여 적극적으로 우호관계를 유지함으로써 인도의 네팔에 대한 영향력을 배제하려 하였다. 중국은 지리적·역사적·문화적인 요인 등으로 인하여 네팔과 인도와의 관계가 항상 평탄하지 못하였다는 점을 십분 이용하고자 하였다. 중·네 양국은 비록 그 출발점은 달랐지만 인도를 배척하고자 하는 목표는 일치하고 있었다. 네팔은 인도의 경제적인 독점과 일방적인 의존관계에 깊은 불만을 가지고 있었기 때문에 여타 국가들로부터의 경제원조와 무역의 기회를 모색하고 있었다. 따라서 1955년의 중·네 양국 수교는 양국에게 모두 상당한 이익을 제공하였다. 그것은 바로 중국은 인도와의 분쟁에서 유리한 지위를 차지할 수 있는 전략적 요충지로 진입할 수 있는 계기가 되었고, 네팔은 인도에 대한 장기간의 과도한 정치적·경제적 의존관계에서 탈피하여 비교적 독립적인 지위를 획득할 수 있었다는 것이다.[172]

그러나 1960년대에서 1970년대 초까지 중국과 네팔의 관계는 몇 가지 요인으로 인해 기복이 심하였다. 그 주요인으로는 먼저 경제원조의 문제를 들 수 있다. 네팔이 중국에 접근한 중요한 요인 중의 하나는 경제적인 원조를 받기 위한 것이었으나 양국 수교이후부터 1970년대 초까지 중국은 네팔에 대해 만족할 만한 원조를 제공하지 못하였다. 이 기간동안 소련은 중국보다 더 많은 원조를 네팔에 제공하였고 이로 인하여 네팔은 중국으로부터 탈피하여 중국의 적대 국가인 소련, 인도, 이스라엘 등 국가와의 관계를 강화하고자 하는

---

[172] Hemen Ray, *China's Strategy in Nepal* (New Delhi: Radiant Publishers, 1983), p.12

유혹에 빠져들게 되었다. 둘째, 양국간 국제정치관의 차이이다. 네팔은 경제적인 필요에 의해 중국에 접근하였으나 국제적인 문제에 대해서는 항상 중국의 입장과 상반된 태도를 가지고 있었다. 예를 들어 '핵실험금지조약'문제에 대해서 중국과는 다른 입장을 취했으며, 1965년 인도·파키스탄 전쟁이 발발하자 중국은 파키스탄을 원조하면서 시킴 국경지역에 병력을 증강시켰고 이것은 네팔에게 중국이 시킴에 대해 야심을 가지고 있다는 의혹을 불러일으켜 쌍방관계를 냉각시켰다. 셋째, 인도의 태도이다. 인도는 역사적·문화적·경제적으로 여전히 네팔과의 관계에서 중국보다 우위를 점하고 있었다. 따라서 이러한 인도와 네팔간의 전통적인 특수 관계를 타파하여 인도의 네팔에 대한 우위를 제거하는 것이 중국의 대 네팔 정책의 중요한 부분이었다.[173]

네팔은 1972년 비렌드라(Birendra)가 왕위를 계승한 후 과거 20년 동안 중·인 양국간의 완충지역으로서의 역할의 어려움을 인식하게 되었고, 파키스탄의 분열과 방글라데시의 독립, 소련과 인도의 우호조약 체결 등을 목격하면서 중국카드의 이용이 현실적이지 못하다는 판단을 하게 되었다. 이러한 이유로 결국 네팔은 과거의 비동맹정책으로 되돌아가 중국과 인도 양국 모두와 우호적인 관계를 추구하는 균형외교를 모색하게 되었다.[174] 그렇다고 네팔이 과거와 같이 인도의 영향권으로 되돌아가는 것을 원하는 것은 아니었다. 특히 1974년 인도가 시킴을 합병한 이후에는 더욱 인도를 경계하게 되었다. 네팔은 정치적으로나 경제적으로 인도에 대해 일방적으로 의존하고 있는 상태에 있었으므로 인도의 절대적인 영향권에서 탈피하기 위하여 인도를 견제해 줄 수 있는 세력을 적극적으로 모색하

---

173) 앞의 책, pp.13-15
174) M. D. Dharamdasani, "Zone of Peace: Nepal's Quest for Identity" in *China Report* Vol.15 No.5, Sep.-Oct. 1979, pp.121-123

고 있었다.175) 네팔의 입장으로서는 비동맹정책을 고수하고 개혁개방정책을 추진하고 있는 중국이 정치적으로나 경제적으로 가장 적절한 대상으로 부각됨으로써 1980년대 중국과 네팔의 관계는 과거에 비하여 상당히 안정되어 있었다. 그 원인으로 지적할 수 있는 것은 첫째, 중국과 인도와의 관계가 완화되고 있었으며, 인도가 중국과 네팔의 접근을 반대하지 않았던 점, 둘째, 중국은 대내적으로는 경제건설에 매진하고 대외적으로는 '개방외교' 노선을 추구함으로써 네팔과의 교류와 협력을 확대시킬 수 있었던 점, 셋째, 네팔 국내의 친중국 세력과 친인도 세력들이 서로 충돌하지 않고 있었던 점 등일 것이다.176)

결론적으로 1970년대 말부터 중국의 남서부 국경지역 접경국가들에 대해 추진한 선린우호정책은 분쟁이 존재하는 국가는 분쟁을 평화적인 방법으로 해결하고, 우호적인 국가는 협력을 더욱 강화하는 방법으로 각국과의 관계를 조절해 나갔다.

다. 남부 접경국가 : 베트남, 버마, 라오스

미국이 인도차이나반도에서 철수한 이후, 이 지역 국경의 안전에 대한 가장 심각한 위협의 근원은 베트남이었다. 그러나 더 정확히 말하자면 그것은 베트남 자체라기보다 그 배후에서 베트남을 압박하고 있는 소련이었다. 또한 1970년대 말 베트남은 소련의 지원 아래 인도차이나반도에서 무력 팽창을 시도하여 중국 국경지역 뿐만 아니라 전 동남아지역의 안전을 위협하였으므로 중국의 남부 접경국가에 대한 정책은 베트남에 대한 정책이 거의 전부라고 해도 과언이 아니다.

베트남전쟁 기간동안 중국과 소련은 경쟁적으로 당시의 북베트

---

175) 寥淑馨, "中共與尼泊爾關係三十年", 『中國大陸研究』 第28卷 3期, 1985, p.18
176) 위의 글, p.21

남 정권을 지원하였다. 덩샤오핑이 언급한 바에 따르면 중국은 전쟁 기간 중 140억 불에서 200억 불에 달하는 원조를 북베트남에 제공하였으며, 이것은 소련이 제공한 원조를 초월하는 것이었다.[177] 당시 중국이 북베트남을 지원한 목적은 북베트남의 생존이 미국의 중국 대륙에 대한 침공을 막아줄 수 있을 것이며, 최소한 미국의 세력이 지배하는 국가와 국경을 맞대지 않을 수 있다는 중국 자신의 안보적인 고려라고 할 수 있다.

미국이 베트남에서 철수한 후 중국과 소련은 베트남을 놓고 서로 경쟁을 하게 되었다. 북베트남이 1973년 휴전협정을 무시하고 남베트남으로 진격하는 과정에서도 중국은 소련과 함께 적극적인 지지를 보냈다. 중국과 소련의 관계가 날로 악화되고 있던 1970년대 중국이 베트남에게 요구한 것은 '반제국주의는 필히 반수정주의'이며, 그렇지 않을 경우 혁명이 완수되었다고 볼 수 없다는 이념적인 동조였으나 베트남은 자신의 경험에 비추어 중국의 이러한 논리에 동의할 수 없다고 주장하였다. 이렇게 베트남이 중·소 분쟁의 근원인 이념논쟁에 대한 중국의 입장에 동의하지 않자 중국은 베트남에 대한 경제적·군사적 원조를 중단하였고 이로써 양국 관계는 점차 악화되기 시작하였다.[178]

악화 일로를 걷고 있던 중·베 양국관계는 1978년 11월 소련과 베트남의 '평화우호협력조약'[179] 체결과 12월 베트남의 캄보디아 침공 그리고 국경지역 침범 등으로 심각한 위기상황을 초래하였다. 특히 소련과 베트남의 '평화우호협력조약'은 실질적인 군사동맹조

---

[177] 關中, 『變動世界秩序中的國際關係』(臺 北1: 時事文化出版, 1982), p.119
[178] Zagoria(1982), p.158
[179] 모두 9조로 되어 있으며, 중요한 조항은 제6조로서 "일방이 무력공격을 당하거나 공격의 위협에 처해 있을 때, 타 일방은 적당하고 유효한 조치로서 이를 제거시켜야 한다"고 규정하고 있다. 비록 완전한 공수동맹의 성격을 지니고 있지는 않지만 실제로는 군사동맹의 성격을 지닌 조약이라고 볼 수 있다.

약으로서 중국은 남부국경의 안전에 심각한 위협을 받게 되었다. 또한 앞 장에서도 언급하였듯이 베트남의 화교문제는 양국 간의 갈등을 더욱 첨예화 시켰다. 결국 이러한 갈등요인들이 격화되면서 1979년 2월 17일 중국은 베트남에 대한 '징벌전쟁'을 감행하게 되었다. 그러나 이 전쟁에서 중국은 20만 대군을 동원한 반면, 베트남은 국경수비군 정도로 이에 대응하였다. 또한 중국은 4만 명이라는 사상자를 내고도 별다른 소득이 없었으며, 이에 하는 수 없이 3월 5일 일방적으로 철군을 선언하고 전쟁을 종결하였다. 결과적으로 이 전쟁은 중국이 베트남을 징벌한 것이 아니라 베트남이 중국에게 교훈을 준 전쟁이었다고 할 수밖에 없었다.[180]

그러나 중국이 베트남과의 전쟁에서 비록 전쟁 자체는 승리하였다고 볼 수 없지만 그들이 의도한 대내외적인 목적은 어느 정도 달성할 수 있었다고 평가할 수 있다. 그 대외적인 목적은 이는 이미 앞 장에서 자세히 분석한 바 있기 때문에 여기서는 4개현대화 추진과 관련된 대내적인 측면만을 언급하기로 한다. 즉 중국은 대 베트남 전쟁을 '경제개혁과 발전을 위한 대내적인 단결과 평화롭고 안정된 주변국제환경의 조성'을 위하여 감행하였다는 것이다. 우선, 덩샤오핑의 실권 장악과정에서 그리고 개혁개방정책을 추진하는 초기 과정에서 정치적으로나 사상적으로 중국은 상당한 분열과 갈등의 양상이 노출되고 있었다. 따라서 이러한 혼란을 수습하고 대내적인 통합을 이룩하는 것이 당시 중국지도부의 당면 과제였다. 과거 중국이 이러한 내부적인 혼란을 수습하는 수단으로 이용한 것은 계급투쟁과 대외전쟁을 감행하여 긴장분위기를 조성하는 것이었다. 당시 문화혁명의 유산을 처리하면서 마오저둥을 비판하고 있었던 덩샤오핑으로서는 계급투쟁의 방법은 사용할 수 없는 상황이었기 때문

---

180) 葉伯棠(1984), p.43

에 대외전쟁이라는 방법을 택하였다고 보는 것이다. 실제로 중·베트남 전쟁이 별 성과 없이 일방적으로 종결된 후에도 덩샤오핑은 반대파들로부터의 공격이나 비판을 받지 않았을 뿐만 아니라 오히려 대내적인 단결과 자신의 지위를 공고히 하는 계기가 되었다.[181] 또한 국내 경제발전을 위한 평화롭고 안정된 주변국제환경이 필요하였던 중국으로서는 베트남의 인도차이나반도에서의 세력 확장과 중·베트남 국경지역에서의 도발행위는 이미 그들의 국내적인 경제개혁과 발전을 위협하고 있다고 인식하기에 충분하였다. 남부 국경지역에서 베트남의 세력이 커지고 여기에 북으로부터 오는 소련의 위협이 더해진다면 중국은 앞뒤 양면에서의 위협에 직면하게 되는 것이다. 이에 덩샤오핑은 "차라리 자위적인 반격을 통하여 베트남의 실력을 시험하고 소련이 베트남을 위하여 파병을 하는지 여부를 탐색해 보는 것이 동북아지역의 상대적인 안정을 유지할 수 있는 방법이 될 것이다. 전쟁을 하지 않는다면 불안을 더욱 가중시킬 것이며, 전쟁을 한다면 오히려 안정된 환경을 조성하여 '4개현대화'를 안심하고 추진할 수 있을 것이다"라고 언급하고 "우리의 목적은 국경지역의 평화와 안정을 확보하여 '4개현대화'를 순조롭게 추진할 수 있도록 하는데 있다"고 주장하였다.[182]

1980년대 초, 중국이 독립자주외교노선을 채택하고 소련과의 관계도 점진적으로 개선하면서 접경국가들에 대한 정책도 유연성과 현실주의적인 경향을 보이기 시작하였다. 그러나 베트남과의 관계는 캄보디아문제에 있어서의 의견차이로 인해 개선되지 못하고 있었다. 캄보디아문제에 직접 개입할 수 없었던 중국으로서는 외교적인 노력을 통하여 동남아국가들과 함께 베트남의 캄보디아 침략행위를 비난하고 철수를 요구하는 수밖에 없었다. 동시에 중국은 만

---

181) 施華, "鄧少平談中越戰爭", 『香港七十年代』, 1979, p.26
182) 위의 글

일 베트남이 캄보디아로부터 철수한다면 중국과 베트남 양국관계는 즉각 정상화될 수 있을 것이라 계속 강조하였다.[183] 그러나 베트남의 캄보디아철군문제는 소련에게 달려있었다. 따라서 중국은 소련과 베트남의 동맹관계가 동남아정세 불안의 근원이라 강조하고 베트남에 대한 소련의 지원 중단을 요구하였으며, 소련과 베트남간의 '우호조약'의 폐기를 중·소관계 정상화의 선결조건으로 제시하고 있었다.[184] 그러나 소련은 고르바쵸프가 집권한 후에야 비로소 캄보디아문제 해결에 대한 성의를 보이기 시작하였으며, 미·소 양국관계에 있어서도 화해의 빛이 비치기 시작하였다. 또한 베트남 역시 1980년대 중반부터 외교적인 고립에서 벗어나기 위하여 개방정책을 추진하기 시작하면서 ASEAN국가들과 미국과의 관계개선을 적극 추진하였으며, 캄보디아철군에 대한 성의를 보이기 시작하였다.[185] 이로써 중국과 베트남과의 관계는 점차 개선의 길로 접어들게 되었다.

라. 동부 접경국가 : 북한

지리적으로 본다면 소련의 위성국인 몽고를 제외하고 중·소 양국과 동시에 국경을 접하고 있는 국가는 북한뿐이다. 중국에 있어서 북한은 동북지역의 관문으로 태평양으로 진출할 수 있는 항구를 가지고 있어 소련의 동북아 진출을 견제할 수 있는 국가이다. 반면에 소련은 북한을 이용하여 중국을 견제할 수 있으며 태평양지역 군사력을 증강시킬 수 있는 근거지를 제공해 줄 수 있는 국가이다. 따라서 지정학적 위치와 전략적인 가치에서 볼 때 북한은 중국과

---

183) 『人民日報』, 1983. 7. 31, 1985. 3. 13
184) 葉伯棠(1984), p.46
185) 喬一名, "現階段中共與越南關係之發展", 『中國大陸研究』第13卷 1期, 1988, p.46

소련 모두에 있어서 중대한 관심지역이 아닐 수 없는 것이다.

북한은 정권수립초기에는 중국과 마찬가지로 소련 일변도 정책을 취하였으나 한국전쟁을 거치면서 그리고 1961년 7월 공수동맹인 '중조상호우호협력조약'을 체결함으로써 중국과 혈맹의 관계로 발전하게 되었으며, 1960년대 중반까지 중국과 밀접한 관계를 유지하였다. 1960년대 중반까지 북한이 소련보다 중국과 밀접한 관계를 유지한 이유로는 소련의 스탈린 격하운동, 1962년 중·인 전쟁 당시 소련의 인도 지원, 쿠바미사일 위기 당시 소련의 미국에 대한 양보, 북한 권력층 내부의 소련파 숙청,[186] 한국의 군사정권 수립[187] 등을 들 수 있을 것이다.[188] 그러나 1960년대 중반 이후 베트남전의 확대로 인한 중국의 대 북한 원조 감소, 1964년의 흐루시쵸프의 실각과 코시긴 소련외무장관의 방북, 중국의 문화혁명으로 인한 외교적인 고립, 문화혁명의 북한 내 파급 우려, 소련의 대 북한 원조 증가 등을 이유로 북한은 중국으로부터 멀어지면서 다시 소련에게 접근하게 되었다.[189]

그러나 1960년대 말 체코사건과 브레즈네프의 '제한주권론', 소련의 베트남에 대한 지원증대와 인도차이나반도에서의 군사기지 설치[190]에 따른 대 북한 원조 감소, 1969년 전바오다오사건 이후 중국의 '반소통일전선' 구축 전략에 근거한 적극적인 대북 접근 등으로

---

186) 북한 권력층내의 소련파 숙청으로 소련은 북한에 대한 원조를 중단하고, 기술자들을 철수시켰으며, 북한과의 모든 계약을 취소하였다.
187) 한국의 군사정권 수립에 자극 받은 북한은 수정주의와 평화공존을 주장하고 있던 소련보다 교조주의적이고 호전적인 중국에 기울게 되었다.
188) Chin O Chung, P'yongyang between Peking and Moscow (Alabama: The Univ. of Alabama Press, 1978), p.54, 양태진·이서행, 『분단시대의 북한 상황』(서울: 대왕사, 1983), pp.74-75
189) 정진위, 『국제정치와 외교정책』(서울: 대왕사, 1983), p.270, 양태진 (1983), p.96
190) 소련은 이때 베트남의 캄란만, 다낭항, 콤퐁솜항 등 3개 지역에 직접 군사기지를 설치하였다.

인하여 북한은 또다시 친중국적인 성향을 보이게 되었다. 1970년대 들어서 중·소 대립의 수위가 높아지고 중·미관계 가 개선되면서 중국의 국제적인 지위가 제고되었고, 북한은 중국의 제3세계에서의 영향력을 이용하여 적극적인 외교공세로서 국제적인 고립을 탈피해보고자 하였을 뿐만 아니라 그들의 '6개년 경제개발계획(1971~1976)'을 위한 서방국가로부터의 자본과 기술의 도입에 중국의 도움이 필요하였다. 이러한 이유들로 인하여 1970년대에는 북한의 친중국적인 성향이 지속되었다.

1970년대 말 중국이 개혁개방정책을 최우선 국가목표로 설정한 이후, 중국의 대한반도정책 역시 전통적인 국가이익의 추구라는 현실주의 외교노선으로 전환되었다. 다시 말해 국내경제발전의 목표를 달성하기 위한 평화롭고 안정된 주변국제환경의 조성이라는 관점에서 중국은 한반도의 현상유지와 지속적인 안정을 추구한다는 것이었다. 그것은 북한과 지속적인 우호관계를 유지함으로써 북한이 소련 일변도로 기우는 것을 방지하고, 한국과는 비정치적인 영역에서의 교류 즉, 그들의 경제발전에 필요한 교류와 협력을 시작하겠다는 의도인 것이다. 특히 동맹관계에 있는 북한이 중국의 영향권에서 완전히 벗어나 친소적인 경향을 보이면서 그들의 안보를 위협한다거나 한국에 대한 경거망동으로 한반도의 불안을 야기하는 것은 바로 중국의 국내경제발전에 직접적인 영향을 미칠 것이므로 중국으로서는 용납할 수 없는 것이었다.

이러한 인식아래 황화(黃華) 외교부장은 다음과 같이 1980년대 대한반도정책의 원칙을 제시하였다. 첫째, 남북한의 통일은 평화적인 방법을 통하여 이루어져야 하며, 남북한 쌍방의 의지에 따라 외세의 간섭이 배제된 조건에서 진행되어야 한다. 중국은 통일에 대한 북한의 주장을 지지하지만 북한의 평화적인 협상이외 군사적인 수단을 통한 통일문제 해결에 대해서는 찬성하지 않으며 지지하지도 않을 것이다. 주한미군에 대해서는 미국의 입장을 이해한다. 둘째, 중국은 미국, 일본과 마찬가지로 한반도의 안정은 동북아지역의 안정에 도움이 될 뿐만 아니라 아·태지역의 안정과도 관련되어 있다고 인식하고 있다. 북한과의 우호관계를 유지하는 동시에 북한에서의 소련의 세력 증대와 항구의 사용에 따르는 영향을 면밀히 주시할 것이며, 미국, 일본 등 국가들과 한반도의 정세에 대해 지속적으로 협의하여 대 북한정책을 조정한다. 셋째, 중국은 북한과의 각 분야에 있어서의 관계를 강화하여 북한에 대한 소련의 영향을 극소화시킨다. 또한 더 많은 북한주민들의 지지를 획득하여 북한 내부의 친중국파의 세력과 지위를 강화한다. 이것은 쌍방 국민들의 우의증대와 북한내부의 친소련파의 맹목주의적인 경향을 약화시키는데 도움이 될 것이다. 넷째, 북한이 '소련카드'를 가지고 있다면 중국 역시 '한국카드'를 가지고 있다는 것을 잊어서는 안 될 것이다. 북한이 만일 소련 일변도로 기운다면, 중국으로부터 어떠한 원조도 받지 못할 뿐만 아니라 중국이 한국을 지지할 수도 있다는 가능성을 배제하지 않을 것이다.[191]

위에서 본 바와 같이 중국이 북한을 끌어들이려는 목적은 한반도에서의 소련의 세력 확장을 견제하고 한반도의 평화와 안정을 유지하겠다는 데 있다. 그러나 당시 소련은 미국과 어깨를 견주는 세계 초강대국으로서 중국과는 비교할 수 없을 만큼 막강한 경제력과 군사력을 보유하고 있었다. 또한 정치·외교적인 영향력 역시 중국을 초월하고 있었다. 남북한이 군사적으로 대치하고 있는 상황에서 미국의 지지를 받고 있는 한국에 대항하기 위해서 북한은 소련의 무기 공급을 극도로 필요로 하고 있었다. 뿐만 아니라 경제적인 관계에 있어서도 소련은 당시 북한 최대의 무역파트너였다. 또한 소련

---

[191] 『人民日報』, 1980. 1. 25

과 북한은 미국에 대한 적극적인 대항이라는 입장도 일치하고 있었다. 따라서 중국이 북한에 대해 아무리 많은 원조를 제공한다 하더라도 북한을 소련의 영향권에서 완전히 탈피시킬 수는 없는 것이었다. 때문에 중국의 대북한 정책의 가장 중요한 목표는 북한이 소련 일변도로 기우는 것을 방지하는 것이었다.

그리하여 1980년대 중국은 북한과의 관계를 유지하기 위하여 다음 몇 가지 정책을 채택하였다. 첫째, 정치·외교적인 지지이다. 1978년 이후 중국은 지도급 인사들의 빈번한 상호방문을 통하여 양국관계를 공고히 하고, 북한의 정치·외교적인 입장에 대한 지지를 표명하였다. 예를 들면 김일성의 '고려연방제'통일방안과 10대 방침에 대해 중국은 남북한 통일문제를 공정하고 합리적으로 해결할 수 있는 최선의 방안이라 지지하였다.[192] 또한 주한미군문제에 대해서도 북한의 입장을 지지하여 미국은 마땅히 유엔의 결의를 존중하여 철수해야 하며 한국에 대한 내정간섭을 중지해야 한다고 주장하였다.[193] 그리고 북한이 1984년 제의한 3자회담과 선결조건에 대해서도 지지하였다.[194] 국제문제에 있어서도 중국은 북한과 보조를 맞추어 갔다. 예를 들어 남북한이 하나의 연방국가의 이름으로 유엔에 가입하는 북한 안을 지지하고, 미국이 제의한 4자회담(남북한 및 미국과 중국)과 남북한에 대한 교차승인에 대해서는 반대의 입장을 표명하였다. 또한 북한이 각종 국제기구에 가입하는 것을 적극 지지함으로써 북한의 국제적인 위신제고에 많은 도움을 주었다.

둘째, 군사·경제적인 지원이다. 1970년대 이후 북한은 과다한 국

---

192) 『人民日報』, 1981. 12. 24.
193) 『人民日報』, 1984. 5. 4.
194) 선결조건의 내용은 1) 미국과 북한이 체결하는 평화협정으로 현 정전협정을 대체할 것, 2) 미군은 반드시 한국으로부터 완전히 철수할 것, 3) 남북한 쌍방은 먼저 상호불가침조약을 체결한 후 통일문제를 논의할 것 등이다.

방비 지출로 인하여 경제성장에 막대한 지장이 초래되었으며,195) 외채 역시 상환불능의 상태에 빠졌다. 이에 북한이 중국의 지원을 요청해 왔으며, 중국은 일부 채무의 상환에 협조해 주었다.196) 또한 군사 분야에서의 지원도 이루어졌다. 비록 중국이 북한에 제공한 군사원조의 규모를 입증할 구체적인 자료는 찾기 힘들지만 일반적으로 북한 경무기의 대부분은 중국이 제공한 것이고, 정밀무기는 소련이 제공한 것이라고 보고 있다. 또한 일부 자료에 의하면 1980년대 중반 중국이 40대의 미그21 전투기를 북한에 제공한 것으로 밝혀지고 있다.197)

셋째, 김일성 부자의 권력세습체제를 인정하는 것이다. 북한은 1970년대 초부터 이미 김일성 부자의 권력세습체제 확립을 위한 준비를 해왔으며, 1980년대부터 북한은 대외적으로, 특히 소련과 중국으로부터 그들의 세습체제를 인정받기를 원하고 있었다. 중국은 1982년 4월 덩샤오핑과 후야오방(胡耀邦)이 평양을 방문하였을 때, 김정일의 지위를 인정할 것이라 표명하였고, 동년 9월의 김일성의 중국방문과 1983년 6월 김정일의 중국방문으로 김일성 부자의 세습체제에 대한 지지를 확실히 하였다. 그밖에도 중국은 한국과의 접촉과 관계개선의 문제에 있어서 북한을 자극하지 않기 위하여 대단히 신중한 태도를 취하였다.

그러나 중국의 이러한 우호정책에도 불구하고 북한은 항상 중국으로 완전히 기울지는 않았다. 북한은 경제적·군사적 지원이 필요할 때는 소련으로 기울었으며, 정치적·외교적 지원이 필요할 때는

---

195) 당시 북한의 국방비는 매년 GNP의 20~30%에 달했으며, 1978~84년의 제2차 7개년 경제개발계획은 목표의 절반 밖에 달성하지 못하였다.
196) 『조선일보』, 1982. 9. 25
197) Byung Joon An, "Sino-American Relations and the Korean Peninsula" in Robert A. Scalapino eds., *North Korea in Global and Regional Perspective* (Berkeley: Institute of East Asian Studies, 1986), p.42

중국으로 기울었다. 즉, 북한의 목적은 중·소 양국으로부터 각종 원조를 최대한 얻어내는 것이었기 때문에 항상 중국과 소련의 사이에서 이익을 극대화할 수 있는 등거리외교를 추구하고 있었던 것이다.

1970년대 중국은 소련의 포위전략과 군사적인 위협으로 인하여 부득이 소련에 대한 반포위전략에 주의력을 집중시키지 않을 수 없었다. 중·소의 충돌이 격렬하면 할수록 북한의 전략적인 지위는 더욱 중요해지는 것이고, 중·소의 관계가 완화되면 북한의 전략적 가치는 상대적으로 떨어지게 되는 것이다. 그러나 1980년대 들어 중·소 양국이 관계정상화를 위한 회담을 시작하면서부터 특히, 1980년대 중반 고르바쵸프의 평화외교 이후 북한의 '반소'를 위한 전략적 가치는 1970년대만큼 중요하지는 않게 되었다. 따라서 북한의 친소 움직임에 대해 중국은 더 이상 과거와 같은 민감한 반응을 보이지는 않게 되었다.

이와 함께 중국은 한국과 상당히 신중한 태도로 접촉과 교류를 시작하였다. 중국은 1986년 서울에서 개최된 아시안게임과 1988년 서울올림픽에 참가하였고, 한국 역시 1990년 베이징에서 개최된 아시안게임에 참가함으로써 양국간의 실질적인 교류가 이루어졌으며, 이미 홍콩 등을 통한 간접 무역은 상당히 진행되고 있었다.

2) 아시아지역의 안정

아시아지역의 안정은 미국과 소련이라는 양 초강대국과의 관계를 고려해야 하는 전략적 삼각관계차원에서 추진되어야 하는 것이다. 중국은 그들의 경제발전을 위해 평화롭고 안정된 아시아 국제환경 조성이 필요하였으나, 당시 중국의 국력이 미·소 양 초강대국과는 견줄 수 없는 현실에서 국제환경의 조성을 중국이 주도하는 데는 한계가 있었으며, 따라서 중·미·소 3각관계속에서 최대한의 안보와 안정적인 세력균형의 추구가 중국의 대아시아정책의 가장 중요한 목표가 될 수밖에 없었다. 당시 중국의 판단으로 아시아 국제정세를 불안하게 하는 요인들은 모두 팽창주의적인 성격을 가지고 있는 소련의 대 아시아전략으로부터 야기되는 것이었다. 중국이 1970년대 채택했던 '연미반소'를 골자로 하는 '반패권주의' 외교노선은 소련의 대아시아전략에서 오는 불안요인들을 제거하기 위한 중국의 최선의 선택이었다. 그러나 중국은 이러한 '연미반소'정책으로 미국으로부터 적지 않은 이익을 얻었으나, 1980년대 들어서면서부터 이를 계속 고수하기에는 향후 지불해야 하는 대가가 너무 크다고 판단하기 시작하였다. 중·미 수교의 발표는 비슷한 시기에 소련과 베트남의 군사동맹 체결이라는 부정적인 결과를 초래하였고, 이로 인하여 소련의 세력은 인도차이나반도에서 대대적으로 팽창하였으며, 베트남으로 하여금 아무런 제재 없이 중국의 안전을 위협하게 하는 등 그 영향이 심각하였다. 또한 중·미 양국의 접근은 소련의 아프간 침공을 초래한 원인 중의 하나로 작용하였고 이로 인하여 소련의 세력은 중국을 포위함으로써 그들의 안전을 위협하였다.[198] 그러나 미국이 관심은 단지 세계전략의 일환으로 중국을 이용한 소련의 견제에 있을 뿐, 중국의 안보와 주변국제환경의 안정에는 관심이 별로 없었다. 중국의 '연미반소'정책의 목적은 당시 소련의 팽창주의가 중국의 안전을 위협하고 중국이 바라던 평화롭고 안정된 주변국제환경의 조성에 부정적인 영향을 미치고 있다는 인식에서 국력의 열세에 있던 중국으로서 소련과 대립하고 있던 미국의 힘을 빌어 이를 해소해 보고자 하는데 있었던 것이다. 따라서 비록 중국이 '반소'를 강조하고 있었지만 미국과 함께 '반소동맹'같은 관계로 소련을 과도하게 자극할 생각은 없었다. 미국에 대한 과도한 접근이 오히려 소련의 불안과 공격적인 대중정책을 초래하고 이로

---

198) Segal(1984), p.236

인해 자신의 주변 환경은 더욱 불안해질 수밖에 없다는 인식에 따라 중국은 자신의 안보와 개혁개방정책 추진에 필요한 안정된 주변국제환경의 조성이라는 관점에서 소련과의 관계개선을 시도하게 되었던 것이다. 즉 중국이 원한 것은 소련과의 지속적인 적대관계의 유지가 아니라 긴장완화와 관계개선이었다.

중·소관계 개선은 1979년 9월 관계개선을 위한 양국 외무차관회담이 개최되면서 가능성을 보이기 시작하였으나, 중국이 중·소 국경으로부터의 소련군 철수와 베트남에 대한 지원 중단 등을 전제조건으로 제시함으로써 회담은 아무런 결실을 보지 못하였으며, 그 후 소련의 아프간 침공으로 양국관계는 다시 냉각상태에 들어갔다. 그러나 1980년대 초 미국의 동아시아에서의 군사력 증강과 함께 미·일 동맹체제가 강화되고 중·미 양국간 군사적 전략관계를 모색하는 움직임이 일자[199] 소련은 미·일·중 연합체제가 소련의 안보를 위협하는 중요한 변수로 작용할 것으로 보고 이에 대한 대응책으로 중국과의 관계개선에 적극성을 보이기 시작하였다. 1981년 2월 소련은 과학기술분야에 대한 협력재개를 제의하였고 1982년 2월 중·소 국경회담의 재개를 촉구하였으며, 대학교수와 학생들의 교류도 제의하였다. 또한 1982년 3월 브레즈네프는 '타슈켄트선언'을 통하여 이념적인 차이가 중·소관계에서의 중요한 문제가 될 수 없음을 강조하고 상호이해존중, 내정불가침, 상호이익의 원칙하에 중·소관계를 개선해 나갈 것을 주장하면서 적극적인 양국관계개선 의지를 표명하였다.[200] 이에 중국은 1982년 9월 '12大'에서 여전히 소련을 '패권주의'국가로 칭하면서도 중·소관계 개선을 위해서는 소련이 중·소 국경과 중·몽 국경지역에 배치된 대규모 병력의 철수, 베트

---

199) Harding(1995), p.239
200) 김옥준, "덩샤오핑의 반패권주의 외교", 『대한정치학회보』 10집 1호, 2002, p.240

남의 캄보디아 침공에 대한 원조 중지 그리고 아프간에서의 철군이라는 3대 장애 요인을 제거해야 할 것이라고 밝히고, 만일 소련이 중국의 안전을 위협하는 이러한 문제들을 실질적으로 제거한다면 쌍방 간의 관계는 즉시 정상화될 수 있을 것이라 강조하였다.

이러한 중·소 양국의 관계개선에 관한 이해의 일치는 1982년 중국이 독립자주외교노선을 채택하면서 실질적인 진전을 보이기 시작하였다. 1980년대 초반부터 소련의 기술자들이 중국의 노후된 공업시설들을 현대화하기 위하여 중국으로 들어오기 시작하였고, 양국간의 무역도 다시 활기를 띠기 시작하였으며, 양국간 묵시적인 군비통제도 이루어지게 되었다. 1982년부터 중국은 국경주변의 군사력을 철수시키고 병력을 감축하기 시작하였으며, 소련도 국경의 병력 및 사단수를 줄이고 군사 준비태세의 수준을 한 단계 낮추기까지 하였다.201) 이렇게 완화되기 시작한 양국의 긴장관계는 소련에서 고르바쵸프가 집권하면서 대폭적인 진전을 보이기 시작하였다. 고르바쵸프는 1986년 6월 블라디보스톡에서 "소련은 언제, 어떤 차원에서나 중국과 대화할 준비가 되어 있다"고 밝힘으로써 양국관계 개선의 의지를 공식적으로 표명하면서 국경에 주둔하고 있는 병력의 감축에 대한 중국의 요구에 대해서도 수용할 뜻이 있음을 시사하였다. 또한 이듬해에는 몽고주둔 소련군을 5단계에 걸쳐 철수할 의사를 밝히고, 이어 1988년 4월에는 아프간주둔 소련군을 다음해까지 철수시키겠다고 약속하였다. 블라디보스톡 연설 3개월 후인 1986년 9월에는 중·소 국경회담 재개가 발표되었으며, 1987년 2월부터 8월까지 진행된 국경회담은 양국 모두 만족할만한 수준이었다고 평가하였다.202) 또한 소련은 극동지역에 배치되어 있던 중·단거리 탄

---

201) 서춘식, "러·중 동반자관계와 군사적 신뢰구축", 『중소연구』 27권 2호, 2003, p.89
202) 위의 글, p.90

도미사일을 일방적으로 폐기처분하고, 1988년 12월 고르바쵸프는 유엔 연설에서 중·소 국경지역에 배치되어 있는 병력을 포함하여 50만 병력을 감축하겠다고 발표함으로써 관계정상화 분위기를 조성해 나갔다. 이어 1989년 5월 고르바쵸프는 베이징을 방문하여 국경에 배치되어 있는 병력을 대대적으로 감축할 것임을 일방적으로 선언하고 1959년 이후 처음으로 양국 정상회담을 개최함으로써 양국은 완전히 관계를 정상화하였다.

이러한 중·소관계 개선은 아시아정세의 안정에 다음과 같은 몇 가지 중요한 영향을 미쳤다.[203] 그것은 첫째, 중·소관계의 개선은 역내 강대국간의 관계변화를 수반하여 불안정한 '미·중·소'의 아시아 삼각관계가 안정적인 미·중·소·일의 4강체제로 전환되게 되었다. 소련이 중국과의 관계를 개선하고자 한 목적은 기존의 '미·중·소' 삼각관계에서의 열세를 극복하고자 하는데 있었다. 따라서 소련은 중국과의 관계개선을 모색하는 동시에 역내 경제대국인 일본과의 관계개선을 시도하게 되었다. 일본 역시 소련과의 관계개선을 모색하여 소외되었던 아시아 삼각관계의 역학구조를 타파하여 자신의 정치적 영향력을 증대시키고자 하였다. 즉 중·소 화해로 소련의 아·태지역에 대한 군사위협이 대폭 감소되고, 중·미 양국 간 군사전략적인 관계발전의 한계가 드러났으며, 중국의 경제발전에서 일본의 비중을 무시할 수 없는 상황이 전개되면서 일본은 미국과 중국에 대해 비교적 탄력적인 정책을 취할 수 있는 상황이 조성되었던 것이었다. 둘째, 중·소관계가 개선되면서 북한의 전략적 지위는 상대적으로 저하되었고, 이로써 한·중 양국 간의 경제관계발전에 대한 저항력이 감소되어 양국관계발전의 계기가 마련되었다. 한·중관계 발전은 북한에 대한 견제의 역할을 함으로써 북한의 모험적인

---

[203] 김옥준, "중국의 개혁개방정책과 반패권주의 외교", 『대한정치학회보』, 11집 3호, 2004, pp.164-165.

행동을 억지할 수 있게 되면서 한반도의 평화와 안정에 긍정적인 역할을 하게 되었다. 셋째, 소련의 변화와 중·소관계의 개선으로 ASEAN국가들의 소련에 대한 경직되었던 태도가 점차 완화되어 인도차이나반도 문제의 합리적인 해결을 기대할 수 있게 되었다는 것 등이다.[204]

아시아지역의 안정이라는 중국의 전략적 목표에서의 또 다른 차원의 고려는 ASEAN국가들을 비롯한 기타 아시아 국가들과의 안정된 우호적인 관계의 유지였다. 1970년대 특히 '11大'기간 동안 중국은 미국과의 관계강화를 통하여 미국으로부터 적지 않은 이익을 획득하였다고 할 수 있으나, 전체 아시아지역의 안보이익의 관점에서 본다면 중국과 미국의 전략적인 관계접근은 전체 아시아지역에 불확실한 위협을 조성하였다. 이러한 위협은 사회주의 중국의 군사적인 역량 제고로 야기되는 주변국 및 아시아지역 전체에 대한 위협이었다. 다시 말해 중국이 미국의 지원을 받아 군사력을 증강시킨다면 한국, 일본, 대만, ASEAN국가들의 안보에 분명히 영향을 미치게 된다는 것이다. 이러한 국가들은 중국의 세력신장이 그들의 국가안보를 위협할 수 있다는 우려에서 중국의 역량이 과거와 같이 억지되는 상황이 유지되기를 희망하고 있었다. 이들 국가들이 추구하는 현상유지는 기존의 아·태지역에 존재하고 있었던 불균형적인 세력분배상태였다. 즉, 미국을 중심으로 하는 자유민주국가들의 세력이 우세한 상태가 계속 유지되기를 희망하였으며, 기존의 세력분배상태에 변화를 가져오는 어떠한 변수의 출현, 혹은 사회주의 중국에 유리한 변수의 출현을 원하지 않았다. 이러한 측면에서 미국은 중국과의 전략적인 관계의 발전에 대해 한국, 대만 등을 포함한 기타 아시아 국가들이 자신과는 다른 의견을 가지고 있다는 것을 무시할

---

204) Hsiung(1985), p.178

수가 없었다. 따라서 미국의 입장에서 아시아의 우방국들과 기타 아시아 국가들과의 관계를 고려할 때 중국에 대한 지원은 한계가 있을 수밖에 없었으며, 양국관계의 발전 역시 제한적일 수밖에 없었던 것이다. 마찬가지로 중국의 입장에서도 과도한 대미 접근으로 아시아지역 국가들로부터 불필요한 의혹과 불신을 야기시킬 필요가 없었다. 더구나 앞에서도 언급하였듯이 미국의 지원과 협력, 특히 군사적인 부문의 협력은 거의 이루어지지 않고 있었다. 중국은 아시아지역 국가들과 그 어느 때보다도 우호적인 관계를 유지하면서 평화와 안정을 추구해야 할 시점에 갈등과 불편한 관계를 초래할 수는 없었던 것이다. 이러한 측면 역시 중국이 미국과의 관계를 조정하게 된 요인 중의 하나로 들 수 있을 것이다.

이렇게 볼 때, 중·소관계 개선과 중·미관계 조정은 각기 다른 차원에서 아시아지역의 안정에 크게 공헌하였다고 볼 수 있으며, 이는 중국 독립자주외교노선의 목표 중의 하나인 장기적인 평화와 안정된 주변국제환경의 조성에 상당한 기여를 하였다.

3. 평가 및 의의

1980년대 중국의 독립자주외교노선의 기본방침에서 나타난 특징들은 위에서 언급한 바와 같이 대미관계 조정, 대소관계 개선, 제3세계외교 강화, 경제외교 강화 등이었으나 실질적인 중국의 외교활동에서 볼 때 제3세계외교는 여전히 큰 비중을 차지하지 못하고 있었다. 그것은 중국의 독립자주외교노선이 '4개현대화'를 위한 경제외교의 강화와 국내경제발전에 전념할 수 있는 안정된 주변 국제환경의 조성이라는 두 가지 방향에서 중점적으로 추진된 상황에서 제3세계 국가들이 이 두 가지 중 어느 것도 충족시킬 수 없었다는 데 분명한 이유를 찾아 볼 수 있다. '11大'기간과 비교해 볼 때 '12大'기간 중국의 제3세계외교는 상당히 강화되고는 있었으나 전체적으로 볼 때 제3세계가 차지하는 비중은 여전히 미미한 수준에 머물고 있었다. 반면 미국과 일본 그리고 서구자본주의 국가들은 1980년대에도 여전히 중국의 경제외교에서 중요한 지위를 차지하고 있었으며, 이는 중국 경제발전에 필요한 기술과 자본을 이들 국가가 보유하고 있었다는 현실에 기인한 실리외교의 결과라고 볼 수 있다. 하지만 경제관계에 있어서도 미국에 대해서는 지나친 의존을 경계하는 흔적들이 곳곳에서 나타나고 있다.

대미관계의 조정과 대소관계의 개선은 독립자주외교노선의 주요방향 중의 하나인 '안정된 주변 국제환경의 조성'을 위한 외교정책의 전환이다. 중국은 과거 1970년대 '연미반소'를 중심으로 상대적인 안보를 추구하던 '반패권주의'외교에서 탈피하여 소련과의 관계개선과 대미관계의 조정을 통한 미·소 양국과의 등거리외교로 아·태지역의 세력균형을 형성함으로써 주변 국제환경의 안정을 추구하였다. 사실상 중국은 1970년대 이후 자신의 안전과 아·태지역의 안전을 위협하는 요소에는 거의 대부분 소련이 개입되어 있다고 인식하고 있었다. 그리고 1970년대 과도한 친미성향은 미국에 대한 지나친 의존을 초래하여 자신의 자율성과 자주성을 침해할 수 있다는 우려와 함께 중·미관계의 지나친 접근이 오히려 소련의 안보불안을 야기시켜 그것이 자신에 대한 안보위협으로 돌아오는 부메랑, 즉 자신에 대한 포위전략이 되어 돌아오고 있다고 인식하였다. 따라서 안정된 주변 국제환경의 조성이라는 외교목표는 중·미·소 3각 관계에서 고려되어야 하였으며, 여기서 핵심적인 부분이 소련과의 관계개선이었던 것이다. 이러한 중국의 시도는 소련의 고르바쵸프의 집권과 더불어 급속하게 실현되어 갔으며, 중·소관계 개선은 중국의 접경지역과 주변국제정세의 안정에 결정적인 영향을 미쳤다.

결론적으로 경제제일주의라는 국가의 최우선 목표를 달성하기 위한 중국의 독립자주외교노선은 미국 등 선진자본주의 국가들과의 밀접한 관계를 유지·발전시키는 실리적인 경제외교를 한 축으로 그리고 대미, 대소 관계를 조정하여 아·태지역에서의 현상유지와 세력균형을 추구하면서 안정된 주변 국제환경을 조성하는 것을 또 다른 한 축으로 추진되었던 것이다.

제 5 장
덩샤오핑의 통일정책 : '일국양제'방안의 확립

제1절 '일국양제'방안의 확립과정과 형성배경

1. '일국양제'방안의 확립과정

1970년대 말 중국 국내외 정세의 변화는 대만문제의 평화적인 해결 방침의 확립에 새로운 여건을 제공하였다. 1978년 12월 중국공산당 제11기 전국대표대회 제3차 중앙위원회 전체회의(제11기 3중전회)에서는 당과 국가의 핵심적인 정책목표가 4개현대화의 경제발전으로 설정되었고, 같은 달 중국과 미국은 1979년 1월 1일부로 외교관계 수립에 합의하였다. 중·미 수교의 의미는 미국이 중화인민공화국정부를 중국의 유일한 합법정부로 승인하는 것이었으며, 이는 다시 말해 '하나의 중국'과 '대만은 중국의 일부'라는 사실을 승인하는 것이었다. 이러한 배경에서 덩샤오핑(鄧小平)을 비롯한 제2세대 지도부는 '하나의 국가, 두 개의 제도(一個國家 兩個制度)'를 구상하게 되었으며, 이것이 '평화통일, 일국양제(和平統一, 一國兩制)'통일방안의 기본방침의 기반이 되었다.[205]

중국의 '일국양제'통일방안은 두 개의 단계를 거쳐 형성되었다고 볼 수 있다. 즉, 1978년 12월 제11기 3중전회에서 평화통일의 방침이 확정된 이후 1982년 신헌법에서 특별행정구에 관한 규정이 채택될 때까지의 특별행정구 개념의 형성단계와 1982년부터 시작된 홍콩문제 해결을 위한 중·영 교섭과정에서 그 해결 방안으로 '일국양제'가 제기된 이후 보다 구체적이고 보편적인 통일원칙으로 발전해 온 '일국양제' 개념의 발전단계로 구분될 수 있다. 1978년 12월 중국은 제11기 3중전회에서 처음으로 '대만해방'이라는 용어를 대신하여 '대만을 조국의 품으로 돌아오게 하여 통일대업을 실현한다'라는 표현을 사용하였다. 또한 1979년 1월 미국을 방문한 덩샤오핑은 미국 국회에서의 연설에서 중국은 다시는 '대만해방'이라는 용어를 사용하지 않을 것임을 천명하였다.[206] 이는 중국이 대만에 대한 무력통일방식을 지양하고 점진적인 평화통일의 길을 채택하였다는 것을 의미하는 것이다.

    1979년 1월 전국인민대표대회 상무위원회는 '대만동포에게 고함'을 공포하고 평화통일에 대한 기본 방침을 다음과 같이 천명하였다. 첫째, '하나의 중국'을 견지하며, 대만독립을 반대한다. 이것은 우리와 대만당국의 공통된 입장이며 협력의 기초이다. 둘째, 통일문제를 해결하는데 있어서 대만의 현실적인 정황을 반드시 고려하여 대만의 현 상황과 대만 각계인사들의 의견을 존중할 것이며, 합리적인 정책과 방안을 채택하여 대만주민들의 손실을 초래하게 하지는 않을 것이다. 셋째, 우리는 1,700만 대만주민에게 희망을 가지고 있다. 넷째, 우선 중화인민공화국정부와 대만당국간 협상을 통하여 현 군사대치상태를 종결시킬 것을 제의한다. 다섯째, 쌍방은 가능한 빠른 시일 내에 통항(通航)과 통우(通郵)를 실현해야 하며, 무역의 발전과 경제교류(通商) 추진을 제의한다. 이것은 당시 국내외 정세 변화에

---

205) 國務院臺灣事務辦公室, 『中國臺灣問題外事人員讀本』(北京: 九州出版社, 2006), p.39
206) 潘叔明, 『'一國兩制'與臺灣問題』(北京: 人民出版社, 2003), p.41

부응하는 새로운 시대 중국의 대 대만정책과 방침에 대한 중요한 선언이며, 대 대만정책의 중대한 전환을 의미하는 것이었다. 그러나 대만에 대한 특별행정구 설치 구상이나 '일국양제'의 구상은 아직 나타나지 않고 있었다.

1979년 2월 1일 미국을 방문 중이었던 덩샤오핑은 미 하원의원들과의 회견에서 평화회의와 같은 절차를 거쳐 '대만자치구'를 설치하는 것을 희망하고 있다고 피력하였으며, 이후 1979년 10월 다시 '중화민국 특구'와 같은 대만특구의 수립에 대한 희망을 제시함으로써 특별행정구에 대한 초보적인 구상이 표명되었고,207) 이어 1980년 5월 대만에 대해 '조국으로 돌아오는 5개조건(回歸祖國五條件)'을 통하여 '현재 대만의 사회제도는 변하지 않을 것이며, 현재의 생활수준, 생활방식 또한 변하지 않을 것이다. 또한 외국과의 관계도 계속 유지될 것이며, 고도의 자치권을 향유하고 군대와 인사권까지 보유하는 것을 허용할 것' 등을 제의함으로써 고도의 자치권을 보장하는 특별행정구의 설치를 암시하였다.208)

특별행정구의 명칭과 구상이 구체적으로 나타나기 시작한 것은 1981년 9월 30일 예지엔잉(葉劍英) 전인대 상무위원장이 제의한 대만문제해결을 위한 9개항 방침, 즉 '예9조(葉九條)였다. 그 요지는 ① 중국 공산당과 중국국민당의 대등한 회담을 통한 제3차 국공합작 제의 ② 통우, 통상, 통항, 친척방문, 관광 및 학술, 문화, 체육교류제의 ③ 특별행정구로서 고도의 자치권향유 및 군대보유 허용 ④ 대만의 현행 사회·경제제도, 생활방식 불변 및 외국과의 경제, 문화관계유지 ⑤ 대만당국과 각계인사들의 중앙정부 참여허용 ⑥ 중앙정부의 대만 재정지원보장 ⑦ 대만주민의 대륙이주와 자유왕래허용 ⑧ 대

---

207) 邢國强, "一國兩制上中共的策略", 『問題與研究』 第14卷4號(臺北: 國立政治大學國際關係研究所, 1985. 1), pp.7-8
208) 위의 글, p.8

만기업의 대륙투자 및 합법적인 권익과 이윤보장 ⑨ 통일을 위한 대만 각계각층 인사들의 건의와 국사에 대한 논의환영 등이었다.209)

위의 제의에 대하여 덩샤오핑은 1982년 1월 11일 한 연설에서 "예(葉) 위원장의 9개항 방침은 실제로 '하나의 국가, 두 개의 제도(一個國家, 兩個制度)'를 의미하는 것이다"라 언급함으로써 처음으로 '일국양제'의 개념을 구체화하였다.

이러한 특별행정구의 구상에 따라 1982년 12월 전국인민대표대회 제5기 5차 회의에서 개정'중화인민공화국헌법'이 통과되었으며, 이 개정헌법 제31조는 "필요시에 특별행정구를 설치할 수 있다. 특별행정구내 시행하는 제도는 구체적인 정황에 근거하여 전국인민대표대회가 법률로서 정한다."라고 규정하고 있다. 이 조항에서의 '특별행정구의 설치'는 바로 '일국양제'를 의미하는 것이며, 이로써 '일국양제'를 위한 법적인 근거가 마련되었다.

이후 영국과의 홍콩반환협상이 추진되면서 '일국양제'방안은 점차 완성도를 더해 갔으며, 중국이 중·영 협상에 임하는 기본 방침이 되었다. 1983년 6월 덩샤오핑은 '덩6조(鄧6條)라고 불리우는 '평화통일실현을 위한 구상'을 다음과 같이 밝혔다. 첫째, 대만문제의 핵심은 조국통일이다. 평화통일은 이미 국공양당의 공동인식이다. 우리는 국공양당이 함께 민족통일을 완성하기를 희망하고 있으며, 모두 같이 중화민족을 위해 공헌하기를 바라고 있다. 둘째, '하나의 중국'은 견지되어야 한다. 제도는 다를 수 있으나 국제적으로 중국을 대표하는 것은 중화인민공화국이다. 셋째, '완전자치'는 찬성하지 않는다. '완전자치'는 곧 '두 개의 중국'을 의미한다. 자치는 마땅히 어느 정도의 제한이 있어야 한다. 그 조건은 통일된 국가의 이익을 해치지 않는 것이다. 넷째, 통일 후 대만은 특별행정구로서 대륙과 다른

---

209) '葉劍英提出的九個方案', 『爭鳴(홍콩)』, 1981. 11. p.45

제도를 시행할 수 있으며, 다른 기타 성, 시, 자치구에는 없는 자신만의 권력을 가질 수 있다. 독립적인 사법제도를 가지며, 자신의 군대도 보유할 수 있으나 대륙에 위협이 되어서는 안 될 것이다. 대륙에서는 어떠한 사람도 대만에 파견하지 않을 것이다. 군대뿐만 아니라 행정인원도 보내지 않을 것이다. 대만의 당, 정, 군 등 모든 분야는 대만 자신이 관장할 것이다. 뿐만 아니라 중앙정부는 대만에게 상응하는 직위를 내어 줄 것이다. 다섯째, 평화통일이란 대륙이 대만을 흡수하는 것이 아니며, 당연히 대만이 대륙을 흡수하는 것도 아니다. 소위 '삼민주의 통일중국'은 현실적이지 않은 것이다. 여섯째, 통일을 실현하는 적절한 방식은 국공양당의 대등한 회담을 통하여 3차 국공합작을 실현하는 것이며, 이것은 중앙과 지방의 담판이 아니다. 쌍방이 합의한 후 공식적으로 선포할 것이다. 그러나 외세가 개입되어서는 절대 안 되며, 그것은 중국이 아직 독립하지 못했다는 것을 의미할 뿐이므로 끝없는 후환이 따를 뿐이다.[210]

이러한 '덩6조'는 '일국양제'의 구상을 더욱 구체화, 체계화한 것으로서 '일국양제'의 기본적인 함의는 조국통일의 전제하에 국가의 주체(국체)는 사회주의제도를 견지하면서 동시에 대만은 기존의 자본주의제도를 장기간 유지한다는 것이다. 이러한 덩샤오핑의 구상은 1984년 6월 홍콩기업인들은 접견하는 자리에서 "하나의 국가, 두 개의 제도 구상은 중국의 실정에 근거하여 제기된 것으로서 구체적으로 중화인민공화국내에서 사회주의제도를 실시하고 홍콩, 대만에서는 자본주의제도를 실시하는 것"이라 언급함으로써 '하나의 국가, 두 개의 제도(一個國家, 兩種制度)'에 대한 정의를 명확히 제시하였다.[211] 이러한 언급들로 미루어 '일국양제'통일방안은 홍콩반환협상

---

210) 國務院臺灣事務辦公室(2006), p.41
211) 鄧小平, "一個國家, 兩種制度", 『鄧小平文選(第三卷)』(北京: 人民出版社, 1993), pp.58-59

의 진전과 더불어 그 틀을 잡아가고 있었으며, 결국 홍콩반환에 관한 중·영 공동성명에서 이러한 구상들이 구체적으로 열거됨으로써 홍콩특별행정구 기본법 제정의 근거가 되었다.

2. '일국양제'방안의 형성배경

1) 평화통일정책의 정착

중화인민공화국이 수립된 이후 대륙의 중국공산당 정권과 대만의 중국국민당 정권은 국제적인 냉전과 적대의식 속에서 무력통일에 기반을 둔 '대만해방'과 '대륙수복'이라는 대항일변도의 양안관계를 유지하게 되었다.212) 따라서 1950년대 중국은 무력통일정책을 고수하고 있었다. 1954년 9월의 진먼(金門)·마주(馬祖)포격으로 발발한 1차 대만해협위기는 중국이 '하나의 중국'원칙에 대한 자신의 의지를 미국과 대만에게 과시하고자 한 무력시위였으며, 2차 대만해협위기로 불리우는 1958년 8월의 '8·23 포격전'은 국민당정권의 진먼·마주에 대한 입장을 탐색하고 미국의 '2개의 중국'정책을 저지하는데 그 목적이 있었다.213) 그러나 역설적으로 1, 2차 대만해협위기를 거치면서 중국은 대만의 '하나의 중국'에 대한 입장을 확인하게 되었다. 미국이 대만에 대해 진먼·마주를 포기할 것을 종용하면서 대만해협을 경계로 중국과 대만을 완전히 분리시키려는 '두 개의 중국'정책에 대해 쟝제스(蔣介石)는 이를 완강히 거부하였다. 다시 말해 중국은 1, 2차 대만해협위기를 통하여 쟝제스의 진먼·마주 고수에 대한 확고한 의지를 확인하였으며, 이는 쟝제스 역시 '하나의 중국'이라는 원칙에

---

212) 包宗和,『臺海兩岸互動理論與政策面向』(臺北: 三民書局, 1990), pp.15-16 참조
213) 김옥준, "마오저둥시기의 통일정책: '하나의 중국'원칙 확립과 정책변화",『사회과학연구』제21권 4호(충남대학교 사회과학연구소, 2010. 10. 30), pp.124-130 참조

대하여 중국과 공통분모를 가지고 있음을 말해 주는 것이었다.214)

'8·23 포격전' 이후 1958년 10월 3일 중국은 정치국상무위원회를 소집하고 미국의 '두 개의 중국'정책을 와해시키기 위해서는 국민당군을 진먼·마주에 계속 주둔하게 하여야 한다고 결정하고, 10월 5일 '진먼·마주 등 연해도서에 대한 군사투쟁에 관한 지시'를 통해 "진·마의 해방을 잠시 늦추고 국민당군으로 하여금 점령하고 있게 하는 것이 우리에게 유리하다. 진·마는 대륙에 대단히 근접하기 때문에 우리는 이를 통해 국민당과 계속 접촉할 수 있을 것"이라 지적하였다.215) 이어 10월 6일 중국은 '대만동포에게 고함' 성명서를 통해 협상을 통한 평화적 통일을 골자로 하는 통일방안을 제시하였다. 또한 '국방부명령', '재차 대만동포에게 고함' 등의 문건을 통해 평화적인 통일의지를 분명히 표명하였다.216)

이렇게 볼 때, 중국은 무력통일정책 하에서 1, 2차 대만해협위기를 거치면서 '하나의 중국'에 대한 대만의 입장을 신뢰하게 되었고, 이로 인하여 마오저둥시기 중국의 통일정책은 무력통일정책에서 평화통일정책으로 진전되어 갔다. 중국의 입장에서는 대만의 국민당 정부가 '하나의 중국'원칙에 동의한다는 것은 통일문제를 평화적으로 해결할 수 있다는 확신을 가지게 해 주는 의미로 받아들여질 수 있었기 때문이었다.

1960년 5월 중국은 '8·23포격전' 이후 중국이 제의한 대만문제의 평화적인 해결 방안과 주장들을 종합 정리하여 강령적인 성격을 가진 '일강사목(一綱四目)'이라는 통일방안을 제시하였다. '일강사목'

---

214) 물론 '하나의 중국'에 대한 중국과 대만의 해석은 완전히 다르다. 중국은 대만이 중국의 일부이며 대만의 주권은 중국에 있다는 '하나의 중국'원칙이며, 대만은 일종의 망명정부로서 중국대륙에 대한 주권은 여전히 중화민국 자신에 있다는 '하나의 중국'원칙이다.

215) 張樹軍 主編, 『中南海: 三代領導集體與共和國外交實錄(上卷)』(北京: 中國經濟出版社, 1998), p.76

216) 國務院臺灣事務辦公室(2006), pp.37-38

의 구체적인 내용과 분석은 이미 앞의 제2부 5장 마오시기의 통일정책에서 자세히 언급한 바 있다. 이러한 '일강사목'통일방안의 의의는 중국의 통일정책이 평화통일정책으로 정착되고 있음을 의미한다고 볼 수 있을 뿐만 아니라 제한적인 '일국양제'방안으로 볼 수 있다는 데 있다.

중국의 '일강사목'의 통일방안이 비록 냉전이라는 국제상황에서 대만이 받아들이기에는 무리가 있는 통일방안들이었고, 1960~70년대 문화혁명 등 국내 사정으로 더 이상의 진전은 보지 못하였지만 중국의 통일정책이 무력통일정책에서 평화통일정책으로 전환되었다는 자체가 당시 양안관계에 의미가 있는 것이라 할 수 있다. 또한 결국 이러한 평화통일정책으로의 전환이 이후 덩샤오핑의 '일국양제'의 통일정책의 기초가 되었다는 점에서 정책적 가치를 지니고 있다 할 것이다.

2) 개혁개방과 4개현대화

덩샤오핑의 개혁개방과 4개현대화는 불가분의 관계에 있다. 즉 개혁개방이 없이는 4개현대화를 실현할 수 없으며, 4개현대화는 개혁개방이 전제가 되어야 한다는 것이다. 이러한 중국의 개혁개방과 4개현대화가 '일국양제'방안의 형성배경으로 작용하였다는 점은 개혁개방의 사상적·이념적인 측면과 4개현대화의 경제발전이라는 국가목표의 측면에서 설명이 가능하다.

먼저, 개혁개방의 사상적·이념적인 측면은 사상해방과 실사구시가 강조되면서 과거 대내외정책에 결정적인 영향을 주었던 정치우선주의가 약화되면서 대내외정책의 전반적인 면에서 이념적인 색채가 옅어졌다는 사실이다. 중국은 11기 3중 전회에서 "4개현대화 과정에서 많은 새로운 문제와 상황에 직면하게 될 것이나 이러한 문제의 해결을 위한 고정된 모범답안은 없을 것이며, 불변의 규율도 존재하지 않을 것이다. 이것은 바로 우리에게 사상의 해방을 요구하는 것이며, 마르크스주의와 마오사상의 보편적인 진리를 4개현대화의 실현을 위한 실천적인 면과 결합해야 한다는 것을 의미하는 것이다. 정신적인 구속과 금기를 타파하고 실질적인 문제를 해결하는 것은 사회주의 현대화건설을 위하여 필요한 정신적인 조건이다"라고 언급하면서 사상해방과 실사구시정신을 강조하였다.217)

개혁개방은 중국이 고수하고 있었던 정치우선주의, 이념지상주의에 변화를 가져와 정치를 항상 가장 최고의 지위에 올려놓고 모든 것을 결정하는 것은 과학적인 것도 아니고 정확한 것도 아니라고 인식을 형성하게 되었다.218) 대신에 현실의 이익을 추구하고 이를 중시하는 실사구시의 사상을 강조하게 되어 마르크스 레닌주의와 마오저둥의 극좌사상의 지배에서 벗어나 개혁개방을 위한 사상적인 기반을 마련하였으며, 경제발전을 중요시하는 경제 우선주의를 내세우게 되었다. 또한 개혁개방정책은 자본주의적인 요소의 도입을 수반하고 있었기 때문에 과거 적대적인 인식을 가지고 있었던 자본주의에 대해 이제는 그것을 수용하고 인정하는 호의적인 인식을 가지도록 하였다.

일반적으로 서로 상이한 제도를 채택하고 있는 분열된 두 체제가 이념적 성향을 강하게 띠면 띨수록 통합에의 의지가 강렬해지고 통합을 위한 접근방법이 급진화되며 군사적 수단 등 강경수단에 의지하게 된다. 개혁개방정책의 추진은 결과적으로 중국이 그들 자체에서 정치적·이념적인 색채가 옅어지면서 경제발전을 위한 실사구시정신을 강조한 등소평의 개혁개방의 사상적·이념적 측면에서 보다 합리적이고 이성적인 통일방식을 모색하지 않을 수 없는 환경을 조성하였다.219) 따라서 중국의 이러한 탈이념적인 변화는 '일국양제'방

---

217) "中共十一屆三中全會公報", 『三中全會以來重要文獻選編(上冊)』(北京: 人民出版社, 1982), p.5
218) 『紅旗』, 1984. 第14號(北京: 紅旗雜誌出版社, 1984), p.23

안의 형성에 상당히 중요한 영향을 주었다고 볼 수 있을 것이다.

다음으로, 중국이 4개현대화로 압축되는 경제발전이 국가의 최우선 목표로 상정하였다는 점이다. 4개현대화 정책은 총체적인 경제발전 우선 정책이며, 이를 위해서는 기존의 대외정책방향을 대대적으로 전환하지 않고서는 추진 자체가 불가능한 국가발전전략이었다. 즉 4개현대화의 실현을 위하여 "우리의 대외정책이 가지는 의미는 안정되고 평화적인 주변 국제환경을 조성해야 하며, 대외정책을 포함한 모든 정책은 4개현대화를 지원하는 역할을 수행해야한다"고 강조하게 되었고,[220] 이를 위하여 협상방식을 통한 평화적인 국제문제 해결을 주장하게 되었다. 중국은 물론 대만문제를 국내문제라고 주장하고 있었지만 대만문제가 실질적으로 이미 국제화되어 있다는 사실 역시 충분히 인식하고 있었다.

따라서 중국 자신의 대내적인 문제이면서도 대외관계발전과 주변국제환경의 안정에 걸림돌로 작용해 온 대만문제와 양안관계를 새롭게 정립해야 할 필요성에서 양안정책의 전환을 시도하였다. 즉 중국은 대만과의 적대관계를 완화시키고 양안간 교류 협력을 확대함으로써 4개현대화 추진에 필요한 대만의 자본과 기술을 유입하는 동시에 향후 통일을 위한 기반을 조성할 수 있는 평화적이고 점진적인 통일방안이 필요하였다는 점이다.[221] 이를 위하여 우선 대만주민들의 이질적인 제도에 대한 거부감과 통일에 대한 불안감을 해소시켜야했으며, 이에 가장 접합한 방안으로 제시된 것이 '일국양제'방안이라 할 수 있다.

이렇게 볼 때, 중국의 개혁개방과 4개현대화는 홍콩·마카오·대

---

219) 宙國蒼, "北京調整對臺政策", 『九十年代』, 1986. 3. pp.44-47 참조
220) "中共十一屆三中全會公報"(1982), p.6
221) 邱漢誠, '中共「一國兩制」策略形成的歷史背景', 『中國大陸研究』第35卷 第5期(臺北: 國立政治大學國際關係研究所, 1992. 5), pp.86-88

만문제를 모두 포괄하는 통일문제에 대한 기존의 입장과 정책에 직접적인 영향을 미쳤다고 볼 수 있을 것이다.

3) 중·미관계 정상화

중·미관계 정상화가 중국의 '일국양제'방안 구상에 영향을 미쳤다는 사실은 미국이 중국과의 '수교공동성명'에서 '하나의 중국'을 드디어 인정하였다는 점에 기인하며, 이는 대만에 대해 중국 자신의 논리로서의 '하나의 중국'과 이에 기초한 '두 개의 제도'에 대한 수용을 촉구할 수 있는 국제적인 명분이 확보되었다는 것을 의미한다.

1972년 2월 닉슨의 중국방문에서 채택된 '상하이(上海) 공동성명'에서 중국 측은 "대만문제가 중·미 양국 관계정상화를 저해하는 핵심적인 문제이며, 대만은 중국의 하나의 성(省)이다"라고 언급하였고, 미국 측은 "대만해협 양안의 중국인 모두가 하나의 중국에 대하여 공동인식을 가지고 있으며, 대만은 중국의 일부이다"라고 언급하였다.222) 중국은 이러한 미국의 성명에 대하여 미국이 '하나의 중국'과 '대만은 중국의 일부'라는 사실을 인정하였다고 해석하고 있지만 실제로는 중국이 주장하는 '중화인민공화국이 중국의 유일한 합법정부이며, 따라서 대만은 중국의 일부'라는 논지에 동의하는 것은 아니라는 사실이 분명히 나타나 있다. 따라서 이 '상하이 공동성명'을 계기로 중·미관계 개선이 이루어 졌고 각 영역에서 상당한 교류와 협력이 이루어진 것은 사실이지만 미국과 대만은 여전히 외교관계를 유지하고 있었고 중국이 주장하는 '하나의 중국'원칙에도 동의하지 않고 있었다.

따라서 비록 1971년 중국이 유엔에서 대만을 축출하고 대표권을 획득하면서부터 많은 국가들이 '하나의 중국'원칙에 동의하여 대만

---

222) 陳志奇, 『美國對華政策三十年』(臺北: 中華日報社, 1980), p.329

과 단교하고 중국과 외교관계를 수립하기 시작하였지만 당시 냉전 상황에서 초강대국인 미국이 중국의 '하나의 중국'원칙에 동의하지 않고 여전히 대만 후견인의 역할을 하면서 외교관계 뿐만 아니라 동맹관계를 유지하고 있다는 사실은 중국의 대 대만정책에 상당히 제한적인 요소로 작용하고 있었다.

1978년 12월 26일 중국과 미국은 1979년 1월 1일부로 관계정상화를 선언하였고, 동시에 발표한 '수교공동선언'에서 미국은 드디어 중화인민공화국이 중국의 유일한 합법정부임을 승인하였으며, 대만과의 공동방위조약을 폐기할 것을 선언하였다. 이는 곧 미국이 중국의 '하나의 중국'원칙과 '대만은 중국의 일부'라는 주장에 동의한 것을 의미한다. 미국이 '하나의 중국'원칙에 대한 동의함으로써 대만으로서는 '하나의 원칙'을 거부할 수 있는 지지 세력이 사라지게 되었고, 중국으로서는 대만에 대해 '하나의 중국'원칙에 대한 수용을 요구할 수 있는 국제적인 명분이 형성되었다고 인식하게 되었다.

그러나 비록 미국이 대만과 단교하고 공동방위조약을 폐기하였다 할지라도 기존의 대만과의 관계와 이익을 모두 포기한 것은 아니었으며, 수교협상과정에서 시종일관 중국에 대해 대만문제에 대한 평화적인 해결을 요구하였다.[223] 당시 반소·반패권주의 외교를 표방하고 있던 중국으로서는 미국과 함께 소련의 팽창저지라는 전략적인 공동이해관계가 있었고, 또한 4개현대화를 위한 미국과의 교류·협력이 필요한 시점에서, 또한 미국으로부터 '하나의 중국'원칙에 대한 동의를 받아낸 만큼 대만문제의 평화적 해결을 요구하는 미국의 입장을 심각하게 고려하지 않을 수 없었다.[224] 덩샤오핑은 "대만에 대한 '일국양제'의 통일방안은 중국의 통일문제를 해결할 수 있을

---

223) 裵兆琳, "中共與美國就「臺灣問題」談判時之策略硏究", 『中共談判策略硏究』(臺北: 聯合報社, 1990), p.125
224) 邱漢誠(1992), p.87

뿐 아니라 미국의 이익에도 손실이 없을 것"이라 언급한 점으로 미루어 중국이 미국의 대만에 대한 입장을 상당히 고려하고 있었음을 짐작할 수 있다.[225]

위에서 언급한 바와 같이 미국의 '하나의 중국'원칙 동의, 수교협상과정에서의 미국의 입장과 당시 미국과의 관계 등 미국으로부터 오는 요인들은 중국이 '하나의 중국'을 전제조건으로 대만주민들의 불안감을 해소시킬 수 있는 고도의 자치권을 보장하는 특별행정구의 방안을 구상하게 한 중요한 요인으로 작용하였다고 할 수 있을 것이며, 이는 결국 '일국양제'의 통일방안으로 구체화되었다.

4) 홍콩반환문제의 협상과 타결

홍콩반환 협상과정과 협상의 타결은 중국의 통일방안을 특별행정구의 구상 단계에서 '일국양제'방안이 구체화되도록 하는 중요한 역할을 하였다.

'특별행정구'는 중국이 대만문제의 평화적 해결을 위해 제안한 제도라고 볼 수 있으며, 동시에 이러한 중국 측의 다양한 제의들이 1982년 신헌법에서 하나의 조항으로 설정됨에 따라 '특별행정구'는 대만문제의 해결을 위한 구체적인 제도로 발전하게 된 것이다. 반면에 '일국양제'라는 용어는 1982년 이후 중국지도자들이 홍콩문제의 해결과 관련하여 사용하기 시작하였다. 1982년 2월 후야오방(胡耀邦)은 민난(閩南)·마카오지역 업무좌담회(閩澳工作座談會)에서 "우리는 현재 대외개방정책을 추진해감과 동시에 가까운 장래에 '1국가 2제도'의 방식으로 대만을 통일하고 홍콩과 마카오의 주권문제를 해결할 수 있을 것"이라 언급함으로써 처음으로 '일국양제'의 방식으로 홍콩문제를 해결하겠다는 구상을 밝혔다.[226]

---

225) 國務院臺灣事務辦公室(2006), p.46
226) 錢俊瑞, "論「一個國家兩種制度」構想", 『世界經濟報道(上海)』, 1984. 10. 8.

이후 1982년 9월 중국을 방문한 영국의 대처 수상과의 회담에서 덩샤오핑은 홍콩문제와 관련하여 세 가지 문제에 대한 중국의 기본입장을 밝혔다. 그 세 가지 문제란 첫째는 주권의 문제이고, 둘째는 1997년 이후 홍콩을 어떠한 방식으로 관리할 것인가에 대한 문제이며, 셋째는 중국과 영국이 향후 15년간 홍콩의 혼란을 어떻게 방지할 것인가에 대한 협상의 문제 등이었다. 여기서 덩샤오핑은 주권의 문제는 협상의 대상이 되지 않는 것이라 못 박았으며, 두 번째 문제에 대해서는 '일국양제'구상에 기초하여 홍콩의 현행 정치·경제제도에 관한 대부분의 법률 모두를 유지할 수 있을 것이며, 자본주의제도를 시행하게 될 것이라고 언급하였다.[227]

이러한 덩샤오핑의 '일국양제'에 대한 구상은 1983년 3월 '12조 방침'으로 구체화되었으며, 중국은 이 '12조 방침'으로 영국과의 홍콩반환 협상에 임하였다. 홍콩문제해결을 위한 '12조 방침'의 주요내용은 ① 중국정부는 1997년 7월 1일 홍콩에 대한 주권을 회복한다. ② 홍콩에 특별행정구를 설치하여 중앙정부의 직할로 하며, 고도의 자치권을 향유한다. ③ 특별행정구는 입법, 사법권을 가진다. ④ 특별행정구 정부는 홍콩인으로 구성한다. ⑤ 현행 사회, 경제제도, 생활양식은 변하지 않는다. 모든 자유와 개인재산권은 보호받는다. ⑥ 홍콩특별행정구는 자유항과 자유관세지역의 지위를 유지한다. ⑦ 금융중심의 지위를 유지한다. ⑧ 특별행정구는 독립적인 재정을 유지한다. ⑨ 특별행정구는 영국과 호혜적인 경제관계를 유지할 수 있다. ⑩ 특별행정구는 '중국홍콩'의 명의로 세계 각국 및 국제기구 등과 경제, 문화관계를 유지할 수 있으며 협정을 체결할 수 있다. ⑪ 특별행정구의 사회치안은 특별행정구가 담당한다. ⑫ 위와 같은 방침은 전국인민대표대회에서 홍콩특별행정구기본법으로 규정될 것이며, 50년간

---

227) 『鄧小平文選(際三卷)』(1993), p.12

변하지 않을 것 등이다.228) '12조 방침'으로 구체화된 '일국양제'방안은 1984년 5월 제6기 전국인민대표대회 제2차회의 정부업무보고에서 '하나의 국가, 두 개의 제도'의 방침을 공식 제기하여 비준을 받음으로써 중국의 공식적인 통일정책으로 자리잡았다.229)

1984년 9월 26일 중국과 영국은 드디어 홍콩반환문제에 관하여 합의하고 중·영 공동성명을 발표하게 되었으며, 동 성명은 '12조 방침'을 기초로 '일국양제'의 개념이 보다 구체화되어 각종제도와 규정이 상세하게 열거되어 있다.230) 또한 이후 중·영 공동성명에 근거하여 중국은 1990년 2월 '홍콩특별행정구 기본법'을 제정하여 '일국양제'방안을 법제화시켰다.

이렇게 볼 때, 중국은 개혁개방과 더불어 평화적인 통일방안으로 특별행정구에 대한 구상을 하게 되었고 1980년대에 접어들면서부터는 대만문제 뿐만 아니라 홍콩과 마카오 반환문제를 해결하기 위한 적절한 방안이 필요하였다. 중국은 1982년 9월 영국 대처 수상의 중국방문을 계기로 영국과의 홍콩반환 협상을 본격적으로 추진하기 시작하였으며, 홍콩반환 협상의 성패여부가 마카오 및 대만문제 해결에 절대적인 영향을 미친다는 점을 인식하고 있었다. 따라서 중국은 영국과의 협상과정에서 영국의 반발을 무마하고 홍콩주민들의 불안을 최소화할 수 있는 방안을 모색하게 되었으며, 이러한 정책적 고려의 결정판이 '일국양제'방안이라 할 수 있다. 결국 '일국양제' 통일방안은 중·영 홍콩반환 협상을 타결하는데 결정적인 역할을 하였을 뿐 아니라 중국으로 하여금 대만문제 해결에 자신감을 가지게 하는 계기가 되었다.

---

228) 潘叔明(2003), pp.111-112
229) 張樹軍 主編, 『中南海: 三代領導集體與共和國外交實錄(中卷)』(北京: 中國經濟出版社, 1998), p.202
230) 위의 책, pp.207-209 참조

제2절 '일국양제'방안의 함의

1. 하나의 중국

'일국양제'방안에 있어서 '일국'은 당연히 사회주의 중국이며, 이는 '하나의 중국'을 의미한다. 중국에 있어서 '하나의 중국'원칙은 대만문제의 평화적 해결을 위한 대전제이자 양보할 수 없는 철칙이다. 또한 '하나의 중국'원칙은 양안관계에 있어서 뿐만 아니라 국제적으로도 절대로 양보할 수 없는 원칙이다. 중국은 이 '하나의 중국'원칙이 중국 근대사를 배경으로 한 역사적인 근거와 국제법의 법리적인 근거를 가지고 있다고 주장한다.[231] 이러한 이유로 '하나의 중국'원칙은 중국의 어느 시대, 어느 지도자도 이로부터 자유로울 수는 없으며, 그 어떠한 융통성마저도 허락되지 않는 경직성을 가지고 있다 할 것이다. 따라서 1970년대 말 개혁개방을 추진하면서 당면한 홍콩, 마카오문제 해결과 대만문제를 평화적으로 해결하기 위해서는 '하나의 중국'원칙을 훼손하지 않으면서 이 모두를 해결할 수 있는 방안을 모색하는 것이 가장 중요한 과제로 떠올랐던 것이다.

이러한 '하나의 중국'원칙이 포함하고 있는 주요 의미들은 첫째, 세계에는 하나의 중국이 존재할 뿐이며, 따라서 '두 개의 중국' 혹은 '과도적인 두 개의 중국'에 반대한다. 둘째, 대만은 중국의 일부이므로 대만독립에 반대한다. 셋째, 양안관계는 통일을 지향해야 하며, 장기적으로 분열되어서는 안 된다. 넷째, 양안 모두 '하나의 중국'에 동의하고 있으므로 평화적인 방법으로 통일문제를 해결할 수 있을 것이다. 다섯째, 대만에 대한 무력사용을 배제하지 않는다는 것은 대만이 중국으로부터 분리되어 나가는 것을 방지하기 위함이라는

---

[231] 김옥준(2010), pp.119-122 참조

주장 등이다.232) 이렇게 볼 때 '하나의 중국'원칙은 조국의 통일을 염원하는 양안 주민 모두가 지지하고 있는 평화통일을 위한 대전제임을 강조하고 있을 뿐만 아니라 대만이 '두 개의 중국', '일중일대(一中一臺)', '일국양부(一國兩府)' 등 어떠한 형태로든 중국의 주권과 영토의 분열을 초래할 경우 대만에 대한 무력행사를 배제할 수 없다는 경고의 의미를 담고 있다. 다시 말해, 중국은 양안의 평화적 통일을 희망하고 있지만 이는 어디까지나 대만이 '하나의 중국'원칙에 동의하는 조건하에서만 가능하다는 점을 강조하고 있는 것이다.

또한 중국은 '하나의 중국'원칙은 이미 국제적으로 공인된 사실이라는 점을 강조하고 있다. 그러나 국제적으로 볼 때, '하나의 중국'원칙은 1950~60년대 냉전의 국제정세 하에서 그리고 미국의 영향력이 지배적이었던 유엔에서 철저히 배제되었으며, 더구나 미국은 '두 개의 중국'정책을 추구하기도 하였다. 미국의 '두 개의 중국'정책은 중국과 대만이 모두 반대함으로써 좌절되었지만 중국은 '두 개의 중국' 정책이 통하지 않음을 인식한 미국이 1970년대 초 '하나의 중국'원칙에 대한 지지대상을 중국으로 전환할 때까지 국제사회에서 외교적으로 상당히 고전하였다.

하지만 1971년 10월 제26차 유엔총회에서 제2758호 결의안이 통과되면서 대만이 유엔에서 축출되고 중화인민공화국정부가 유엔에서의 합법적인 권리를 회복함으로써 '하나의 중국'원칙은 국제사회에서 보편적으로 인정받게 되었으며, 이어 1972년 '중일수교성명'과 1978년 '중미수교공동선언'에서 '하나의 중국' 원칙이 일본과 미국에 의해서 공식적으로 인정받았다.

이렇게 볼 때 '하나의 중국'원칙은 '일국양제'방안에서 가장 기본적인 전제가 되는 개념이며, '하나의 중국'을 부정한다면 어떠한 논

---

232) 앞의 글, p.121

의의 진전도 있을 수 없는 평화통일 논의의 필요충분조건이라 할 수 있다.

2. 하나의 국가, 두 개의 제도

중국이 제시하고 있는 '일국양제'는 하나의 국가에 이질적인 두 제도의 공존상태를 의미하고 있으며, 여기서 두 제도란 사회주의제도와 자본주의제도를 지칭하는 것이다. 중국은 두 제도 공존의 의미를 '하나의 중국 전제하에 대륙의 사회주의제도와 대만의 자본주의제도가 장기간 공존하고 공동발전을 추구하며 서로가 상대방을 파멸시키지 않는 것으로서 이는 통일이후의 중국 국가체제의 커다란 특징'이라 설명하면서 두 제도의 공존을 통일 방안의 핵심으로 설정한 근본적인 이유는 대만의 현실과 대만주민들의 실제 이익을 고려했기 때문이라는 점을 강조하고 있다.[233]

그러나 중국이 '일국양제'를 내세우면서 두 제도의 공존을 강조하게 된 보다 근본적인 이유는 첫째, 중국과의 정치·경제체제의 통합에 대한 대만주민들의 불안 심리를 최소화함으로써 자신들이 제기하는 '일국양제' 통일방안에 대한 거부감을 약화시키고 둘째, 대만이 가지고 있는 정치·경제적 역량의 손실을 최대한 방지하고자 하는 데 있다.[234] 이렇게 볼 때, 이러한 중국의 통일방안 제시의 배경에는 통일에 가장 큰 장애요인으로 작용하고 있는 중국의 사회주의라는 이질적인 제도에 대한 불안감과 거부감을 약화시키면서, 동시에 비록 통일에 대한 무력사용 가능성을 배제하지는 않고 있지만 중국이 원하는 대만은 당시의 번영되고 안정된 대만이지 전쟁으로 인한

---

233) 『鄧小平文選(第三卷)』(1993), p.58
234) 문흥호, 『중·대만의 통일정책 비교연구』(서울: 민족통일연구원, 1994. 9), pp.25-26

잿더미의 대만은 아니라는 사실이 깔려 있음을 짐작할 수 있다.

또한 여기서 우리가 지적하고 넘어가야 할 것은 중국의 '일국양제' 방안이 두 제도의 공존을 의미하는 것이지 그것이 두 정부의 공존상태를 의미하는 것은 아니라는 사실이다. 즉, 여전히 '하나의 국가'를 전제로 하는 것이며, '하나의 국가'에 동등한 두 정부가 존재할 수는 없다는 주장이다. 중국의 논리에 근거하면 '일국양제'란 한 국가가 본국의 헌법이나 각종 법률에 의거하여 국가의 일부지역에 기타 지역과 서로 다른 정치·경제·사회제도를 실시하는 것을 의미하며, 이러한 특정지역에 형성되는 정부는 그 국가의 지방자치정부에 지나지 않으며 국가주권을 행사할 수 있는 권리를 갖지 못한다.235) 이렇게 볼 때, 중국이 제기한 '일국양제'는 한 국가가 자국의 헌법이나 각종법률에 의거하여 자국내의 일정지역에 본국에서 보편적으로 실시되고 있는 제도와 상이한 제도를 실시하도록 허용하는 것이며, 이러한 지역적 성격을 띠는 정부는 그 국가의 지방자치정부이며, 중앙정부가 특별한 권한을 부여하지 않는 한 국가주권과 관련된 권한을 행사할 수 없는 것이다.236) 따라서 '일국양제'하에서의 '특별행정구'의 지위는 중앙과 지방이라는 종적인 권력관계를 가지게 됨을 알 수 있다. '일국양제'구상은 그 실질적·구체적 실천방안으로 '특별행정구'설치를 제시하고 있다. 이와 관련하여 1982년 12월 제5기 전국인민대표대회 5차회의에서 통과된 중국헌법 제31조에 특별행정구 설치규정을 명문화하였으며,237) 이에 근거하여 중국헌법은

---

235) 嚴家期, "一國兩制和中國統一的途經", 『政治學研究』 1985年 第2期(北京: 社會科學研究所, 1985), pp.1-7

236) 翁松燃, "一國兩制推論-槪念, 性質, 內容, 困難和前景", 『九十年代(香港)』1985. 12, p.31

237) 중국헌법 제31조 : 국가는 필요시에 특별행정구를 설치할 수 있다. 특별행정구에서 시행되는 제도는 구체적인 상황에 따라 전인대에서 법률로 정한다. 全國人大常委會辦公廳新聞局, 『中華人民共和國憲法和有關法律』(北京: 全人大常委會辦公廳新聞局, 1998) 참조

전국인민대표대회에 '특별행정구'의 존폐문제와 관련된 권한을 부여하고 있다. 즉, 중국헌법 제62조에 명시한 전국인민대표대회의 권한 중 제13항에서 '특별행정구의 설립과 그 제도를 결정할 수 있다'고 규정하고 있다. 따라서 동 헌법 규정에서 볼 때, '특별행정구'의 존폐는 중앙정부의 권한에 속하며, 여기에 대상이 되는 대만, 홍콩, 마카오는 하나의 지방정부의 지위를 가지게 된다는 것을 의미하는 것이다.

뿐만 아니라 중국의 '일국양제'의 통일방안은 결국 대만의 자본주의제도를 중국의 사회주의제도로 전이시키기 위한 과도기적 성격을 가지고 있다는 점을 지적하지 않을 수 없다. 덩샤오핑은 '일국양제'의 주체는 사회주의임을 명확히 하고 있다. 즉 "일국양제는 두 가지 측면을 가지고 있다. 하나는 사회주의국가 내에 일부 특수지역에 자본주의를 '허용'하는 것이며, 다른 하나는 국가의 주체는 사회주의임을 명백히 하는 것"이라고 강조하였다. 또한 "그 자본주의를 '허용'하는 기간이 단기간은 아니며, 수십 년 혹은 백년이 될 수도 있다"고 언급하고 있지만 사실상 그것은 결코 영구적이 될 수는 없다.[238] 홍콩특별행정구 기본법 제5조에 50년으로 규정된 홍콩특별행정구의 기한을 고려해 볼 때 그 정도의 기한이 대만에도 적용될 가능성이 짙다고 볼 수 있다.[239] 따라서 중국의 '일국양제' 통일방안은 두 제도의 공존이 무기한이고 영구적인 것이 아니라 한시적 · 과도기적인 것이며, 이는 '일국양제'의 궁극적 목적이 사회주의 체제 하에서의 '일국일제'의 실현에 있다는 것을 말해 주는 것이다.

---

238) 潘叔明(2003), p.49
239) 홍콩특별행정구 기본법 제5조 : 홍콩특별행정구는 사회주의제도와 정책을 시행하지 않으며, 원래의 자본주의제도와 생활방식을 50년간 유지한다. 신정식, 『'97년 홍콩의 대중국반환과 관련한 법규집』(서울: 대외경제정책연구원, 1994) 참조

3. 고도의 자치권 부여

자치권이라는 의미는 한 국가 내에서 중앙정부와 지방정부의 관계를 기초로 지방정부가 향유하게 되는 권리를 의미하지만 '일국양제'방안에서의 자치권은 그 적용지역이 대만, 홍콩, 마카오 등 중국의 주권과 통치권이 미치지 못하는 지역에 한정되고 있으며 중국 대륙의 소수민족 자치구지역은 그 대상이 아니다. 중국의 '일국양제' 방안에서 자치권은 구체적으로 특별행정구의 지위를 통하여 행사하는 권리이다. 하지만 위에서 언급한 바와 같이 특별행정구의 설치와 자치권의 존폐 여부는 중앙정부의 관할 사항이며, 이의 연장선상에서 자치권은 통제되고 제한적일 수밖에 없으므로 '완전 자치'가 아닌 '고도의 자치권'을 부여하겠다는 것이다. 이에 대해 덩샤오핑은 "완전 자치는 곧 두 개의 중국을 의미하므로 실현불가능하며, 일정한 한계를 갖는 자치권을 부여할 수 있다"고 언급하였으며,[240] "자치는 마땅히 어느 정도 제한이 있어야 한다"고 재차 강조한 바 있다.[241]

그럼에도 불구하고 '일국양제'하에서 대만이 누릴 수 있는 자치권은 상당히 광범위한 '고도'의 자치권임에는 틀림이 없으며, 덩샤오핑은 '일국양제'하에서 대만이 가지는 자치권의 범위를 상세히 구체적으로 제기하였다.[242] 그 주요 내용은 첫째, 통일 후 중국은 대만에 군대를 파견하여 주둔시키지 않고, 대만 내정을 감독하거나 개입, 간섭하지 않으며, 대만의 인사, 군사문제를 간섭하지 않는다. 대만은 외국으로부터 무기를 구매하여 자신의 자위능력을 유지할 수 있다. 그 밖에 경제사회제도, 생활방식, 당·정·군 및 정보조직을 현행대

---

240) 鄧小平, "中國大陸和臺灣和平統一的構想", 『人民日報』, 1983. 7. 30
241) 鄧小平, 『建設有中國特色的社會主義』(香港: 三聯書局, 1985), p.15
242) 楊力宇, "鄧小平對和平統一的最新構想", 『九十年代』 第1卷 第8期(1983. 8), pp.17-19

로 유지할 수 있다. 둘째, 통일 후 대만은 독립적으로 입법권을 가질 수 있고 원칙적으로 현행 법률을 그대로 유지할 수 있다. 중국 헌법에 위배되지 않는 범위 내에서 대만 입법기관은 스스로 법률을 제정할 수 있으며, 이에 의해 대만을 관리할 수 있다. 셋째, 통일 후 대만은 독자적인 사법기관과 사법권을 가질 수 있으며, 원칙적으로 중국의 법률은 대만에 적용될 수 없다. 대만법원은 최종심판권을 가진다. 넷째, 통일 후 대만은 독자적인 외교권을 보유할 수 있다. 대만은 독자적인 대외경제관계를 유지할 수 있고, 대만주민들에게 여권을 발급할 수 있으며, 외국인에게 사증을 발급할 수 있다. 또한 외국과 독자적으로 협정을 체결할 수 있다. 통일 후 대만은 '중화인민공화국'의 명칭을 반드시 사용할 필요가 없으며, 대만은 자신의 깃발을 사용할 수 있고 '중국대만'이라는 명칭을 사용해도 좋다. 다섯째, 통일 후 대만은 특별행정구의 지위를 가지며 고도의 자치권을 향유하면서 삼민주의와 자본주의를 실시할 수 있다 등이다. 이는 외교와 국방의 권리가 중앙정부에 속하여 있는 홍콩특별행정구의 자치권[243]과 비교할 때 대단히 파격적인 '고도'의 자치권을 부여하는 것이라 할 수 있다.

4. 평화적 통일과 평화적 협상

중국의 '일국양제'의 통일방안은 무엇보다도 평화적인 통일방식을 추구한다는 중국의 입장을 구체화하고 명확히 한 것이다. 중국은 1960년대 이후 무력에 의한 대만의 해방을 지양하고 평화적인 방식에 의한 점진적인 통일인식이 정착되어 왔다. 문화혁명 기간동안에는 통일정책에 대한 진전이 없었으나 1970년대 후반 덩샤오핑의 등

---

[243] 홍콩특별행정구 기본법에는 '외교와 국방에 관한 권리는 중앙정부에 속하며, 외교부는 홍콩에 사무소를 설치하고 중국군은 홍콩에 주둔한다'(제13, 14조), '중앙정부는 행정장관을 임명한다'(제15조)고 명시되어 있어 그 자치권이 상당히 제한되어 있다고 볼 수 있다.

장과 함께 평화통일에 기반을 둔 '일국양제'의 통일방안이 구체화된 것이다. 물론 중국은 앞에서 언급한 바와 같이 "평화통일을 위하여 최대한의 노력을 기울이겠지만 무력사용 배제를 약속하는 것은 아니다"는 단서를 달고 있지만 "평화통일은 양안사회의 공동발전, 양안동포의 정서적인 융합, 통일 후 대만의 장기적인 번영과 안정, 아·태지역의 평화와 안정 등에 공헌할 것이다. 무력사용을 배제하지 않는다는 것은 대만동포를 겨냥한 것이 아니라, 중국통일에 간섭하는 외세와 대만 분열세력의 대만독립음모를 겨냥한 것이다"라고 밝힌 것에서 볼 때 평화통일에 훨씬 더 무게가 실려 있음을 알 수 있다.

이와 함께 중국은 '일국양제'의 통일방안 실현을 위한 평화적 협상 과정을 강조하고 있다. 중국은 개혁개방을 표방한 이래 대만에 대하여 기회가 있을 때마다 중국공산당과 국민당간의 '제3차 국공합작'을 제의해 왔다. 평화적인 방식으로 통일을 실현하기 위해서는 협상을 통한 문제해결이 필요하며, 양안간의 '삼통(三通)'을 실현하여 각 영역의 교류를 적극 촉진함으로써 양안동포의 상호이해와 유대감을 증진시키고 양안간의 경제, 문화관계를 밀접하게 하여 평화통일 실현을 위한 여건을 마련해야 한다고 주장하고 있다.244) 물론 '삼통'을 골간으로 하는 교류협력의 실현은 4개현대화를 위한 대만자본과 기술의 유입이라는 부수적인 효과를 기대하고 있었던 것도 부인할 수 없을 것이다.

또한 1980년대 말부터 대만의 복수정당 허용으로 야당인 민진당(民進黨)이 급성장하고 국민당의 대만화현상이 진전되는 등 대만 정국에 변화가 일어나자 중국은 협상의 대상과 의제 등에서 보다 탄력적인 입장을 취하게 되었다. 이러한 입장은 1992년 10월 중국공산당 제14차 전국대표대회에서 쟝저민(江澤民)은 "하나의 중국을 전제로 양안의 정식회담을 포함한 어떠한 문제에 대해서도 대만과 논의할

---

244) 國務院臺灣事務辦公室(2006), p.40

수 있으며, 이를 통해 쌍방이 공감하는 적절한 방법을 찾아 볼 수 있을 것"이라 언급하였으며, 또한 국무원 대만판공실(臺灣辦公室)은 "통일문제와 관련하여 중국공산당과 국민당의 협상에 민진당의 참여를 고려하고 있다"고 밝힌 데서 잘 나타나고 있다.[245]

이렇게 볼 때, 중국의 '일국양제' 통일방안은 평화적이고 점진적인 통일을 추구하고 있다는 점에서, 또한 그 과정에서 평화적인 협상을 강조하고 있다는 점에서 상당히 고무적인 것이라 할 수 있다.

제3절 대만의 입장과 대응

중국은 영국과의 홍콩반환 협상에서 '일국양제'방안의 관철여부가 이후 대만문제 해결에 중대한 영향을 미칠 것이라 인식하고 있었으며, 또한 홍콩반환 후 홍콩에서의 '일국양제'의 순리적인 발전은 대만에 대한 상당한 압력으로 작용할 것이라 기대하고 있었다. 더구나 1971년 중국의 유엔대표권 획득과 1979년 중·미관계 정상화는 대만의 국제적인 지위에 충격을 주었을 뿐 아니라 중국의 공세적인 외교로 국제사회에서 대만의 활동공간은 극도로 위축되어 있었다. 이러한 국제적인 상황과 '홍콩 모델'의 성공은 중국이 '일국양제'방안을 대만에게 강요할 수 있는 좋은 여건을 조성하고 있었다.

그러나 중국이 '일국양제'방안을 구체화할 때까지 대만은 '일국양제'방안에 대한 뚜렷한 대응이나 양안의 통일문제와 정책에 대한 체계적인 방안을 강구하지 못하고 있었다. 1981년 4월 소위 '삼민주의 통일방안'을 확정 발표하였으나 이 역시 이념적·감성적인 인식의 한계를 벗어나지 못하고 통일이념으로서 삼민주의를 강조하는

---

245)『人民日報』, 1992. 10. 16

데 역점을 두고 있었다.246) 대만이 중국의 '일국양제'방안에 대한 구체적인 대응으로 처음 제시한 것이 1989년 4월의 '하나의 중국, 두 개의 정부(一個中國, 兩個政府)'구상이며, 이는 하나의 중국 아래 두 개의 대등한 정부를 구성하는 것이었다. 이 구상은 1991년 3월 공포한 '국가통일강령'에서 '일국양구(一國兩區)'의 방안으로 발전하게 되는데, 두 개의 '정부'와 두 개의 '구'와의 개념적인 차이는 없으나 '정부'를 '구'로 대체한 이유는 '대등한 두 개의 정부'에 대하여 중국이 극히 예민한 반응을 보였기 때문이었다.

대만의 '일국양구'방안에서 '일국'은 '하나의 중국'을 표방하는 것으로 형식적으로는 중국과 별다른 대립이 없으나, 실질적으로는 통일방안의 출발점에서부터 근원적인 차이점이 존재한다. 대만은 '일국양구'방안에서 '하나의 중국'이라는 표현 대신에 '대륙과 대만은 모두 중국의 영토'임을 강조하였는데 이것에는 복합적인 의도가 숨어 있다. 즉 1949년 이후 중국이 대륙과 대만의 독립된 통치지역으로 분할되어 있다는 현실을 강조하려는 의도와 함께 '양구'의 개념과 정당성을 부각시키려는 의도가 숨어 있었으며, 동시에 대만이 '하나의 중국'원칙을 부정한다는 비난의 구실을 제공하지 않으려는 의도도 담겨 있다고 보아야 한다.247)

이러한 '하나의 중국'원칙에 대한 해석의 차이에서 출발한 대만의 '양구'가 중국의 '양제'와 근본적인 차이를 가지고 있는 것은 당연하

---

246) 行政院大陸委員會(臺灣), 『大陸工作手册』(臺北: 行政院大陸委員會, 1991), pp.1-5 참조
247) 중국은 대만에 있어서 '하나의 중국'은 역사적·지리적·문화적·혈연적인 중국을 의미하며, 현실적이고 정치적인 의미를 부정하고 있다고 지적한다. 즉 대만에 있어서 '하나의 중국'은 1912년에 성립되어 현재까지 존속하는 중화민국이며 그 주권은 전 중국영토에 미친다고 주장하고 있으며, 1994년 9월 공포된 '臺灣地區與大陸地區人民關係條例'에서는 중국을 중화민국 통치권이 미치는 영토인 대만지역과 통치권이 미치지 않는 대만지역 이외의 중화민국영토로 구분하고 있다. 潘叔明(2003), p.225

다. 중국의 '양제'에서 주장하는 한 국가 내에서 두 제도가 단순히 공존하는 것과는 달리, 대만이 주장하는 '양구'는 사회주의제도와 자본주의제도가 주종관계, 혹은 중앙과 지방의 관계로서 불균형적으로 공존하는 것이 아니라 독자적인 통치지역에 통치권을 행사하는 두 개의 정치실체, 즉 대등한 두 개의 정부가 공존하는 것을 의미하는 것이다. 따라서 대만은 중앙과 지방이라는 종적인 권력관계를 가지고 있는 '특별행정구'의 지위는 수용할 수 없다는 입장인 것이다. 또한 대만은 홍콩의 사례를 들어 대만에 대해 '일국양제'방안의 통일을 시도하는 것은 대만의 법적·정치적 지위가 홍콩과는 완전히 다르기 때문에 불가능하다고 반박한다. 다시 말해, 홍콩은 영국의 식민지였으나 대만은 중화민국의 소재지이므로 대만해협 양안은 통치권이 분할되어 있는 상황이라는 의미이며, 중화민국은 국가를 방어할 수 있는 자위능력과 자주적인 외교관계를 유지하고 있어 홍콩주민이 자신의 미래를 결정할 수 없는 것과는 완전히 다르다는 주장이다. 따라서 홍콩에서의 '일국양제'의 실시 결과가 어떠하든지 중화민국에 대해서는 적용될 수 없다는 것이다.[248] 이러한 대만의 주장에 대해 중국은 대만의 '일국양구'방안에서 '일국'은 형식에 불과하고 '양구'가 실질적인 내용이며, 실제로 '하나의 중국' 이름하에 '두 개의 중국'정책을 추구하고 있으며, 이는 결국 중국의 분열을 조장하는 행위라고 비난하였다.

그러나 '일국양제'의 궁극적인 목적지는 결국 사회주의체제의 중국이며, 이러한 사실이 홍콩, 마카오, 대만주민들의 불안감과 거부감을 야기 시키고 있다는 점 역시 간과할 수 없는 부분이다. '양제' 역시 경제적인 자본주의 제도에만 치중되어 있을 뿐 정치·사회적인 제도는 가볍게 다루고 있다. 이러한 측면에서 중국이 '일국양제'

---

[248] 張亞中·李英明 著, 『中國大陸與兩岸關係槪論』(臺北 : 生智文化事業有限公司, 2003), p.346

의 성공적인 사례라고 내세우는 홍콩특별행정구 기본법도 상당한 맹점이 존재한다. 대만에 대해서는 군사, 외교를 포함하는 홍콩보다 더 '고도의 자치권'을 보장할 것이라 제의하고 있지만 대만은 자신이 특별행정구로서 사회주의 중국정부와 중앙과 지방정부의 종적인 권력관계의 지위에 처하는 것에 대한 불안감과 거부감을 떨칠 수 없다는 사실이 '양구'라는 대등한 정부의 관계를 요구하는 중요한 이유 중의 하나이다.

이처럼 중국이 주장하는 '양제의 공존'과 대만이 주장하는 '양구의 공존'은 중국과 대만 모두가 형식적으로는 '하나의 중국'원칙을 고수하면서도 그 해석을 달리하는 데서 그 근원적인 갈등요인을 가지고 있다. 즉 '하나의 중국'원칙에 대한 근본적인 입장 차이는 양안관계를 중앙과 지방의 관계로 규정하는 중국의 '양제'방안과 두 개의 대등한 정부 혹은 지역의 관계로 설정하려는 대만의 '양구'방안을 낳았으며, 그 접점이 쉽게 찾아질 것 같아 보이지는 않는다. 그렇다면 1990년대 대만에서 대두된 통일도 아니고 독립도 아닌 '불통불독(不統不獨)'의 현상유지가 훨씬 현실적인 노선이 될 수도 있을 것이다. 그러나 중국의 '일국양제'방안의 가장 중요한 시사점은 점진적이고 평화적인 방법의 통일노선이라는 점일 것이다.

제4부
탈냉전시대의 중국 외교

제1장
국제질서의 변화와 중국의 전방위외교

제1절 탈냉전시대 국제질서의 변화

1990년을 전후하여 소련의 붕괴, 동구권 국가들의 체제전환 등과 함께 도래한 탈냉전시대는 과거 수십 년 동안 지속되어 왔던 국제정치·경제체제에 근본적인 변화를 가져왔다.

탈냉전시대 국제질서의 변화 양상의 주요 특징들을 살펴본다면, 첫째, 냉전시대 다른 한축을 형성하고 있었던 소련의 붕괴로 말미암아 미국이 유일한 초강대국으로 부상하게 되었고 이에 따라 미국 중심의 국제질서가 형성되었다는 것이다. 탈냉전시대 유일한 초강대국으로 떠오른 미국의 지위와 역할과 국제체제 특징에 관해서는 이견과 시각의 차이가 있다하더라도 냉전종식 후 국제질서가 미국을 중심으로 재편되었다는데 대한 견해에는 별다른 이견이 없다.[1]

---

[1] 탈냉전기대의 국제체제 특징에 관해서 헌팅턴은 초강대국인 미국이 주도하고 있지만 중요한 문제들을 해결하기 위해서는 다른 강대국의 협조가 반드시 필요하기 때문에 탈냉전시대의 국제체제는 단극체제와 다극체제의 요소가 복합적으로 작동하는 단·다극체제라고 주장한다. 조셉 나이 역시 헌팅턴과 유사하게 미국이 '우세한 국가'임에는 틀림없으나 '지배국가'는 아니며, 탈냉전시대의 국제체제는 '미국우위체제'라고 주장한다. 이에 반해 월포스는 탈냉전시대의 국제체제는 분명한 미국의

미국이 세계 주요문제의 해결을 위해서는 기타 강대국들의 협조가 필요하기 때문에 지배적인 패권국가의 지위를 누리고 있다고 보기는 어렵다 하더라도 다른 강대국들의 집단적인 행위에 대한 거부권을 행사할 정도의 능력은 있다는 주장이 설득력을 가진다.[2] 따라서 탈냉전시대의 국제체제가 '미국 중심체제' 혹은 '미국 우위체제'임은 분명하지만 국가간, 특히 미국과 기타 강대국들 간의 게임규칙이 설득과 동의, 타협과 협상 그리고 다자주의를 바탕으로 형성된 체제라고 정의할 수 있을 것이다.

둘째, 동맹체제가 약화되고 다자주의가 대두되었다는 점이다. 냉전의 종식은 과거 냉전시대 동맹구조의 성격을 바꾸어 놓았다. 냉전시대 대부분의 국가들은 자국의 안보와 국내 정치적 안정, 경제발전 등을 유지하는 수단으로 동맹을 형성해왔으며, 이는 군사·안보적 차원의 협력을 제도화시키는 형태이기도 하지만 비군사적 차원의 외교적 협력 수단의 하나로 기능함으로써 국가간 최고 수준의 우호관계를 의미하는 것이기도 하였다.[3] 그리고 양대 진영의 패권국가의 입장에서는 이념을 바탕으로 진영을 결속시키고 자신의 패권을 유지하면서 상대 진영과의 세력균형을 유지하는 수단의 하나로 기능해 왔다.

그러나 냉전 종식 후 냉전시대 미·소 양 초강대국과 진영간 갈등

패권체제이며, 이 체제는 안정적일 뿐만 아니라 오랫동안 유지될 것이라 주장한다. Samuel P. Huntington, "The Lonely Superpower", *Foreign Affairs* 78/2(March/April 1999), pp.35-36, Joseph Nye, "Redefining the National Interest", *Foreign Affairs* 78/4(July/August 1999), p.24, William Wohlforth, "The Stability of a Unipolar World, and the Sources of Stable Multipolarity", *International Security*, 23/2(Fall 1998), pp.40-79 등 참조

2) Huntington(1999), p.35
3) 협의의 동맹은 두 개 이상의 주권국가 간에 공식적으로 체결된 정치·군사적 상호공약을 의미하지만 광의의 동맹은 정치·경제·사회·문화 등 모든 영역의 협력을 포함하는 포괄적 협력형태를 의미한다. Stephen M. Walt, *The Origins of Alliance*(Ithaca: Conell Univ. Press, 1987) 참조

의 근원이 되었던 이념적 요인들이 제거됨으로써 외부로부터 오는 위협의 강도, 즉 전통적 안보에 대한 위협이 크게 저하되었으며, 세계적인 차원에서 전반적으로 긴장이 완화되고 있었다. 이러한 현상은 과거 패권국가의 지위 및 역할의 약화와 국가행위자들의 상대적인 자율성 증가를 초래하였고, 이로 인하여 동맹관계는 약화되면서 상대적으로 다자주의가 대두되었다. 다자주의의 대두는 냉전시대 동맹체제에 의존하던 안보를 다자간의 협력을 통해 확보해야 하는 안보환경의 변화에 기인한다. 즉 탈냉전시대 국제질서의 구조적 변화가 시작되면서 안보에 대한 인식과 개념 또한 변화하기 시작하였으며, 이러한 새로운 안보인식과 개념의 형성은 주로 전통적 안보개념의 약화, 다양한 비전통적 안보위협에 대한 대처로서 포괄적 안보 개념의 대두에서 비롯되었다.

셋째, 군사·안보 우선의 대립과 경쟁의 국제체제에서 경제우선의 협력과 경쟁을 행위규범으로 하는 질서가 대두되었으며, 제로-섬(Zero-Sum)적 상호관계와 군사우선주의 중심의 냉전적 국제사회가 상호의존과 경제우선주의의 탈냉전적 국제사회로 전환되었다. 이러한 상호의존과 경제우선주의의 국제사회의 등장은 국가정책에서 군사·안보보다는 경제정책을 그리고 대외관계에서 이념보다는 이익을 앞세우는 행동규범의 결과이며, 이는 냉전시대 국가행위를 지배하던 적대적 경쟁, 이념, 동맹관계 등의 관념이 현저하게 약화되었다는 것을 의미한다.

1993년 12월 우루과이라운드 다자간 무역협상이 타결되고, 1995년 1월 세계무역기구(WTO)체제가 출범함으로서 국제무역을 비롯한 국제경제 질서를 주도하게 되었다. WTO체제는 탈냉전시대의 산물이라 할 수 있을 정도로 탈냉전의 구조적 여건의 영향을 강하게 받았으며, 세계주의, 자유주의, 다자주의의 성격을 가진 제도적인 틀로서 새로운 국제질서 형성에 지대한 영향을 미쳤다. 이러한 변화를 바탕으로 국제사회에서는 세계화가 진행되고 있었으나 다른 한편으로는 역설적으로 세계경제의 지역화 추세도 촉진되고 있었다.

제2절 중국의 국제정세 인식과 외교기조

1. 중국의 국제정세 인식

중국은 탈냉전시대의 시대적 본질이자 주제는 '평화와 발전'이라 보고 있으며, 이 평화와 발전론은 1985년 덩샤오핑의 언급에서 이미 제기된 바 있다. 덩샤오핑은 "현재 범세계적으로 중대한 전략적인 문제 중의 하나는 평화의 문제이고, 다른 하나는 경제문제 혹은 발전의 문제이다. 평화문제는 동서문제이고 발전문제는 남북문제이다"라고 지적하였다. 이러한 중국의 시각은 냉전이 종식된 후에도 세계를 인식하는 주요한 틀로서 자리잡았으며, 그들의 외교기조를 형성하는 근원이 되었다. 중국은 국가의 발전을 위해서 전제되어야 하는 것이 평화적인 국제환경이며, 발전은 모든 국가와 사람들의 공동관심사이기 때문에 평화와 발전이야말로 가장 중요한 시대적 본질이자 주제라고 주장하였다.4)

따라서 탈냉전시대에 접어들면서 국제정세에 관한 중국의 기본적인 인식은 위에서 언급한 국제질서의 변화 양상을 대체로 모두 인정하면서 '비교적 장기간동안 평화적인 국제환경을 유지하는 것과 새로운 세계대전을 피하는 것이 가능할 것'이라고 판단하였다.5) 하지만 냉전 종식 후에도 국제사회의 평화와 안정을 위협하던 요인들이 완전히 제거된 것은 아니며, 오히려 냉전시대 잠복되어 있던

---

4) 王文理 主編, 『和平演變戰略及其對策』(北京: 知識出版社, 1992), pp.9-10
5) 『江澤民中國共産黨第十四次全國代表大會上的報告』, 1992. 10.12

각종 잠재적인 갈등요인들이 분출되면서 국지적인 충돌요인들이 상존하고 있다고 보고 있었다. 즉 민족문제, 종교문제, 환경문제, 자원문제, 국제적 테러문제 등 비전통적 안보위협 요인들이 증대하고 있다고 인식하였다. 이와 함께 자신에 대해 불리한 국제사회의 움직임으로서 구미국가들을 중심으로 제기되고 있던 '화평연변(和平演變)론'과[6] '중국위협론'에 주목하고 있었다.

탈냉전시대 중국의 국제정세에 대한 인식을 좀 더 구체적으로 볼 때, 먼저 가장 핵심적인 것은 중국이 국제체제의 구조적 변화를 어떻게 받아들이고 있는가의 문제일 것이다. 이는 유일 초강대국으로서의 미국의 지위와 역할, 이의 연장선에서의 중국의 지위와 역할, 더 나아가 중·미관계의 발전과 관련된 문제이기 때문일 것이다. 중국은 기본적으로 탈냉전시대 국제질서가 미국이 유일한 초강대국으로서 미국 우위의 국제질서가 형성되고 있다는데 동의하고 있었다. 이러한 미국 우위체제에 대한 인식은 이라크의 쿠웨이트 침공으로 발발한 걸프전쟁에서 당시 소련의 몰락과는 대조적으로 미국의 군사력과 경제력을 목격하면서 확고하게 자리잡게 되었다.[7]

그러나 중국은 여전히 다극화와 다극체제에 대해서는 상당히 집착하고 있었다. 중국은 비록 1990년대 초반의 국제질서가 미국을 중심으로 하는 '일초다강(一超多强)'의 구도로 재편되고 있으나 이것은 '다극화'구조의 초기단계이며 국제질서는 다극화추세에 있다고 주장하였다.[8] 중국은 국제질서의 다극화추세의 논거로 첫째, 미국

---

[6] 평화적인 전복(peaceful evolution)을 의미하는 것으로서 자본주의사회와 사회주의사회 간의 상호교류가 심화되면 사회주의사회에 질적인 변화를 초래하게 되어 결국 평화적으로 자본주의사회로 전환된다는 인식하에 중국과의 교류강화를 통하여 지속적으로 자본주의적 요소를 확대해 가는 전략이다

[7] 万光, "海灣戰爭對世界格局演變的影響", 『瞭望』 1991년 第14期, p.40

[8] 중국은 1992년 10월 개최된 제14기 중국공산당 전국대표대회에서 "현세계는 대변혁의 역사적인 시대에 놓여 있으며, 양극체제는 이미 종결되

의 유일 초강대국으로서의 지위가 저하되기 시작하였으며 이로 인해 국제문제에 대한 개입능력이 쇠퇴하고 있고, 둘째, 상대적으로 일본과 유럽의 역량이 신장되어 미국의 주요 경쟁상대로 부상하고 있으며, 셋째, 개도국의 국제문제에 대한 영향력이 확대되고 있다는 것 등을 제시하였다.9) 이와 함께 중국의 다극화추세 주장은 패권주의와 권력정치가 세계평화와 안정을 저해하고 있다는 주장과 함께 당연히 중국 자신을 다극체제의 한 극으로 상정하고 있다는 점에 주목해야 한다. 일찍이 덩샤오핑(鄧小平) 역시 다극화와 관련하여 중국이 그중 한 극을 차지하기에 충분한 자격이 있다고 언급한 바 있다.10) 이러한 중국의 주장에서 볼 때, 결국 중국은 유일 초강대국인 미국의 패권적 지위를 인정하면서도 패권안정론보다는 자신이 한 극을 구성하고 있는 가운데 다양한 세력이 균형을 이루는 다극화가 중국의 이익실현에 유리하다는 인식을 가지고 있으며, 이것이 그들의 외교전략 수립의 바탕이 되고 있다는 것을 의미한다. 즉 중국의 대 강대국 외교전략은 일초다강이라는 현실적 인식에 기초하여 다극화를 통한 세력균형의 추구라는 축을 중심으로 수립된다는 것이다.

고 각종 역량들이 이합집산하면서 세계는 다극화의 방향으로 발전하고 있다. 새로운 국제질서의 형성은 장기적이고 복잡한 과정이 될 것"이라고 주장하고 있다. "江澤民在中國共産黨十四次全國代表大會上的報告"(1992. 10. 12) http://cpc.people.com.cn/GB/64162/64168/ 64567.html 또한 1994년 쟝저민은 모스크바를 방문하여 "각종 역량의 부단한 분화와 조합을 통하여 현재 다극화의 추세가 가속화되고 있으며, 경제적 요소가 국제관계에서 갈수록 중요한 역할을 하고 있다"고 언급하였다. "江澤民主席在俄羅斯國際關係學院的講演", 『人民日報』, 1994. 9. 4

9) 何方, "世界加速向多極化發展", 『世界知識』, 1995年 第1期, p.2
10) 덩샤오핑은 "세계구조가 향후 3극이라도 좋고, 4극이라도 좋고, 5극이라도 좋다. …… 중국은 그 다극 가운데 한 극이다. 중국은 자신을 폄하할 필요가 없으며, 어떠한 경우에도 역시 그 중 한 극이다"라고 주장한 바 있다. 鄧小平, "國際形勢和經濟問題", 『鄧小平文選(第三卷)』(北京: 人民出版社, 1993), p.33

다음으로, 중국은 탈냉전시대 국가간 경쟁이 군비경쟁에서 경제와 과학기술을 기반으로 한 종합국력의 경쟁으로 전환되고 있다고 인식하였다. 경제발전이 현 국제관계에서 가장 중요하고 핵심적인 요소가 되었으며, 이러한 경제우선주의는 세계화가 심화되면서 국가간의 치열한 경쟁을 야기하고 있다고 파악하였다. 중국은 세계화가 기회와 도전이라는 두 가지 측면을 모두 가진 '양날의 칼'이지만 도전이라는 위험보다는 기회를 제공한다는 긍정적인 측면이 크다고 보았다. 결국 세계화가 탈냉전시대 거스를 수 없는 추세가 된 상황에서 이러한 흐름에 적극적으로 편승할 수밖에 없다고 판단하였으며, 이러한 인식은 1990년대 중국의 지속적인 WTO가입 노력에서 잘 입증되고 있다.[11] 또한 세계화 추세와 더불어 지역주의가 강하게 대두되고 있다고 판단하였다. 경제적인 측면에서의 지역경제통합의 움직임과 함께 정치·안보적인 측면에서도 지역주의가 대두되었으며, 이는 중국으로 하여금 다자주의와 지역협력에 대한 인식을 새로이 하도록 하는 계기가 되었다.

마지막으로, 중국의 부상과 함께 제기된 '중국위협론'과 소련 및 동구 사회주의국가들의 체제전환을 자본주의의 승리라고 인식하는 것에서 비롯된 '화평연변론'은 중국에게 상당히 큰 부담으로 작용하였다. 중국은 소련과 동구사회주의국가들의 변화가 기존의 세계질서에 근본적인 변화를 초래하였고 이것은 상이한 사회제도와 이데올로기간의 투쟁의 결과라는 사실에 대해서는 기본적으로 공감하고 있었지만 사회주의권의 변화가 곧 자본주의에 대한 사회주의의

---

11) 중국은 2001년 11월 10일 카타르 도하회의에서 WTO의 정식회원국이 되었다. "중국의 GATT지위회복과 WTO가입까지 15년간의 긴 세월 동안 힘든 노력을 기울여 왔으며, WTO가입으로 중국의 개혁개방과 경제발전은 새로운 단계로 진입하였다"고 중국 자신이 표현하고 있다. 許鐵兵, 김옥준 역주, 『21세기 중국과 세계』(대구: 중문출판사, 2003), pp.339-340

패배라고 인정하지는 않았다. 중국은 사회주의권의 변화에 대해 "동구의 급격한 변화로 인해 사회주의는 엄중한 좌절을 겪었지만 이는 사회주의 신구모델 중에 출현한 위기일 뿐 사회주의의 실패는 아니다"라는 주장과 함께12) "일부 국가는 사회주의로 전향하는 과정에서 내재적 역량의 축적과 단련이 부족하여 매우 커다란 취약성을 표출하였다"고 인식하고 있었다.13) 중국의 이러한 반응의 이면에는 미국을 위시한 서방국가들의 '화평연변'전략에 대한 체제유지의 위기감이 작용하였다고 볼 수 있다.

이러한 위기감에서 1990년대 중반까지 중국은 미국의 세계전략이 미국의 패권 하에서 그들의 우방국가들에게 부담을 분담시키고, 중국 등 사회주의국가에 대해서는 화평연변전략을 추진하여 사회주의를 붕괴시키려는 목적을 가지고 있다고 비난하면서 미국의 전략적 의도와 패권화에 대응하여 공격적인 대외정책을 전개하기도 하였다. 1990년대에 들어 경제발전에 힘입은 국방비의 지속적인 증가, 동남아 지역에서의 영유권분쟁, 1995년 핵실험강행, 대만 총통선거전 대만해협 인근에 대한 미사일발사 실험 등은 당시 중국이 미국과 국제사회에 대해 취했던 강경정책의 좋은 사례라 할 수 있다. 그러나 중국의 이러한 강경정책은 오히려 냉전의 종식과 더불어 서방세계를 중심으로 싹트기 시작하였던 '중국위협론'의 주장에 힘을 실어주는 결과를 낳았다.14)

---

12) 陳啓懋, "試論世界從兩極格局向多極格局的過渡", 『國際問題研究』1990年 第4期, p.7
13) 郎毅懷, "從全球角度看社會主義的歷史命運", 『求是』1991年 第3期, p.7
14) 중국위협론은 1992년 Ross Munro가 '깨어나고 있는 거룡, 아시아의 진정한 위협은 중국에서 온다'는 책에서 중국이 경제성장, 정치적 영향력의 상승, 군사적 팽창으로 인해 아시아의 위협이 된다고 주장한 이래 1995~96년 대만해협위기, 1998~99년 중국이 미국의 안보에 중대한 위협이 될 것이라는 미국의 '코커스보고서' 등을 통해 지속적으로 제기되었다. 이희옥, 『중국의 국가대전략 연구』(서울: 폴리테이아, 2007), pp.76-77

1990년대 초부터 제기되기 시작한 '중국위협론'은 현실적 위협, 즉 현재 중국의 변화와 정책이 실질적인 위협이 되고 있다는 점과 잠재적 위협, 즉 향후 중국의 능력과 의도, 정책이 위협의 요인으로 등장할 것에 대한 우려라는 양면성을 지니고 있을 뿐만 아니라 이에 대한 찬반의 논쟁이 존재하고 있었다.15) 하지만 '중국위협론'이 지속적으로 제기되고 있다는 사실은 중국에 대한 부정적인 이미지와 반중국 국제조류가 형성되고 있다는 의미로서 이는 중국 자신에게 지속적인 압박으로 작용하였으며, 당시 중국의 외교정책 추진에 큰 걸림돌이 되고 있었다.16)

2. 탈냉전시대 중국의 외교기조와 목표

이러한 중국의 국제정세에 대한 인식은 그들의 외교기조와 결합되어 구체적인 외교목표와 전략을 모색하게 되었다. 탈냉전시대에 들어선 1990년대 중국 외교는 현대화, 지역주의, 민족주의 등 세 가지 이념이 그 기조를 이루고 있다고 볼 수 있다.17)

먼저 경제발전을 중심으로 하는 현대화는 개혁개방 이후 변하지

---

15) '중국위협론'은 대외인식이나 정책에 있어서 배타적이고 자기중심적인 중국 자신의 중화사상이 그 중요한 원인을 제공해 주었다고 볼 수도 있다. 또한 서구국가들은 중국의 팽창주의와 비민주적인 사회주의체제에 대한 우려와 불신을 가지고 있었으며, 중국의 비민주적인 체제는 서구민주체제보다 더욱 호전적이 될 수밖에 없으며, 분쟁해결에 있어서 외교적 노력보다는 무력에 호소할 가능성이 크다고 판단하고 있는 것이 '중국위협론'의 근거 중의 하나이다. 금희연, "중국위협론의 실체: 중국의 세계전략과 전방위외교정책", 『중소연구』 통권100호(2003/2004), p.105

16) 중국위협론에 대한 주장들은 Richard Bernstein and Ross H. Munro, *The Comming Conflict with China*(New York: Alfred A. Knopf, 1997), Nicholas Kristof, "The Rise of China", *Foreign Affairs*, Vol. 72, No.6(November/December 1993), pp.59-74 등 참조

17) Quansheng Zhao, "Chinese Foreign Policy in the Post-Cold War ERA", World Affairs 159/3(Winter 1997) 참조

않는 중국의 외교기조이며, 이러한 외교기조 하에 경제발전을 위한 경제외교 강화와 평화롭고 안정된 주변국제환경조성이 그 구체적인 목표로 제시되어 왔다.[18] 중국은 개혁개방 이후 현실주의와 실용주의에 근거한 외교정책을 수행하고 있으며, 따라서 종합국력의 증대를 통한 국가이익의 추구를 외교의 최우선 목표로 상정하고 있다.

중국은 "근대사와 지금의 세계적 현실은 경제가 낙후되었을 때 매우 피동적이 될 수밖에 없으며, 결국 남의 지배를 받게 된다는 것을 분명하게 말해 주고 있다. 현재 국제경쟁의 본질은 경제와 과학기술능력을 기초로 한 종합국력의 경쟁이다"라고 강조함으로써 경제발전을 통한 종합국력의 증대가 국가목표가 되어야 함을 밝히고 있다.[19] 탈냉전시대 경제의 세계화와 지역화 추세는 중국으로 하여금 그들의 경제외교를 이러한 추세에 편승하지 않으면 안 되게 만들었다. 결국 세계시장으로의 편입은 국제금융 및 무역의 규범과 표준절차를 중국이 수용하고 경제자유화의 가치를 보다 잘 실천할 수 있는 정부로서의 변용을 가져오게 하는데, 이러한 과정이 국제정치경제질서에 보다 협력적인 외교정책을 낳게 만든다는 것이다.[20] 그러나 다른 한편으로 이러한 세계화는 필연적으로 국가간 상호의존의 심화를 가져올 것이므로 사회주의를 고수하고 있는 중국으로서는 외부세계에 대한 '민감성'과 '취약성'이 증대될 것이라는 우려가 제기될 수 있다. 이는 서방국가들의 화평연변전략에 말려들 수 있는 가능성이 증대될 수 있다는 점을 지적하고 있는 것이다.

---

18) 14大 보고에서 "새로운 국제정세에 직면하여…… 중국의 개혁개방과 현대화 건설에 유리한 국제환경 조성을 위해 노력하고……"라고 밝히고 있으며 그리고 15大 보고에서도 "사회주의 현대화 건설을 추진하기 위해서 중국은 장기적으로 평화적인 국제환경, 특히 바람직한 주변환경이 필요하다"고 언급하고 있다.
19) 『江澤民在中國共産黨十四次全國代表大會上的報告』(1992. 10. 12)
20) Nicholas R. Lardy, China Unfinished Economic Revolution(Washington D.C.: Brookings Institution Press, 1998), 참조.

또한 중국의 경제발전에 있어서 외부세계, 특히 선진국과 신흥공업국과의 경제적인 연계가 지속적으로 확대되고 이들 국가와의 관계가 중국의 경제발전에 날로 중요한 영향을 미치고 있었다. 이는 중국의 경제발전이 세계경제의 움직임과 선진국의 대외전략 및 대중 전략으로부터 많은 영향을 받게 될 것이라는 점을 시사해 주는 것이다. 더구나 당시의 중국 국력으로는 해외시장에서의 경제적 이익을 옹호하기 위한 자위수단이 매우 취약하고 해외시장에 대한 의존도가 날로 높아지면서 미국을 비롯한 선진국과의 갈등도 심화되어 중국의 경제발전이 심각한 난관에 봉착할 수도 있다는 우려도 제기되고 있었다.21) 중국은 세계화로 인하여 야기될 수 있는 이러한 부정적인 영향에 대한 대응능력을 강화하기 위해서는 주변국가와의 양자간 경제협력 확대와 역내 국가간의 다자주의에 입각한 경제협력 촉진이 절실하다는 것을 인식하게 되었다. 이에 따라 과거 소극적이었던 다자외교에 대한 입장을 적극적으로 전환하게 되었던 것이다.

다음으로 탈냉전시대 중국 외교의 기조를 이루고 있는 것은 지역주의이다. 중국은 1989년 최초로 '아·태지역에 기반을 두고, 주변지역의 안정을 도모한다'는 외교 목표를 설정하였으며, 1992년 중국공산당 제14기 전국대표대회에서도 '주변국가와의 선린우호관계를 지속적으로 발전시키는 것이 중국 외교정책의 중요한 구성부분'이라 천명하였다.22)

이렇게 볼 때, 중국 외교에 있어서 지역주의는 다차원적인 의미를 내포하고 있다. 첫째, 반패권의 입장을 견지하면서도 아·태지역 이외의 지역에서는 개입을 자제하고 강대국과는 충돌과 갈등을 피

---

21) 吳心伯, "冷戰後的國家安全與中國外交", 劉山·薛君度 主編, 『中國外交新論』(北京: 世界知識出版社, 1998), pp.231-232
22) 『江澤民在中國共産黨十四次全國代表大會上的報告』(1992. 10. 12)

하려는 의도로 풀이된다. 비록 중국이 반패권을 주장하면서 미국의 패권주의를 견제하고자 하는 의도를 가지고 있는 것은 분명하지만 이러한 의도가 미국과의 전면적인 갈등과 충돌로 비화되는 것은 원하지 않고 있는 것으로 보인다. 즉 중국은 지역적 패권이라는 현실주의적 권력을 추구함으로써 미국과 대결하기보다는 오히려 세력균형을 추구하고 있다고 보는 것이 타당할 것이다.23) 이러한 의도는 중국이 최우선적 국가목표로 상정하고 있는 현대화계획이 달성될 때까지는 세계적인 세력으로서의 지위를 추구하지 않고 지역세력으로 남아서 사회주의 현대화를 안정적으로 달성하겠다는 것으로 해석 될 수 있을 것이다.24) 이는 전형적인 도광양회(韜光養晦, 실력을 감추고 힘을 길러 때를 기다린다)전략으로서 '중국위협론'에 적극 대응하면서 '화평굴기(和平崛起, 평화적인 부상)'를 내세우고 있는 배경이라 할 수 있을 것이다.

둘째, 중국의 순조로운 현대화추진에 필수적인 평화롭고 안정된 주변 국제환경을 조성하기 위하여 주변국가들과의 선린우호외교에 중점을 두겠다는 의미를 가지고 있다. 위의 중국공산당 제14기 전국대표대회에서의 언급뿐만 아니라 1993년 제8기 전국인민대표대회 제1차 회의에서의 '정부업무보고'에서도 주변국가들과의 선린우호관계 증진을 중국 외교의 중점으로 공식화하였다. 이는 중국 외교에서 최초의 지역정책이라 할 수 있는 '아시아정책'의 등장을 의미한다고 볼 수 있다.25) 냉전시대 중국의 대 아시아 지역정책은 제한적인 국력으로 인하여 체계적이고 독자적인 정책을 추구하지 못하고 미국·소련·중국의 전략적 삼각관계에 종속되어 고려되고 있었다고

---

23) 김재철, "중국의 동아시아정책", 『국가전략』 제9권 4호(2003), p.29
24) 금희연(2003/2004), p.86
25) 정재호, "강대국화의 조건과 중국의 부상", 정재호 편, 『중국의 강대국화-비교 및 국제정치학적 접근』(서울: 도서출판 길, 2006), p.13

보는 것이 타당할 것이다. 그러나 탈냉전시대에 접어들어 주변국가들과의 선린우호외교는 보다 체계적이고 독자적인 대 아시아 지역정책으로 자리 잡았다. 이러한 중국의 대 아시아 지역정책은 기존의 양자관계발전과 함께 다자주의에 입각한 지역협력에 적극적으로 참여하는 전략으로 나타났으며, 지역의 안정을 위해서 동아시아 4강 체제에서의 상대적인 세력균형정책도 추구해 나갔다.

셋째, 중국의 지역주의는 다극화전략의 일환으로 세계적인 강대국의 대열에 들어가기 위한 전단계로서 확고한 지역강대국의 지위를 추구하겠다는 의미를 포함하고 있다. 이는 "중국이 세계적인 한 극이 되고자 한다면 우선 아·태지역의 한 극이 되어야 하며, 세계강대국이 되고자 한다면 우선 지역강대국이 되어야 한다"[26])는 주장과 "중국은 아시아 국가이다. 아시아를 기반으로 해야만 중국이 목표하고 있는 미래의 세계강대국 지위가 보장될 수 있을 것이다"는 주장 등이 잘 뒷받침하고 있다.[27]) 국제체제의 다극화에 대한 중국의 선호와 다극의 한 극이 되고자하는 열망이 탈냉전시대 중국이 지역주의에 기초한 '아시아 지역정책'을 추진시킨 중요한 동기가 되었다는 것이다. 이러한 측면에서 1990년대 초 중국이 강조하기 시작한 '책임대국론'은 중국의 부상이 국제사회에 위협이 아닌 평화와 발전에 기여하고 있다는 주장과 함께 다른 한편으로는 서구에 대응할 수 있는 아시아 유일의 대국이라는 자존심과 중화의식이 내포되어 있는 지역강대국으로서의 지위와 역할을 확고히 하겠다는 의지의 표현이라 할 수 있다. 이는 또한 아시아 지역에서는 지역강대국에 걸맞는 적극적인 역할을 할 것이라는 유소작위(有所作爲, 필요할 때 적극 행동한다)전략을 의미한다.

---

26) 葉自成,『中國大戰略 : 中國成 爲世界大國的主要問題及戰略選擇』(北京: 中國社會科學出版社, 2003), p.307
27) 龐中英, "亞洲: 中國對外政策的戰略重點",『南方日報』, 2001. 8. 30

마지막으로, 민족주의가 탈냉전시대 중국 외교의 바탕에 깔려있다고 볼 수 있다. 중화사상에 기반을 둔 민족주의는 근대사의 경험적 요인과 결합되면서 구미국가들에 대한 피해의식과 함께 배타적인 민족주의가 자리 잡았으며, 탈냉전시대에 들어서면서는 그들의 국력증대를 바탕으로 구미국가들과의 경쟁의식이 팽배해 갔다.

중국은 1990년을 전후한 사회주의권의 몰락을 지켜보면서 중국사회주의의 위기를 절감하여 체제유지 차원에서 이념을 강조하는 한편 서방의 가치관 유입을 차단하는데 적극적으로 대처하였다. 특히, 사회주의의 실패를 부인하고 다른 사회주의국가와 자신의 차별성을 부각시키면서 과거에는 별로 드러내지 않았던 민족주의적인 색채를 점차 진하게 나타내기 시작하였다. 중국에 있어서 민족주의야 말로 가장 비공식적인 이데올로기(informal ideology)라고 할 수 있다.[28] 탈냉전시대 민족주의가 중국 외교의 기조가 되고 있다는 의미는 중화사상에 기반을 두고 있는 민족주의와 배타적인 자기중심적 태도가 역사적 경험 등과 결합되면서 중국의 대외적 행위가 패권주의적인 특성을 가지게 된다는 것이다. 이러한 인식이 '중국위협론'을 주장하는 중요한 근거 중의 하나가 되고 있으며, 이러한 관점에서 본다면 중국이 아시아 지역에서 패권을 추구하고 있다는 사실은 부인할 수 없다. 더 나아가 중국은 지역강대국, 즉 지역에서의 패권추구에 그치지 않을 것이며 중장기적으로는 세계적인 차원에서의 패권경쟁에 뛰어들 것이다.

그러나 중국은 기회가 있을 때마다, 특히 미국을 비롯한 강대국들에 대한 반패권의 입장을 강조할 때마다 자신은 패권을 추구하지 않는다고 천명하면서 제3세계 리더로서의 의무, 책임대국론, 패권주

---

28) Steven Levine, "Perception and Ideology" in Robinson and David Shambaugh, eds., Chinese Foreign Policy: Theory and Practice(Oxford: Clarendon Press, 1994), pp.30-46 참조

의와 강권정치 반대 등의 술사로 자신의 패권적 성향을 은폐하고 있다. 그러나 우리는 중국이 지역강대국으로 만족하지 않고 세계적 차원의 패권을 추구하고 있다는 사실과 그러한 의도는 어렵지 않게 발견할 수 있다. 중국은 탈냉전시대 외교목표를 변화하는 국제질서 속에서 지역강대국으로서의 위상을 확고히 하고 더 나아가 제3세계 국가들을 규합하여 국제적인 영향력을 확대하는 것이라고 강조한 바 있다.29) 이는 제3세계 국가들을 지지세력으로 하여 세계적인 차원에서 패권경쟁에 나서겠다는 의지로 해석할 수 있다. 이를 위해 중국은 미국을 중심으로 하는 서방의 강대국들이 서방의 가치관을 전 세계에 강요하고 있으며, 이러한 행태는 구질서하의 강권정치나 패권정치의 연장선에서 신질서를 추구하는 것이라 비난하는 한편, 중국 자신은 사회주의국가이자 개발도상국으로서 다른 제3세계의 개발도상국들과 함께 이러한 불리한 질서를 타파하고 신세계질서를 구축할 것이라 주장하였다.30) 이는 중국이 국제사회에서 자신의 실질적 역할을 확대하면서 다극화 국제질서의 한 극으로서의 존재감을 국제사회에 각인시키고자 하는 공세적인 목표이자 중장기적인 패권추구 전략이라 할 수 있다.

---

29) 이를 위해 중국은 유엔안보리 상임이사국으로서의 자신의 역할을 충분히 발휘할 것을 천명하고, '제3세계국가들과의 단결과 협력강화는 중국 외교의 발판'이라 강조하면서 개발도상국의 리더로서 개도국들과의 단결과 협력을 강화할 것이라 밝히고『江澤民在中國共産黨十四次全國代表大會上的報告』(1992. 10. 12) 다자외교에 적극 참여하여 유엔과 기타 국제기구에서 중국의 역할을 충분히 발휘할 것이라 천명하였다.『江澤民在中國共産黨十五次全國代表大會上的報告』(1997. 9. 12)

30) 杜攻, "對轉換中世界格局的幾点看法",『國際問題研究』1991年 第4期, p.5

제3절 대 강대국 외교 : 동아시아 세력균형전략

1. 탈냉전시대 동아시아 국제환경

1990년대 탈냉전시대의 개막으로 미국이 유일 초강대국의 절대적인 우위를 점하는 국제체제가 출범하게 되었으며 이러한 범세계적인 국제질서의 변화는 동아시아 지역의 국제환경에도 근본적인 변화를 가져오게 되었다.

냉전시대의 동북아질서는 미국과 소련을 중심으로 한 양극체제가 상위구조를 이루면서 일본과 중국을 중위구조로 하고 남북한이 하위구조를 구성하는 동북아 위계질서가 형성·유지되었다. 이러한 수직적 구조는 두 초강대국을 양축으로 하여 대립적이긴 하지만 안정적인 균형질서를 형성하고 있었다.[31] 즉 전 세계적인 양극체제의 연장선에서 동북아에서도 미국, 일본, 한국으로 구성된 남방 삼각협력체제와 소련, 중국, 북한으로 형성된 북방 삼각협력체제가 전형적인 냉전적 균형체제를 형성하고 있었다. 이러한 동아시아의 대립적 균형체제는 1970년대 초반 중·소 양국의 대립과 함께 중·미관계의 개선으로 변화가 오기 시작하여 미·중·소 삼각체제를 형성하게 되었고 이것이 1980년대에는 미·일·중·소 4강체제로 전환되었다고 볼 수 있다.[32] 그러나 탈냉전시대의 개막과 더불어 1990년대 초 한국의 소련 및 중국과의 수교 그리고 소련의 붕괴는 동북아의 냉전적인 균형질서를 완전히 무너뜨림으로써 전 세계적인 차원에서 뿐만 아니라 동아시아지역에서도 미국이 절대적인 우위를 점하

---

31) 안인해, "동북아 질서 재편과 중·북한관계", 『통일연구논총』 5권 2호 (서울: 통일연구원, 1996), p.173
32) 안병준, "동북아질서 재편의 추세", 『통일연구논총』 제1권 1호(통일연구원, 1992. 6), p.162

는 탈냉전적인 불균형질서가 형성되기 시작하였다.

　이러한 미국 우위의 탈냉전적인 불균형질서 속에서 동아시아지역은 세계 4강의 이해관계가 엇갈리고 있는 유일한 지역으로서 다른 지역들과는 달리 신질서 형성에 주목할 만한 변화가 일어나고 있었다. 그 주요 특징으로는 첫째, 소련 붕괴 이후 미·소 양국간 냉전적 대립구도가 붕괴됨으로써 중국과 일본 등 역내 국가들의 발언권이 강화되었다는 것이다. 이는 당시 미국의 대아시아정책에 기인하는 바가 크다고 할 수 있다. 러시아는 산적한 국내문제로 인하여 동아시아 신질서 형성 과정에서 더 이상 주도적 역할을 수행하기 어려운 상황에 놓이게 되었다. 반면 미국은 범세계적인 영역에서 유일 패권국의 지위를 유지하고 있었지만 동아시아질서를 독자적으로 주도하기보다는 지역동맹국과의 협력을 통하여 지역질서를 안정적으로 유지하려 하였다. 이러한 차원에서 미국은 동아시아에서의 안보부담 축소 의도와 함께 일본과 공동으로 전역미사일방어(TMD)체제 구축을 모색하게 되었고 '미·일 신방위협력지침'으로 동아시아에서의 일본의 군사적 역할증대를 가능하게 하였다. 동아시아에서의 러시아 역할 위축과 미국의 안보부담 축소 의도는 중국과 일본으로 하여금 지역강대국으로서의 위상을 강화할 수 있는 대외적인 환경을 제공하였던 것이다.

　둘째, 소련의 붕괴로 미·중·일이 냉전시대와 같이 소련의 팽창과 위협에 대처하기 위한 긴밀한 안보협력관계를 지속해야 할 필요성이 더 이상 존재하지 않게 되었다.[33] 자신들의 안보를 위협하던 공동 가상적이 소멸된 상황에서 중국은 동중국해와 남중국해에 대한 진출에 보다 적극적인 태도를 보이게 되었고,[34] 이에 일본은 중

---

33) 과거 냉전시대 중국은 미국과 일본 모두와 소련의 위협에 대처하는 '반패권'조항에 합의한 바 있다. 김옥준, "덩샤오핑(鄧小平)의 반패권주의 외교", 『대한정치학회보』 제10집 1호(대한정치학회, 2002) 참조

국의 적극적인 해양진출 전략에 대처할 필요성을 절실하게 느끼게 되었다. 결국 역내 두 강대국인 중국과 일본 간에는 잠재적인 안보적 대립요인들이 분출되었고 이로써 중·일 양국은 안보적인 영역에서 대립적인 관계에 놓이게 되었다.

셋째, 탈냉전시대 동아시아 안보질서는 양면성을 띠고 있다는 점이다. 즉 협력과 갈등요인이 여전히 공존하고 있었다. 1990년대 들어 미·소간의 대립국면이 해소되면서 역내 이해관계를 가진 강대국 간 다극화의 추세가 진전되고, '아세안지역안보포럼(ARF)'과 '동북아협력대화(NEACD)'가 활성화됨으로써 동아시아의 긴장완화추세가 가시화되었다. 또한 역내국가간 경제의존도의 심화도 지역 안보환경에 긍정적인 영향을 미치고 있었다. 그러나 다른 한편으로 동아시아 지역에는 여전히 영토분쟁, 통일(분단)문제, 과거사 문제 등 전통적 안보 위협요인이 미해결 상태로 남아 있어 불투명한 안보상황이 지속되고 있었다. 이와 같은 역내 안보환경의 불투명성은 역내 이해관계를 가진 강대국들로 하여금 잠재적 안보불안을 야기시켜 군사력 증대를 유도하는 요인으로 작용하였다.[35]

그러나 동아시아지역에서 유일 초강대국인 미국이 안보부담을 축소하고자 일본의 역할을 증대시키는 정책을 채택하였다고 하지만 자신의 주도적 지위를 포기한 채 평등한 4강체제 구축을 추구한 것은 아니며, 더구나 중·일·러 삼국이 가까운 시일 내에 미국의 국력에 도전할 수 있는 상황이 올 수 있다는 것도 아니다. 단지 미국이 동아시아에서도 일초다강(一超多强)의 국제체제를 추구하겠지만 타 지역과는 달리 동아시아 지역 내 국제적 사안에 대한 독단적인

---

34) 중국은 1992년 '영해법'을 제정하여 서사군도와 남사군도 그리고 댜오위다오(釣魚島)를 중국령으로 획정하였다.
35) 신상진, "동아시아에서 중국과 일본의 대립과 한반도 안보", 『통일연구논총』 제6권 2호(서울: 통일연구원, 1997), p.5

결정이나 정책추구는 위와 같은 요인들에 의해 저항과 갈등을 불러 일으킬 수 있다는 것이다. 따라서 동아시아에서의 미·일·중·러 4강의 역학구도에서 유일 초강대국인 미국을 포함한 모든 구성원이 지역 안정을 위해 고려할 수 있는 정책은 체제적 차원에서의 세력균형과 양자적 차원에서의 관계강화 정책이라 할 수 있을 것이다.

2. 동아시아 세력균형전략

1) 배경 및 목적

냉전시대 중국은 전통적으로 동아시아 지역에서의 견제와 세력균형을 추구해 왔다. 1950년대와 1960년대에는 소련과의 연대를 통하여 미·일의 동맹세력에 대한 견제와 균형을 추구하여 왔으며, 1960년대 말 중·소관계가 극도로 악화되면서부터 1970년대에는 미국 및 일본과의 관계 개선을 통하여 소련의 팽창과 위협을 견제하고자 하는 반패권 연대를 구축하였다. 또한 1980년대에는 '연미반소'전략의 한계를 극복하고자 소련과의 관계개선을 통한 중·소·미·일 4강체제를 추구하였다. 이러한 중국의 세력균형 전략은 특히 개혁개방 이후 그들의 외교기조인 평화롭고 안정된 주변국제환경의 조성이라는 기반위에 수립된 가장 기본적인 외교전략이라 인식되고 있었다. 즉 중국은 패권적 국제질서보다는 다극화된 세력균형적인 국제질서가 평화와 안정을 보장할 수 있는 메커니즘이며, 이러한 세력균형적인 국제질서가 그들의 국익추구에 유익하다는 기본적인 인식을 가지고 있었다.

그러나 1990년대 초 소련의 붕괴 이후 국제질서는 유일 초강대국으로 남게 된 미국을 중심으로 일초다강(一超多强)의 단극적 패권질서가 형성되고 있었으며, 이러한 미국 우위의 일초다강 체제는 동아시아 지역 역시 예외는 아니었다. 미국 우위의 일초다강 체제라는 탈냉전적 불균형체제의 출현은 중국 자신의 국익추구에 매우 불리한 국제질서가 형성되고 있음을 의미하는 것이었으며, 이에 중국은 새로운 국제질서의 구축을 주장하면서 이에 대한 방안으로 다극화를 주장하게 되었다.

　탈냉전시대에 세시된 중국의 다극화 주장은 패권적 불균형질서가 역내 평화와 안정을 저해한다는 인식과 함께 자신이 한 극으로서의 역할과 기능이 인정된 세력균형을 의미한다. 더구나 냉전 종식 후 미국의 동아시아에서의 역할 축소와 이로 인한 일본의 정치적 역할 확대는 다극화를 통한 세력균형 전략의 가능성을 높여 주었다. 이러한 동아시아의 역학적 구조의 변화 속에서 중국의 세력균형 정책은 두 가지 방향으로 추진되었다. 하나는 미·일 안보동맹의 강화를 견제하기 위한 러시아와의 전략적 제휴라는 체제차원의 세력균형추구이며, 다른 하나는 탈냉전시대 동아시아에서의 중·미·일 삼각관계에서의 균형 추구이다. 이는 미·일관계보다 약세에 있었던 중국의 미국 및 일본과의 양자관계 강화를 통한 등변적인 삼각관계를 추구하는 것이었다.

　먼저, 러시아와의 전략적 제휴를 통한 세력균형 추구 전략을 보면, 1990년대 중국은 동아시아지역에서 미국의 패권주의와 강권정치 그리고 미·일 동맹의 강화가 세력불균형을 초래함으로써 동 지역의 안정을 위협하고 있다고 인식하고 러시아와의 전략적 제휴를 통하여 미국의 독주와 미·일 동맹체제 강화를 견제함으로써 안정적인 세력균형 상태를 구축하고자 하였다. 냉전시대 중국은 미·일 동맹체제가 일본의 군사대국화와 지역패권확보 욕망을 효과적으로 제어하고 아·태지역 안정유지에 긍정적인 기여를 해왔다고 평가해 왔다.[36] 뿐만 아니라 미·일 동맹은 소련의 동아시아 진출을 저지하

---

36) Banning Garret and Bonnie Glaser, "Chinese Apprehensions About Revitalization of the U.S.-Japan Alliance," *Asian Survey*, Vol. 37, No. 4

는 역할을 수행함으로써 중국의 안보에도 간접적으로 유리하게 작용한 측면이 있다고 판단해 왔다.

그러나 1995년 일본의 '신방위계획대강' 통과, 1996년 미국과의 '미일신안보공동선언'과 동 공동선언에 입각하여 작성된 1997년의 '미일신방위협력지침'은 중국의 미·일 동맹에 대한 태도를 변화시키기에 충분한 것이었다. '미일신방위협력지침'에서는 유사시 미군 활동에 대한 일본의 후방지원 등 군사협력문제를 구체적으로 명시한 것 이외에도 특히 미·일 방위협력 범위를 확대함으로써 중국을 자극하였다. 즉 유사시 일본 주변지역의 범위를 한반도뿐만 아니라 대만해협과 남사군도 지역까지 확대한다는 것이었다.37) 이는 미국이 동 지침을 통해 지역안보에 대한 일본의 역할을 확대함으로써 자신의 방위부담을 경감시키고, 더 나아가 일본의 군사적인 역할 강화를 부분적으로 인정하여 동아시아에서 중국과 서로 견제하도록 함으로써 이 지역에 대한 자신의 주도권을 계속 확보하려는 의도로 판단할 수 있을 것이다. 하지만 중국은 이 지침이 일본에게 군비증강의 구실을 제공함으로써 아·태지역의 안정을 저해할 수 있고 동아시아 질서가 미·일에 의해 주도되는 결과를 초래할 수 있을 것이며, 결국 동 지침은 동아시아에서의 미국의 주도권 유지와 일본의 군사강국화를 목적으로 하는 것이라고 인식하였다.38) 다시 말해 냉전 종식 후 동아시아에서 미·일의 안보역할 분담정책이 중국에게는 지역강대국으로서의 위상제고에 유리한 대외적인 환경을 조

(April 1997), p.385

37) *International Herald Tribune*, June 10, 1997, 劉江永, "美日重建冷戰後同盟", 『世界知識』 1996年 第9期(1996. 5), p.4 미일 신방위협력지침 최종개정 과정에서 지침 전문에 '일본주변지역'의 의미를 특별히 설명하고 있으나 대만해협 사태가 포함될 것인지의 여부는 미일의 독자적인 판단에 의해 결정될 수밖에 없어 중일간의 갈등요소가 여전히 남아 있다.

38) 陳鋒, "日本邁向政治和軍事大國的文件", 『瞭望』 1996年 第4期(1996. 1), p.45

성해 주었지만, 한편으로 미·일의 안보협력 강화는 미국의 패권적 지위를 확고히 하면서 중국의 영향력확대를 저지하기 위한 새로운 대중 봉쇄정책으로 받아들여질 수 있었다. 따라서 중국은 1990년대 중반 전개되고 있었던 일련의 미·일 양국 군사동맹 강화의 의도가 '중국위협론'의 논조아래 탈냉전시대 미국의 대 중국 포위전략 구도가 다시 강화된 것이라 인식하였다. 중국은 미국의 이러한 동아시아에서의 움직임이 NATO동진정책과 맞물려 자신을 동, 서 양쪽에서 압박하는 형세를 만들 수 있다고 우려하고 있었다.

이러한 인식하에 중국은 미국의 전략적인 '연성포위망'을 타파하기 위하여 중국은 그들의 국가안보(특히 군사안보, 지역안보)적인 고려에서 러시아와의 전략적 제휴를 통한 세력균형을 추구하게 되었던 것이다.[39] 러시아와는 '위험한 군사행동 방지협정'을 체결하고, 인도와는 '국경지역 평화 및 안정 협정'을 체결하였으며, 특히 러시아, 카자흐스탄, 키르기스스탄, 타지키스탄, 우즈베키스탄 5개국과 체결한 '국경지역 군사영역신뢰에 관한 협정'은 대내적인 안보(신쟝 분리운동 억제)를 확보할 수 있을 뿐 아니라 중앙아시아와 연합전선을 구축할 수 있어 미일안보체제와 세력균형을 이룩하고자 하는 것이었다.[40]

다음으로, 중·미·일 삼각관계의 균형화를 추구하는 것이었다. 이는 중·미, 중·일, 미·일관계 모두가 가지고 있는 협력과 대립이라는 이중성을 이용하는 것이다. 그러나 탈냉전시대에 접어들어서도 미·일관계의 이완은 기대하기 어려운 상황이었다.[41] 따라서 중

---

39) 劉慶元箸, 김옥준 역, 『탈냉전시대 중국국가안보전략』(계명대학교 출판부, 2005), p.160
40) 陳福成, 『國家安全與戰略關係』(台北: 時英出版社, 2000), pp.207-208
41) 탈냉전시대 미·일 양국이 뚜렷한 적대국이 없는 상황에서 양국은 국내 사회·정치적으로 갈등이 일어날 소지는 냉전시대보다는 확실히 증폭되고 있었다. 그러나 미·일 양국 간에는 안보문제에 대해서 뿐만 아니라 민주주의와 인권 그리고 문화적인 측면에서도 공동가치 및 이

국은 중·미·일의 삼각관계는 등변관계가 아니라 심각한 불균형 구조를 띠고 있고 이러한 불균형구조는 중국의 외교적 입지를 제약할 뿐만 아니라 아·태지역 안정에 대한 중국의 적극적인 역할의 수행을 어렵게 하고 있다고 보고 이를 등변관계의 균형구조로 전환시키려는데 그들의 외교목표를 설정하게 되었다.42)

중국은 1990년대 중·미·일 삼각관계가 세 가지 측면에서 불균형구조를 띠고 있다고 인식하고 있었다. 첫째, 정치·경제·안보 등 각 영역 간에 나타는 불균형으로 경제관계의 급진적인 발전에 비해 정치·안보영역에서의 상호관계는 상대적으로 침체되어 있다는 것이다. 둘째, 삼각관계를 이루는 세 변의 강약상의 불균형으로 삼각관계가 미·일관계를 기축으로 형성되어왔기 때문에 미·일관계는 견고한 반면 중·미관계와 중·일관계는 대단히 취약한 상태에 놓여 있다는 점이다. 특히 1996년 '미일안보공동선언'과 1997년 '신방위협력지침'의 채택으로 미·일 동맹관계가 더욱 강화됨으로써 중·미·일 삼각관계의 불균형구조를 더욱 심화시켰다. 셋째, 전략적 역할 측면에서의 불균형이다. 냉전 종식 후 미·일 양국은 냉전시대의 산물인 안보동맹조약을 재확인함으로써 일본의 전략적 역할과 위상은 냉전시대와 같이 변함없는 미국의 '지지자'로서 유지되게 되었다. 따라서 1990년대의 중·미·일 삼각관계에서 미국과 일본은 '지도자'와 '지지자'의 관계를 유지한 반면, 소련이라는 주적의 소멸 이후 중국이 점차 과거 소련을 대신하여 새로운 '도전자'의 지위와 역할에 서게 되었다는 것이다.

따라서 미·일 동맹관계의 강화로 중·미·일 삼각관계의 불균

익이 상당히 축적되어 왔다. 또한 적어도 동북아의 안정과 평화유지에 대해서는 양측이 기본적으로 공동인식을 가지고 있었다.
42) 박두복, "중일관계 발전전망 – 중국의 정책을 중심으로", 『주요국제문제분석』(서울: 외교안보연구원, 1998.12 30), 참조

형이 심화되고 있는 상황에서 이러한 삼각관계의 취약한 두 변, 즉 중·미관계와 중·일관계를 보강시켜 나가는 것이 중국에게 무엇보다도 중요한 외교적 과제로 대두되었다. 이러한 전략적 사고에서 중국은 우선 미국과 전략적 동반자관계의 구축을 통해 자신은 중·미·일 삼각관계의 도전자적 지위에서 탈피하면서 중·미관계를 미·일관계와 등변적 위치로 발전시키고, 동시에 이들 두 변을 상호 Non Zero-Sum적 관계로 발전시킴으로써 중·일관계 발전의 걸림돌을 근원적으로 제거해 가는 정책을 취하게 되었다.

2) 러시아와의 전략적 제휴를 통한 세력균형

탈냉전시대가 개막되면서 중국은 과거 구소련과의 불편했던 관계를 청산하고[43] 활발한 정상외교를 통해 양국관계를 다져 나갔다. 그 결과 1996년에는 양국관계를 '전략적 협력동반자관계'로 발전시켰고 다음해인 1997년에는 '다극화 세계 및 신국제질서 확립에 관한 공동 성명'을 발표함으로써 러시아와의 관계강화 목적에서 동아시아에서의 세력균형과 다극화 국제질서의 구축이 중요한 부분을 차지하고 있음을 분명하게 드러내었다.

소련의 붕괴 후 1991년 12월 중·러 양국은 새로운 외교관계를 수립하고 양국관계 발전을 모색하기 시작하였다. 그러나 1990년대 초 당시 러시아는 미국과 서구의 전폭적인 경제원조를 이끌어내기 위하여 친서방 정책을 추구하고 있었다. 따라서 러시아에 있어서 중국의 비중은 제한적일 수밖에 없었고 중·러관계의 발전도 비교적 완만할 수밖에 없었다. 그러나 미국의 경제적 지원은 러시아의 기대에 훨씬 미치지 못하였고 이로 인해 러시아의 미국에 대한 신뢰는 점점 상실되어 갔다. 1992년 옐친 대통령은 서양과 동양을 함께

---

43) 냉전시대 중·소 양국관계는 1980년대 들어 완화되기 시작하여 1989년 5월 고르바쵸프의 중국 방문으로 일단 정상화되었다.

겨냥하는 외교를 표방하면서 동년 12월 러시아 대통령으로서는 처음으로 중국을 방문하였다. 양국 정상회담 이후 발표한 '중·러관계 기초에 관한 공동선언'에서 양국은 "서로를 반대하는 동맹을 체결하지 않고, 상호안전을 위협하는 행위를 하지 않으며, 어떠한 제3국에 대해서도 자국의 영토를 군사적으로 이용하는데 반대한다"고 천명하였다.44) 그리고 다음해인 1993년 9월 쟝저민(江澤民) 주석이 러시아를 방문하여 '중·러 공동성명'을 발표하고 양국간 '새로운 형태의 건설적 동반자관계' 구축에 합의하였다.45) 이어 1995년 5월 쟝 주석은 옐친 대통령의 초청으로 반파시스트 전쟁 승리 50주년 기념행사에 참석하여 정상회담을 가지고 양국간 장기적이고 안정된 우호협력관계 발전을 위해 공동 노력할 것에 합의하였다.

1996년 초 러시아는 이제 더 이상 서구국가의 뒤를 쫓아가지 않을 것이며 세계에서 독자적인 지위를 확립할 것이라 강조하면서 전방위 외교전략의 형태를 갖추기 시작하였다. 이는 러시아 외교에서 중국의 비중이 커지고 있다는 것을 의미하며, 중·러 양국간 대미 전략에서의 협력을 가능하게 하였다. 결국 1996년 4월 옐친 대통령 중국 방문에서 양국은 '21세기를 향한 전략적 협력동반자관계' 구축에 합의함으로써 대미 전략적 제휴가 구체화되기 시작하였다. 양국 정상은 공동성명에서 당시 국제사회에 패권주의와 권력정치가 여전히 존재하고 있다는데 인식을 같이하고, NATO의 동방확대를 비롯한 미국의 영향력 팽창에 대한 우려와 불만을 공동으로 표명하였다. 또한 체첸문제는 러시아 내부문제이며, 대만은 중국의 일부임을 확인하고 카자흐스탄, 키르기스스탄, 타지키스탄 등과 함께 '상하이

---

44) 許鐵兵 편저, 김옥준 역주 (2003), p.77
45) 양국은 동 선언에서 평등한 선린우호·호혜협력관계를 구축하고 양국간 동맹관계를 추구하지 않으며 제3국을 가상적으로 하지 않을 것임을 확인하고, 상호간 핵무기사용 포기, 오랜 현안이었던 서부지역 국경선을 확정키로 합의하였다. 『人民日報』, 1993. 9. 5

협정'을 체결함으로써 중·러 양국의 전략적 협력관계를 지원하는 구조를 구축하였다.46)

중·러 양국의 전략적 협력동반자관계로의 발전요인은 무엇보다도 대미 견제를 비롯한 양국간 외교안보이익이 합치되었다는 점을 지적할 수 있다. 즉 중·러간 '선략적 협력동반자관계'로의 발전은 신국제질서 형성 및 대미관계에서 추구하는 양국의 외교안보이익을 단독으로 추구하기 보다는 공동으로 추구하는 것이 보다 유리하다는 중·러 양국 공동의 전략적 선택이었다. 중·러 양국은 냉전 종식 후 단극체제, 패권주의, 권력정치, 상호 대립되는 정치·군사·경제 블록의 형성 등에 반대하면서 다극화된 국제질서의 확립을 지지하여 왔다. 이는 유엔안보리 상임이사국이자 강대국으로서의 양국이 다극화된 국제질서하에서 국제사회의 안정과 평화 그리고 양국의 국익보전 및 확대를 보다 용이하게 추구할 수 있을 것이라는 믿음에 기인하고 있다고 볼 수 있다.

양국의 이러한 공동인식은 냉전 종식 후 유일한 초강대국으로서의 미국이 국제질서의 형성 및 관리 과정에서 주도적인 역할을 하면서 양국의 국익에 배치되는 정책 즉 NATO의 동진정책, 대만 지원정책, 대 중국 인권정책 및 무역정책, 일본의 군사적 역할 증대를 동반한 동맹정책 등을 추구하자 더욱 강화되었고, 이에 대한 공동대응을 모색하게 되면서 1990년대에는 중반 급속한 관계진전이 이루어졌다.

중국은 특히 유일 초강대국인 미국과 미국을 지원하는 강대국 일본의 군사·안보적 협력 강화는 곧 동아시아에서의 극심한 세력 불균형을 가져와 역내 평화와 안정을 위협할 것이고 이는 곧 자신의 경제발전뿐만 아니라 다차원에서의 국익을 훼손할 것이라고 인식하였다. 또한 러시아는 체코, 헝가리, 폴란드 등 과거 바르샤바조약

---

46) 『北京週報』, 1996年 第19號, pp.12-24

기구 국가들뿐만 아니라 원래 소련의 연방이었던 발트해 연안의 리투아니아, 에스토니아, 라트비아까지 NATO에 편입시키고자 하는 미국의 NATO 동진정책을 자신의 전통적인 전략적 지반을 잠식하면서 서쪽 국경의 안보를 위협하는 것이라 인식하였다. 더구나 이것은 동아시아에서의 미·일 동맹 강화와 연결되어 중·러 양국을 동쪽과 서쪽에서 압박하는 역학구도를 형성하는 것이라 판단하였다.

이러한 중·러의 '전략적 협력동반자관계'는 1997년 4월 모스크바 정상회담에서 '다극화세계 및 신국제질서 확립에 대한 공동성명'을 발표함으로써 대미 견제를 통한 세력균형의 의지와 다극화전략을 가시화시켰다. 동 공동성명은 "중·러 양국은 21세기 전략적 협력을 위한 동등하고 상호 신뢰할 수 있는 관계를 발전시키기 위하여 유엔안보리 상임이사국으로서의 국제사회에 대한 책임을 인식함과 동시에 주요국제문제에 대하여 일치된 정책을 지향할 것"이라 밝히고 동반자 정신에 기초하여 다극화세계 및 신국제질서 발전을 위한 상호 협력, 어느 한 국가의 패권추구 및 국제문제에 대한 독점권 행사 반대, 타국의 안보를 위협하고 국지적·국제적 긴장을 조성하는 군사블럭화 정책 반대, 유엔 및 유엔안보리의 역할 강화 등을 강조하였다.[47] 이는 탈냉전시기 국제체제는 중국과 러시아가 일정한 역할을 수행하는 다극체제가 구축되어야 함을 강조하는 것으로써 어떠한 국가도 패권을 추구하거나 강권정치로 국제정치문제를 독점해서는 안되며, NATO의 동방확대와 미·일 동맹의 강화 등을 의미하는 군사블럭화 정책에 반대한다고 주장함으로써 미국의 패권주의에 대한 명백한 견제의사를 표명한 것이라 하겠다.

이후 중·러 양국의 다극화 주장을 통한 미국의 패권적 지위와

---

[47] 『人民日報』, 1997. 4. 24

독주에 대한 견제의 의도는 계속된 정상회담에서 지속적으로 노출되었다. 1997년 11월 옐친 대통령의 중국방문에서 양국은 다극화 국제질서 구축에 공동 노력하고 에너지 분야에서의 협력강화와 지속적인 군사기술의 원조와 교류를 추진하기로 합의하였다.[48] 1998년 11월 쟝저민 주석의 러시아 방문에서도 미국의 단극 지배체제 견제를 위한 다극체제 확립의 필요성에 공감하였으며,[49] 1999년 8월 키르기스스탄에서 개최된 5개국 정상회의에서 가진 중·러 정상회담에서도 다극화의 필요성과 국가주권을 침해하는 내정간섭 행위에 반대하는 공동입장을 재확인하였다. 또한 같은 해 12월 옐친 대통령이 중국을 방문하여 발표한 공동성명에서 양국은 미국의 TMD구축 계획을 비난하고, 미국의 NATO확대 전략과 미·일 동맹 강화에 공동 대응할 것에 합의하였다.[50]

 2001년 출범한 부시 행정부가 대중 강경정책으로 선회하자 중국은 러시아와의 실질적인 전략적 협력관계강화의 필요성을 더욱 절감하게 되었다. 이에 2001년 7월 쟝저민 주석은 러시아를 방문하여 푸틴 대통령과 '중·러 선린우호협력조약'을 체결하게 되었다. 중국이 먼저 제안한 총 25개조, 유효기간 20년으로 된 동 조약은 표면적으로는 21세기 쌍방관계 발전을 위한 지침이라고 하지만, 그 성격에는 미국의 패권 견제와 균형추구의 목적이 다분히 포함되어 있다. 즉 동 조약이 제3국을 겨냥하지 않으며 군사분야의 협력을 언급하지 않음으로써 군사동맹적인 성격을 가지고 있지 않음을 강조하려 하였지만, 동조약과 함께 발표된 양국 공동선언에서 ABM조약의 유지를 주장함으로써 미국의 MD체제 구축계획에 대한 반대의사를 분명

---

48) 『人民日報』, 1997. 11. 24
49) 뿐만 아니라 중국의 서부지역 국경을 확정하고, 러시아의 대만에 대한 삼불(三不)정책을 재확인하였다. 『人民日報』, 1998. 11. 24
50) 또한 체첸문제는 러시아 국내문제이며 중국은 이를 지지한다고 밝혔다. 『人民日報』, 1999. 12. 10

히 표명하였으며, 양국간의 선진기술, 특히 우주탐사 및 우주산업분야에서의 협력을 강조하고 있다는 점에서 미국의 독주를 견제하고자 하는 의도를 가지고 있음이 분명히 드러나고 있다.51)

결국 1990년대 중국과 러시아간 교류와 협력이 활성화되고 양국이 전략적 동반자관계를 형성할 수 있었던 것은 중·러 양국 모두가 미국에 대하여 가지는 불만과 갈등관계가 그 밑바탕이 되고 있었다. 러시아는 냉전시대 바르샤바조약기구의 일원으로서 자신의 영향권 하에 있었던 동구국가들에게까지 NATO가 확장되고 있어 이에 대한 경계와 불만의 시각을 가지지 않을 수 없었으며, 중국 역시 앞에서 언급한 바와 같이 대만문제, 인권문제, 무역수지 불균형문제 그리고 미·일 동맹 강화문제 등으로 미국과 갈등을 노출하고 있었다. 이것과 함께 중·러 양국의 적극적인 협력의 촉매제가 된 것은 양국의 긴밀한 관계를 미국에 과시함으로써 미국의 세계 패권의도에 대한 주의를 환기시키고자 하는 공동이익의 존재라 할 수 있다.52) 따라서 중국은 자신과 러시아가 미국 주도의 단극체제에 대해 확고한 반대 입장을 취한다면 탈냉전시대 패권을 확립하려는 미국의 의도를 견제할 수 있다고 인식하였고 이를 위해 러시아와의 관계를 강화하는데 주력하게 되었다.

3) 중·미·일 삼각관계의 균형추구

가. 미국과의 전략적 관계 발전

개혁개방 이후 중국은 대체적으로 중·미간의 전략적 이해관계에서 공통점이 차이점보다도 많다고 인식해 왔으며, 공통의 전략적

---

51) *South China Morning Post*, July 17, 2001
52) Jin-Dong Yuan, "Sino-Russian Confidence Building Measures: A Preliminary Anaalysis", *Asian Perspective*, Vol. 22, No. 1(Spring 1998), pp.95-96

이해관계를 증진시키고 차이점을 제거 또는 관리해 나가야 한다는 주장이 지배적이었다. 냉전시기 중·미 양국은 소련의 팽창과 위협 저지, 아·태지역 및 한반도 평화와 안정유지, 대만문제의 순조로운 해결, 일본의 독자적인 군비확장정책 추구를 막기 위한 미·일 안보동맹의 지속, 환경문제, 테러리즘, 마약 퇴치문제 등의 범세계저인 문제 대처 등에서 그 전략적 이해관계를 같이 하고 있었다.

그러나 탈냉전시대에 접어들면서 소련에 대한 전략적 견제라는 공동 목표가 사라지고 중국의 급속한 경제성장과 함께 대두된 민족주의를 배경으로 양안관계, 미·일 안보동맹 등 구체적인 사안에 대하여 중국은 미국과 전략적 이해관계를 달리하고 있다고 평가하는 견해가 대두되기 시작하였다. 소위 수정주의자라 불리우는 이들은 비록 아·태지역의 평화와 안정유지 등 일반론적 관점에서는 중·미 양국이 전략적 이해관계를 공유하고 있음을 인정하고 있으나 중국의 대미협력 강화가 대미의존도를 심화시켜 중국의 외교활동 범위를 축소시킬 수 있다고 주장하였다. 또한 중국은 이제 강해졌기 때문에 일련의 양국간 이슈에 대해 미국의 압력을 배제하여야 함은 물론 미국에 대항하기 위하여 다른 국가들과의 유대관계를 모색해야 한다는 것이었다.53) 이러한 조류를 반영하듯 1990년대 전반 중국의 대미정책은 상당히 강경하였으며,54) 이와 함께 중·미 양국은 상호간 체제, 이념 및 문화의 현격한 차이가 수면으로 떠오르면서 새로운 관계양식을 찾지 못한 채 1990년대 중반까지 제2의 냉전관계 양상으로 빠지는 경향까지 나타나고 있었다.

---

53) 楚樹龍, 金威 主編, 『中國外交戰略和政策』(北京: 時事出版社, 2008), pp.72-73

54) 1990년대 중반까지 중국은 리덩훼이 대만총통의 개인자격 방미허용에 대한 대응으로 중국 츠하오텐 국방부장 방미취소, 주미대사 소환, 중국계 인권운동가 해리우의 간첩혐의 구속, 대만해협 및 남지나해에서의 군사시위, 러시아, 미얀마 등과의 군사교류 증대, 핵실험 강행 등 대미 강경책과 고압적인 외교행태를 보여주었다.

그러나 중국은 1차 걸프전을 경험하면서 미국의 유일 초강대국으로서의 군사적 역량과 정치·외교적 영향력을 실감하게 되었고, 이에 수정주의자들의 견해에 반대하는 현실주의자들의 견해가 나타났다. 이들은 개혁개방 이후 중국의 급속한 국력신장에도 불구하고 중국이 안고 있는 정치·경제적 취약성 및 외부환경의 도전을 감안할 때 당시 중국은 대미의존 및 실용주의적인 관계를 유지하는 것 이외에 다른 전략적 선택을 가지기는 어렵다는 견해를 피력하였다.[55] 그 이유로서 1990년대 국제상황에서 볼 때 유일 초강대국인 미국에 중국이 단독으로 반대할 수 없고, 대미 견제를 위하여 강대국들과 협력체제를 구축하여야 하지만 러시아, 일본, 유럽 모두가 반미·친중 정책을 취할 수 있는 입장은 되지 못한다는 점을 들고 있다. 따라서 이들은 기본적으로 1980년대 중국 대미전략의 맥락에서 미국과의 전략적 협력을 추구하여야 한다고 주장하고 있다.

위의 두 견해는 실질적으로 중국의 대미정책과 중·미관계에서의 딜레마를 반영하고 있다. 즉 중국은 한편으로는 미국의 패권주의를 경계하고 지역강대국으로서 미국과 대등한 역내 발언권과 영향력의 확보라는 목표를 추구해야 하며, 다른 한편으로는 경제·안보적인 영역에서 상호 보완적 협력관계를 유지할 수밖에 없는 딜레마를 안고 있다. 전자의 측면에서 볼 때, 국제사회에서 그 동안의 경제발전과 정치적으로 미국을 필적할 수 있는 잠재력을 인정받고 있는 중국으로서 현 단계에서는 미국과 범세계적인 차원에서의 견제와 균형을 이루기는 힘들지라도 최소한 동아시아에서 미국과 대등한 영향력과 발언권의 획득은 당면한 과제로 떠오르고 있었다. 따라서 1970년대 구소련에 대항하기 위하여 형성되었던 중·미 전략적 유대관계는 탈냉전시대에 들어 패권적인 갈등관계로의 변화가 예상

---

55) 許鐵兵, 김옥준 역(2003), pp.61-69

될 수밖에 없었다. 더구나 1989년 천안문사건 이후 급격히 냉각된 중·미관계는 1990년대 중반까지도 크게 개선되지 못하고 있었다.

중국이 가지고 있는 대미정책의 딜레마 못지않게 미국 역시 동북아 문제에 있어서 중국의 협력을 필요로 하는 동시에 중국의 영향력 확대를 저지해야 하는 딜레마를 안고 있다. 클린턴 행정부 집권 1기 당시 북한의 핵개발문제 및 대만문제 등과 관련 대중국 전략적 대화의 필요성을 느낀 미국은 국력신장을 거듭하고 있는 중국의 부상으로 아·태지역 안보차원은 물론 세계안정을 위해서도 대중국 관계를 효과적으로 관리해야 할 필요성을 절감하게 되었다. 따라서 클린턴 행정부 집권2기에 들어 미국은 1997년 6월의 '국방전략보고서(QDR)'에서 적어도 2015년까지 중국을 포함한 어떤 국가도 군사적으로 미국에 도전할 수 있는 가능성은 없으며, 따라서 대중국 '봉쇄'전략의 필요성은 느끼지 않고 있음을 밝히고 중국의 점증되고 있는 아·태지역 및 세계안보에 있어서의 중요성을 감안, 중국과의 전략적 관계증진을 겨냥한 이른바 '포괄적 참여(comprehensive engagement)' 정책을 추구하게 되었다.

중국은 미국의 포괄적 참여정책을 여전히 자국에 대한 봉쇄정책으로 인식하기도 하였으나, 1990년대 중반 미·일 동맹관계의 강화로 역내 중·미·일 삼각관계의 불균형이 심화되고 있는 상황에서 삼각관계의 취약한 두 변, 즉 중·미관계와 중·일관계를 보강시켜 나가는 것이 무엇보다도 중요한 중국의 외교적 과제로 대두되고 있었다. 특히 중·일관계 발전을 위해서는 중·미관계 발전이 전제되어야 한다는 현실에서 미국과의 전략적 동반자관계의 구축은 필수불가결한 요소였다. 또한 중·미 양국이 일본에 대한 전략적 협력을 이룩해 간다면 미국 역시 일본의 군국주의화나 핵무장을 원하지 않는다는 점에서 중국과 인식을 같이 하고 있기 때문에 미·일 안보체제는 일본의 군사대국화를 방지하는 효율적인 메커니즘으로 작용할 수 있다고 보았다. 결국 탈냉전시대가 시작되면서부터 1990년대 중반까지의 기간 동안 중·미 양국이 얻게 된 가장 중요한 교훈은 양국관계가 단순히 무역, 기술 또는 인권문제 등의 차원을 넘어 전쟁과 평화문제에 직결되는 전략적 성격을 띠고 있다는 점을 직시해야 하는 것이었다.

이러한 중·미 양국의 인식 변화와 함께 갈등을 겪고 있던 중·미 관계가 크게 개선된 계기가 된 것은 1997년 10월 쟝저민 주석의 미국 방문이었다. 1985년 리셴녠(李先念) 주석 방미 이후 12년 만에 이루어진 중국 최고지도자의 미국방문에서 양국은 '21세기를 향한 건설적 전략동반자관계'를 구축하는데 합의함으로써 가시적인 관계개선을 이룩하였다. 또한 양국 정상은 공동성명을 통해 동반자관계 확립과 아울러 정상의 상호방문을 정기화하고 정상간의 직통전화 개설, 에너지와 환경 분야에서의 협력 모색, 경제교류 확대, 원자력의 평화적 이용과 협력, 핵무기 관련기술의 수출규제를 통한 핵 확산 방지 등에 합의하였음을 발표하였다.56) 이러한 양국관계의 개선은 1998년 6월 클린턴 대통령의 중국방문으로 더욱 공고화되었다. 클린턴 대통령의 방중기간 동안 양국은 '건설적 전략동반자관계'를 재천명하였으며, 상징적인 의미를 지니는 선언으로서 양국의 전략핵미사일 조준에서 상대국을 제외하기로 합의하였다.57) 또한 중국은 미국으로부터 대만문제에 대한 '삼불정책(三不政策)', 즉 두 개의 중국 반대, 대만 독립 반대, 대만의 국제기구 가입반대의 입장을 공식적으로 이끌어 냈다.58) 이러한 양국정상의 상호방문을 통한 관계개선은 1989년 천안문사건 이후 소원했던 양국관계가 10년이 흐른 뒤에야 비로소 정상궤도에 오르게 되었음을 의미한다.

---

56) 『北京週報』, 1997年 第46號, pp.7-9
57) *South China Morning Post*, June 28, 1998
58) *South China Morning Post*, June 30, 1998

그러나 중·미관계는 1999년 5월 NATO의 유고주재 중국대사관 오폭사건으로 다시 긴장국면으로 접어들게 되었으며, 미 의회가 콕스보고서를 통해 중국의 핵미사일 절취의혹을 제기하고 리덩훼이(李登輝) 대만총통이 양국론(兩國論)을 주장함으로써 더욱 악화되었다. 이에 중국은 대만에 대한 무력행사를 경고하고 탄도미사일 발사실험을 강행하였으며, 중성자탄 보유를 선언하는 등 대미 강경입장을 견지하는 한편 러시아와의 전략적 파트너십을 강화하여 미국과 NATO에 맞서려는 입장을 분명히 하였다.

악화 일로에 있던 양국관계가 전환점을 맞게 된 것은 1999년 9월 뉴질랜드 오클랜드에서 개최된 APEC 정상회의에서의 중·미 정상회담이었다. 이 회담에서 대만문제는 더 이상 거론되지 않았으며, 중국의 WTO가입에 대한 논의가 주로 이루어졌으나 가시적인 성과는 없었다고 알려졌지만 2개월 후인 11월 중·미 양국이 중국의 WTO가입에 합의한 사실을 놓고 볼 때 오클랜드에서의 양국 정상회담이 양국관계 전환에 결정적 작용을 하였다고 평가할 수 있을 것이다. 그러나 2001년 부시 행정부 출범 이후 중·미관계는 또다시 갈등의 국면으로 전환하게 된다. 부시행정부는 미국과 중국과의 기본관계가 '전략적 동반자관계'에서 '전략적 경쟁관계'로 전환되었음을 선언하였으며, 2001년 4월에 발생한 미군정찰기 사건은 양국관계의 불안정성을 극명하게 노출시켰다.

위에서 보는 바와 같이 중·미관계 는 '건설적 전략동반자관계' 구축이라는 가시적인 관계개선을 이룩하였음에도 불구하고 양국관계의 불안정성은 여전히 존재하고 있었다. 그렇다면 중·미 양국의 '건설적 전략동반자관계'는 어떠한 의미를 가지고 있는 것인가. 우선 이것은 중·러 간의 '전략적 협력동반자관계'보다는 한 차원 낮은 관계이며, '전략적 동반자관계'의 의미를 당시 첸치천(錢其琛) 외교담당 부총리는 "전략적 동반자관계의 구축은 전략적 동반자관계의 존재를 기정사실화하는 의미가 아니라 전략적 동반자관계의 건립을 위한 공동목표 달성을 위해 협력하고 노력하는 과정을 의미하는 것이며, 전략적 동반자관계의 건립이 곧 양국이 완전한 우방국 또는 완전한 동맹이나 모순갈등이 완전히 해소된 상태를 의미하는 것은 아니다"라고 강조 하였다.[59] 이렇게 본다면 중·미간의 '건설적 전략동반자관계'는 가치나 제도상의 이질성을 극복한 기반 위에서 이루어지고 있는 관계가 아니라 이러한 근본적인 차이는 덮어 둔 상태에서 특정 이슈를 중심으로 협력을 모색하는 현상이라고 보아야 할 것이다. 따라서 잠재한 가치체계와 제도상의 갈등요인들이 현재적 갈등요인으로 부상할 수 있는 가능성이 상존하고 있는 것이다.

이처럼 중·미 양국간의 협력과 갈등요인이 공존하고 있음에도 불구하고 중·미 양국이 '건설적 전략동반자관계'를 확립할 수 있었던 것은 양국 모두에게 전략적인 이익을 가져다 줄 수 있었기 때문이었다. 즉 미국의 입장에서는 미·일 안보동맹체제의 재조정에 따른 중국의 우려나 반발을 완화시키는 효과를 가지게 될 것이며, 중국의 입장에서는 중·미관계와 미·일관계를 Non Zero-Sum적인 관계로 발전시켜 중·일관계 발전에 유리한 국면을 조성할 것이라는 양국의 전략적 계산이 맞아 떨어진 결과라고 볼 수 있을 것이다

나. 중·일관계 강화

탈냉전시대 중국이 동아시아 국제질서가 미국 단독의 패권적 질서로 재편되는 것을 방지하고 불균형적인 중·미·일 삼각관계에서 가장 열세에 있었던 자신의 지위를 제고하기 위해서는 일본과의 협력이 필요하였다.

탈냉전시대 중국의 동아시아 지역에서의 다극화 전략과 그것의

---

[59] 박두복, "중국의 대미정책방향과 미중관계전망", 『주요국제문제분석』 (서울: 외교안보연구원, 1998. 6. 17)

가능성을 높여준 것은 일본의 정치력 강화 의도와 아시아에서 미국이 추진했던 일본과의 역할 분담이었다. 1990년대 접어들어 미국이 일본과 '범세계적 동반자(Global partnership)'을 지향하고 있고 일본도 미국과 가능한 한 평등한 동반자관계를 추구하는 상황에서 양국간의 역할 분담은 거의 불가피할 것으로 예상되었다. 이러한 상황에서 중국은 일본의 정책 선택이 경제대국의 입지를 바탕으로 탈냉전시대의 국제정세를 이용하여 중장기적으로는 정치대국화의 목표를 추구하고 최종적으로는 군사대국화를 추구해 나갈 것으로 보고 있었다. 실제로 탈냉전시대에 접어들자 일본은 자신의 경제력을 효과적으로 이용하여 보다 주도적인 강대국으로서의 정치적 역할을 발휘하려고 노력하였으며, 이러한 일본의 의도는 여러 곳에서 쉽게 읽을 수 있다. 즉 1990년대 들어오면서 일본은 외교정책에서 주도권을 행사하여 범세계적인 역할을 담당할 것이라 강조하면서 이의 일환으로 평화유지군의 해외파견을 위한 입법조치를 취할 것이라고 밝혔다.[60] 또한 1991년부터 1996년까지 방위비를 매년 3%정도 증액할 것이라 밝혔으며, 이는 1980년대 후반기 평균 5.4%에 비하면 크게 축소된 것이나 300억 달러에 달하는 방위예산은 미국을 제외한다면 아시아 국가들 중 최대 규모였다.[61] 이렇듯 일본은 점진적으로 그들의 경제적 자원을 정치적 영향력으로 전환하고자 하였다.

일본의 역할 확대가 중국의 다극화 전략에 긍정적인 대외환경을 조성해 주었지만 미·일 안보동맹체제의 강화는 중국으로 하여금 일본의 정치·군사대국화를 우려하지 않을 수 없게 만들었다. 중국은 과거 미·일 안보동맹체제는 일본의 군사력 발전을 제약하는 메커니즘으로 작용하였으나 개정된 미·일 안보동맹체제는 일본의 군사력 발전을 촉진하고 일본의 정치대국화에 유리한 여건을 조성

---

60) *International Herald Tribune*, November 9, 1991, p.5
61) *Far Eastern Economic Review*, October 10, 1991, pp.67-68

하고 있다고 인식하였다. 또한 '미일신방위협력지침'의 가상적국이 과거 소련에서 중국 자신으로 전환되고 있다는 판단과 함께[62] 중·일관계가 아시아의 지역패권을 둘러싼 갈등과 경쟁관계로 발전하게 될 것을 우려하고 있었다.

이러한 우려를 해소하기 위하여 중국이 채택한 대일 전략은 중·미 전략적 관계를 바탕으로 일본과의 관계를 강화하면서 탈냉전시대의 중·미·일의 삼각관계에서 상대적으로 취약한 중·일관계를 보완해 나가는 것이었다. 중·일 양국관계는 1972년 수교 이래 갈등과 협력이 교차되면서 발전해 왔다. 중·일 양국 간에는 과거사 인식문제, 대만문제, 댜오위다오(釣漁島, 센가쿠열도)와 동해 대륙붕 등 영유권문제 등을 둘러싸고 끊임없는 갈등이 지속되어왔다. 그러나 양국 간에는 사활적이라 할 만큼의 경제적인 이해관계와 경제적 의존성이 존재하고 있다. 따라서 양국은 상대방에 대한 자극을 최대한 자제하면서 경제적 영역에서의 상호필요성을 바탕으로 협력관계 증진에 중점을 두고 관계를 발전시켜 왔다.

1990년대 초반 중·일관계는 상당한 침체에 빠져 있었다. 1989년 천안문사건 이후 구미국가들의 중국 제재조치와 '중국위협론'의 대두로 인한 일본 내의 반중 여론 등이 양국관계 발전에 부정적인 영향을 미쳤다. 더구나 1996년 '미일신안보공동선언' 발표와 뒤이은 '미일신방위협력지침'으로 인한 미·일동맹의 강화는 중국의 우려를 불러일으키기 충분하였으므로 양국관계는 별다른 돌파구를 찾지 못하고 있었다. 하지만 그렇다고 중·일관계가 완전히 냉각상태

---

[62] 중국은 동 지침에서 지역불안 요인으로 미해결 영토문제, 잠재적 지역분쟁, 대규모 살상무기 및 그 운반수단의 확산, 특히 핵무기를 포함한 군사력 대량집중 등을 지적하고 있는 것이 자신을 주요대상으로 하고 있음을 암시하는 것이며, 동 지침 체결 후 일본이 군사전략과 배치의 중점을 북해도로부터 서남지역으로 전환시키고 있는 것 역시 자신을 가상적국으로 상정하고 있음을 반영하는 것이라 보고 있었다.

에 있었던 것은 아니었다. 구미국가들의 대중국 제재에도 불구하고 일본은 1990년 11월 제3차 대중 차관제공을 재개하였으며, 동시에 사실상의 모든 대중 제재조치를 취소하였다. 또한 1991년 8월 가이후 총리가 중국을 방문함으로써 양국관계는 1989년 이전으로 완전히 회복되었으며, 1992년에는 중·일 국교정상화 20주년 기념 경축 행사를 성대하게 개최하였다.63)

　1990년대 전반 불편한 관계를 지속하고 있었던 양국관계에 본격적인 개선의 기미가 보인 것은 1997년 9월 하시모토 총리의 중국 방문이었다. 당시 중국은 '미·일 신안보공동선언'과 '미·일 신방위 협력지침'에 대해 상당한 우려를 하고 있을 때였다. 당시 쟝저민 주석과 리펑(李鵬) 총리는 하시모토 총리에게 일본 주변 유사범위에 대만해협이 포함될 경우 이를 결코 좌시하지 않겠다는 점을 분명히 밝혔고, 하시모토 총리는 일본주변 유사범위가 지리적 개념이 아니고 사태의 성질에 따라 판단될 것이며 일본은 대만이 중국의 일부분이며 대만독립을 지지하지 않는다는 입장에는 변함이 없다는 것을 분명히 하였다.64) 이는 미·일 안보동맹 강화에 대한 양국의 견해 차이를 줄이려는 노력으로써 중·일 양국 모두 관계개선의 의지를 보인 것이라 평가해야 할 것이다. 이러한 양국 관계개선의 의지는 동년 11월 리펑 총리의 일본방문을 실현케 하였고 최고지도자의 상호방문 정례화와 군 지도자간의 교류확대에 대한 합의를 가능하게 하였다.65)

　1998년 11월 중국 국가주석으로서는 처음으로 쟝저민 주석이 일본을 방문하고 오부치 총리와의 정상회담에서 양국관계를 기존의 '선린우호관계'에서 '21세기 평화와 발전을 위한 우호협력 동반자관

---

63) 許鐵兵(2003), p.107
64) 『人民日報』, 1997. 9. 6
65) 『人民日報』, 1997. 11. 13

계'로 발전시키는데 합의하고 고기술·신기술 등 분야에서의 협력, 정상의 상호방문 정례화, 핫라인 설치, 양국 군함의 상호방문, 양국 청소년교류 등에 합의하였다.66) 그러나 양국은 과거사 인식문제에 대해서는 여전히 견해 차이를 좁히지 못하였으며, 대만문제에 대한 '삼불정책' 역시 일본의 반발에 부딪혀 '중국은 하나다'와 대만과는 '민간차원 및 지역적인 왕래를 유지한다'는 표현으로 만족하여야 하였다. 이러한 일본의 태도는 실질적으로 대만문제가 중국의 국내문제가 아니라는 인식을 가지고 있다는 것을 암시하고 있는 것이라고 보아야 할 것이다.

1999년 7월에는 오부치 총리의 중국방문이 이루어졌다. 당시 코소보전쟁에서의 중국대사관 오폭 사건 등으로 중·미관계가 악화된 상황에서도 중국은 일본에 유화적 태도를 취했으며, 일본 역시 '미일신방위협력지침'의 취지를 설명함으로써 중국의 우려를 불식시키고자 노력하였다. 동 방문에서의 특이점은 오부치 총리가 대규모 경제인들과 동행했다는 것이었다.67) 중·미관계가 악화되고 있을 당시 대규모 경제인들과 동행한 오부치 총리의 의도는 중·미관계의 악화가 중·일관계의 악화로 연장되는 것을 방지하고자 한 것이라 볼 수 있으며, 중·일관계의 발전은 중·미관계와 미·일관계와는 별개의 문제라는 메시지를 전달하면서 중국과의 실질적 경제관계의 중요성을 부각시키고 일본 외교의 독자성을 과시하고자 하는 것으로 풀이될 수 있다.

냉전이 종식되면서 일본외교의 대미종속의 중요한 원인으로 작용했던 소련이라는 공동적의 소멸과 피아의 구별이 모호한 탈냉전 이후의 동아시아 국제정세의 출현 및 일본의 정치대국화의 추구는 일본 외교로 하여금 대미추종외교를 탈피하여 자신의 독자성을 모

---

66) 『人民日報』, 1998. 11. 27
67) 『人民日報』, 1999. 7. 10

색할 수 있게 하는 계기로 작용하였다. 일본은 냉전시대와는 달리 대중정책에 있어서 대미의존에서 탈피하여 일정부분 독자적인 정책을 채택할 여지가 많아졌으며, 중국에 대해 미국과는 달리 보다 유연한 정책을 전개하여 중국과의 관계를 진전시키고자 하였다. 일본이 미국에 대한 외교적 종속성에서 탈피 자주성을 확보해가는데 있어서 중국의 존재나 역할이 갈수록 중요해지고 있었으며, 일본이 정치대국화를 실현하기 위해서는 중국과의 협력이 절실했으므로 안정적인 중·일관계 확립이 필요하였다. 즉 유엔안보리 상임이사국 진출을 위해서는 중국의 이해와 지지가 필요하였고, 한반도문제나 동남아문제, 아·태지역에서의 일본의 역할에 있어서 점차 중국의 협조는 불가결한 요소가 되고 있었다. 또한 일본으로서는 중·미간의 전략적 동반자관계의 확립으로 중·일관계가 중·미·일 삼각관계에서 가장 취약한 변으로의 전락할 가능성과 미국에 대한 과도한 의존관계가 일본의 이미지 손상은 물론 대중관계 발전에 부정적으로 작용할 것을 우려하고 있었다.

중국은 제한적이긴 하지만 일본의 이러한 움직임이 다극화전략과 역내 삼각관계의 균형을 구축하기에 긍정적인 역할을 한다고 판단하고 갈등적인 요인들을 묻어두고 적극적인 관계개선의 의지를 보였으며, 경제관계의 발전뿐만 아니라 군사·안보 영역에까지 전략적인 대화를 추구하였다. 중국과 일본은 1990년대 말부터 이미 외교, 국방 분야의 국장급 실무안보협의를 정기적으로 개최하고 이를 각료급으로 격상시킬 계획을 가지고 있었으며, APEC 비공식 정상회담과 '아세안 지역안보포럼', '동북아협력대화' 등 다자차원의 안보대화도 적극 모색하였다.[68] 이는 동아시아에서의 중·미·일 신 삼각관계의 균형을 추구하고자 하는 중국의 전략을 잘 반영하고

---

68) 신상진(1997), p.26

있다. 다시 말해 이는 앞에서도 지적했듯이 급속한 경제관계발전에 비해 정치·안보영역의 상호관계가 침체되어 있는 불균형 구조를 개선하면서 삼각관계에서의 취약한 변인 중·일관계를 보강시키고자 하는 중국의 균형전략이라 볼 수 있을 것이다.

3. 평가 및 의의

1990년대 중국의 다극화 전략은 일초다강 체제라는 범세계적인 국제질서 속에서 동아시아에서 나타난 미국역할의 축소에 따른 일본의 역할 증대라는 국제정세를 이용한 다차원적인 외교전략이었다. 즉 중국의 다극화 전략은 한편으로 체제적인 차원에서는 러시아와의 전략적 협력동반자관계 확립을 통한 미·일 안보동맹체제에 대한 견제와 균형을 추구하였고, 다른 한편으로는 중·미·일 삼각관계에서 상대적으로 취약한 중·미관계와 중·일관계를 강화하는 양자관계 강화전략으로 나타났다.

그러나 중국의 이러한 세력균형 정책은 상당한 한계점을 가지고 있는 것도 사실이다. 먼저 러시아와의 전략적 제휴는 국제사회에서 미국의 독점적 지위에 따른 양국의 입지 약화 및 안보위협을 공동으로 대처하기 위한 방어적이고 수세적인 성격을 가지고 있으며, 중·러 전략적 협력동반자관계는 명백히 미국에 대한 견제라는 측면을 전제로 하고 있으나 중·러 어느 국가도 미국과의 극단적인 대립을 원하지 않고 있기 때문에 중·러 양국간의 전략적 협력은 결국 한계를 가질 수밖에 없다는 점이다. 사실 중·러 양국 모두는 대미관계가 우선이며 미국과의 협력이 누구보다도 필요한 실정이었다. 따라서 미국과의 관계가 개선되거나 협력이 강화된다면 중·러 양국간의 전략적 제휴는 상대적으로 약화될 수밖에 없을 것이다. 또한 양국간에 존재하고 있는 역사적, 정치적, 경제적, 문화적 요인 등도

양국간의 진정한 전략적 협력을 제한하는 요인으로 작용할 가능성이 높다.[69]

또한 중·미관계와 중·일관계에서도 역시 항상 갈등요인들이 잠복하고 있다. 미국과는 가치관과 이념, 제도적인 차이에서 기인하는 대만문제, 인권문제, 무역수지 불균형문제 등의 갈등요인들이 상존하고 있다. 또한 중국은 미국의 아시아전략이 기본적으로 중국의 강대국화를 저지하면서 패권을 추구하는 것이라 인식하였기 때문에 국력증대와 함께 지역 강대국화를 추구하는 중국과는 패권적인 갈등이 있을 수밖에 없다. 일본과의 관계 역시 과거사문제, 영토문제, 대만문제 등의 갈등요인이 상존하고 있으며, 양국은 또한 서로 상대방이 동아시아의 군사강국으로 성장하려 하고 있음을 우려하면서 견제정책을 펴고 있다.[70]

그러나 위와 같은 한계에도 불구하고 중·미관계와 중·일관계는 기본적으로 사안에 따라 대립관계를 유지하면서도 대화와 타협을 통해 갈등을 완화해 나갔으며, 상호협력이 대립관계의 지속보다 유익하다는 것을 잘 알고 있었기 때문에 각각의 관계는 제어할 수 없을 정도의 상황으로 악화될 수는 없는 것이었다. 중국은 대미관계가 극도로 악화되었을 때 동아시아 국가들의 우려증대, 국방비 증가 및 이로 인한 자국 및 지역 경제발전 저해 가능성, 미·일 안보체제 강화 등을 불러 일으켰다는 전략적 교훈을 가지고 있었다. 미국 역시 동아시아의 안정과 역내 문제들에 대해 중국의 협조가 필수적이

---

69) 자세한 것은 강원식, "러시아·중국 전략적 동반자관계의 현황과 전망" 『통일연구논총』 6권 2호(서울: 통일연구원, 1997), pp.51-58 참조

70) 일본은 기존의 '전수방위(專守防衛)'전략을 수정하여 자위대의 활동범위를 아태지역 전체로 확대하려는 움직임을 보이고 있었고, 중국 역시 1990년대 들어 '영해법'을 공포하면서 해양 전략을 과거 소극적인 '연안방위'전략에서 보다 적극적이고 공세적인 '근해방위'전략으로 전환하여 동중국해와 남중국해 등 원거리 투사능력을 강화하기 위하여 노력하였다. 思良, "中國海軍走向遠海防衛", 『文匯報』(홍콩), 1997. 3. 31

었다. 이에 따라 대만문제 등 첨예한 이해관계의 대립에도 불구하고 중·미간의 전략적 협력관계를 추구하게 되었던 것이다. 또한 중국은 자신의 경제발전을 위해서 일본의 기술과 자본을 절대적으로 필요로 하고 있고, '중국위협론'을 불식시키면서 지역강대국의 위상을 확실히 확립하기 위해서도 일본과의 갈등을 최소화시킬 필요가 있다. 일본 역시 대미의존 외교에서 탈피하여 동아시아에서 지역강대국으로서 정치외교적 역할을 확대하고 유엔안보리 상임이사국으로 진출하기 위해서 중국과의 협력은 필수 불가결한 요소였다.

한편 그럼에도 불구하고 미국의 독주와 패권주의적 정책이 계속되는 한 중국과 러시아의 전략적 협력관계는 지속될 것이다. 더구나 21세기에 접어들어 미국의 부시 대통령은 아시아에서 전역미사일방어체제의 구축을 고집하였고, 중국은 미국이 이러한 방어체제를 구축한 후 동 지역에서 아무런 제한 없는 간섭행위를 자행할 것이며, 중국이 그 최우선 목표가 될 것이라는 사실을 우려하고 있었다. 이와 함께 중국은 1990년대 말부터 미국의 세력이 다시 아시아로 회귀하는 현상에 대해 경각심을 가지고 있었다. 이러한 현상은 구체적으로 일본 및 호주와의 동맹관계 강화, 필리핀, 싱가포르, 브루나이, 말레시아와의 군사협력 증진 등으로 나타났으며, 몽고, 인도, 베트남과의 군사협력 가능성까지 대두되고 있었다. 미국의 동아시아에서의 목적이 무엇이든 간에 중국은 미국이 자신을 포위하고 있다고 인식하였으며, 이러한 인식은 중국으로 하여금 러시아 및 중앙아시아 4개국과 함께 미국의 세력에 대항하는 전략적 성격이 짙은 '상하이협력기구(SCO)'를 발족시키는 계기가 되었다고 볼 수 있다.[71]

이렇게 볼 때, 중국이 구사하고 있는 러시아와의 전략적 제휴를 통한 세력균형 추구와 중·미·일 삼각관계의 균형추구는 상호 모

---

71) 林文程, "擺脫政爭, 全般規劃國家安全", 『中國時報』(台灣), 2001. 6. 21

순된 전략적 이중성을 가지고 있다고 할 수 있다. 하지만 1990년대 중국의 중·미간 전략적 협력동반자관계 확립, 중·일관계의 진전 등을 중심으로 하는 동아시아 세력균형정책은 미·일 신안보동맹 체제에 대응하면서 중·미·일 삼각관계를 안정시키는 역할을 하였으며, 러시아와의 진략적 협력동반자관계의 구축은 미·일 신안보동맹체제를 견제하는 축으로서의 역할을 발휘한 것으로 볼 수 있다. 또한 이러한 중국의 정책이 자극제가 되어 중·미·일·러 동아시아 4강간에도 활발한 양자간의 관계 재정립이 이루어져 동아시아의 안정에 기여하였다.

제4절 대 주변국가 외교

중국의 대 주변국가 외교의 목적은 개혁개방 이후 시종일관 추구해오고 있던 평화롭고 안정된 주변 국제환경을 조성하고자 하는데 있으며, 중국의 대 주변국가 외교의 초점은 자신의 지정학적 위치를 고려한 안보이익에 맞춰져 있다. 중국은 지정학적으로 동북아, 동남아, 중앙아시아, 서남아시아 등 중요한 전략적 가치가 있는 지역들과 접하고 있으며, 20여개 국가와 육지 및 해양에서 국경을 맞대고 있다. 또한 이들 주변국가들은 사회주의 중국의 부상에 대해 상당한 우려와 경계심을 가지고 있으며, 냉전시대 중국을 견제하고 포위하는 세력들에 동조하면서 중국의 안보를 위협하기도 하였다. 따라서 주변국가들과의 우호관계유지와 주변지역의 안정은 중국 자신의 안보에 직접적인 영향을 미치는 사안이 되어 왔으며, 특히 개혁개방 이후 중국 외교의 중요한 목표가 되었다.

냉전 종식 이후에도 중국의 주변지역은 여전히 자신의 안보이익을 침해하는 불안요인들이 존재하고 있었다. 즉 대만문제, 북한핵문제를 포함하는 한반도문제, 댜오위다오(釣魚島)와 남중국해 도서들을 둘러싼 영유권 분쟁, 신쟝(新疆) 위구르족과 연계된 중앙아시아 회교국가의 이슬람원리주의의 팽창, 미국과 중앙아시아 국가와의 관계 강화, 미·일동맹 강화 및 미국의 TMD구축 등이 중국안보에 대한 잠재적 위협요인이 되고 있었다. 여기서 우리는 이러한 위협요인의 대부분이 미국의 대 아시아전략과 밀접한 관계를 가지고 있다는 사실에 주목할 필요가 있다. 특히 1990년대 천안문사건의 여파로 부시 행정부는 대중 억제정책을 강화하고 있었고 비슷한 시기에 서방국가들이 제기한 '중국위협론'이 탄력을 받고 있었기 때문에 이에 주변국가들이 동조하여 반중 연합전선을 형성할 가능성도 배제할 수 없었다. 따라서 중국은 대 주변국가 외교에서 공세적인 자세를 삼가하고 '평화와 발전', '화평굴기(和平屈起)' 등을 내세우며 중국의 부상이 국제사회에 위협이 아닌 평화에 기여할 것이라는 평화적인 이미지를 강조하였다고 볼 수 있다.

위와 같은 기본적인 인식하에 중국의 대 주변국 외교전략의 중점은 선린우호 외교, 다자외교를 통한 지역협력 촉진, 세계 강대국으로 발돋움하기 위한 지역강대국으로서의 확고한 지위 구축 등으로 요약될 수 있다.

먼저, 냉전 종식 후 주변국가에 대한 선린우호관계 구축을 위하여 전방위적인 파트너십 외교를 통하여 거의 대부분의 주변국가들과 공식적인 외교관계를 수립하거나 단절되었던 외교관계를 복원하였다. 동남아지역 국가들과의 관계에서 중국은 1990년대 초 인도네시아와 단절되었던 외교관계를 복원하고 싱가포르, 브루나이와도 외교관계를 수립하였다. 또한 베트남과 10여 년 동안 지속되어 왔던 적대관계를 청산하고 관계를 정상화하였다. 이로써 중국은 아세안(ASEAN) 모든 회원국과 외교관계를 구축함으로써 중국-아세안 우호협력시대를 열었다.

서남아시아 지역에서 중국은 파키스탄과는 전통적인 우호협력관계를 유지하였으며, 인도와의 선린우호관계 발전을 위하여 노력하였다. 1996년 11월 쟝저민 주석이 양국 수교이후 처음으로 인도를 공식 방문하고 '21세기를 향한 건설적 협력동반자관계' 구축을 내용으로 하는 공동성명을 발표함으로써 양국관계의 새로운 장을 열었다.

중앙아시아지역 국가들과의 관계는 1991년 소련이 해체되면서 우즈베키스탄, 카자흐스탄, 타지키스탄, 키르기스스탄, 투르크메니스탄 등 중앙아시아 5개국이 독립하자 중국은 이들과 즉각 외교관계를 수립하고 관계강화에 노력해 왔다. 1996년에는 국경문제 등을 해결하기 위한 대화 메커니즘으로 러시아, 카자흐스탄, 키르기스스탄, 타지키스탄 등과 '상하이 5개국' 협력체를 구축하여 유대관계를 강화하였으며, 이를 모태로 2001년에는 '상하이협력기구(SCO)'를 출범시켰다.[72]

동북아지역에서는 1992년 한국과 수교한 이후 양국관계는 급속도로 진전되었으며, 북한과는 전통적인 우호관계를 지속적으로 유지하고 있었다. 중·일관계는 영토문제, 역사문제 등의 갈등요인이 표면화되긴 하였지만 기본적으로 교류와 협력이 지속되어야 한다는데 양국이 인식을 같이 하고 있다.

다음으로, 다자주의에 입각한 지역협력을 촉진하기 위한 다자외교를 전개하였다. 탈냉전 시대 중국은 대 주변국 외교에서 경제적인 영역뿐만 아니라 정치·안보·사회·문화를 포함하는 모든 영역에서 전방위적인 협력을 추진하고자 하였다. 당시 중국은 경제통합을 중심으로 한 지역화 추세가 세계화와 더불어 국제환경의 중요한

---

72) '상하이 5개국'협력체는 2000년 우즈베키스탄이 합류하면서 '상하이 6개국'협력체로 확대되었고, 이들 국가들과 2001년 상하이협력기구(SCO)를 출범시켰다. 이후 2004년에는 몽고공화국이, 2005년에는 인도, 파키스탄, 이란이 옵서버자격으로 참여하면서 협력을 확대해 나가고 있다.

흐름이 되고 있다고 판단하였으며, 동아시아 및 아·태지역에서도 다자주의의 추세가 두드러지게 나타나고 있었다. 따라서 중국은 주변국가들과의 지역협력을 추구하는 촉매제로서 과거 소극적이었던 다자주의에 주목하기 시작하였으며, 이를 통해 역내 국가들과 적극적인 협력을 추구하고자 하였다.(다자외교에 대한 중국의 입장변화와 전략은 본장 6절에서 자세히 논할 것이다) 이러한 인식하에 중국은 1991년 아태지역경제협력체(Asia-Pacific Economic Cooperation, APEC)에 가입하고, 1994년 아세안지역 안보포럼(ASEAN Regional Forum, ARF)의 창립회원국이 된 후 아태안보협력이사회(Council for Security Cooperation in the Asia Pacific, CSCAP)와 동북아협력대화(Northeast Asia Cooperation Dialogue, NEACD) 등 다자안보대화에도 적극참여하고 있으며, 1995년 아시아·유럽정상회의(Asia-Europe Meeting, ASEM)의 창립을 주도하고, 1997년부터 동아시아 경제협력을 포함한 지역협력문제를 논의하는 아세안+한·중·일 정상회의(ASEAN+3)에도 적극적으로 참여하고 있다. 특히 중국은 위에서 언급한 '상하이 5개국'협력체 출범에 주도적인 역할을 함으로써 다자외교에 대해서 과거와는 확연히 다른 모습을 보여주었다.

 마지막으로, 선린우호외교와 다자외교를 통하여 지역강대국으로서의 확고한 지위를 구축하고자 하였다. 즉 중국은 1990년대부터 '책임대국론'을 내세우면서 중국의 부상이 국제사회에 위협이 아닌 평화에 기여하고 있음을 주장하여 왔으며, 이러한 논지를 바탕으로 아시아지역에서 주변국가와의 양자관계를 강화하고 있을 뿐 아니라 역내 다자간 외교에 적극적으로 참여함으로써 지역강대국으로서 지역 국제질서를 주도하려 하고 있다. 당시 중국의 객관적인 국력이 세계적인 강대국과 비교할 때 여전히 열세에 있었기 때문에 세계적인 강대국으로 발돋움하기 위해서는 먼저 지역강대국으로서의 지위를 확고하게 구축해야 한다는 인식이 지배적이었다. 이러한 인식은 본장 2절에서도 인용하였듯이 "중국이 세계적인 한 극이 되고자 한다면 우선 아·태지역의 한 극이 되어야 하며, 세계강대국이 되고자 한다면 우선 지역강대국이 되어야 한다"[73]는 주장과 "중국은 아시아 국가이다. 아시아를 기반으로 해야만 중국이 목표하고 있는 미래의 세계강대국지위가 보장될 수 있을 것이다"는 주장 등이 잘 뒷받침하고 있다.[74]

중국의 부상과 '책임대국론'에 대해서 서구에서는 중국이 자신의 부상에 상응하는 책임의식, 즉 민주주의적 가치관을 갖추지 못했다고 평가하는 반면,[75] 중국이 강조하는 강대국의 책임이란 국제사회의 평화와 발전에 기여하고 타국의 주권에 간섭하지 않는 것이며, 이는 서구적 민주주의 가치관을 통해 타국의 주권과 내정에 간섭하는 것을 거부하는 것이다.[76] 결국 이러한 논쟁의 초점은 결코 접합점이 있을 수 없는 이념적인 문제이다. 어쨌든 중국의 입장에서 '책임대국론'의 주장은 중국위협론을 불식시키고 강대국과의 관계를 개선하며 주변국가들과의 선린우호관계를 증진시키기 위한 다차원적이고 복합적인 목적을 가지고 있다. 하지만 '책임대국론'이 가지고 있는 가장 중요한 의미는 중국이 대국으로서 아시아지역의 안정과 발전에 기여해 왔을 뿐 아니라 서구에 대항할 수 있는 아시아의 대국이라는 자존심과 중화의식이 내포되어 있다는 점이다.[77] 즉 중

---

73) 葉自成(2003), p.307
74) 龐中英, 2001. 8. 30
75) 서구의 관점에서 국제사회의 강대국은 3단계 발전을 통해서 비로소 책임대국이 될 수 있다고 본다. 그 1단계는 국제법을 준수하고 외교적 타협을 통한 국제문제를 해결하는 단계, 2단계는 다자간 국제체제 활동을 통하여 국제사회에 기여하는 단계, 마지막 3단계는 문명발전의 새로운 기준으로서 인권과 민주적 통치를 존중하는 단계이다. 한석희, 『후진타오시대의 중국 대외관계』(서울: 폴리테이아, 2008), pp.82-94 참조
76) 중국은 중국의 내정에 간섭하는 어떠한 국가도 용납하지 않을 것임을 지속적으로 천명해 왔다. 皇東升, 『當代世界政治與經濟』(北京: 中國經濟出版社, 2006), p.304

국은 '책임대국론'을 통해 중국의 부상은 아시아의 평화와 발전에 기여해 왔음을 주장하면서 중국위협론을 일축하고, 서구의 가치관에 대응하는 아시아를 대변하는 중심 국가로서 중국의 지위를 확고히 하고자 하였다.

제5절 다자주의 외교

다자주의는 '셋 이상 집단간의 국가정책을 조율하는 관습'이라 정의할 수 있으며, 다자주의의 핵심은 특정한 원칙에 따라 셋 이상의 국가간의 관계를 조율하는 것이다.[78] 즉 다자주의란 다자간 국제제도의 역할을 통하여 개별국가에 대한 통제를 구사하는 방식으로 제도주의적 관점은 개별국가의 국가이익을 국제제도의 규범과 가치에 맞게 구속하는 것을 의미하고, 구성주의적 관점에서는 학습을 통한 사회화에 따라 국가이익을 변화시키는 것을 의미한다.[79] 다자주의에 대한 관점은 제도주의와 구성주의가 차이점을 보이지만 일반적으로 다자주의 협력의 일반적인 행위원칙은 특정 상황에 존재하는 전략적인 필요나 관련국의 특수이익을 위한 행위가 아니라

---

77) 이원봉, "중국의 국가전략이념과 대외관계", 『정치·정보연구』 제11권 1호(2008), p.330
78) Robert O. Keohane, "Multilateralism: An Agenda for Research", *International Journal*, Vol.45(Autumn 1990), p.731
79) 다자주의에 대한 연구는 John Gerard Ruggie, eds., *Multilateralism Matters* (New York: Columbia Univ. Press, 1993), Robert Axelrod and Robert O. Keohane, "Achieving Cooperation Under Anarchy: Strategies and Institution", *World Politics*, Vol.38 No.1 (1985), Alexander Wendt, *Social Theory of International Politics*(Cambridge: Cambridge Univ. Press, 1999) 등 참조. 또한 사회화란 국제사회에서 국가는 국제제도의 규범과 원칙을 준수하는 것이 자국의 이익에 부합한다는 점을 인식하고 이를 받아들여 자국의 이익을 국제제도의 규범과 원칙에 맞게 조정해 나가는 것을 말한다. 한석희(2004), pp.84-85

그 집단에 어울리는 행위를 지정해 주는 원칙을 말한다. 즉 관련국들이 정책적 조정을 통하여 보다 좋은 결과를 얻도록 협력해야 한다는 것을 의미하며, 협력은 '정책의 조정을 통한 공동이익의 실현'이라 정의할 수 있다.[80] 따라서 다자주의에 있어서 조정은 공동의 이익을 실현하기 위한 적극적인 노력을 의미한다기 보다는 공동의 손실을 피하기 위한다는 소극적인 의미를 가지고 있다.[81]

탈냉전시대 중국 외교에 있어서 중요한 변화 중의 하나로 지적될 수 있는 것이 바로 다자주의에 대한 입장의 변화이다. 중국은 냉전시기 오랫동안 다자주의 외교를 배제하고 양자관계를 중시하는 외교전략을 고수해 왔다. 중국이 이처럼 다자주의외교에 소극적이었던 이유를 지적해 본다면 첫째, 중국은 개혁개방 이전까지 상당히 오랜 기간 동안 국제사회에 대해 폐쇄적인 태도를 견지함으로써 다자주의 외교의 경험이 결여되어 있었다.[82] 둘째, 자신의 국력이 상대적으로 약한 상태에서 다자주의 외교를 추진 할 경우 외교역량의 한계에 직면할 수 있으나, 전략상의 자유를 추구하는 양자관계에서는 오히려 자신의 이익을 극대화시킬 수 있다고 믿어왔다. 셋째, 중국은 국가의 주권과 국익에 관련된 문제는 이해당사국간의 협의를 통하여 결정되어야 한다는 주권불간섭의 인식을 가지고 있었으며, 따라서 다자주의외교는 중국 자신의 주권을 스스로 제약하는 것이라고 생각했다.[83] 넷째, 중국은 역사적인 경험으로 인해 서구 강대국을 불신하는 인식이 내재되어 있으며, 따라서 다자주의에 입

---

80) Robert O. Keohane, "International Institutions: Two Approaches", *International Studies Quarterly*, Vol. 32 No.4 (December 1988), p.380
81) Arther A. Stein, "Coordination and Collaboration: Regimes in an Anarchic World", in Stephen D. Krasner eds., *International Regimes* (Ithaca: Cornell Univ. Press, 1983), pp.115-140 참조
82) 吳心伯(1998), p.233
83) Larry M. Wortzel, "China Pursues Traditional Great-Power Sastus", *ORBIS* 38/2, (1994), p.157

각한 국제기구·제도는 강대국의 의견이나 입장이 반영되는 장소, 즉 미국을 비롯한 강대국들의 패권전략의 도구라고 인식하였다.[84] 더구나 냉전 종식 후 서방국가들에 의해 제기되고 있었던 화평연변 전략은 중국의 다자주의에 대한 거부감을 더욱 강하게 하였다.

그러나 탈냉전시대 세계화와 지역화가 동시에 진행되고 다자간 국제제도의 역할이 점차 증대는 상황에서 중국은 다자주의로부터 유리되는 것은 자신의 지속적인 경제발전뿐만 아니라 국제적 지위를 제고하고자 하는 외교목표에 부합되지 않는다는 판단을 하기 시작하였다. 이와 함께 다자간 국제제도가 중요한 국제문제 해결에 유익한 틀을 제공해 주고 있으므로 이를 적극적으로 이용하는 것이 중국의 국익에 도움이 된다고 인식하게 되었다. 이처럼 당시 중국의 다자주의외교에 대한 인식 변화는 다음과 같은 긍정적인 효과가 기대되었기 때문인 것으로 보인다. 첫째, 지역 및 세계적 차원에서 다자간 국제제도는 중국과 주변국, 강대국 및 국가집단간의 대화와 협력의 장을 제공해 주기 때문에 중국이 추진하고 있는 전방위적인 파트너십 외교를 확대·강화하는 기회가 될 것이다. 둘째, 다자간 국제제도가 제공하고 있는 각종 채널과 기제를 통해 패권주의와 강권정치를 견제할 수 있을 것이며, 이를 통해 미국 및 서방 선진국들의 중국에 대한 각종 압력을 일정부분 감소시킬 수 있을 것이다. 셋째, 다자간 국제제도에 적극적으로 참여하여 중국의 국력에 걸맞는 국제사회에서의 의무를 이행함으로써 '중국위협론'으로 대표되는 중국의 부상에 대한 각종 우려를 불식시키고 '책임대국'이라는 국제적 이미지를 확산시킬 수 있을 것이다. 넷째, 다자간 국제제도의 틀 속에서 진행되는 각종 활동에 적극적으로 참여함으로써 중국의 국제적 영향력을 점차 확대해 나갈 수 있을 것이며, 특히 지역차원의

---

84) 황병무 외,『동아시아안보공동체』(서울: 나남출판사, 2005), p.111

다자간 국제제도는 아·태지역에서의 자신의 국제적 지위를 제고하고 역할을 강화하는 수단으로 활용할 수 있을 것이라는 것 등이다.[85]

그러나 중국이 1990년대 다자주의에 대한 입장을 바꾸게 된 보다 직접적인 요인은 당시 유일 초강대국인 미국의 중국견제정책, 중국위협론, 화평연변론 등이 대두되고 있었던 국제환경과 무관하지 않을 것이다. 따라서 당시 중국의 다자외교는 아시아국가로서 주변국가들과 지역주의에 입각한 협력과 공존을 모색함으로써 수세적인 입장에서 벗어나 더욱 적극적으로 서방으로부터 오는 위협에 대응하고자 하는 측면이 강하게 내포되어 있다.

중국의 다자주의 전략은 대외적인 명분상으로는 아시아의 안정과 발전을 위해 주변국들과의 협력을 강조하면서 평등한 입장에서의 협력파트너임을 부각시키고 있다. 그러나 이러한 이면에는 중국 자신이 지역강대국으로서 아시아의 중심이라는 자긍심을 가지고 지역국가들의 선두에 서서 구미국가들의 부당한 압력을 타파하겠다는 인식이 강하게 내포되어 있다. 따라서 중국의 책임대국론을 바탕으로 한 다자주의 전략에는 현대판 중화주의적 인식이 깊이 내재되어 있다는 사실을 부정할 수는 없을 것이다.[86]

위와 같은 인식의 전환이 중국의 다자주의에 대한 전략을 변화시켰지만 1990년대 중반까지는 자국의 이익에 따라 다자간 국제제도에 대하여 선별적으로 참여하면서 활동의 수위를 조절하는 태도를 보여주었다. 중국은 1990년대 초반 탈냉전시대 경제의 세계화추세에 따라 자신의 경제발전과 연관된 APEC, World Bank, IMF와 같은 '경제적 다자주의'에 적극적으로 참여하기 시작하였고, WTO 가입을 위해서도 노력하였다. 하지만 '안보적 다자주의'에 대해서는 여전히

---

85) 윤영덕, "중국의 주변외교전략과 대아세안 정책", 『한국과 국제정치』 제22권 3호(2006, 가을), p.20
86) 이원봉 (2008), p.334

소극적인 자세를 유지하면서 참여에 신중함을 기하고 있었다. 특히 지역 수준의 다자 안보체제에는 그 활동목적이 자신을 구속시키려는 의도가 포함되어 있다고 믿고 있었기 때문에 상당히 신중한 입장을 보였다. 그러나 중국은 1994년 지역안보협력체인 ARF에 가입함으로써 안보적 다자주의에도 적극성을 보이기 시작하였으며, 아태안보협력이사회(CSCAP), 동북아협력대화(NEACD) 등에도 참여하여 적극적인 활동을 하고 있다. 또한 앞에서도 언급하였듯이 상하이 5개국 협력체와 같은 지역안보협력체 구축에 주도적인 역할을 하기도 하였다. 뿐만 아니라 포괄적 핵실험금지조약(Comprehensive Test Ban Treaty, CTBT), 핵확산금지조약(Nuclear Non-Proliferation Treaty, NPT), 화학무기금지조약(Chemical Weapons Convention, CWC) 등과 같은 세계적 차원의 국제안보 협력체에도 참여하여 상당히 활발한 활동을 하고 있다.

제6절 대 제3세계 외교 : 탈냉전시대 중국의 대 중남미외교

1. 냉전시대 중국 · 중남미관계

신중국 수립 후 문화혁명까지 중국은 중남미지역을 그들의 혁명사상을 수출하는 대상인 제3세계의 일원으로 상정하였을 뿐 실질적인 공식관계는 전무하였다고 볼 수 있다. 1950년대 중국과 중남미지역과의 관계는 민간무역을 통해 맥을 이어갔으며, 이 기간 동안 쌍방 무역액은 3,700만 불에 불과하였다. 그러나 쿠바가 사회주의혁명에 성공하여 1960년 중국과 수교하면서 중남미에서 첫 번째의 수교국이 됨으로써 중국은 중남미에서의 정치적 발판을 구축하게 되었으며, 이를 바탕으로 1960년대 중국과 중남미지역과의 무역액은 20억

5,600만 불을 기록하였다. 그러나 그 중 쿠바와의 무역액이 76.6%를 차지할 정도로 쿠바를 제외한 중남미국가들과의 관계는 여전히 소원하였다.[87]

1960년 중국과 쿠바의 수교는 중국으로 하여금 중남미외교의 서막을 열게 하였다고 볼 수 있으니 중남미국가들과의 관계가 대폭 발전하게 된 것은 1970년대 이후의 일이다. 1970년대 이후 중국과 중남미 주요 국가들과의 관계가 크게 발전할 수 있었던 것은 중국이 유엔안보리 상임이사국의 자리를 차지하게 되었다는 사실과 특히 미국과의 관계개선이라는 요인이 적극 작용하였다고 볼 수 있다. 이러한 요인을 배경으로 1970년대 중국은 중남미 주요 국가들과의 관계발전을 적극 추구해 나갔으며, 그 결과 칠레(1970), 페루(1971), 멕시코(1972), 아르헨티나(1972), 가이아나(1972), 자메이카(1972), 트리니다드토바고(1974), 베네수엘라(1974), 브라질(1974), 수리남(1976), 바베이도스(1977) 등 11개국과 수교하는 외교적인 성과를 거두었다. 이러한 외교적인 성과를 바탕으로 1970~79년 10년 동안 중남미국가들과의 무역액도 49억 7,600만 불을 기록함으로써 경제통상관계도 대폭발전 하였다. 특히 1979년 한 해 동안의 무역액은 12억 6,100만 불을 기록하여 10년 전인 1969년의 1억 3000만 불에 비해 8.7배에 달하는 성장을 보여주었다.[88] 1979년 쌍방의 무역액이 급증하였던 중요한 이유도 1979년 1월 1일 미국과의 관계정상화에 있었다고 볼 수 있다. 이는 미국과 중남미국가들과의 관계를 고려해 볼 때 중·미관계 정상화는 중남미국가들의 대중정책에 심대한 영향을 미쳤음을 충분히 반영하고 있는 것이라 할 수 있다. 즉 중국과 중남미국가들과의 현실적인 관계발전은 중국과 미국과의 관계발전의 연장

---

87) 徐文淵, "中拉經濟貿易關係歷史, 現狀和前景", 『拉丁美洲硏究』 1996年 第6期(北京, 1996. 12), p.44
88) 위의 책

선에서 찾을 수 있다는 것이다.

1980년대 들어 중국과 중남미국가들은 모두 내부적으로 커다란 정치경제적인 변화를 겪게 된다. 중국은 개혁개방정책을 표방하면서 경제발전을 국가 제일의 목표로 내세우게 되었고, 중남미국가들도 일부 국가를 제외하고는 군부통치가 막을 내리고 민간주도의 민주정권이 들어서기 시작하였다. 이러한 국내적인 변화는 쌍방 모두에게 경제적인 관계발전의 유인을 제공하였으며, 그 결과 다음과 같은 성과를 거두게 되었다.[89] 첫째, 쌍방의 무역은 지속적인 성장세를 나타내었다. 1980년에서 1989년 10년 동안의 무역액은 200억 6,800만 불을 기록하였으며, 1989년 한 해 동안만 29억 6,900만 불을 기록하였다. 둘째, 교역물품들은 1차 상품, 공예품, 원료 등에서 점차적으로 공업제품으로 전환되어 갔다. 셋째, 단순한 상품교역의 차원을 넘어 경제, 무역, 과학기술협력 등의 영역에 걸치는 전면적인 발전시기로 진입하였다. 주로 상대방에 대한 직접투자, 플랜트 수출, 과학기술협력 등이 이루어지기 시작하였다. 넷째, 정부와 민간부문의 협력이 이루어졌다. 쌍방의 국가원수, 정부지도자, 고위급 관료들의 빈번한 상호방문이 이루어짐에 따라 쌍방 경제계 인사들의 상호방문도 대폭 증가하게 되었다. 또한 중국은 80년대 에콰도르(1980), 콜롬비아(1980), 앤티가바부다(1983), 볼리비아(1985), 우루과이(1988) 등 5개국과 외교관계를 수립하였다.

결론적으로 1990년대 이전 중국과 중남미국가들과의 관계는 1970년대 초 미국과의 관계개선을 기점으로 정치적·경제적 영역에서 급속한 발전을 이룩하였고, 1980년대 들어서는 쌍방 모두의 국내 정치·경제적인 변화가 관계발전의 동인으로 같이 작용함으로써 적극적인 관계발전을 모색하게 되었다. 정치적인 영역에서 1980년

---

89) 張寶宇, "淺談中拉關係在各自對外關係中的地位", 『拉丁美洲硏究』 1995年 第一期(北京, 1995. 2), p.22

대 말까지 쿠바 등 17개국과 국교를 수립하였으며, 이들 중국과의 수교국은 중남미 전체면적의 95%, 총인구의 87%, GDP의 89%를 차지하고 있었다.[90] 특히 고위급인사들의 상호방문도 상당히 빈번해졌으며, 지위도 정상급으로 격상되었다.[91] 그러나 쌍방의 관계가 크게 발전하였음에도 불구하고 경제적인 영역에서는 여전히 투자와 경제협력의 수준은 초보적인 단계에 머물러 있었다. 그 이유는 중남미국가들이 민선정부를 출범 시켰으나 여전히 국내적으로 정치적인 불안정과 경제적인 불황에 빠져 있었기 때문이며, 이로 인해 세계시장에서 중남미국가들의 경제적 중요성은 높지 않았을 뿐만 아니라 중국 경제에서의 중요성도 비교적 낮아 쌍방 무역액의 증가속도는 중국 전체무역액의 증가속도보다 완만하였다.

그리고 중남미지역에 대한 무역 및 원조프로그램 등에서의 대만의 강세는 여전히 지속되고 있었다. 특히 대만의 중요한 외교적 거점지역이었던 중미지역에는 중국이 발을 들여놓지 못하였다. 그러나 1970, 80년대 상승된 국제적 지위를 배경으로 한 중국의 중남미지역에 대한 외교공세는 중남미 33개국 중 과반이 넘는 17개국과 수교하는 성과를 거두었고, 반면에 대만의 수교국은 16개국으로 감소하게 되었다.[92]

---

90) 李明德 主編, 『拉丁美洲和中拉關係: 現在與未來』(北京: 時事出版社, 2001), p.40
91) 1981년 황화(黃華)외교부장의 콜롬비아 방문에 이어 중국 최고지도부로서는 처음으로 자오즈양(趙紫陽)총리가 멕시코를 방문하였다. 馬志, "中共對拉丁美洲的外交攻勢", 『中共研究』第19卷 第12期(台北: 中共研究雜誌社, 1985), p.30, 『人民日報』, 1985. 11. 3
92) 1990년 현재 중국과 미수교국, 즉 대만과의 수교국은 과테말라, 온두라스, 엘살바도르, 코스타리카, 파나마, 아이티, 도미니카 공화국, 도미니카 연방, 파라과이, 세인트 빈센트 그레나딘, 세인트 크리스토퍼 네비스, 니카라과, 벨리즈, 그레나다, 바하마(1997년 수교), 세인트루시아(1997년 수교) 등 16개국이었다.

2. 탈냉전시대 중국의 대 중남미정책기조

위에서도 언급한 바와 같이 중남미지역은 중국의 제3세계 외교에서 가장 취약한 지역이었다. 그러나 1970년대 말 중국의 개혁개방정책은 경제발전을 위해서 이데올로기의 차이를 극복하게 하였으며, 이는 1979년 미국과의 수교와 맞물리면서 중남미지역에 대한 전면적인 외교를 가능하게 하였다. 또한 1980년대 미국과 중국과의 이데올로기의 차이를 극복한 관계정상화를 지켜보던 중남미국가들은 신흥 중국시장이 가져다주는 경제적 이익을 고려하여 중국과의 관계개선과 관계정상화를 추구하기 시작하였다.[93]

중국으로서는 중남미지역이 중국과 같은 개도국으로서 쌍방은 경제·과학기술·투자·경제발전의 경험 등 방면에서 상호보완적인 면이 상당히 많다고 보았다. 또한 정치적으로도 중남미국가들은 개도국을 대변하는 국제적인 역량을 보유하고 있으므로 중남미지역에 대한 외교활동 영역의 확대는 미국의 패권주의적인 정책과 대 중국 봉쇄정책에 대한 적극적인 대응, 다극화와 새로운 국제정치경제질서 구축을 위한 지지 세력을 확보하는 것이라고 인식하였다. 이러한 중국의 인식은 중국공산당 제14기 전국대표대회에서 쟝저민이 "중국은 유엔안보리 상임이사국으로서의 자신의 역할을 충분히 발휘할 것이며, 제3세계 국가들과의 단결과 협력강화는 중국 외교의 발판"이라 강조하면서 "개발도상국의 리더로서 개발도상국과의 단결과 협력을 강화할 것"이라 밝힌 것에서 잘 나타나고 있다.[94]

또한 중남미지역이 중국의 외교에서 가지는 중요한 의미는 바로

---

93) 80년대 대만과 단교하고 중국과 수교한 중남미국가들은 볼리비아, 우루과이, 그레나다, 니카라과 등이 있었으며, 그 중 그레나다와 니카라과는 1988년 다시 중국과 단교하고 대만과 수교하였다.
94) "江澤民在中國共産黨十四次全國代表大會上的報告"(1992. 10. 12)

이 지역이 대만과의 외교 각축장이라는 점이다. 따라서 중국과 중남미국가들과의 관계발전은 곧 대만의 외교활동 공간을 압박하는 효과를 가져다주는 것이다. 대만과의 외교경쟁이라는 측면에서 볼 때, 1970년대 중·미관계의 개선으로 중국은 많은 중남미 대국들과 외교관계를 수립할 수 있있던 빈면, 이러한 추세에 밀려 대만은 카리브해를 중심으로 하는 소국들과 외교관계를 유지할 수밖에 없었으며, 수교국가의 숫자를 유지하는 정책이 대만의 대 중남미외교의 중점이 되었다.95) 이후 대만은 소위 '유연외교', '실무외교'를 통하여 카리브해지역 국가들을 중심으로 외교거점을 구축하고 외교공간을 개척해 나가고자 하였다. 이러한 대만의 외교행태를 중국은 '금전외교'라 비난하였지만 대만은 이들 국가들에 대하여 무상원조, 투자, 차관 등의 경제적인 이익을 제공하면서 실질적인 외교성과를 거두고 있었다. 예를 들어 벨리즈와 그레나다는 1987년 중국과 수교하였으나 1989년 천안문사건 이후 대만의 적극적인 '실무외교'로 대만과 다시 수교하였으며, 니카라과 역시 1990년 대만과 다시 수교하였다.96) 중국과 수교하고 있는 중남미국가들에 대해서도 대만은 적극적인 접근을 통해 실질관계를 구축하였으며, 그 결과 일부 국가들이 타이베이(臺北)에 무역기구나 문화기관을 설립하였고, 많은 정치인들이 대만을 방문하였다.97) 이렇게 볼 때, 중국과 대만의 중남미에서의 외교경쟁은 제로 섬(Zero-Sum)적인 게임이 될 수밖에 없었다. '하나

---

95) 1990년대 말 현재 대만은 중남미 33개국 중 14개국과 수교하고 있으나 이 14개국은 중남미 전체 총인구의 13%, 총면적의 5%를 차지하고 있을 뿐이다.(2010년 현재는 중국과의 수교국이 21개국, 대만과의 수교국이 12개국임). 許鐵兵(2003), p.249
96) 대만과 수교하고 있었던 거의 대부분의 국가들은 이러한 경제적 이익을 쉽게 포기할 만한 경제력을 가지고 있지 못한 국가들이었다. 그레나다는 2005년 다시 대만과 단교, 중국과 수교하였다.
97) 예를 들어 브라질은 기존의 무역센터를 그들 외교부 직속의 주대만 무역대표부로 격상시키고 사증발급업무도 개시하였다.

의 중국'원칙을 고수하고 이를 관철시키고자 하는 중국의 입장에서는 경제적인 지원을 앞세운 대만의 '실무외교'가 대 중남미외교에 상당한 장애요인으로 작용하고 있었다.

경제적인 영역에서도 중남미지역과의 관계발전이 필요하였다. 중남미국가들에는 관세장벽, 국내정세 불안과 심각한 외채문제, 지리적인 위치로 인한 높은 수송비 등 경제관계 발전을 저해하는 요인들이 존재하고 있었으나 이 지역의 경제적 가치는 무시할 수 없는 것이었다. 더구나 중남미지역의 경제통합 움직임이 가속화되고 있었으며,98) 이 지역을 둘러싼 다른 국가들과의 경쟁이 나날이 치열해지고 있었다.99)

1990년대 들어 위와 같은 이유들로 중국은 대 중남미외교를 강화해 나갈 필요가 있었다. 이를 위해 1990년 5월 양상쿤(楊尙昆) 국가주석은 멕시코, 브라질, 우루과이, 아르헨티나, 칠레 등 5개국을 방문하고 중국과 중남미관계 발전을 위한 다음과 같은 4가지 원칙을 천명하였다. 첫째, 쌍방협력관계는 평화공존 5원칙에 기초한다. 둘째, 쌍방의 경제통상관계의 발전은 평등호혜의 원칙에 기초한다. 셋째, 쌍방은 상대방의 전통과 가치관을 존중하여 상호이해와 교류를 촉진한다. 넷째, 쌍방은 상호협조와 대화를 강화하여 새로운 국제정치·경제질서를 구축하는 것이다.100) 또한 1995년 10월 리펑 총리는

---

98) 중남미 경제통합 움직임은 1950년대부터 시작되어 일찍이 '중미경제통합조약'에 의거하여 중미공동시장이 형성 되었으며, 그 후 중남미지역에는 안데스공동체, 남미공동시장, 카리브통합기구 등이 설립되어 중남미 통합추세는 계속되었고, 1994년 12월 미국 마이애미에서 개최된 미주국가 정상회의에서 세계에서 가장 큰 규모의 자유무역지역인 미주자유무역지역을 2005년까지 구축하기로 합의하였다. 楚樹龍, 金威 主編, 『中國外交戰略和政策』(北京: 時事出版社, 2008), pp.293-294

99) 중남미와 EU 간의 1997년 무역액은 903억 불에 달했고 일본과도 291억 불, 한국과도 110억 불을 기록하였다. 특히 중남미는 미국이 계속 흑자를 기록하는 세계에서 유일한 지역이었다. 그러나 1998년 중국 무역총액에서 중남미지역이 차지하는 비율은 2.2%(수출 46억 불, 수입 37억 불)에 지나지 않았다. 李明德 主編(2001), p.44

멕시코를 방문하면서 '중국의 경제발전과 중·중남미 협력'제하의 연설에서 중·중남미관계발전을 위한 5개항의 원칙을 언급하였다.101) 그것은 첫째, 중·중남미간의 정치적 관계 강화 및 고위급 인사들의 교류와 대화 증대, 둘째, 평등호혜의 정신 하에 다양한 형식의 경제협력 실현과 각자의 경제발전경험 상호교류, 셋째, 민간차원의 교류를 강화하여 다양한 형태의 문화·교육·언론·체육교류 실천, 넷째, 국제적인 문제에 대한 긴밀한 협의를 통한 평화롭고 안정적이며, 공정하고 합리적인 국제정치경제 신질서 구축 노력, 다섯째, 중국과 수교관계가 없는 중남미국가들에 대해서 중국은 5개항의 원칙하에 우호관계를 수립하고 발전시켜가기를 희망하며, 쌍방은 인적교류를 강화하고 경제교류와 협력을 시작으로 관계정상화에 필요한 여건들을 만들어갈 것 등이었다.

그리고 쟝저민 주석은 1997년 11월 멕시코를 방문하고 고위급인사들의 상호방문 강화를 통한 정치적 협력 촉진, 평등호혜의 정신에 근거한 경제협력 추구, 전면적인 협력전개와 우호협력의 질적 제고, 국제문제에 있어서의 긴밀한 협조와 상호지지 및 유엔과 APEC에서의 협조와 협력강화 등 4개항에 합의하였다.102) 이어 첸치천(錢其琛) 부총리는 1998년 7월 바베이도스, 가이아나, 트리니다드토바고, 쿠바, 자메이카 등 5개국을 방문하면서 "중국은 카리브해 국가들과 장기적이고 안정된 우호협력관계를 지속적으로 발전시키기를 희망하고 있다"고 언급하였다. 또한 첸 부총리는 현재 각 대륙에서 대만과 외교관계를 유지하고 있는 국가는 극소수에 불과하다는 점을 지적하면서 이 점은 중남미대륙의 미래에 시사하는 바가 크다는

---

100) 洪育沂 主編, 『拉美國際關係史綱』(北京: 外語教學與硏究出版社, 1996), pp.511-513
101) 『人民日報』, 1995. 10. 8
102) 『人民日報』, 1997. 12. 4

점을 강조하였다.[103]

이 같은 중국의 대 중남미외교방침들을 종합해 볼 때, 중국의 대 중남미정책의 기조는 경제적·정치적 동기가 부여되어 경제협력과 국제정치간의 조화를 이루어 나가는데 초점이 맞추어져 있다고 볼 수 있다. 특히 1980년대 이후 중국은 중남미지역과의 경제통상 협력을 정치적 목적을 달성하기 위한 수단으로 이용하였다. 경제통상협력 확대를 통한 대 중남미외교정책에서 중국이 달성하고자 하는 정치적 목표 중의 하나는 중남미지역에서 '하나의 중국'원칙을 관철시키면서 미수교 국가들과도 우호관계를 구축하여 대만의 외교공간을 압박하고자 하는 것이다. 또한 전통적으로 미국의 영향권아래 있는 중남미지역에서 미국을 견제하면서 제3세계의 지도자로서의 이미지를 구축하고 자신의 영향력을 확대하면서 새로운 국제정치·경제질서의 구축을 위한 지지 세력을 확보하고자 하는 것이었다.

3. 1990년대 중국·중남미관계발전

1) 정치·외교관계의 발전

가) 수교국과의 관계강화

1990년대 말 현재 중국은 중남미 33개국 중 19개국과 수교관계에 있었으며, 1990년대 들어 수교한 국가로는 바하마(1997)와 세인트루시아(1997) 등이 있었다. 이들 중국과 수교국은 모두 '하나의 중국'원칙에 근거한 '중화인민공화국이 중국을 대표하는 유일한 합법 정부이며, 대만은 중국의 일부'라는 중국의 주장에 동의하고 있었다.

탈냉전시대에 접어들어 중국과 이들 수교국들과의 관계에서 가

---

[103] 『中國時報』, 1998. 7. 21.

장 눈에 띄는 것은 지도자급인사들의 상호방문이 상당히 활발하게 이루어졌다는 사실이다. 1990년부터 1997년까지만 하더라도 15개국, 27차례에 걸쳐 중국의 고위급 인사들이 중남미국가를 방문하였으며, 같은 기간 동안 중남미국가의 지도급 인사들의 중국방문은 16개국, 23차례가 이루어졌으며, 이들 인사들 중에는 국가주서을 비롯하여 당, 정, 군의 고위급 인사들이 모두 포함되어 있었다.104)

1990년 양상쿤 주석이 멕시코, 브라질, 우루과이, 아르헨티나, 칠레 등 중남미 5개국을 순방한데 이어 1993년 11월에는 쟝저민 주석이 쿠바, 브라질 등을 방문하였으며, 1995년 10월에는 리펑 총리가 멕시코를 방문하였다. 또한 1996년 2월에는 주룽지(朱鎔基) 부총리가 아르헨티나, 칠레, 우루과이를 방문하였으며, 동년 6월에는 우의(吳儀) 무역부장이 '중국정부경제무역대표단'을 이끌고 중남미 7개국(쿠바, 멕시코, 페루, 칠레, 아르헨티나, 우루과이, 브라질)을 순방하였다. 또한 11월에는 리펑 총리가 칠레, 브라질, 베네수엘라 등 3국을 순방하고 관계강화를 꾀하였다. 이에 힘입어 1996년 중국과 중남미지역과의 무역액은 67억 2,900만 불에 달하여 같은 기간 대만과 중남미지역 무역액인 50억 6,800만 불을 크게 앞질렀다.105)

1997년 2월에서 5월에 걸쳐 중국 인민해방군 해군군함이 처음으로 멕시코, 쿠바, 칠레를 우호방문하였으며,106) 동년 11월 쟝저민 주석이 멕시코를 방문하였다. 그리고 첸치천 부총리는 1998년 7월 바베이도스, 가이아나, 트리니다드토바고, 쿠바, 자메이카 등 5개국을 방문하고 대만외교의 근거지인 카리브해지역 국가들과의 우호협력관계구축을 꾀하였다. 2001년 4월 쟝저민 주석은 그의 임기 중

---

104) 柯玉枝, "九○年代中共對拉美外交政策硏析"『中國大陸硏究』第41卷 第7期(台北: 國立政治大學國際關係硏究中心, 1998. 7), pp.47-51
105) 江時學, "走向復甦的拉丁美洲經濟",『拉丁美洲硏究』1997年 第1期(北京, 1997. 2), pp.39-40
106)『人民日報』, 1997. 3. 27, 5. 29

3번째 중남미 순방에 나서 칠레, 아르헨티나, 우루과이, 쿠바, 베네수엘라, 브라질 등 국가들을 방문하여 21세기 쌍방관계 발전 방향과 목표 설정에 중요한 의미를 가지고 있는 '중·중남미 협력의 4개 원칙'을 제시하였다.107) 동년 11월 전국인민대표대회 리펑 상무위원장 또한 쿠바, 아르헨티나, 우루과이를 방문하고 쌍방간 협력강화 방안을 논의하였다. 또한 중국은 중남미지역 다자협력기구에 대한 접근을 시도하여 중남미국가들의 정치협상기구인 리오그룹(Rio Group)과 외무장관급 대화관계를 수립하였으며, 1993년 라틴아메리카 통합기구(Latin American Integration Association, LAIA) 옵서버가 되었으며, 1996년 중국전국인민대표대회는 옵서버의 자격으로 라틴아메리카의회(PLA)에 가입하였다.108)

이처럼 1990년대 중국과 중남미 수교국과의 관계가 강화된 이유를 특히 경제적인 측면에서 우리는 다음 몇 가지로 정리해 볼 수 있다.109) 그것은 첫째, 중국의 개혁개방과 중남미국가들의 경제개혁 및 국제 분업에의 참여가 주요 배경으로 작용하였으며, 이로 인하여 경제적 요인이 중국과 중남미국가들과의 관계강화에 가장 중요한 변수가 되었다. 둘째, 쌍방 모두 세계경제의 중심을 태평양지역으로 전환시키고자 하는 공동인식을 가지고 있었으며, 세계경제 발전에 아·태지역 역할의 중요성을 인정하였다. 셋째, 쌍방이 보여준 경제적인 활력은 관계발전의 잠재적인 요소를 점차 현재화시키는 촉매재로 작용하였다는 점이다.

중국은 중남미 수교국들과의 정치·경제관계를 강화하는 동시에

---

107) 4개 원칙이란 ① 이해증진과 평등호혜를 바탕으로 상호신뢰구축 ② 상호 지지와 대화강화를 통하여 국제사회에서의 쌍방 이익 추구 ③ 상호이익과 공동발전에 기초한 경제통상협력 강화 ④ 미래를 위한 장기적이고 광범위한 전면적인 협력관계 구축 등이다. 許鐵兵(2003), p.245
108) 許鐵兵(2003), p.248
109) 張寶宇(1995), pp.23-24

이들 수교국들과의 외교관계를 이용하여 이들 국가에서 대만의 활동을 견제하면서 대만의 외교공세를 차단하고자 하였다. 대만 외교부의 자료에 의하면 1995년 9월 칠레대학의 '국제문제연구소'가 칠레 외교부와 함께 유엔창립 50주년 기념 세미나를 개최하면서 주칠레 대만대표부 대표를 조청하려 하였으나 주칠레 중국대사관이 칠레외교부에 압력을 가하여 이를 무산시켰다. 또한 1996년 4월 중국공산당 대외연락부 대표단이 바베이도스를 방문하였을 때, 바베이도스의 총리로 하여금 주변국가들의 총리들에게 중국의 통일에 대한 입장을 지지해 줄 것을 건의해 달라고 요청하기도 하였다.110)

반면, 대만은 국제적인 활동공간을 넓히기 위하여 특히 중남미지역에서 미수교국(중국의 수교국)들에 대해 반관반민(半官半民)의 관계를 수립하기 위한 외교적인 노력, 소위 실무외교를 강화하였지만 별다른 외교적 성과는 없었다. 하지만 페루 대통령과 베네수엘라 대통령의 대만 초청 방문을 성공시켰으며, 이는 베이징으로 하여금 외교적인 경각심을 불러일으키기에 충분하였다.111)

나) 미수교국과의 관계발전

중국이 대만과 수교관계에 있는 중남미 미수교국들에 대한 우호관계발전의 목적과 의도는 이들 국가들로 하여금 대만과 단교하게 하고 자신과의 외교관계를 정상화하는데 있다는 것은 의심할 바가 없을 것이다.

이를 위해 중국은 다양한 외교채널을 활용한 외교활동을 전개하였다. 특히 정당외교를 통한 관계구축 시도를 상당히 활발하게 전개

---

110) 外交部新聞文化司彙編, 『近一年來中共在國際間謀我事例』(台北, 1996. 8), pp.25-26, p.35
111) 郭篤爲, "拉丁美洲: 呈外交拉鋸戰局面", 『九十年代』 1996年 第10期(香港, 1996. 10), pp.83-85

하였으며 이로부터 가시적인 성과를 거두기도 하였다. 일찍이 1980년대 중국은 정당차원의 외교를 통하여 니카라과(1983년), 볼리비아(1985년), 우루과이(1988년) 등 국가들과의 관계를 구축하기 시작하였다. 1992년 중국공산당 제14기 전국대표대회 이후 중국은 외교적인 영역에서 이념을 초월한 전방위 외교정책을 채택한 후 중남미국가 정당들과의 전면적인 접촉을 시도하였다. 즉 중국은 공산당을 통하여 대만과의 수교국인 온두라스, 코스타리카, 파나마 등 중남미 미수교국들의 주요정당과의 관계를 구축하면서 대만과 이들 국가들과의 관계를 와해시키고자 하였다.112) 또한 1992년 이후 중국은 중남미 27개국, 90여개 정당과 다양한 형식의 교류를 추진하였으며, 그 중에는 10개 미수교국의 24개 정당을 포함하고 있었다. 그리고 1992년 이후 1990년대 중남미지역 88개 정당의 대표단들이 중국을 방문하였고, 그 중에는 9개 미수교국의 21개 정당이 포함되어 있으며, 중국공산당 역시 31차례에 걸쳐 중남미지역에 대표단을 파견한 바 있다.113) 중국의 이러한 정당외교는 수교국들과의 관계에서도 집권당의 교체가 외교관계에 미칠 수 있는 영향을 최소화할 수 있는 실질적인 효과를 거두었다. 그리고 1996년 10월 초 개최된 '제14기 전국인민대표대회(全人大)' 이후 중국의 외교는 더욱 적극적이고 공격적인 자세로 전환되었으며, 그 중요한 부분이 대만 외교의 본거지인 중남미 미수교국들에 대한 외교적인 공략이었다.

    이러한 외교적인 노력의 결과 1995년 7월 미수교국 파라과이 대통령은 중국의 공식대표단으로서는 처음으로 중국 전국인민대표대회 외사위원회 양전야(楊振亞) 부위원장이 인솔하는 중국대표단을 접

---

112) 黃文澄, "中國共産黨與拉美政黨關係的現狀與前景", 『拉丁美洲硏究』 1996年 第3期(北京, 1996. 3), p.51
113) 周余雲, "相交無遠近, 萬里尙爲鄰", 『拉丁美洲硏究』 1998年 第1期(北京, 1998. 2), pp.1-3

견하였으며,114) 1997년 7월에는 파라과이 전·현직 국회의원 9명이 공개적으로 친중국적인 '중·파우호협회'를 결성하였다.115) 또한 1996년 11월 리펑 총리는 칠레, 브라질, 베네수엘라를 순방하고, 베네수엘라의 '중남미경제협력체'에서의 연설을 통해 파나마에서의 중국무역센터 설립 경험을 바탕으로 기타 미수교국에도 이와 비슷한 기구를 설립하여 쌍방의 경제교류발전에 필요한 편의를 제공하고자 한다는 중국정부의 견해를 피력하였다.116) 리펑 총리의 이러한 발언은 중남미 미수교국들과 경제협력관계를 발전시키고자 하는 중국의 의도와 결심을 보여주는 것이라 하겠다.

   1990년대 중국은 유엔안보리 상임이사국이라는 자신의 국제적인 지위와 홍콩의 반환이라는 기회를 중남미 미수교국에 대한 외교적 공세에 충분히 활용하였다. 당시 중남미 미수교국 중 니카라과, 엘살바도르, 과테말라 등 국가들은 정치·군사적으로 국내정세가 불안정하여 이들 국가에 대한 유엔의 영향력이 상당히 중요하게 작용하고 있었다. 또한 국내정세가 비교적 안정된 파나마, 코스타리카 등 국가들은 민선정부가 경제개혁의 압력을 받고 있는 상황에서 아·태지역의 경제적 이익을 위한 홍콩의 영사관은 그들에게 상당한 중요성을 지니고 있었다. 따라서 남아프리카공화국이 대만과 단교를 선언하였을 때인 1997년 3월 중국 주유엔대사 친화손(秦華孫)이 코스타리카를 방문하여 중국은 중남미 7개국과의 수교를 희망한다고 강조한 것은 유엔에서의 지위를 이용하여 대만의 외교 근거지인 중남미지역을 철저히 와해시키고자 하는 의도로 풀이해 볼 수 있을 것이다.

---

114) 『聯合報』(臺灣), 1995. 7. 3
115) 『聯合報』(臺灣), 1997. 7. 29
116) 張沐, "中共高層拓 展外交新局面, 加快改革迎接香港的回歸", 『鏡報月刊』 1996年 第12期(香港, 1996.12), pp.22-23

1997년 홍콩반환을 앞두고 중국은 이를 중남미 미수교국가와의 협상카드로 이용하고 있었다. 중국은 이미 1995년 말 '1997년 홍콩반환'을 무기로 중남미 미수교국들에 대해 홍콩의 총영사관의 유지와 대만과의 외교관계 포기 중 하나를 선택할 것을 요구하였다. 당시 중국 외교부 주홍콩 영사사무소는 남아프리카공화국, 부르키나파소, 도미니카, 코스타리카, 파나마 등 5개국 주홍콩 총영사에게 필히 중국과 공식적인 외교관계를 수립하고 대만과 단교해야 하며, 그렇지 않을 경우 '홍콩특별행정구기본법'에 의하여 그들의 주홍콩 외교공관의 지위는 하향 조정될 것이라 통보하였다.[117] 중국과 미수교국으로서 1997년 이전 홍콩에 영사관을 설치하고 있던 국가는 모두 14개국으로서 그 중 대부분은 중남미국가와 아프리카 국가였다. 그 중 중남미국가로는 파나마, 도미니카 공화국(Dominican Republic), 그레나다, 벨리즈, 도미니카, 파라과이, 코스타리카, 세인트루시아, 온두라스 등이 있었다.[118] 중국의 중남미 미수교국에 대한 홍콩영사관의 철수 혹은 지위 조정의 요구는 아·태지역에 시장을 가지고 있거나 이익을 가지고 있던 이들 국가에게는 상당한 외교적인 압력으로 작용하였으며, 대만은 1997년 홍콩반환을 전후하여 이들 수교국들의 단교 물결을 막고 외교관계를 유지하기 위해서 더욱 많은 경제지원 약속과 원조를 하지 않을 수 없는 상황으로 몰리게 되었다.

이러한 중국의 중남미 미수교국에 대한 외교적인 공세 결과 1997년 5월 바하마, 동년 9월 세인트루시아와의 관계정상화에 성공하였으며, 미수교국에 대한 민간차원, 비공식적인 교류를 확대하여 중국은 1997년 10월 파나마에 무역대표부를 설치하였고, 도미니카, 아이

---

117) 동법에 의하면 중국이 홍콩주권을 회복한 1997년 7월 1일 이후부터는 중국과 외교관계가 없는 국가는 홍콩에 영사관을 설치할 수 없다고 규정하고 있다. 臺灣外交部新聞文化司彙編(1996), pp.14-15
118) 董偉國, "香港是北京外交籌碼", 『亞洲週刊』第11卷 第12期(台北, 1997. 3. 30), p.24

티와는 각각 무역대표부 설치에 합의하였으며, 니카라과, 코스타리카에 신화사 지사를 설치하는 성과를 거두었다.[119]

2) 경제통상 관계의 발전

쟝저민시기 중국은 정부 주도의 통상정책을 중심으로 '새로운 세계질서'를 표방하며 남·북 협력을 강조하는 한편, 선진국들과 경제협력에서 불리한 위치에 있는 제3세계로부터의 지지를 확보하기 위한 남·남 협력강화에도 주력해 왔다. 이러한 중국의 통상정책기조 하에 대중남미 경제통상외교 목표 중의 하나는 남남협력을 기초로 중남미국가들에 대해 중국 자신 역시 '개발도상국'이라는 동질성을 강조하면서 국제사회에서의 협력을 상호 확인하는 것이었다. 따라서 주요 경제통상협력 대상국은 주로 규모가 큰 무역상대국이자 국제정치적으로 영향력이 큰 멕시코, 브라질, 아르헨티나, 칠레 등 이른바 중남미 4대국으로서 2000년대 들어 그 범위를 점차 주변국으로 확대하고는 있으나 1990년대에는 이들 4대국에 정치적, 경제적으로 편중되어 있었다.

중국의 대중남미 경제통상외교의 또 다른 목표는 중국의 경제 대국화에 따른 급격한 시장 진출이 초래한 반 중국 심리를 완화하고, 높아지고 있는 통상장벽을 해소하는 것이었다. 중국제품의 급격한 내수시장 잠식 및 수출시장 잠식에 따른 심리적 거부감과 규제조치들은 단지 중남미국가들 뿐만 아니라 전 세계적으로 나타나고 있었다.

1990년대 중국과 중남미지역 간의 무역에서 나타나는 몇 가지 특징은 첫째, 쌍방 간의 무역액은 꾸준히 증가하였고, 그 증가 폭도

---

[119] 許鐵兵(2003), p.247, 신화사(新華通訊社)는 중국의 외신을 독점하고 있는 관영통신사이며, 신화사 지사의 설치는 상주특파원을 파견하였음을 의미한다. 미수교국에 대한 신화사 상주특파원의 파견은 상당한 외교적인 의미를 지니며, 특파원의 신분과 역할도 보통의 기자들과는 다른 차원에서 보아야 한다.

상당한 수준에 이르렀으나 그것이 중국의 전체 무역액에서 차지하는 비율은 여전히 낮은 수준이었다. 1990년대 쌍방 간의 무역액은 1990년 22.91억 불, 1999년 82.78억 불을 각각 기록하여 1990년대 10년 동안 약 260%의 증가율을 보였으나, 중국 전체 무역액에서 차지하는 비율은 각각 1.88%, 2.45%를 기록하여 그 증가율은 비교적 낮게 나타났다. 이것은 중국 전체 무역액의 증가율을 중남미무역액이 따라가지 못하고 있다는 것을 의미한다.[120]

둘째, 중국은 대 중남미무역에서 일반적으로 적자를 면하지 못하고 있었다. 중국의 대 중남미무역액은 1960년대 이후 몇 년을 제외한 거의 모든 해에 적자를 기록하였다. 1990년대의 통계를 보면 1990년 무역액 22.91억 불 중 수출은 7.81억 불, 수입은 15.10억 불을 기록하여 2배에 가까운 적자를 나타냈다. 그러나 1994년에는 수출 24.55억 불, 수입 22.47억 불을 기록하여 대 중남미무역에서 처음으로 흑자를 기록하였으며, 이후 1996년을 제외한 1990년대 후반기에는 약간의 흑자를 기록하였으나 2000년대 들어 다시 적자로 돌아섰다.[121] 중국의 대중남미 무역적자 해소를 위해 1996년 6월 우의(吳儀) 대외경제무역부장이 '중국정부경제무역대표단'을 이끌고 중남미 7개국(쿠바, 멕시코, 페루, 칠레, 아르헨티나, 우루과이, 브라질)을 순방하고 중남미지역과의 경제교류강화 방안과 중국의 대중남미 무역적자 문제를 해결하기 위한 논의가 중점적으로 이루진 바 있다.[122]

셋째, 중국의 대 중남미무역은 앞에서 언급한 중남미 4대국을 비롯한 몇몇 주요국가에 편중되어 있다는 것이다. 주요 교역국인 아르헨티나, 브라질, 칠레(남미3대국), 멕시코 등 4개국과의 무역액이 전체 중남미국가와의 무역액에서 차지하는 비율이 1990년대 평균 60%

---

[120] 柯玉枝(1998), p.52
[121] 楚樹龍, 金威 主編(2008), p.292 참조
[122] 江時學(19972), pp.39-40

를 기록하고 있으며, 1996년에는 무려 67.46%를 차지한 적도 있었다. 다음으로 쿠바, 파나마, 페루, 우루과이 등 4개국이 차지하는 비율은 1990년대 평균 25%정도를 기록하였으며, 최고를 기록한 해는 1994년으로 30.32%를 차지하였다. 따라서 8개 주요 교역대상국이 전체 중남미지역 무역액에서 차지하는 비율은 평균 85%를 기록하였으며, 가장 편중되었을 때는 1996년으로 89.90%를 차지하여 거의 90%에 육박하였다. 이러한 현상은 1980년대부터 시작된 것으로서 앞의 통계가 말해 주듯이 중남미국가 중 중국의 주요 교역대상국은 여전히 이들 몇몇 국가에 편중되어 개선되지 않고 있었다.[123]

그리고 투자 영역에서 1990년대 중국은 중남미국가들과 과학기술 분야의 협력, 기술협력협정 및 무역투자보장협정 등을 체결하였으며, 직접투자도 이루어졌다. 하지만 직접투자 규모는 크지 않았으며, 페루, 브라질, 칠레 등 중남미 24개국 160개 기업에 투자하고 있었으나 투자액은 3억불에 불과하였다. 또한 주요 투자기업이었던 페루철강회사(1992년 11월 1억 2천만 불을 투자하여 동 회사의 98%의 주식을 사들임)도 1995년 750만 불의 적자를 기록하였으며, 1996년 8월부터는 노조와의 대립이 이어졌다.[124] 중남미국가들의 대 중국 투자 역시 그 중요도는 상당히 떨어져 있었다. 1994년의 예를 보면 중남미국가로부터의 직접투자는 126건, 2,754만 불을 기록하여 당해 연도 중국의 전체 외자투자액의 0.0816%를 차지하는데 그쳤다. 그 중 미수교국인 파나마의 직접투자가 838억 불을 기록하였다는 사실이 눈에 띄었을 뿐이다.[125] 또한 1995년에는 4억 5,421만 불로 대폭 증가하였으나 이 역시 중국 전체 외자투자액의 1.210%에 지나지 않았다.[126] 1990년대 중국에 투자하고 있었던 중남미 주요 국가들은

---

123) 柯玉枝(1998), pp.54-55
124) 張寶宇(1995), p.22
125) 『國際貿易』 1995년 제3기(北京: 中國海關總署, 1995. 3), p.55

바하마, 파나마, 브라질, 칠레, 아르헨티나 등 국가들로서 대부분 1천만 불에서 4천만 불 정도를 투자하고 있었다.[127]

중국의 대중남미 경제통상외교의 또 하나의 중점은 자원 확보에 있었다. 1980년대부터 중국은 개혁개방의 정책기조하에 자원의 수요는 급격히 늘어 갔고 이에 중남미지역이 새로운 자원개발지역으로 주목받기 시작하였다. 중국의 대중남미 자원협력 외교는 1990년대 초반부터 본격화되었다. 첸치천 외교부장은 1993년 중남미 순방 시 브라질과 '경제기술협력협정 보완 의정서' 및 '지구자원탐사위성 보충의정서'에 조인하였고, 동년 11월 쟝저민 주석은 브라질을 방문하고 '철광석교역 촉진 및 철광산 개발협력의향서'에 서명하였다. 이의 연장선에서 2001년 4월 쟝저민 주석은 칠레, 아르헨티나, 우루과이, 쿠바, 베네수엘라, 브라질 등 중남미 주요 6개국을 순방하고 각국과 자원협력에 관한 협정을 체결하였다. 특히 산유국인 베네수엘라와는 '석유탐사를 위한 협력 및 기술이전 강화를 위한 양해각서' 교환과 베네수엘라의 중국에 대한 '3년간 석유공급협정'을 체결하였다.[128]

또한 중국은 자신에게 불리한 무역장벽을 조성하고 있는 중남미지역의 경제통합 추세에 대응하기 위해 중남미 지역별 경제통합기구와의 적극적인 관계구축을 모색하였다. 그 결과 1991년부터 중국은 미주개발은행(Inter-American Development Bank, IDB)에 옵서버의 자격으로 연례총회에 참석하게 되었고, 1998년 1월 중국인민은행은 카리브개발은행(Caribbean Development Bank, CDB)에 정식으로 가입하였다. 그리고 1997년 10월 중국은 중남미 지유무역 확산에 구심점 역할을 하고 있는 남미공동시장(MERCOSUR, 브라질, 아르헨티나, 우루과이,

---

126) 『國際貿易』 1996년 제3기 (北京: 中國海關總署, 1996. 3), p.58
127) 『國際貿易』 1998년 제3기 (北京: 中國海關總署, 1998. 3), p.56
128) 김진오, "중국의 대중남미 경제협력 강화배경과 전망", 『세계경제』(서울: KIEP, 2005. 4), p.96

파라과이)과 첫 대화를 가졌으며, 1999년 안데스공동시장(ANCOM, 베네수엘라, 페루, 콜롬비아, 에콰도르, 볼리비아)과의 대화를 제도화하기로 합의하였다.[129]

　결론적으로 쟝저민시기 중국의 대중남미 정책은 탈냉전 시대라는 시내적 특성에 편승하면서 정치, 경제적인 영역에서의 관계강화를 추구하였다. 그러나 위에서 본 바와 같이 쌍방의 관계발전에 부정적인 요인들이 여전히 상존하고 있어 획기적인 발전이 있었다고는 보기 어렵다. 하지만 1990년대의 이러한 관계발전은 21세기 빠르게 발전하고 있는 쌍방관계에 중요한 기반을 제공하였다고 할 것이다.

---

129) 許鐵兵(2003), p.248

제 2 장
21세기 국제환경과 중국 외교

제1절 21세기 국제환경과 중국의 국제정세인식

　20세기가 저물어 갈 무렵인 1998년 발발한 코소보사건은 탈냉전 시대 1차 걸프전 이후 미국의 국력이 전혀 쇠락하지 않았다는 사실을 보여주었으며, 21세기 벽두인 2001년 9 · 11 테러사건의 발생은 국제사회의 함께 국제정세에 큰 변화를 가져 왔다. 미국은 전 세계적인 규모의 대 테러전 활동과 전쟁을 진행하면서 1차 걸프전쟁과는 달리 여타 강대국들과 UN의 동의나 협조를 구하지 않았다. 미국은 테러와의 전쟁을 선언하면서 아프가니스탄을 공격하여 알 카에다 테러조직에 은신처를 제공한 집권 탈레반을 축출하고, '악의 축'발언과 함께 2003년 3월 이라크를 공격해 사담 후세인 정권을 붕괴시켰다. 이라크 전쟁에서 보여준 미국의 역량은 미국의 독주와 일방주의가 1990년대의 예상보다는 훨씬 장기간 지속될 것이라는 점을 암시하고 있었다. 즉 미국은 소련붕괴 이후 정치 · 경제 · 군사 · 과학기술 · 문화 · 사상 등 모든 영역에서 압도적인 우위를 점하게 되었고, 이러한 미국의 패권적 지위는 9 · 11사건 이후 세계적 차원의 반테러전을 수행하는 과정에서 더욱 강화되었으며, 향후 15~20년 내에는

지구상의 어떠한 국가도 미국의 패권에 도전할 수 없을 것으로 예상되었다.130)

또한 부시 행정부의 '악의 축' 발언은 테러라는 반인륜적 행위를 대상으로 찬성과 반대를 명확히 구분하는 양분론적 사고에서 출발한 것이있지민 대부분의 국가들은 미국의 반테러정책의 방향 및 수단에 대한 자국의 선호도에 상관없이 미국의 정책을 지지하는 태도를 보였다. 9·11 사건 이후에 나타난 미국의 이러한 일방주의적인 외교행태와 이에 대한 대부분 국가들의 동조는 21세기의 국제체제를 단극체제로 유지시키는 계기가 되었다. 다시 말해 미국이 보여준 국력과 일방주의적 정책 그리고 이에 대한 대부분 국가들의 지지, 여기에 다른 강대국들이 여전히 독자적으로 미국에 대응할 수 있는 역량을 축적하지 못하고 있었다는 사실은 다극체제에 대한 중국의 기대와는 달리 미국 주도의 단극체제가 상당기간 동안 고착될 수밖에 없음을 의미하는 것이었다.

이처럼 9·11 사건 이후 국제정세가 급변하고 있었으나 중국 지도부의 국제정세의 큰 흐름에 대한 인식은 그다지 변하지 않았다. 즉 테러리즘에 대한 불안감이 고조되고 강대국 상호간 힘의 관계가 변화하고 있지만 급속한 세계화와 다극화 그리고 평화와 발전이라는 시대적 주제는 변함이 없다고 인식하고 있었다. 중국은 9·11 사건 이후의 국제정세의 특징을 첫째, 국가 간에 적과 동지간의 구분이 모호해졌으며, 강대국간 전쟁의 가능성은 더욱 줄어들었다. 둘째, 세계화의 급속한 확산으로 인해 강대국 상호간의 경제적 의존성은 더욱 심화되었으며, 이와 동시에 종합국력의 경쟁이 격화되고 있다. 셋째, 냉전시대와는 달리 21세기 강대국 간의 경쟁은 제로섬게임의 냉전적 사고에서 벗어나 상호간의 협력과 타협이 공개적 대항보다

---

130) 沈國放, 『中國黨政幹部論壇』 2003年 第1期, 2003, p.12

도 자신에게 훨씬 유리하다고 인식하고 있는 것으로 보았다.[131]

2002년 11월 '16大' 보고서에서 쟝저민(江澤民)은 "평화와 발전이 21세기 들어와서도 여전히 시대의 주제가 되고 있다. 평화를 수호하고 발전을 촉진하는 것은 각국 국민의 공동열망으로 이는 거부할 수 없는 역사적 조류이다. 그리고 세계정치의 다극화와 경제의 세계화 추세가 21세기의 지배적 현상이 되고 있으며, 이는 세계평화에 유리한 조건을 제공하고 있다."고 언급하면서 동시에 "불공정하고 불합리한 국제정치경제의 구질서가 완전히 사라지지 않고 있다. 평화와 발전에 영향을 미치는 불안정 요인들이 증가하고 있고, 전통적·비전통적인 안보위협 요인이 서로 복잡하게 교차되어 나타나고 있으며, 테러리즘과 공포가 고조되고 있다. 그리고 패권주의와 강권정치가 새로운 모습으로 나타나고 있으며, 민족 및 종교 갈등과 국경 및 영토분쟁의 국지적 충돌이 수시로 일어나고 있다"고 강조함으로써 중국이 추구하는 평화롭고 안정된 주변국제환경의 조성은 실현가능한 것으로 보는 한편, 동시에 21세기의 국제정세는 불확실성과 불안정성이 상존하고 있다고 인식하였다.[132]

종합해 보면 21세기 초의 중국은 국제정세에 대해 탈냉전시대 주요특징인 경제의 세계화, 정치의 다극화 경향은 9·11사건 이후에도 기본적으로 큰 변화가 없으며, 9·11사건의 영향으로 테러리즘과 대량살상무기에 대한 불안감이 확산되고 있지만 국제정세의 거역할 수 없는 추세는 '전체적인 평화와 안정, 국지적인 분쟁과 충돌'이며, 정치적인 다극화와 평화적인 국제환경은 중국의 경제발전전략 추진에 유리한 외부환경을 조성하고 있다는 비교적 낙관적인 인식

---

[131] 앞의 글, pp.8-9. 또한 탕쟈쉔(唐家璇) 외교부장은 "강대국간 갈등과 이해관계의 충돌이 존재하지만 긴장완화와 협력, 대화가 21세기 강대국관계의 기본특징"이라 언급하였다. 『人民日報』, 2002. 12. 16

[132] 江澤民, 『在中國共產黨第十六次全國代表大會上的報告』

을 가지고 있었다고 볼 수 있다.

그러나 중국은 2007년 10월에 개최된 '중국공산당 제17기 전국대표대회'에서 '현 국제정세의 특징과 발전추세'에 대하여 진일보한 새로운 정의를 내리고 있다. 즉 '17大' 보고서에서 "현 세계는 대변혁과 대조정과정에 있다"는 것을 기본인식으로 하면서 "평화와 발전은 여전히 시대의 주류를 이루고 있으며, 평화의 추구와 발전도모 그리고 협력의 촉진은 이미 막을 수 없는 시대의 조류가 되었다. 세계의 다극화추세는 되돌릴 수 없는 것이며, 경제적인 세계화는 더욱 심도 있게 발전하고 있고 과학혁명은 가속화되고 있다. 세계적인 차원과 지역적인 차원의 협력은 더욱 빈번해지고 있으며 국가간의 상호의존은 날이 갈수록 깊어지고 있다. 국제적인 역량은 상대적으로 세계평화수호에 유리한 방향으로 발전하고 있으며 국제정세는 대체적으로 안정되어 있다"는 인식을 덧붙이고 있다. 그러나 이와 함께 "세계는 여전히 대단히 불안하다. 패권주의와 강권정치가 여전히 존재하고 있으며, 국지적인 충돌가능성과 첨예한 갈등이 곳곳에 잠복하고 있다. 또한 세계경제는 나날이 균형을 잃어가고 있고 남북의 격차는 더욱 커지고 있으며, 전통적인 안보와 비전통적인 안보에 대한 위협이 서로 교차하면서 세계평화와 발전은 수많은 어려운 문제와 도전에 직면하고 있다"고 지적하고 있다.[133]

위의 보고서에서 나타난 중국의 현 국제정세에 대한 인식을 분석해 보면 먼저, 현 세계가 대변혁과 대조정의 과정에 있다는 의미는 과학혁명, 정보화, 경제적인 세계화 및 블록화 등의 현상과 함께 인류문명의 진보가 가속화되고 있다는 것으로서 이러한 변화는 인류의 생활방식과 사고방식, 생산양식, 조직형태 등을 변화시키고, 국가간의 상호의존을 심화시키며, 세계경제 구조를 변화시키는 동시에

---

133) 胡錦濤, 『在中國共産黨第十七次全國代表大會上的報告』

종합국력에 의한 경쟁을 심화시키고 있다는 것이다. 이러한 변화는 중국이 항상 강조하듯 모든 국가에게 도전이자 기회이며, 기회를 어떻게 충분히 이용하고 도전에 적절히 대응하는가의 문제는 모든 국가들에 있어서 미래의 지위와 운명이 달려있는 지극히 중요한 문제라는 것이다.

두 번째, 세계의 다극화추세는 되돌릴 수 없는 것이라는 인식은 중국이 가지고 있는 중요한 정치적 판단이자 자신이 추구하고 있는 정치적 목표라고 할 수 있다. 냉전이 끝난 후 중국은 단극적 국제질서는 모든 국가와 국민들의 이익에 배치되는 것이며, 다극화야말로 절대다수의 국가와 국민들의 이익에 부합되는 것이라 주장하고 있다. '일초다강(一超多强)' 혹은 '단극적 다극체제'라는 현 국제질서를 인정하면서도 "단극적 패권주의를 유지하려는 세력과 다극화를 추구하는 현상타파 세력의 힘겨루기는 피할 수 없을 것"[134]으로 보면서 다극화로의 추세는 필연적이라 주장하고 있다. 중국의 이러한 인식은 향후 상당 기간 동안 '일초다강'체제가 유지 될 것이므로 강대국 간의 전면적인 대항은 피할 수 있을 것이며, 따라서 국제정세는 기본적으로 안정을 유지할 수 있을 것이라 보지만, 패권유지국가와 현상타파국가와의 상대적인 국력의 차이는 점차 줄어들 것이기 때문에 궁극적으로는 다극화로 이행될 것이라고 보고 있는 것이다.

세 번째, 중국은 또한 국제정세가 기본적으로는 안정을 유지할 수 있겠지만 세계는 여전히 매우 불안하다고 주장하면서 향후 상당 기간 동안 세계는 이러한 냉혹한 현실에 직면해야 될 것이라 보고 있다. 그 이유로 중국은 이 세계에는 패권주의와 강권정치가 여전히 존재하고 있다고 주장한다. 중국의 입장에서는 이들은 여전히 냉전적 사고에 젖어 군사력과 동맹강화를 통한 일방적인 우위와 절대적

---

134) 『在中國共産黨第十七次全國代表大會上的報告』

인 안보를 추구하고 있음으로써 지역과 전 세계의 전통적 안보를 위협하고 있다고 보고 있는 것이며, 이러한 패권주의와 강권정치가 국제협력에 장애가 되고 있다는 것이다. 또한 테러리즘, 환경오염, 전염병 등의 비전통적인 안보 위협이 인류의 공동안전을 위협하고, 민족문제와 종교문제 그리고 균형을 잃어버린 세계정세는 남북의 격차를 더욱 확대시켜 국가와 지역 간의 갈등을 유발시키고 있는 것으로 보았다.

이렇게 볼 때 중국은 현 세계가 커다란 변혁과 조정과정 중에 있다는 것을 전제로 평화, 발전, 협력의 시대조류 속에 기본적으로는 안정을 유지할 것이나, 각종 불안요소 역시 다양한 영역에 존재하고 있으므로 인류는 여전히 각종 도전에 직면하고 있다고 인식하고 있음을 알 수 있다. 또한 이러한 중국의 현 국제정세에 대한 인식은 '16大'의 보고서에서 언급한 "평화와 발전이 현 국제정세의 추세이며 세계의 다극화와 경제의 세계화 추세가 세계평화발전에 기회와 유리한 조건을 제공하고 있으므로 세계는 지금 광명과 진보의 목표를 향해 걸어가고 있다"135)는 낙관적인 인식과 비교할 때 상당히 부정적인 것이라 볼 수 있다.

또한 여기서 우리가 간과해서는 안 될 중요한 부분은 미국의 패권주의와 미국주도의 단극체제에 대한 중국의 입장이다. 즉 우리가 주목해야 할 부분은 '16大' 보고서의 '패권주의와 강권정치가 새로운 모습으로 나타나고 있으며, 이러한 현상이 세계평화와 발전에 불안정한 요소지만 다극화의 추세는 피할 수 없을 것'이라는 단순한 주장의 차원을 넘어 '17大' 보고서에서는 '단극적 패권주의를 유지하려는 세력과 이를 타파하려는 세력간의 힘겨루기는 피할 수 없을 것'이라는 점을 명확히 하고 있다는 사실이다. 이는 과거 패권주의와 강권

---

135)『在中國共産黨第十六次全國代表大會上的報告』

정치를 비난하거나 다극화와 다극체제를 선호하는 수준과는 차원이 다른 주장이라 할 수 있다. 당연히 단극적 패권주의를 유지하려는 세력은 미국을 지칭하는 것이며, 이를 타파하려는 세력은 중국 자신을 의미한다는 것은 의심의 여지가 없다. 그렇다면 중국의 이러한 주장은 바로 중국의 미국의 지위에 대한 도전의 의지를 표현한 것이며, 머지않아 이러한 도전적인 지위에 도달하거나 아니면 이미 자신이 그러한 도전적인 지위에 와 있다는 사실을 암시하는 것으로 미국에 대한 공개적인 도전장을 의미한다. 이렇게 볼 때 21세기 향후 중국의 외교정책은 이미 적극적이고 공세적인 강대국외교의 색채가 두드러질 것이라 예상할 수 있을 것이다.

제2절 21세기 중국의 외교기조와 목표

1. '16大' 시기의 외교기조와 목표

후진타오(胡錦濤) 집권 1기, 즉 '16大' 시기의 외교정책의 방향은 쟝저민 시기의 외교정책과 비교해 볼 때 변화보다는 지속성에서 그 기본성격을 찾아볼 수 있다. 물론 쟝저민이 국가중앙군사위원회 주석으로서 여전히 상당한 영향력을 행사하고 있었다는 점도 그 이유 중의 하나이겠지만 후진타오를 비롯한 제4세대 지도부는 기본적으로 쟝저민 중심의 제3세대 지도부가 추진해 온 개혁개방정책을 실무적으로 집행하면서 성장해 온 세대이기 때문에 대내정책은 물론 대외정책에서도 변화보다는 지속성을 일정기간 유지할 수밖에 없었다. 또한 21세기에 접어들어서도 경제발전이 여전히 중국의 최우선 국가목표였기 때문에 21세기 중국의 외교기조와 목표도 시대의 변화에 따라 약간의 조정과 표현방법을 다르게 했을 뿐 기본적인 틀은 커다란 차이가 없었다.

앞에서 언급한 바와 같이 '16大' 보고서에 나타난 중국의 국제정세 인식은 1990년대 쟝저민 시기와 마찬가지로 세계는 '평화'와 '발전'이 여전히 주류를 이루고 있고, 다극화 추세에 있으나 불공정하고 불합리한 국제정치정세 질시는 근본적으로 변하지 않고 있어 여전히 남북격차는 커지고 있으며, 패권주의와 강권정치는 여전히 존재하고 있다고 보았다. 그러나 세계대전은 발발하지 않을 것이고, 장기간의 평화적인 국제환경과 양호한 주변 환경의 조성은 실현할 수 있으며, 세계의 발전 전망은 밝다는 비교적 낙관적인 국제정세 인식을 가지고 있었다.136) 이러한 인식아래 중국의 외교는 '지속적인 경제발전을 위한 평화롭고 안정된 주변 국제환경 조성'이라는 기존의 정책기조와 강대국으로의 도약을 위한 지역주의와 민족주의에 바탕을 준 외교기조를 그대로 유지하고 있었다.

그러나 후진타오 시기의 중국 외교정책은 기본적으로 쟝저민 시기 외교정책의 지속성을 유지하면서도 시간이 지남에 일정정도 진화면서 차이점이 나타나기 시작하였다. 후진타오 초기의 외교정책이 '화평굴기(和平崛起)론'에서 나타난 바와 같이 민족주의적인 색채가 농후한 자존심과 자신감을 부각하는 적극적인 것이었다면, 시간이 지나면서 점차 그간의 학습효과와 국내외 정치상황을 반영하면서 조화를 중시하는 '화자위선(和字爲先)론'을 제시함으로써 보다 유연하면서도 현상유지적인 외교정책으로 전환되고 있었다.137) '화평굴기론'은 '중국위협론'에 적극적으로 대응하여 중국의 평화적 의도와 정책을 강조하는 이념으로서 중국은 이를 통해 자국의 국력에 합당한 지위와 영향력을 확보하고, 국제사회에서 보다 적극적이고

---

136) 앞의 글
137) 김흥규, "후진타오 신외교노선과 북·중관계", 『주요국제문제 분석』 (서울: 외교안보연구원), 2006. 3. 8, p.1

책임 있는 강대국으로서의 이미지를 구축하고자 하였다. 하지만 '중국위협론'을 불식시키려는 '화평굴기론'은 오히려 미국과 역내 국가들로 하여금 재차 '중국위협론'의 논의를 강화시키는 계기가 되었고, 이로 인해 중국은 국제적으로 고립될 수 있다는 위기의식을 가지기 시작하였다. 이 작동하게 되었다.138) 이러한 이유로 '화평굴기론'은 2004년 중반부터 '화평발전(和平發展, 평화적인 발전)론'의 이념으로 대체되었으며, 이는 '17大'에서 공식화・구체화 되었다. 그러나 어떤 표현과 어떤 해석을 하든지 중국의 강대국화의 의도는 숨길 수 없는 사실일 것이다.

또한 '화자위선(和字爲先)'은 조화와 화합을 최우선시 하겠다는 정책이다. 이 이념 역시 '화평굴기론'에 근거하여 중국의 외교가 과거의 수세적이고 소극적인 외교정책에서 점차 벗어나 보다 적극적이고 공세적인 외교로 전환되면서 오히려 '중국위협론'의 담론이 힘을 얻어 국제사회에서 부정적인 이미지가 확산되자 2006년에 제시된 것이다.139) 이는 중국이 향후 외교정책에서 현실적이고 객관적인 조건을 더욱 중시할 것이며, 그동안의 공세적인 외교정책을 조절할 것이라는 의미가 숨어있는 것이다. 이 정책 이념은 결국 '17大'에서 '조화세계(和諧世界)'의 외교기조로 구체화되어 공식적으로 제시되었다.

또한 1990년대 중반 이후 지역주의에 입각하여 적극성을 띠게 된 다자주의에 대한 태도 역시 더욱 강화되었다. 이는 중국의 평화적인 이미지를 부각시키기고 지역강대국으로서의 역내 영향력과 발언권 확대를 위하여 지역 내 다양한 다자협력에 적극적으로 참여하겠다

---

138) 중국위협론에 대한 것은 Herbert Yee & Ian Storey ed., *The China Threat: Perceptions, Myths and Reality* (New York: Routledge Curzon, 2002) 참조
139) 2006년 1월 3일 중국 외교부는 2006년 중국의 대외정책의 원칙은 갈등보다는 화합을 최우선시하는 정책이 될 것이라 언급함. '화자위선론' 대두의 자세한 배경과 특징은 김흥규, 앞의 글, pp.3-5 참조

는 의지를 분명히 실현하고자 하는 것이었다.

이러한 외교기조를 바탕으로 형성된 '16大' 시기 중국 외교정책의 주요 목표는 첫째, '경제발전과 이를 위한 보다 유리한 외부조건 및 환경의 조성'이다. 이는 재차 언급하지만 개혁개방 이래 변하지 않는 중국의 외교기조이자 목표이다. 특히 중국은 2002년 '16大' 보고에서 향후 20년 후에는 세계 2위의 경제대국이 될 것이라는 청사진을 제시하였으며, 대규모의 외적의 침입이 발생하지 않는 한 어떠한 상황 하에서도 경제건설 중심의 발전전략이 동요되지 않을 것이라고 강조하였다.140) 따라서 이를 위한 대외전략은 경제외교를 중심으로 평화적이고 안정적인 주변 국제환경의 조성에 집중되었다.

둘째, '16大' 보고에서 21세기 외교목표를 '중국의 독립과 주권수호'와 '세계평화와 발전 촉진'이라 밝히고 있다. '중국의 독립과 주권수호'의 의미는 대만문제를 포함한 소수민족의 분리주의 문제 및 영토분쟁에 대한 주권의 소재를 분명히 밝히고자 하는 것이며, '세계평화와 발전의 촉진'의 의미는 세계정치의 다극화가 평화와 발전을 촉진하기 위한 유리한 조건을 제공하고 있다고 주장하면서 자신의 증대된 국력을 바탕으로 국제문제에 능동적으로 참여함으로써 다극화체제의 한 극으로서의 국제적 지위 혹은 영향력을 확대시키고자 하는 것이다.

셋째, '공평하고 합리적인 신국제질서의 확립'을 목표로 내세우고 있다. 이는 미국이 주도하는 단극적인 국제질서에 대한 거부감을 분명히 표명한 것으로 특히 9·11사건 이후 미국의 군사력의 우위를 이용한 이념과 제도, 가치관 등을 강요하는 일방주의적 대외정책에 대한 반발을 의미한다. 따라서 '16大' 보고에서는 불공정하고 불합리한 낡은 국제경제질서가 아직도 개발도상국가들의 이익을 해치고

---

140) 『인민일보』, 2002. 11. 17.

있고, 일부 강대국들은 인권을 구실로 타국의 내정간섭을 일삼는 현상이 벌어지고 있다고 지적하면서 공평하고 합리적인 신 국제정치경제 질서의 확립을 주장하였으며, 그 중심에는 당연히 중국 자신이 있음을 암시하고 있었다.

2. '17大'시기의 외교기조와 목표

'17大'의 보고서에 나타난 중국의 외교정책의 이념이자 기조는 '평화발전(和平發展)', '조화세계(和諧世界)', '호리공영(互利共贏)'의 세 가지로 압축된다고 볼 수 있다.

먼저, '평화발전'의 이념을 동 보고서에서는 "시대의 조류와 자신의 근본이익에 근거한 중국정부와 국민의 전략적 선택이다"라고 언급하면서, "중국민족은 평화를 사랑하는 민족이고 중국은 시종 세계평화를 수호하는 초석이 되어 왔으며, 모든 국가의 국민이 자신의 길을 선택할 수 있는 권리를 존중하고 타국의 내정에 간섭하지 않으며 자신의 뜻을 남에게 강요하지 않는다. 중국은 방어적 국방정책을 고수하고 군비경쟁에 나서지 않으며 어떠한 국가에게도 군사적인 위협을 가하지 않는다. 중국은 어떠한 형태의 패권주의와 강권정치에도 반대하며, 영원히 패권과 팽창을 추구하지 않는다"고 주장하고 있다.

이는 앞에서 언급한 바와 같이 '평화적인 부상'론이 '평화'를 강조하려는 중국의 의도와는 달리 외부적으로는 '중국위협론'을 연상시키기에 충분한 '부상'이라는 측면이 부각되고 있었고, 내부적으로는 '평화'의 의미가 대만문제와 같이 민감한 사안에 무력사용을 배제하는 것처럼 해석되어 잘못된 메시지를 전달할 수도 있다는 비판에 직면하자, '평화발전'이라는 새로운 개념으로 대체 한 것이다.[141] 동 보고서에서 '중국의 근본이익에 따른 선택'이란 바로 중국특색의 사회주의의 핵심주제는 '발전'이라는 것을 의미하는 것이며, 이러한 의미에서의 '발전'은 중국 국가전략의 중요한 부분을 차지하고 있는 것이다. '평화'의 의미는 '발전'을 위한 전제가 되는 것이며, 중국은 그들의 외교정책 목표를 평화롭고 안정된 주변 국제환경 조성에 두고 있으며, 현재에도 이는 변함이 없다는 것을 강조하는 것이다. 그러나 1990년대 후반 '중국위협론'이 다시 대두되자 이 '평화'의 의미는 자신의 발전의 전제가 되는 소극적인 평화의 차원을 넘어서 주변국가와 강대국들의 '중국위협론'을 불식시키기 위한 것으로 세계를 향한 평화의 메시지라는 적극적인 의미를 담게 되었던 것이다. 또한 세계를 불안하게 하는 것은 평화를 사랑하는 중국이 아니라 패권과 강권정치를 추구하는 일부 국가에게 책임이 있다는 것을 강조하는 의미인 것이다. 특히 동아시아 지역의 불안정 요인은 중국의 부상이 아니라 오히려 한반도 안보환경의 불안, 미국의 미사일 방어(MD)시스템 구축 및 미·일 안보동맹의 강화 등이라는 주장하였다.142)

이러한 '평화발전'의 이념하에 중국은 "평화공존 5원칙의 기초 위에 선진국과의 전략적 대화를 강화하고 상호신뢰를 증대시켜 장기적이고 안정된 상호관계를 발전시키고, 주변국가들과의 선린우호관계와 실질적 협력관계를 강화하여 공존공영의 지역 환경을 조성할 것이다. 또한 개발도상국과는 단결협력하고 전통우의를 더욱 다지면서 실질적 협력관계를 확대하고 능력의 범위 내에서 원조를 제공할 것이며, 개발도상국가들의 정당한 요구와 공동이익을 수호할 것이다. 중국은 다자간 협력에도 적극 참여할 것이고 그에 상응하는 국제의무를 다할 것이며 건설적인 역할을 수행하여 현 국제질서가 더욱 공정하고 합리적인 방향으로 발전할 수 있도록 할 것이

---

141) 김흥규, 앞의 글, p.2
142) 唐世平, "中國的崛起與地區安全", 『當代亞太』 2003年 第三期, p.17

다"라고 동 보고서에서 밝히고 있다. 이는 '평화발전'의 이념에 기초하여 선진국, 주변국, 개발도상국, 다자간 협력 등 외교 대상별로 구체적인 정책 방침과 목표를 천명한 것이다. 이와 더불어 동 보고서는 정당, 정치단체, 군대, 민간단체 등을 통한 다방면, 다차원에서 외교를 전개해 나갈 것을 표명하고 있다. 이는 다방면, 다차원에서의 원활한 의사소통을 통해 불편한 관계를 우회적으로 풀어나가며, 중국의 입장을 적극 개진하고 친중 인사들을 양성 관리하면서 다양한 외교목적을 달성하는데 비공식적인 외교채널을 활용하겠다는 의도이다.[143] 여기서 우리는 중국이 대폭 증대된 국력과 상승된 국제지위를 바탕으로 향후 과거와는 다른 상당히 적극적이고 자신감 있는 외교를 전방위적으로 전개할 것이며, 그들의 지위와 국력에 맞는 국제적인 역할을 요구할 것이라는 사실에 주목해야 할 것이다.

둘째, '조화세계'의 이념으로서 이는 '조화'의 이념이 대내외적으로 연계된 것이다. 중국은 대내적으로 소외계층과 낙후지역을 배려하는 조화사회의 건설을 강조하고 있으며 이는 사회의 안정 속에서 지속적인 성장을 달성해야 하는 국가적 과제가 반영된 것이다. 이러한 과제는 대외적으로 '조화아시아', '조화세계'의 조화외교로 연결된다.[144] 바꾸어 말하면 중국의 지속적인 발전을 위해서는 대내적인 사회 안정이 필요할 뿐 아니라 대외적인 안정 역시 필요하다는 것이며, 이러한 대내외적인 안정을 '조화'라는 이념을 제시함으로써 달성해 보고자하는 의도인 것이다. 결국 '조화세계'의 이념은 '평화발전'전략을 뒷받침하는 이념의 역할을 하고 있다고 볼 수 있다.[145]

---

143) 중국공산당만 하더라도 2007년 현재 160여 개 국가 400여 정당과 교류하고 있으며, 후진타오 시기에만도 30여 개 국가의 100여개 정당과 새로운 교류관계를 수립하였다(김흥규, "중국 제17차 공산당 전국대표대회 평가 및 대외정책적 함의", 『주요국제문제 분석』(서울: 외교안보연구원, 2007. 11. 8), p.10)

144) 전병곤, "중국공산당 제17차 전국대표대회의 의미와 전망", 통일연구원, 2007. 10

동 보고서는 '조화세계' 이념의 주요 함의를 세 가지 측면에서 설명하고 있다. 그것은 첫 번째, 중국이 국제사회에서 구축하려는 '조화세계'의 궁극적인 목표는 '영구적인 평화와 공동번영'이라는 것이다. 중국은 이러한 목표를 수립하고 이를 위해 노력하는 것은 중국공산당과 중국국민의 염원을 표명한 것이자 중국이 취하는 각종 행위를 결정하는 가치 기준이 되는 것이라 주장하고 있다.[146] 두 번째, 국제사회에서 '조화세계'를 구축하려면 'UN헌장의 정신과 원칙 준수, 국제법과 공인된 국제관계 준칙의 고수, 국제관계에서 민주, 화목, 협력, 윈-윈 정신 고양' 등의 원칙을 필히 준수해야 한다. 이러한 주장 속에는 국내문제는 각국 국민들 자신이 결정해야 하며, 국제문제는 각국 국민들이 공동으로 결정해야 한다는 의미와 함께 평화공존 5원칙의 준수와 국제문제의 다원주의를 제창하면서 국제관계의 민주화를 강조하는 의미가 숨어 있는 것이다.[147] 세 번째, 정치, 경제, 문화, 안보, 환경보호 등 다섯 가지 영역에 있어서 '조화세계'를 구축하기 위한 중국의 기본적인 주장은 "정치적 영역에서 상호존중 및 평등협상을 통한 국제관계의 민주화 공동추진, 경제적 영역에서 상호협력 및 상호보완을 통하여 경제적인 세계화를 균형, 호혜, 윈-윈(win-win)의 방향으로 나아갈 수 있도록 공동 노력하고, 문화적 영역에서 서로를 거울삼아 상이한 문화 속에서 공통점을 찾고 세계의 다양성을 존중하여 인류문화번영과 진보를 공동촉진하며, 안보적 영역에서는 상호신뢰, 협력강화를 바탕으로 전쟁의 수단을 배제한 평화적인 방법을 통한 국제분쟁 해결을 견지하여 세계평화와 안정을 공동수호하고, 환경보호의 영역에서는 상호협력과

---

145) '조화세계'의 이념은 2005년 9월 UN창립 60주년 기념 정상회의에서 후진타오 주석이 "영구적인 평화와 공동번영의 조화세계 건설에 노력하자"라는 제하의 연설을 통해 이미 구체화되었다.
146) "黨的十七大報告解讀" 新華社, 2008. 1. 20
147) 위의 글

협조를 통하여 인류가 살아가야 할 지구촌을 함께 가꾸어 가야한다"는 것이다.

셋째, '호리공영(互利共贏)'의 이념, 즉 상호이익이 되면서 윈-윈 할 수 있는 이념을 제시하고 있다. 특히 동 보고서는 "중국은 일관되게 '호리공영'의 개방전략을 고수할 것이다"라고 밝힘으로써 이 이념이 개방전략을 구성하는 중요한 요소이자 목표임을 강조하고 있다.[148] 이는 중국이 처음으로 그들의 외교전략인 개방전략에 대한 정의와 구체적 목표를 자신있게 제시한 것으로서 지난 세기의 대내적인 경제성장을 위한 소극적인 개방전략과는 커다란 차이를 보여주고 있다는 점에서 상당한 의의를 지닌다. 이와 관련, 동보고서는 "우리는 향후 계속 자신의 발전을 통하여 지역과 세계와의 공동발전을 촉진하고 각국과의 공동이익을 확대할 것이며, 중국의 발전을 실현함과 동시에 상대방, 특히 개발도상국의 정당한 이익을 배려할 것이다. 중국은 현행 국제무역 규범에 따라 계속 시장을 확대할 것이며 협력 상대의 권익을 법에 따라 보호할 것이다. 중국은 국제사회가 개발도상국의 자주적 발전능력 강화를 지원하고 주민들의 생활 개선과 남북격차를 줄이려는 노력을 지지한다. 또한 중국은 바람직한 국제무역 및 국제금융체제의 구축을 지지하며 무역과 투자 자유화를 추진하고, 협상과 협력을 통해 무역마찰을 원만하게 처리할 것이다. 중국은 남의 이익을 훼손하면서 자신의 이익을 추구하지 않을 것이다"라고 언급함으로써 개방전략의 대외적인 의미와 목표를 강조하고 있다.

'조화세계'의 이념이 '평화발전'전략을 뒷받침하는 이념으로서 작용하는 것이라면, '호리공영'의 개방전략은 '조화세계' 건설을 위한

---

[148] 12大 이래 16大까지 중국의 외교정책 이념은 '독립자주'였으며, 16大 보고서에서는 "중국은 독립자주적 평화외교정책을 고수한다"고 언급하였다.

필수불가결한 요소이다. '호리공영'의 개방전략은 대외개방을 통하여 자신의 발전을 실현하고 자신의 발전을 통하여 지역과 세계의 공동발전을 촉진한다는 적극적인 개방전략을 의미한다. 이는 개방의 범위를 중국의 대내적인 차원에서 전 세계로 확대시키는 적극적인 개방관념이 도입된 것으로 이 역시 자신의 국력증대와 국제지위 상승으로 인한 자신감의 표현이라 할 수 있다. 또한 이는 '중국위협론'을 불식시키기 위해 개방전략을 통한 중국의 평화적인 발전만을 강조하는 것에서 탈피하여 윈-윈 할 수 있는 방향으로 기회를 부여하는 적극적인 정책을 의미하는 것으로서 주변국가와 개발도상국을 겨냥한 외교적인 포석이라는 측면이 포함되어 있다.

그 외에도 동 보고서는 "중국과 세계의 미래와 운명은 긴밀히 연계되어 있다"고 언급하면서 중국과 세계는 공동운명체임을 특히 강조하면서 "현 중국과 세계의 관계는 역사적인 변화가 일어나고 있으며, 중국의 미래와 운명은 날이 갈수록 세계의 미래와 운명과 긴밀하게 연결되고 있다. 중국의 발전은 세계를 떠나서는 생각할 수 없으며, 세계의 번영과 안정 역시 중국을 떠나서는 생각할 수 없다"고 덧붙이고 있다. 이러한 자만에 가까운 중국의 자신감은 당연히 증대된 국력과 격상된 국제지위를 바탕으로 형성된 것이며,[149] 향후 중국의 대외정책과 대외관계에 상당한 영향을 줄 것으로 예상된다.

---

149) 1978년 개혁개방 이래 2006년까지 29년 동안 중국의 수출액은 206억 불에서 17,607억 불로 85배 증가하여 세계 32위에서 3위로 도약하였다. 또한 2006년 말 현재 중국의 대외 직접투자는 733.3억 불, 해외 중국기업은 세계 200개 국가에 10,673개, 파견 인원은 약 68만 명에 이르고 있다. (2008. 1. 19. 新華社 북경발)

제3절 21세기 중국의 외교정책

1. 대 강대국정책

중국은 '16大' 보고서에서 강대국과의 관계에 대하여 "선진국들과의 관계를 계속 개선하고 발전시켜 나갈 것이며, 각국 국민의 근본이익을 중시하고 사회제도와 이념의 차이를 초월하여 평화공존 5원칙의 기초위에 공동이익을 확대하고 서로간 의견 차이를 원만하게 처리할 것이다"라고 언급하고 있다.150) 이는 국가의 대소, 강약, 이념과 제도의 차이를 불문하고 평화공존과 발전을 추구하는 '구동존이(求同存異)'의 주장이며, 이러한 주장의 이면에는 21세기의 새로운 국제질서 형성과정에서 자신의 지위와 역할을 극대화하려는 전략적 계산이 숨어있다. 그러나 이러한 전략의 성패 여부는 절대적으로 미국, 일본, 러시아 등 강대국과의 관계, 특히 미국과의 갈등조정과 관계발전에 달려 있었다.

상술한 바와 같이 중국의 국제정세인식은 21세기 국제체제 역시 탈냉전과 함께 시작된 '일초다강(一超多强)' 체제의 연장선에 있다는 것에 기반을 두고 있다. 뿐만 아니라 이러한 미국의 초강대국적 지위는 향후 상당기간 동안 지속될 것이라는 현실적인 판단 하에서 미국과의 관계를 발전시켜 나갈 것이라는 점을 분명히 하고 있다. 이는 중국이 이미 국제사회에서 미국의 패권적인 지위를 인정하였다는 것을 의미하지만 중국의 입장에서는 미국이 자신을 도전세력으로 의식하면서 자신을 견제하고 약화시키려는 의도에 대한 우려를 지우기 힘들었다. 더욱이 21세기 초 부시 행정부가 들어서면서 미국의 대중정책이 과거 '건설적인 전략적 동반자관계'에서 '전략적

---

150) '17大' 보고에서는 '선진국'이라는 표현을 쓰고 있으나 여기서 '선진국'은 주로 미국을 비롯한 강대국들을 지칭하고 있다.

경쟁관계'로 전환됨에 따라 중국은 미국의 일방적·패권적 정책에 더욱 의구심을 가질 수밖에 없었다. 이러한 과정에서 중국의 대미인식과 정책은 한동안 다소 강경한 경향을 띠기도 하였다.151) 한편, 미국은 중국의 부인에도 불구하고 중국의 군사적 팽창 기도에 대한 의혹을 떨쳐버리기 어려울 뿐만 아니라 더구나 중국의 인권, 민주화 등의 문제에 대한 불신감은 쉽게 해소될 수 없는 것으로서 대만문제와 함께 양국관계의 풀기 힘든 현안이자 갈등의 원인이 되고 있었다. 따라서 21세기 초 출범한 후진타오의 제4세대 지도부는 미국의 일방주의·패권주의에 대한 효과적인 견제와 경제적인 영역을 중심으로 한 협력의 확대, 즉 갈등과 협력이라는 상호 모순된 관계를 조정, 발전시켜야 하는 어려움을 안고 있었다.

중국의 대미정책의 중점은 첫째, 미국의 일방주의·패권주의에 대한 견제이다. 그러나 '구동존이'에 기초하여 이해가 충돌하더라도 노골적인 적대정책이나 대결은 회피하면서 미국의 일방주의·패권주의에 대한 억제방안을 다각적으로 모색한다는 것이다.152) 둘째, 미국과 대등한 국제지위를 추구한다는 목표하에 미국의 일방적·패권적인 정책에 불만을 가지는 국가들과 다양한 연대를 모색하는 것이다. 이를 위해 제3세계 국가들은 물론 인도, EU 등과의 정치적·경제적 공감대 확대를 꾀하였으며, 러시아와의 전략적 협력관계를 강화하였

---

151) 쟝저민의 대미 강경책으로는 대 대만 방어용무기 판매중단 요구, 미국 기업들을 통한 로비 강화, 러시아·북한·미얀마 등 인접국가들과의 군사관계 강화를 통한 반포위전략 추구, 자신의 과학기술과 군사력 강화 등을 들 수 있다. "Beijing Battles U.S. 'China Threat' Theory", CNN. com, March 6, 2001 금희연, "중국위협론의 실체: 중국의 세계전략과 전방위외교정책", 『중소연구』 통권100호 (2003/2004), p.88 재인용
152) 이러한 중국의 정책방향은 코소보 전쟁 시 미군기에 의한 유고의 중국 대사관 오폭사건에서 중국은 배상을 받는 선에서 타협을 보았고, 2001년 남지나해 인근에서 미군정찰기와 중국전투기 충돌사건에 대해서도 중국은 미국의 사과와 기체의 분해 수거에 합의하는 최소한의 자존심을 살리는 선에서 타협하였다.

다. 셋째, 경제·과학기술 분야의 협력을 지속적으로 확대하는 것이었다. 이는 중국의 경제발전에 필수적인 부분이었기 때문이다.

일본은 중국에 있어서 지역적 패권경쟁의 대상으로서 일본의 정치적·군사적 대국화의 움직임에 대한 견제는 21세기 중국 외교전략의 중요한 부분이다. 그러나 일본 역시 미국의 경우와 마찬가지로 견제 일변도의 정책추진이 불가능하고 정치적·군사적 갈등과 경제적 부문의 협력을 조화시켜야 한다는 과제를 안고 있었다. 또한 중국은 일본과 완전한 합의나 청산이 불가능한 과거사문제가 존재하고 있다. 따라서 중·일관계는 경제협력과 정치적·군사적 대립의 조화여하에 따라 양상을 달리할 수밖에 없으며, 중국으로서는 정치적·군사적 대립 가능성의 증대에도 불구하고 경제적인 협력요인의 증대를 통해 갈등요인을 억제함으로써 기본적으로 이중적인 관계를 유지하였다.

러시아와는 1990년대 양국 정상의 상호방문을 통하여 국경문제를 해결하는 등 우호관계를 다져왔으며, 2001년에는 양국이 '선린우호협력조약'을 체결함으로써 21세기 우호협력의 시대를 열었다. 그러나 러시아는 소련해체 후 국내문제 등으로 인한 국력의 상대적인 후퇴에도 불구하고 여전히 비교적 탄탄한 산업기반을 가지고 있으며, 핵기술이나 우주과학기술을 포함하는 과학기술분야에서는 세계최고의 수준일 뿐만 아니라 군사력이나 군사기술면에서도 여전히 미국에 대항할 수 있는 유일한 국가라는 점에서 중국의 잠재적인 경쟁국가일 수밖에 없었다. 특히 러시아는 푸틴시대를 거치면서 정치적·경제적 안정을 찾아가고 있었다. 따라서 21세기 초 상당기간 동안에는 중·소 양국간의 우호관계가 유지된다 하더라도 이것이 영원히 지속될 것이라고 보는 견해는 거의 찾아볼 수 없다. 중국 역시 이러한 인식하에 러시아를 추월하여 미국과 어깨를 겨루는 실질적인 강대국으로 부상할 때까지는 가능한 한 러시아와 함께 평화적인 안보환경 조성에 노력하면서 동시에 미국을 견제하는 연합전선 구축에 외교력을 집중시키고 있었다. 이러한 중국의 전략은 2001년 6월 중국이 주도하여 러시아를 비롯한 중앙아시아국가들과 함께 '상하이협력기구(SCO)'를 출범시킨 사실에서 잘 나타나고 있다.

'구동손이'를 바탕으로 하던 중국의 대 강대국 정책은 '17大'에 오면서 의미있는 변화를 하게 된다. 즉 '17大' 보고서에의 대 강대국 정책은 "전략적인 대화 강화, 상호신뢰 증진, 협력강화, 원만한 갈등처리, 상호관계의 장기적·안정적·건강한 발전 추구"를 주장하였다. 여기서 우선 발견할 수 있는 가장 큰 차이점은 중국이 자신을 이미 강대국들과의 대등한 지위에 놓고 있다는 사실이며, 과거 강대국과의 관계에서 보여주었던 수세적인 입장에서 탈피하고 있다는 점 역시 읽을 수 있다. 이와 함께 앞에서도 언급하였듯이 자신을 '단극적 패권주의를 타파하는 세력'으로 상정함으로써 미국의 지위에 도전장을 내밀었다는 사실에서 중국이 향후 대 강대국 외교에서 그들과 대등한 관계를 추구하면서 국제사회에서의 역할을 확대하고 동등한 발언권을 요구할 것이라는 것을 짐작할 수 있으며, 중국의 강대국화 의도의 구체적인 표현이라 해석할 수 있다. 또한 대등한 입장에서 전략적인 대화를 통하여 강대국들과의 안정된 관계를 유지하고 신뢰와 협력을 증진시키겠다는 의지로 풀이할 수도 있다. 따라서 21세기 향후 중국의 대미외교는 현저히 향상된 국력을 바탕으로 미국이라는 패권국가의 패권주의적인 정책이나 행위에 대해서는 대등한 위치에서 전략적인 대화를 요구하면서 국제지위의 격차를 좁혀 나가는 실리적인 정책을 취하고자 할 것이다.[153]

다극화와 관련하여 중국은 자신이 동아시아 지역강대국으로서의

---

[153] '조화세계'에서 UN헌장의 정신을 강조하고 환경문제를 언급한 것은 'UN기후변화일반조약'과 '교토의정서'에 대한 미국의 태도를 간접적으로 비난한 것이며, 이는 미국의 패권주의적 정책에 대한 항의와 경고의 의미를 담고 있다고 보아야 할 것이다.

국력과 지위를 구비하고 있다고 판단하고 있으며, 이러한 판단에서 이 지역에서 미국이 일방적인 주도권을 독점하는 것을 저지하는 것이 중국의 동아시아 전략의 핵심이다. 중국은 동아시아에서의 다극화가 세계의 다극화를 위한 초석이라 믿고 있으며, 중국, 일본, 미국, 러시아 그리고 ASEAN을 주요행위자로 상정하는 다극체제를 구상하고 있다. 따라서 중국은 이들 역내 강대국들과 대립보다는 협력을 추구하면서 안정적이고 우호적인 관계를 유지하려 노력하고 있으며, 이들 간의 전략적 균형을 추구하고 있다. 중국의 입장으로서는 미국이 다극화의 가장 큰 장애세력이라는 점을 알고 있지만 중국의 경제성장을 위해서는 미국과의 정면대결을 피해야 하며 관계를 파국으로 몰고 갈 수는 없다. 따라서 대미 정책은 미국과의 직접적인 대립을 피하면서 동아시아지역에서 미국의 주도권 독점을 최대한 저지하는 것에 초점이 맞추어질 것이며, 이를 위해 다자간기구 등을 통한 책임 있는 지역 강대국으로서의 이미지를 구축하려 노력할 것이다.

결론적으로 중국은 동아시아 지역강대국으로서 한편으로는 미국과의 협력을 모색하고, 다른 한편으로는 자신의 역할 확대를 통해 지역 국제사무에 대하여 미국과의 대등한 발언권을 요구함으로써 미국의 독점적 주도권을 견제하면서 다극화의 목표를 점진적으로 실현해 갈 것으로 보인다. 이와 더불어 러시아와는 기존의 전략적 협력 동반자관계를 더욱 강화하면서 미국을 견제하고자 할 것이며, 일본 역시 미국과 마찬가지로 중국의 발전에 필요한 국가로서 또한 다극화를 위한 한 축으로서 전략적인 협력관계 구축을 위해 노력할 것이다.[154]

---

154) '17大'와 비슷한 시기에 출범한 후쿠다 내각과 중국은 화해협력을 적극 추진하고 있다. 2007년 12월 27일 중국을 방문한 후쿠다 총리와의 회담에서 중일평화우호조약 30주년을 맞이하여 2008년을 청소년교류의 해로 지정하고 각기 3,000명의 청소년을 상호 방문하도록 합의하는 등 전략적 호혜협력관계 구축을 위해 노력하는 모습을 보이고 있다.

2. 대 주변국정책

21세기 중국의 주변국가와의 관계에서 '17大' 보고서는 "평화와 안정의 공동구축, 평등과 상호신뢰, 윈-윈의 지역환경 조성협력" 등을 대외정책의 목표로 밝히고 있다.

이러한 목표는 평화롭고 안정된 주변 국제환경 조성과 주변국가들의 '중국위협론' 불식 그리고 지역의 경제적 협력강화라는 세 가지 측면으로 연결되어 있다. 먼저, 평화롭고 안정된 주변 국제환경의 조성은 개혁개방 이래 가장 중요한 외교기조이자 목표였으며, 중국이 안정된 경제성장을 지속하기 위해서는 필수불가결한 것으로서 그것을 '17大'에서도 재천명하고 있는 것이다. 지난 30년 동안 중국 대외정책의 초점은 주변 국제환경의 안정과 평화를 유지하는데 집중되어 왔으며, 이러한 중국의 외교적인 노력은 세계화의 진전과 함께 더욱 강화되고 있다. 따라서 향후 중국은 경제발전에 필요한 평화롭고 안정된 주변 국제환경 조성을 위하여 호혜호리(互惠互利)와 윈-윈 정신에 입각한 주변국과의 동반성장을 도모하는 실리적이고 실무적인 협력을 강화할 것이라 전망할 수 있다. 또한 주변지역에서 갈등이나 분쟁이 발생할 경우 이의 평화적인 해결을 위하여 최대한의 노력을 경주할 것이며, 양안문제에서도 자신이 주동적으로 갈등을 야기시키지는 않을 것이다.

다음으로, '중국위협론' 불식이라는 측면에서 주변국가들의 중국에 대한 우려를 해소하기 위한 외교적인 노력이다. 주변국가들이 중국의 부상을 자신들에 대한 위협으로 인식할 경우 반 중국연대가 출현할 가능성을 염두에 두지 않을 수 없다. 따라서 주변국가들의 '중국위협론'을 불식하고 반 중국연대의 출현 가능성을 최소화하기 위해서 주변국가들과의 우호관계를 유지하기 위한 선린우호정책을 강화하는 것은 중국의 대 주변국외교에 필수적인 것이다. 이를 위해 중국은 현대화되고 있는 군사력이 주변국가에게 군사적인 위협을 조성하지 않는다는 평화적이고 방어적인 이미지를 부각시킬 필요가 있을 것이다. 따라서 중국의 국방현대화의 초점은 대만해협에서의 군사적 충돌을 억지할 수 있는 능력과 새로운 안보위협으로 대두되고 있는 대테러 진압능력을 극대화하는데 맞추어질 것이다. 최근 상하이협력기구(SCO)에서의 군사협력증대와 ASEAN국가들에 대한 접근 강화, 인도, 파키스탄, 태국 등 접경국가와의 합동군사훈련[155] 등이 이러한 중국의 의도를 입증해 주고 있다.

 마지막으로 지역의 경제적 협력 강화의 측면이다.[156] 중국의 급속한 경제성장은 동아시아지역 국가들과의 밀접한 연계 속에서 이룩할 수 있었고 이들 국가는 중국의 주요 교역대상국이자 중국에 대한 주요 투자국으로서 중국에 대해 시장, 자본, 기술을 제공해 주고 있다.[157] 따라서 중국 자신의 지속적인 발전을 위해서도 이들

---

[155] 2001년 6월 상하이협력기구가 발족한 이래 이들 회원국들의 관계는 꾸준히 발전하고 있으며, 2005년 8월 중・러 합동군사훈련을 실시한 데 이어 2007년 8월에는 상하이협력기구(SCO) 반테러군사훈련을 실시한 바 있다.(김옥준, "중국의 군사안보전략에서 본 중러 합동군사훈련의 의미",『국제정치연구』9집 1호, 2006. 6. 30참조). 또한 ASEAN국가들과도 1990년대 중반 이후 ARF와 ASEAN+3 등 ASEAN이 주도하는 역내 협력에 적극적으로 참여하고 있고, 2002년 11월에는 중국-ASEAN FTA체결을 위한 기본협정 체결과 남중국해 영유권 분쟁 관련 '남중국해 행동지침선언'을 채택하였으며, 2003년 6월에는 동남아 우호협력조약에 가입하는 등 정치, 경제, 안보적인 협력을 강화하고 있으며(배긍찬, "중국의 대ASEAN접근강화 동향 및 전망",『주요국제문제분석』, 외교안보연구원, 2003. 9. 26 참조), 국경분쟁이 존재하고 있는 인도와는 2005년 12월 해상수색구조훈련, 2007년 12월 지상군합동군사훈련 등을 실시하였고, 파키스탄과는 2005년 11월 해상구조훈련, 2006년 12월 대테러훈련 등을 실시하면서 군사협력을 강화하고 있다.

[156] 왕의 부부장은 동아시아지역의 지역협력이 중국의 지역협력의 핵심이라 강조하고 있다. (王毅, "與鄰爲善, 以鄰爲伴",『求是』2003. 8기, pp.19-22 참조)

[157] 2002년 중국 대외경제활동의 70%가 동아시아지역에서 이루어졌고, 중국에 투자하는 외국자본의 85%가 동아시아로부터 들어왔다. (邱丹陽, "東亞合作與中國的戰略選擇",『國際問題研究』第三期, 2003, p.46)

주변국가와의 협력은 필수적이다. 그러나 중국의 급속한 경제성장으로 인한 중국의 경제대국화는 주변국가들로 하여금 중화경제권에 흡수될 것이라는 경제적인 종속에 대한 우려를 자아내게 하고 있다. 이러한 주변국가들의 중국에 대한 경제적 위협론을 불식시키기 위해서 중국은 반드시 그들이 경제성장의 동반자라는 인식을 주변국에게 심어주어야 한다. '17大'에서 윈-윈의 공존공영 정신을 주변국가와의 관계에서 강조한 것은 지역협력을 통하여 역내 국가들과의 공동 이익을 창출함으로써 주변국가들이 중국의 발전을 위협이 아닌 기회로 인식하도록 유도하면서 경제적인 '중국위협론'을 불식시키고자 하는 의도인 것이다. 중국이 ASEAN+3을 활성화시키고 2002년 11월 ASEAN과 10년 내에 자유무역지대를 구축한다는 기본협정을 체결한 것은 자유무역지대 구축을 통해 자신의 발전이 주변국가들에게도 혜택이 됨을 보여주려 한 것이며, 이러한 사실은 중국이 일부 ASEAN국가들에게 WTO가입 때 합의한 것보다 더 이른 시기에 무역장벽을 제거하였다는 사실에서 확인할 수 있다.[158]

21세기 중국의 대주변국 외교에서 눈에 띄는 부분은 인도를 비롯한 남아시아 국가들과의 관계개선 및 강화라고 할 수 있다. 특히 인도와 파키스탄과의 적대관계가 양국의 핵실험 경쟁으로까지 악화되자 중국은 이를 수수방관할 수 없는 상황에 이르렀다고 판단하였다. 더구나 핵보유가 확실시되는 인도의 핵무기는 중국을 사정거리 안에 두고 있었으며 양국간의 분쟁지역인 카슈미르가 중국국경과 접하고 있었기 때문에 중국의 서남국경지역의 안전을 위협하고 있었다. 그러나 2003년 4월 인도국방장관의 중국방문과 6월 인도총리의 북경방문을 시작으로 2004년 11월 상하이 인근해역에서 양국

---

158) 중국은 2005년부터 관세인하 및 철폐를 단행하기 시작했으며, 2007년 1월 ASEAN과 서비스무역협정도 체결하였다.(배긍찬, "중국의 부상과 동아시아전략환경의 변화: 중국-ASEAN 관계발전 동향을 중심으로", 『주요국제문제 분석』, 외교안보연구원, 2007. 7. 26, p.7).

해공군의 합동군사훈련 실시 등으로 양국간의 관계는 급속히 호전되기 시작하였으며, 이와 함께 서남국경지역의 안보불안은 해소되기 시작하였다.159) 또한 2005년에는 원자바오(溫家寶) 총리가 남아시아 4개국을 방문하고 인도, 파키스탄과는 '전략적 협력동반자관계'를, 방글라데시, 스리랑카와는 '전면적 협력동반자관계'를 구축하였으며, 이후 중국과 이들 국가들, 특히 인도와의 관계발전은 급속히 진전되었다. 또한 2005년에 개최된 제13차 남아시아지역협력연합(SAARC) 정상회의에서 옵서버 지위를 부여받아 2007년 14차 SAARC 정상회의부터 공식적으로 참가하였다.160) 이로써 중국은 남아시아 지역협력을 위한 다자기구에 참여할 수 있는 채널을 확보하였으며, 중국-SAARC자유무역지대 구축을 제안하고 있다.

북핵문제를 포함한 한반도문제에 관해서는 21세기에도 기존의 정책이 유지되고 있다고 볼 수 있다. 즉, 북한이라는 돌발적인 변수가 존재하지만 중국은 한반도에서의 평화와 안정 기조를 유지하고 남북한에 대한 균형정책을 추구할 것이며, 북핵문제에 대해서는 한반도 비핵화를 견지할 것이다. 또한 위에서 밝힌 바와 같이 동북아 지역에서의 책임있는 강대국으로서의 역할 확대라는 측면에서 한반도 냉전구조 해체에 대한 적극적인 역할을 추구하고 한반도와 동북아에 있어서 중국의 피동적 전략태세 출현을 방지하면서 자신의 활동공간을 확대해 나가고자 하고 있다.161)

그러나 21세기 중국의 대주변국 외교에서 볼 때, 그들이 강대국으로서의 패권적인 지위와 역할을 적극 추구하고 있다는 인상을 지워

---

159) 陳鴻瑜, "中共與印度, 巴基斯坦分別軍演之戰略含意", 『展望與探索』第1卷 第12期(臺北, 2003), p.12
160) 張婷婷, "試論發展中國與南亞的區域合作", 『南亞研究』2005年 第1期, pp.45-47, p.74
161) 박두복, "중국의 대한반도 정책과 우리의 통일외교전략", 『정책연구시리즈』(서울: 외교안보연구원, 2003. 12), pp.16-19

버리기는 어렵다. 21세기 강대국 중국의 대 주변국 정책은 이미 평화롭고 안정적인 주변 국제환경의 조성을 위해 주변국가들과의 갈등요인을 최소화하는 과거의 소극적인 선린우호외교의 차원을 넘어 역내 다자간 국제제도의 창설을 주도하고 적극적인 지역협력 추진을 통한 역내 국제질서의 주도권 확보라는 차원으로 변모하고 있다. 따라서 21세기 중국의 강대국외교에서의 대 주변국외교는 양자관계의 차원을 넘어 지역협력의 중요성이 강조되면서 주변지역, 즉 아시아지역정책의 일환으로 구체화되고 있는 것이 그 특징이라 할 수 있을 것이다.

최소한 현 상황에서 볼 때, 중국의 대 주변국 외교정책은 주변국가와의 신뢰구축, 책임대국의 이미지 구축, 역내 국제문제에 대한 영향력강화 등 상당한 성과를 거두고 있으나 당면하고 있는 다음과 같은 현실적인 문제들로 인하여 그들이 기대하고 있는 소기의 목적을 원활하게 달성할 수 있을 지는 불투명하다. 그것은 첫째, 영토와 해양영유권 등 주변국가와의 근본적 국가이익을 둘러싼 첨예한 갈등이 여전히 존재하고 있다. 둘째, 사회주의 중국의 강대국화에 대한 주변국가들의 우려와 경계심이 완전히 해소되지 않고 있다. 셋째, 대만문제, 북핵문제 등과 같은 미국의 개입을 초래할 수 있는 문제들이 상존하고 있어 미국과의 갈등이 격화될 수 있다. 넷째, 중국 주도의 지역질서 구축 시도는 미국뿐만 아니라 역내 강대국인 러시아, 일본, 인도 등의 견제와 치열한 경쟁을 유발할 수 있다는 점 등이다.[162] 따라서 중국의 대 주변국외교는 주변국가와의 선린우호관계를 지속적으로 강화하면서 상호신뢰관계를 유지하고, 주변지역의 지정학적 특성과 당면한 현안 등의 다양성을 고려하여 지역별로 점진적이고 유연한 방식의 지역협력을 추진해 나갈 것으로 전망할 수 있다.[163]

---

162) 陣向陽, 『中國睦鄰外交: 思想·實踐·前瞻』(北京: 時事出版社, 2004), 참조
163) 윤영덕(2006), p.34

3. 대 개발도상국정책

중국은 2007년 '17大' 보고서에서 개발도상국과의 관계를 확대·발전시키기 위하여 "전통적인 우의 심화, 실질적 협력 확대, 능력범위 안에서의 원조제공, 개발도상국의 정당한 요구 및 공동이익 수호" 등의 외교방침을 밝히고 있다. 이를 '16大'의 보고와 비교해 볼 때 가장 눈에 띄는 부분은 '제3세계'라는 용어 대신 '개발도상국'이라는 용어를 채택하고 있다는 점이다. 이는 마오저둥(毛澤東) 시대부터 '16大'대 때까지 계속 사용해 오던 '제3세계'라는 용어를 더 이상 공식적으로 사용하지 않겠다는 의미이다. 주지하다시피 '제3세계'라는 용어는 정치적인 개념으로서 갈등과 대립의 의미를 내포하고 있다. 따라서 중국이 '제3세계'라는 용어를 포기하고 '개발도상국'이라는 용어를 채택하였다는 것은 그들의 세계관이 갈등과 대립의 세계관에서 조화와 협력의 세계관으로 전환되었음을 의미하는 것이고, '17大'의 대외정책 이념인 '조화세계'와 일치한다. 또한 과거 자신 역시 제3세계에 속한 국가라고 주장하면서 제3세계의 리더로서 기존의 국제정치경제질서에 도전하던 혁명적인 이미지를 버리고 조화와 화합을 강조하는 평화적인 이미지를 부각시키고자 하는 의도로 풀이될 수 있다.

또한 처음으로 개발도상국에 대한 원조제공 의사를 밝힌 것은 증대된 경제력을 바탕으로 개발도상국에 대한 경제적인 혜택이라는 당근을 제공함으로써 경제적인 결속을 강화하여 과거 정치적, 이념적인 리더의 한계에서 벗어나 책임있는 정치·경제적인 강대국으로서 개발도상국의 입장을 대변하는 실질적인 리더로서의 지위를 추구하겠다는 의미인 것이다. 이는 개발도상국에게 실질적인 구체적이고 가시적인 경제적 이익 혹은 긍정적인 인센티브를 제공함으로써 외교목표를 달성하고자 하는 의도로서 중국의 대 개발도상국 외교의 궁극적인 목표는 이들과의 정치·경제적인 연대를 통해 불합리한 미국 주도의 기존 국제정치경제질서 재편하고자 하는 것이다.

중국의 이러한 시도는 2000년대 초부터 이미 가시적으로 나타나기 시작하였다. 2002년 ASEAN과 FTA를 체결하였고, 캄보디아, 라오스, 베트남, 미얀마 등에 대해서는 상호적인 조치를 요구하지 않고 일방적으로 시장을 개방하는 등 최빈개도국(LDCs)에 대해서는 일방적으로 관세를 철폐하였다.164) 또한 최근 라틴아메리카와 아프리카 지역에 대한 투자가 대폭 확대되고 있으며,165) 특히 아프리카에 대한 중국의 투자는 경제적 원조와 밀접히 연관된 '원조성 투자'라고 할 수 있다. 2000년 10월 베이징에서 개최된 제1차 중·아프리카협력포럼에서 중국은 아프리카국가들의 연체채무 13억 불을 면제한 것에 이어 2006년 11월 제3차 중·아프리카협력포럼에서 또 다시 13억 불의 연체채무를 면제한다고 선언하였다.166) 뿐만 아니라 2005년 유엔에서 과다채무빈국(HIPCs)에 대한 채무 면제를 선언한 바 있으며, 그 중 상당수가 아프리카 국가들이었다. 물론 중국의 이러한 조치가 아프리카에 한정된 것은 아니다. 2004년 11월 중국은 일부 아시아 국가들의 만기채무를 일부 혹은 전부 감면해 주겠다는 선언을 하였으며, 이 조치로 캄보디아, 베트남, 라오스 등 동남아국가들이 직접적인 혜택을 받았다.167)

중국의 개발도상국에 대한 경제적 지원은 다자기구를 통하거나

---

164) 2005년 9월 UN창립 60주년 연설에서 후진타오 주석은 중국과 외교관계를 가지고 있는 39개 최빈개도국으로부터 수입하는 대부분의 상품에 대한 관세를 전면 면제하겠다고 밝혔다.(『人民日報』, 2005. 9. 15)
165) 2004년 전체 해외투자의 절반을 라틴아메리카에 투자하였으며, 2006년 상반기 비금융부분 투자의 23%를 이 지역에 투자하였다. 또한 아프리카에 대한 투자도 확대되어 2000~2006까지 대 아프리카 투자는 66억 불을 기록하고 있다.(『人民日報』, 2007. 6. 27)
166) 『人民日報』, 2007. 6. 6
167) 김재철, "중국의 경제외교", 『국가전략』 13권 4호(서울: 세종연구소, 2007), p.55

다른 국가와 협력하기보다는 양자적 접근을 선호한다. 중국은 통상적으로 정상회담을 통하여 경제협력과 원조를 선언하면서 지도자들 간의 긴밀한 관계를 형성하려 시도하며, 다자기구에서 원조계획을 발표할 경우에도 중국과 외교관계를 갖는 국가로 한정시키면서 양자적 차원에서 접근하고 있다. 이처럼 중국이 개발도상국과의 관계에서 양자적 접근을 선호하는 것은 경제적 지원에 엄격한 조건을 부과하는 미국이나 국제기구와의 차별성을 확보하려는 시도로 해석할 수 있다. 다시 말해 중국은 경제원조에 조건을 가하는 대신 채무탕감, 인프라건설 지원 등과 같은 실용적 조치를 통해 서방국가들과의 차별성을 부각시키면서 개발도상국 지도자들의 환심을 사려는 시도인 것이다.[168] 개발도상국 지도자들과의 긴밀한 관계 유지와 경제 원조를 통한 양자간의 유대관계 강화는 단순한 경제적 협력의 차원을 넘어서 양자적 차원에서 정치적인 관계를 포함하는 포괄적인 관계구축을 추구하고자 하는 것이며, 이는 중국에게 두 가지를 가능하게 해 줄 것이라 짐작해 볼 수 있다. 먼저, 중국은 명실상부한 개발도상국의 리더로서, 또한 책임있는 강대국의 이미지를 구축함으로써 '개발도상국의 정당한 요구 및 공동이익 수호'를 앞세워 미국이 주도하는 현 국제정치경제질서의 재편을 요구하는 지지 세력을 확보하고자 하는 것이다. 다음으로, 개발도상국들이 유엔과 같은 국제기구에서 수적인 우세를 가지고 있고, 결의안 표결에 상당한 영향을 미치고 있다는 점에서 중국은 이들과의 실질적인 관계강화를 통하여 유엔인권위원회와 같은 국제기구에서 자신의 상황에 대한 지지를 확보하고자 하는 것으로 볼 수 있다.

위에서 보는 바와 같이 '17大' 보고서에 밝힌 중국의 대 개발도상국 외교의 목표는 '16大'의 목표인 "제3세계와 단결과 협력강화, 상호

---

168) 앞의 글

이해와 신뢰증대, 상부상조 강화, 협력영역 확대, 협력효과제고"와 비교할 때, 개발도상국과 동등한 이미지에서 탈피하여 그들에게 실질적인 이익을 제공할 수 있는 강대국으로서의 이미지를 바탕으로 개발도상국들의 리더 역할을 하겠다는 의지가 담겨 있는 것으로 볼 수 있다.

4. 다자주의 외교정책

앞에서 언급한 바와 같이 탈냉전시대에 들어오면서 중국은 다자주의 외교에 대한 인식의 전환과 함께 다자주의에 적극성을 보이기 시작하였다. 이러한 중국의 다자주의 외교에 대한 태도의 변화는 21세기에 들어오면서 다차원적인 목적을 가진 다자주의 외교로 자리잡게 되었다. 2002년 11월 '16大' 보고서에서 "중국은 향후 계속하여 적극적으로 다자외교에 참여할 것이며, UN과 기타 국제기구 및 지역기구에서 역할을 발휘하여 개발도상국의 정당한 권익을 지지할 것이다"라고 언급함으로써 다자외교에 적극적인 자세로 임할 것임을 공식 표명하였으며, 이를 뒷받침하는 주장들이 곳곳에서 발견되었다.169) 이러한 다자외교에 대한 적극적인 자세는 '17大'에 와서 "상응하는 국제의무 부담, 건설적 역할 발휘, 공정하고 합리적인 국제질서 추구"를 향후 다자외교의 구체적인 목표로 제시하기에 이르렀다. 이

---

169) 외교안보연구원, "중국 제10기 전국인민대표대회 결과 분석", 『주요국제문제분석』(서울: 외교안보연구원, 2003. 4. 8), p14. 다자외교에 대한 적극성을 강조한 주장들로는 리짜오싱 외교부장이 2004년 6월 ASEM 외무장관회의에서 "다자주의는 인류가 직면한 공동의 도전에 대응하는 가장 효과적인 수단"이라는 중국정부의 입장을 밝힌 것을 비롯하여, 중국의 외교는 양자관계와 다자관계를 동시에 중시해야 한다는 주장(閻學通,『美國覇權與中國安全』天津: 天津出版社, 2000, p120 참조) 그리고 집단안보에 대해서도 강대국답게 적극적으로 참여해야 한다는 주장(葉自成, "中國實行大國外交戰略勢在必行",『世界經濟與政治』, 2000, 一期, p.10 참조) 등이 있다.

는 중국이 '16大'에서 다자외교를 개발도상국의 권익을 대변하는 제3세계의 리더로서의 역할과 연계시키는데 그쳤다면, '17大'에서는 증대된 국력을 바탕으로 그에 걸 맞는 국제적 지위와 역할을 요구하면서 미국이 주도하는 현 국제정치·경제 질서, 특히 그들의 사활적인 이익이 걸려있는 동아시아지역의 국제질서의 재편을 통해 다극화를 추구하겠다는 목표를 자신 있게 밝히고 있음을 읽을 수 있다.

21세기 중국의 다자주의 외교의 강화는 1990년대 다자주의 외교에 대한 입장전환요인과는 또 다른 차원의 요인들이 존재한다고 볼 수 있다.

첫째, 21세기 중국이 다자외교를 강화한 이유 중의 중요한 부분은 9·11 사건이후 미국의 국제적 지위와 역할에서 찾을 수 있다. 중국은 9·11 사건 이후 미국의 압도적인 힘을 의식하고 있었기 때문에 미국의 초강대국으로서의 지위나 이익에 정면으로 도전하기 보다는 국제기구에 참여하여 미국을 견제하면서 중국 자신의 지위와 역할을 제고하고자 하였다. 경제적 영역에서나 안보적 영역에서의 다자주의는 미국의 지배력을 약화시키고 일방주의에 제동을 걸 수 있는 장치로 작동할 수 있다고 보는 것이다. 다자주의 제도 내에서 미국은 이론적으로는 구성 회원국들 중 하나일 뿐이며, 따라서 다른 다수의 회원국들이 미국의 역할이나 영향력에 저항할 경우 미국도 일방적인 행위를 독단적으로 하기는 힘들게 된다는 것이다.

중국이 다자외교를 강조하고 있는 이유에 대해 "미국이 UN, WTO, IMF 등의 국제기구를 통해 세계를 주도하고 국제규범을 바꾸고 있으며, 따라서 중국은 새로운 시각과 새로운 관점으로 이 문제를 보아야 한다"는 주장이 제기되었고,[170] 이러한 주장은 상당한 설득력을 가지고 있다고 본다. 또한 UN의 역할을 강조하고 있는 이유는

---

170) 『明報』 2003. 3. 17

중국 자신이 안보리 상임이사국으로서 미국을 견제할 수 있는 역할을 발휘할 수 있다고 믿기 때문이다. 또한 중국은 9·11 사건 이후 미국이 국제기구를 통한 지배력 강화뿐만 아니라 양자동맹 혹은 양자관계의 강화를 통해 자신을 압박하고 있다고 인식함으로써 다자주의적 협력이 점증하고 있는 미국의 양자주의를 제어하는 수단이 될 수 있다고 판단하였던 것이다.

둘째, 동아시아지역 다자주의가 가지는 특성이 중국의 기존 다자주의에 대한 우려를 경감시켰다는 것을 지적할 수 있다. 소위 아세안적 방식(ASEAN Way)을 불리우는 ASEAN 다자기구의 운용방식은 법적, 제도화를 추구하는 서구와는 달리 비공식적이면서 간접적인 '협의'와 '합의'의 모색이라는 정책결정의 특성을 가지고 있다는 것이다.[171] 즉 ARF와 같은 다자기구가 국가를 구속할 수 있는 수단에 접근하는 것을 구조적으로 봉쇄함으로써 아·태지역 국가들의 보편적인 지지와 참여를 확보하고자 하는 방안인 것이다.[172] 이러한 특성이 중국이 다자주의에 대해 가지고 있던 주권의 제약이라는 우려를 최소화 시킬 수 있는 요인으로 작용하여 다자간 지역협력체에 대한 적극적인 참여로 이어졌다.

셋째, 다자적 협력이 중국에 대한 주변국가들의 위협인식을 완화시키는데 기여한다고 보는 것이다. 이러한 인식은 다자적 틀 속에서 지역국가들과의 관계를 강화시키는 것은 정치, 경제적인 교류와 협력을 통한 상호이해와 신뢰를 증진시켜 중국에 대한 불신에서 비롯된 '중국위협론'을 불식시키는데 도움이 된다는 것이다. 이는 1990년대 중국이 다자외교에 대하여 적극적인 입장으로 전환하는 요인으

---

171) 변창구, "국제레짐으로서의 ASEAN의 운영체제: 도전과 전망", 『국제정치논총』 제42집 3호, 2002, p.18
172) Amitav Acharya, "Ideas, Identity and institution-building: from the 'ASEAN way' to the 'Asia-pacific way'", *The Pacific Review*, Vol.10 No.3(1997), pp.219-346 참조

로 작용하기도 하였지만 21세기에 들어서는 중국이 다자기구에 참여하지 않을 경우 이러한 기구가 중국을 견제하는 도구로서 작용할 수 있는 가능성을 배제할 수 없다는 점이 부가되었다고 볼 수 있다. 즉 중국은 9·11 사건 이후 미국의 일방주의와 패권주의가 다자적·양자적 차원에서 자신을 압박하여 왔으며, 특히 부시 행정부는 중국과 '전략적 경쟁관계'를 선언하고 동아시아, 중앙아시아, 남아시아지역에서 다자관계, 양자관계를 강화하면서 중국을 압박해 오고 있었던 상황을 염두에 둔 것으로 보아야 할 것이다.

넷째, 중국이 다자외교에 적극적으로 참여하는 것은 적절한 국제의무를 주도적으로 담당함으로써 책임있는 강대국으로서의 이미지를 구축하려는 것이다.[173] 중국은 특히 동아시아에서 일정한 책임을 부담하는 것이 자신에게 유리한 전략적 환경을 조성하는데 도움이 된다고 본다. 다시 말해 중국은 지역에서 책임을 다하는 것이 강대국으로서의 자신의 지위를 확보하는 데 기여할 것이라 보고 자신의 경제력을 적극적으로 활용하고 있다.[174]

중국의 다자외교에서 가장 큰 비중을 차지하는 지역은 동아시아 지역일 것이다. 중국은 1997년 제1차 'ASEAN+3' 비공식정상회의에 참석한 후 그 발전과정에서 적극적인 참여와 역할을 해 왔다. 동아시아 지역협력에 대한 중국의 기본입장과 정책은 'ASEAN+3'의 대화 기제를 중심으로 동아시아 협력과정에서 ASEAN의 주도권이 유지되어야 하며, 'ASEAN+3'이 동아시아 지역협력을 추진하는 중추

---

173) 쉬티에빙 편저, 김옥준 역주, 『21세기 중국과 세계』(대구: 중문출판사, 2003), p. 282.
174) 예를 들어 동아시아 경제위기시에 IMF를 통해 지역국가들에게 자금을 지원한 것이나 위엔화 평가절하를 하지 않은 것, 또한 2002년 11월 아시아채권 감축 계획 발표, 2004년 1월부터 캄보디아, 라오스, 미얀마 3국에 대한 일부 수출품 무관세 혜택 제공 등은 지역협력을 통한 강대국 이미지 구축에 상당한 역할을 하였다. (김재철, "중국의 동아시아정책", 『국가전략』 2003년 9권 4호(서울: 세종연구소, 2003), pp. 22-23, 참조)

적인 역할을 함으로써 역내 금융, 무역, 투자협력을 위한 구조적인 틀을 구축하여 지역경제통합의 견인차 역할을 할 수 있을 것이라는 인식을 가지고 있다.175) 또한 이러한 과정에서 중국은 경제적인 이익뿐만 아니라 자신의 경제력을 바탕으로 지역경제통합의 주도적인 역할을 함으로써 지역강대국의 지위를 굳히겠다는 의도가 깔려 있다고 볼 수 있다.176)

중국은 주변국가들과 경제협력을 중심으로 추진되고 있는 지역협력을 안보협력으로까지 발전시키고자 하고 있으며, 중장기적으로는 'ASEAN+3'과 SCO를 중심으로 동아시아와 중앙아시아 국가들과의 협력기제를 구축하면서 점진적으로 자신의 주도하에 주변지역에 형성된 다자간 협력의 틀을 통합해 간다는 목표를 설정하고 있다.177) 이는 냉전시대 다자외교에 거부감을 가지고 있던 중국이 탈냉전시대 접어들어 다자외교에 적극 참여하면서 자신의 이익을 모색하던 시기를 지나 21세기 강대국으로서 다자외교의 장을 주도하면서 자국 중심의 새로운 지역질서를 구축하고자 하는 의도로 파악될 수 있다.

---

175) 中國外交部, http://www.fmprc.gov.cn/chn/wjdt/wjzc/208030.htm.
176) 중국은 21세기 들어 몇 년 동안 'ASEAN+3' 정상회의에서 동아시아지역협력 강화를 위한 23개항을 제안하였다. 任曉, "東亞合作與中國", 『太平洋學報』 2003年 第3期, p.42
177) 王毅, "全球和進程中的亞洲區域合作", 『世界知識』 2004年 第10期, p.56

제 3 장
21세기 중국 국가안보전략

제1절 21세기 중국의 신안보관과 안보전략

1. 중국의 안보환경 인식

중국은 2006년 6월 15일 SCO 창립 5주년 공동성명에서 그들이 처한 안보환경을 "국제사회는 안정과 평화 그리고 보편적인 발전을 실현하기 위한 기회를 맞이하고 있으나 여전히 일련의 복잡한 전통적, 비전통적 안보에 대한 도전과 위협에 직면해 있다"고 밝히고 있다.[178] 또한 2007년 10월에 개최된 중국공산당 제17기 전국대표대회 보고서에서는 "국제정세는 대체적으로 안정되어 있다"는 인식과 함께 "패권주의와 강권정치가 여전히 존재하고 있으며, 국지적인 충돌 가능성과 첨예한 갈등이 곳곳에 잠복하고 있다. 또한 세계경제는 나날이 균형을 잃어가고 있고 남북의 격차는 더욱 커지고 있으며, 전통적인 안보와 비전통적인 안보에 대한 위협이 서로 교차하면서 세계평화와 발전은 수많은 어려운 문제와 도전에 직면하고 있다"고

---

[178] 上海合作組織五周年宣言(2006년 6월 15日) (http://www.sectsco.org/html/014432.html, 검색일: 2008. 2. 5)

지적하고 있다.179)

중국이 인식하고 있는 전통적 안보의 위협은 주로 아・태지역에서의 미국의 존재이다. 이를 중국은 '패권주의와 강권정치가 존재하고 있다'는 것으로 표현하고 있는 것이다. 중국은 미국이 아・태지역에 버티고 있는 것에 대하여 상당히 복잡한 마음을 가지고 있다. 한편으로 중국은 동 지역에서 미국의 존재가 제공하는 평화와 안정의 수혜자임을 인정하고 있으나 다른 한편으로는 미・일 동맹과 미국의 전략은 자신에 대한 포위정책의 성격을 띠고 있기 때문에 미국의 존재는 자신에 대한 위협이라는 모순된 인식을 하고 있다.180) 중국 언론들의 보도와 논평 등을 분석한 결과에 따르면, 중국은 자신의 안보에 대해 남지나해는 즉각적인 위협, 대만은 단기적인 위협, 미국이 중국의 강대국화를 저지하고자 하는 것은 장기적인 위협이며, 일본은 21세기 주요 위협요인으로 등장할 것이라 인식하고 있다는 것이다.181) 여기서 대만과 일본은 모두 미국과의 관계를 그 기반으로 하고 있으므로 결국 중국에 대한 위협은 미국의 존재라고 볼 수밖에 없다. 쟝저민(江澤民) 주석은 2000년 전국 당교(黨校)업무회의에서 한편으로는 미국의 초강대국의 지위를 인정하면서도 다른 한편으로는 미국을 비롯한 서방의 적대세력들은 강대한 중국의 출현을 원하지 않으며, 중국에 대한 '서구화'와 '분열'을 기도하는 전략은 변하지 않을 것이라 지적함으로써 미국에 대한 전략적 안보불안에 대

---

179) 中國共產黨 第十七次 全國代表大會 報告(http://hunan.voc.com.cn/Topic/Article/200710/2007102516170187.html, 검색일: 2008. 2. 5)
180) 반면 미국의 입장에서 볼 때, 중국 외교정책의 목표는 중단기적으로는 아시아지역의 강대국 건설을 통한 지역적 패권추구이며, 장기적으로는 세계 모든 지역에서 미국과 대결하고 미국 주도의 평화(Pax Americana)를 중국 주도하의 평화(Pax Sinica)로 대치하는 세계적 패권추구라는 것이다. Steven W. Mosher, 李威儀 譯, 『中國-新覇權』(台北: 立緒文化事業有限公司, 2001), pp.133-159 참조.
181) Allen S. Whiting, "The PLA and China's Threat Perception", *The China Quarterly*, No.147, 1996, pp. 596-615.

한 인식이 더욱 민감해지고 있다는 것을 시사하였다.182) 특히 부시 대통령은 2000년 선거과정에서 중국을 전략적 동반자라기보다는 '전략적 경쟁자'로 선언하였고, 파월 국무장관도 취임 후 중국의 행동여하에 따라 중국과 적대관계로 전환할 수 있다는 것을 시사하는 등 클린턴 행정부와는 본질적으로 다른 대중인식을 드러냈다.

이러한 미국의 대중인식 변화를 바탕으로 중국은 2001년 9·11 이후 미국이 취하고 있는 전 세계적 반테러 정책은 실제 중국을 전략적으로 포위하는 양상을 띠고 있다고 인식하였다. 미국은 기존의 한·미, 미·일, 미·호주 동맹에 이어 아프간 전쟁을 계기로 중국의 서부접경지역인 중앙아시아에 군사시설 구축과 함께 군대를 주둔시키고,183) 동남아지역에서는 싱가포르, 베트남, 필리핀 등과 군사교류를 확대하고 있으며, 서남아 지역에서는 전통적으로 중국과 적대관계였던 인도와의 협력관계를 강화하고 있다.184) 특히 2005년 2월 미·일간의 2+2회의에서 드러난 것처럼 미국은 전례에 없을 정도로 일본과의 군사적·전략적 유대를 강화하고 있으며, 중국의 핵심적 이해지역인 대만을 양국 공동의 전략적 대상범위에 공개적으로 포함시켰다. 또한 미국의 중앙아시아지역에 대한 군사적 진출의 확대는 궁극적으로 유라시아대륙의 중심부에 대한 미국의 지배력을 강화하는 동시에 중국을 포위, 고립시키기 위한 전략적 포석이

---

182) 劉慶元, 김옥준 역, 『탈냉전시대 중국국가안보전략』(대구: 계명대학교 출판부, 2005), pp.46-47
183) 아프가니스탄 전쟁이 종결된 후 현재는 아프가니스탄 내 18,000여명의 다국적군 지원을 위해 우즈베키스탄의 카르시-하나바드 공군기지와 키르기스스탄의 마나스 공군기지에 약 2,000명의 미군이 주둔하고 있었다.(우즈베키스탄에서는 2005년 11월 철수하였다). 이호령, "중앙아시아 지역을 둘러싼 권력투쟁과 함의", 『전략연구』 통권 제38호(서울: 세종연구소, 2006), p.135
184) 2006년 3월 부시 대통령이 인도를 방문하여 인도와 핵 협력 협정에 서명하였으며, 군사관계강화의 일환으로 첨단전투기 판매를 수락하였다. 이는 중국으로 하여금 미국-일본-인도로 이어지는 대중견제 연합이 가시화되고 있다는 우려를 자아내기 충분한 것이었다.

라는 해석이 가능하게 하였다.

또한 1990년대 중반 이후 아시아 금융위기, 사스(SARS), 테러리즘, 민족·종교분쟁 등 비전통적인 안보 위협요인들이 중국에 미치는 영향들이 증가하였다. 특히 구소련의 해체와 더불어 독립한 중앙아시아지역의 신생독립국들은 민족과 종교적 특성으로 인하여 중국의 안보에 위협을 줄 수 있는 경계대상국으로 부상했다. 중국의 영토주권에 강력하게 도전하는 신장자치구의 위구르족의 독립운동이 중앙아시아지역에서 활동하는 배후세력으로부터 테러활동과 독립운동의 지지 및 지원을 받고 있기 때문이었다.[185] 이와 더불어 중앙아시아지역은 중국의 경제·자원안보에 중요한 지위를 점하게 되었다. 1990년대 초반 원유수입국으로 전환되어 버린 중국에 있어서 지속적인 경제발전을 위한 에너지의 확보는 경제안보의 핵심 사안이 되었다. 이러한 상황에서 중앙아시아지역이 가지는 지정학적 위치와 원유와 천연가스 등의 풍부한 지하자원은 중국의 관심을 끌지 않을 수 없었다.

그러나 중앙아시아 대부분의 국가들은 부패와 빈곤문제들을 해결하지 못하고 있으며, 페르가나 계곡은 불법무기와 마약거래, 이슬람 극단주의, 테러리즘과 분리주의 등 비전통적 안보 위협의 근거지가 되고 있다고 보고 있다. 이러한 중국의 인식은 2002년 1월 SCO외무장관 공동성명에서 "아프가니스탄이 테러리즘의 근원인 탈레반의 치하에서 벗어난 것을 환영하며, 역내 국가들과 국제사회는 아프가니스탄이 영원히 다시는 테러리즘, 분리주의, 극단주의와 마약의 근거지가 되지 않도록 공동 노력해야 할 것"[186]이라 강조하였던 것

---

185) 주재우, "다자간협력체에 대한 중국의 입장과 정책변화", 『현대중국연구』제4집 2호, 2002. 12. p.201
186) "上海合作組織成員國外長聯合聲明"(http://www.sectsco.org/html/00674.html, 검색일: 2008. 2. 12)

에서 드러나고 있다.

2. 중국의 신안보관

냉전시대 중국 안보이익의 중점은 생존적인 안보, 즉 전통적인 안보였다. 그러나 냉전이 끝난 후 대규모 군사적인 위협은 출현하지 않을 것이라는 판단과 안정적인 경제성장을 위해 중국은 안보이익의 비중을 전통적인 안보에서 번영과 안정을 위협하는 모든 요소들에 대처하는 비전통적인 안보로 점차 옮겨가게 되었다. 국방의 임무 역시 중국의 기존 경제건설의 성과에 대한 파괴와 위협을 방지하고 국가의 경제건설에 필요한 평화적인 국제환경 조성을 강조하게 되었다.[187] 북경군사과학연구소의 '2000~2001년 전략평가'에 의하면 중국은 '중국의 번영과 안정은 세계의 번영과 안정에 공헌할 것이며, 중국의 번영과 안정을 위해서는 평화적인 국제환경과 양호한 주변환경이 필요하므로 평화적인 국제환경의 수호, 특히 주변 국제안보환경의 안정은 중국의 안보이익에 없어서는 안 될 필수적인 것'이라 인식하고 있다.[188] 이는 전통적인 안보위협이 여전히 존재하고 있음에도 불구하고 새롭게 나타나고 있는 다양한 안보적 환경들이 전통적인 방식이나 수단으로는 해결할 수 없는 측면들을 가지고 있다는 것을 대변하고 있으며, 이를 극복하기 위한 새로운 대응 방식으로서 공동안보, 협력안보, 포괄적 안보 등의 새로운 개념들이 등장하고 있는 것이다.[189]

---

187) 席來旺, 『二十一世紀中國戰略大策劃 - 國際安全戰略』(北京: 紅旗出版社, 1996), p.345
188) 朱陽明 主編, 『二〇〇〇至二〇〇一年戰略評估』(北京: 軍事科學出版社, 2000), p.135
189) 한용섭, "평화의 군사안보", 하영선 편, 『21세기 평화학』(서울: 풀빛, 2002), pp.213-228

중국의 이러한 안보관의 변화는 1990년대 중반부터 다양한 지역과 형태의 다자안보기제에 적극적으로 참여하고 있다는 사실에서 입증되고 있으며, 이로써 협력안보를 중심으로 하는 '신안보관'이 형성되기에 이르렀다.[190] 중국의 신안보관은 '안보의 내용'과 '안보의 실현방법'이라는 두 가지 측면에서 냉전적인 사고와는 다른 개념적인 특징을 보여주고 있다. 먼저, 안보의 내용에 있어서는 국가주권과 영토보전을 강조하는 것 외에도 정치적·사회적 안정 및 경제안보, 에너지와 환경안보 등 새로운 안보 개념을 중시하고 있다. 그리고 안보의 실현방법에 있어서도 군사적 안보의 중요성을 인정하면서도 국내정치와 사회의 안정 및 경제발전, 주요국가와 인접국가간의 정치·경제 및 외교관계의 개선 등을 국가안보이익을 실현하고 지역의 안보와 안정을 촉진하는 주요방법으로 보고 있다.[191] 이렇게 볼 때, 중국은 오늘날의 국가안보를 새로운 시대관·전쟁관·평화관의 확립위에 군사안보위주의 전통적 안보이익과 개인안보·집단안보·세계안보 등의 비전통적인 안보이익을 결합한 포괄적 안보 개념으로 보고 있는 것을 알 수 있으며, 이는 국가간의 신뢰구축에 근거한 협력안보의 방식을 통해 그 목적을 달성해야 한다는 것이다.

중국의 신안보관에서 핵심적인 개념은 "상호신뢰, 상호이익, 평등, 협력"으로 요약될 수 있으며, '상호신뢰'는 신안보관의 기초이며, '상호이익'은 신안보관의 목적이며, '평등'은 신안보관을 보증하는 것이고, '협력'은 신안보관의 적용방식이다.[192] 중국의 신안보관은 현 국제정세에서 안보는 더 이상 군사력이나 동맹에 의해 보장받을

---

190) 중국은 1997년 3월 ARF 신뢰구축조치에서 '신안보관'을 대외적으로 밝힌 바 있다. Jianwei Wang, "Chinese Perspectives on Multilateral Security Cooperation", *Asian Perspective*, 22-3(1998), p.123
191) 張召忠·周碧松, 『明天我們安全嗎?』(杭州: 浙江人民出版社, 2001), pp.2-11
192) 熊光楷, 『國際戰略與新軍事變革』(北京: 淸華大學出版社, 2003), p.53

수 있는 성격의 것이 아니라는 것을 분명히 하고 있다. 즉, 현 국제사회는 적과 아군의 구분이 있는 것이 아니라 모든 국가가 평등하게 협력하며, 모두가 안보의 대상이 되고 있고 상호간의 인정과 신뢰를 통해 위험을 감소시키는 것으로서 군비증강을 통한 안보가 아니라 신뢰와 협력속의 군축을 통한 안보를 강조하고 있다.[193] 특히 비전통적인 안보의 위협이 증대하고 있고, 세계화의 진전에 따라 상호의존이 증가하고 있는 21세기의 안보는 상호신뢰와 이해에 기초해야 한다고 보고 있다. 전통적으로 안보는 제로섬의 영역으로 국제협력이란 개념과 양립하기 어려운 개념으로 인식되어져 왔으나 새로운 안보의 개념은 안보와 국제협력이 공존하면서 상호 보완하는 개념으로 평가되고 있는 것이다.

위에서 보듯이 신안보관의 구체적인 표현은 다자주의에 기초한 협력안보의 형식으로 나타나게 된다. 따라서 중국의 신안보관 형성과 다자주의 외교에 대한 입장 변화의 시점이 모두 1990년대 중반이라는 것이 우연의 일치라고 보기는 어렵다.[194] 이는 냉전이 끝난 후의 안보환경 변화에 따른 새로운 안보관의 형성과 함께 이에 대한 대응책을 강구하는 과정에서 중국 지도부가 당시까지 소극적이었던 다자주의에 대한 입장을 재평가하고 다자주의에 기초한 협력안보라는 전략적인 선택을 하였다는 것을 의미한다.[195] 이렇게 볼 때,

---

193) 양승함・배종윤, "21세기 국제사회의 안보・평화 개념과 평화지수의 적실성",『국제정치논총』제43집 2호(2003), p.12

194) 중국은 1994년 ARF에 참여하였고, 1996년 4월 '상하이 5국'협력체를 발족시켰으며, 같은 해 10월 포괄적 핵실험금지조약(CTBT)에 서명하여 다자주의를 수용하였다.

195) 중국의 다자주의에 대한 입장에 대해 리자오싱(李肇星)외교부장은 2004년 ASEM외무장관회의에서 "다자주의는 인류가 직면한 공동의 도전에 대항하고 국제분쟁을 해결하기 위한 중요한 시도"라고 언급한 바 있다.『人民日報』, 2004. 4. 17. 다자주의에 대한 중국의 입장변화에 대해서는 류동원, "중국의 다자안보협력에 대한 인식과 실천"『국제정치논총』제44집 4호(2004), pp.127-132, 주재우(2002), pp.193-200, 章百家, "中國積極拓展多變外交, 樹立大國形象"(http://www.people.com.cn/

중국의 신안보관이 그들의 안보전략에 주는 시사점은 다음과 같이 요약할 수 있다.196) 첫째, 제로섬적인 군사안보 중심의 전통적인 안보관에 머물지 않고 경제발전과 번영을 추진하기 위한 포괄적인 안보전략에 입각하여 정책을 수립할 것을 요구하고 있다. 둘째, 주요 국제기구 활동에 적극 침여하여 기존 국제질서의 한 일원이자 책임있는 강대국으로서의 위상을 높여야 한다는 것이다. 셋째, 갈등과 분쟁을 군사적 강압이 아닌 대화와 타협 및 상호주의의 원칙에 따라 해결하며, 주변국과는 신뢰구축을 통한 우호협력관계를 유지해야 할 것이다. 넷째, 단극주의에 입각한 일방적 행위에 대해서는 경계와 견제를 해야 하며, 다자주의를 적극 활용해야 한다는 것 등을 시사하고 있는 것이다.

3. 중국의 군사안보전략

21세기로 접어드는 시점에서 쟝저민은 "21세기 중국은 현대화건설의 지속적인 추진과 조국통일의 완성, 세계평화의 수호 및 공동발전의 촉진 등 3대 임무를 필히 완수해야 할 것이다"라고 강조한 바 있다.197) 이 3대 국가목표는 덩샤오핑(鄧小平)시대부터 지속적으로 제기되어 왔던 것으로서 특히 '평화와 발전'의 세계관은 중국 군사안보관의 형성에 결정적인 영향을 미친것이라 할 수 있다. 덩의 '평화와 발전' 세계관은 세계대전의 발발 가능성은 극히 낮다는 시각에서 출발한 것으로서 평화시대의 군사전략은 대규모 전쟁준비로부터

GB/shizheng?19/20020930/835014.html, 검색일: 2008.4. 11) 등 참조
196) Yang Fucheng(ed.), Contemporary China and Its Foreign Policy(Beijing: World Affairs Press, 2003), p.280 김성한·김흥규, "미국의 동아시아 안보전략에 대한 중국의 평가와 군사전략 변화", 『전략연구』 제39호(서울: 외교안보연구원, 2007) p.60 재인용
197) 「面對新世紀的戰略思考」, 해방군보 2001. 1. 30

제한전과 국지전을 수행할 수 있는 전략으로 전환되어야 한다고 주장하였다. 이는 또한 과거 마오저둥(毛澤東)의 '인민전쟁' 군사전략에서 '현대적 인민전쟁'의 군사전략으로의 전환을 뜻하는 것이기도 하다.[198] 이러한 '현대적 인민전쟁'의 군사전략으로 중국은 걸프전 이후 첨단과학기술 작전과 유기적인 결합을 시도함으로써 첨단과학기술을 이용한 국지전에서의 승리를 추구하게 되었다.

위와 같은 군사전략의 변화는 국제정세와 안보환경의 변화에 적응하려는 중국의 노력의 결과로 보아야 할 것이다. 앞에서도 언급한 바와 같이 중국이 인식하고 있는 안보상황은 평화와 발전이 여전히 이 시대의 주된 주제이며, 전반적인 국제정세가 안정적이기는 하지만 불확실성과 불안정성 그리고 불안요소들이 점차 증가하고 있다고 보는 것이다. 또한 다극화와 세계화의 경향으로 세계 주요국가간의 관계에서 지지와 협조, 경쟁과 견제의 양면성이 나타나고 있고 패권주의와 일방주의의 경향이 새롭게 자리잡고 있으며, 특히 이라크 전쟁은 세계적, 지역적 안보상황에 지대한 영향을 주었다고 인식하고 있다.[199] 중국은 특히 아·태지역의 안보상황에 대해 역내 국가들간의 협력증진으로 기본적으로 안정을 유지하고 있지만 복잡한 안보불안 요인들이 존재하고 있다고 지적하고 있다. 미국이 이 지역에서 군사동맹을 강화하고 전역미사일방어체제 구축을 가속화함으로써 군사력을 재조정하고 보강하고 있으며, 일본이 헌법개정을 시도하고 안보정책을 조정하면서 해외에서의 군사적 행동이 눈에 띄게 증가하고 있는 것을 우려하고 있다. 뿐만 아니라 북핵문제가 여전히 해결되지 않고 있고 테러리즘, 분리주의, 마약밀매 등 초국가적 범죄들이 만연해 있으며, 특히 대만정부의 대만독립을 위한

---

[198] 인민전쟁과 현대적 인민전쟁과의 차이점은 황병무, 멜 거토브 공저, 『중국안보론』(서울:국제문제연구소, 1999), pp.132-137 참조
[199] 2004 국방백서 pp.214-215

분리주의적 주장과 중국의 서북부지역의 티베트와 신쟝(新疆)지역의 분리주의와 테러리즘은 아·태지역의 평화와 안정뿐만 아니라 중국의 주권과 영토의 통합에 즉각적이고도 엄중한 위협이 되고 있다고 주장하고 있다.[200)

이러한 안보상황의 인식하에 중국의 군사안보전략의 목표는 국가의 근본적인 이익에서 출발하여 전통적, 비전통적인 안보위협에 대응하는 다양한 수단을 사용하여 국가의 전략적 능력을 향상시켜 포괄적 국가안보를 추구하는 것이다. 이를 위해 중국은 세계 주요 국가들과 마찬가지로 안보와 군사전략과의 관계를 새롭게 정의하고 첨단기술의 무기와 장비를 개발하고 새로운 군사독트린을 내세우면서 군사혁신을 시도하고 있는 것이다. 포괄적 국가안보를 추구하기 위하여 중국이 '2004년 국방백서'에 제시하고 있는 군사안보전략의 목표는 다음과 같이 요약될 수 있다.[201) 첫째, 분열을 저지하고 통일을 추구하며, 침략에 대비하고, 국가주권과 영토의 통합성을 유지하고 해상권 및 해상이익을 방어한다. 둘째, 국가이익을 견지하고 경제적·사회적 발전을 추구하며, 종합국력을 증대시킨다. 셋째, 중국의 국가적 상황과 국제적인 군사발전의 흐름에 맞추어 국방현대화와 정보화를 추구하여 자위능력을 증대시킨다. 넷째, 중국인의 정치적, 경제적, 문화적 권리와 이익을 보호하고 모든 유형의 범죄행위를 분쇄하여 공공질서와 사회 안정을 유지한다. 다섯째, 평화적인 외교정책을 추구하고 장기적이고 우호적인 주변 국제환경을 조성하기 위하여 상호신뢰, 평등호혜와 조화를 포함하는 새로운 안보개념을 추구한다[202)는 것 등이다.

이러한 목표들 중 주목을 끄는 부분은 먼저, 중국은 분열저지와

---

200) 2004 국방백서 pp.216-217
201) 2004 국방백서 p.218
202) 2004 국방백서 p.218

통일추구를 맨 먼저 제시함으로써 대만의 독립시도에 대한 강경한 입장을 천명함과 동시에 이것이 군사안보전략의 최우선 목표임을 밝히고 있다는 것이다. 이와 함께 1990년대부터 두드러지게 나타나고 있는 첨단과학기술전의 국제적인 추세를 따라 잡기 위한 군의 현대화와 정보화 역시 강조되고 있는 것이다. 대만독립저지와 군의 현대화·정보화의 강조는 위에서 언급한 중국의 안보환경 인식과 밀접한 관련을 가진다. 대만 천쉐이벤(陳水扁) 총통의 '대만 신헌법' 제정을 통한 독립주장과 무기판매를 포함한 미국의 대 대만정책이 중국에게는 대미불신과 함께 안보에 대한 위협으로 인식되고 있다. 따라서 대만 독립세력의 국가분열 저지는 중국군의 신성한 책무이며, 어떠한 대가를 치르더라도 그러한 시도를 철저하게 분쇄할 것임을 강력하게 표명하고 있다. 미국과 대만과의 관계에 대해서 '2004 국방백서'는 이례적으로 '미국'이라는 국가를 명확히 지칭하면서 미국의 대만에 대한 무기판매의 양적 질적 수준의 증대는 대만정부에 대하여 착오적인 메시지를 전달하고 있는 것이며, 이는 대만해협의 안정을 침해하는 것이라 적시하고 있다. 뿐만 아니라 미국을 겨냥하여 대만문제에 대한 외세의 간섭, 첨단무기판매, 어떠한 형식의 군사동맹 결성에도 반대한다고 강조하였다. 이러한 중국의 우려는 미국의 해외주둔미군재배치(GPR)와 관련하여 진행된 '서머펄스(Summer Pulse) 2004'와 미 국방부가 양안간 긴장고조에 대비하여 실시한 위기 가상훈련인 '드래곤스 선더(Dragon's Thunder)' 등의 군사훈련 그리고 대만에 대한 첨단 무기판매 결정이라는 일련의 사태가 안보적 긴장감을 고조시키고 있다는 판단에서 비롯되었다.203) 미국의 이러한 기동훈련이 전 세계 모든 지역에서의 위기대처능력을 점검하기 위한 것이며 특별히 중국과 대만을 겨냥한 것이 아니라는 미국의 부인

---

203) 하도형, "중국 2004 국방백서 분석", 『정세와 정책』 2005년 2월호(서울: 국방대학교), p.10

에도 불구하고, 중국의 입장에서는 미국의 전략적 변화와 일련의 군사훈련은 중국봉쇄와 양안문제 개입의 의도를 내포하고 있다고 인식하고 있는 것이다. 특히 1차, 2차 걸프전을 거치면서 미국의 첨단과학기술을 이용한 전쟁수행 능력을 주목한 중국은 미국의 대만에 대한 첨단무기판매에 더욱 자극되어 군의 현대화와 정보화에 대한 필요성을 절감하게 되었던 것이다.

제2절 21세기 중국 국가안보전략 : 상하이협력기구의 안보전략적 함의

1. 상하이협력기구(SCO)의 출범과 발전

1990년대 중반 중국이 신안보관에 근거하여 다자주의에 대한 입장이 적극적인 자세로 전환되었음을 읽을 수 있는 가장 좋은 실례가 바로 중국의 주도로 결성된 SCO의 전신인 '상하이 5개국' 협력체라 할 수 있다. 이는 소련의 붕괴로 접경국이 된 중국과 러시아, 카자흐스탄, 키르기스스탄, 타지키스탄 등 5개국 정상들이 1996년 4월 상하이에서 회합을 갖고 국경문제 해결과 국경지역의 군사적 신뢰구축을 위하여 '국경지역의 군사적 신뢰강화에 관한 조약'을 체결함으로써 시작 되었다.[204] 또한 이 회담에서 5개국 정상들의 연례회담을 제도화하여 '상하이 5개국 포럼'을 발족시켰다.

중국의 접경국가 5개국이 국경문제 해결과 군사적인 상호신뢰강화 등 두 가지의 의제에서 출발한 '상하이 5개국' 협력체는 점차 정치,

---

204) 許鐵兵 編, 김옥준 역주, 『21세기 중국과 세계』(대구: 중문출판사, 2003), p.191. 또한 미일 신안보동맹 선언 역시 1996년 4월의 일이었다는 사실에 주목할 필요가 있다.

안보, 경제, 문화, 에너지 등 다양한 영역에서 다자협력을 지향하는 포괄적인 협력으로 발전되어 갔으며, 정상회담의 제도화는 안보, 국방, 외교부문의 고위관리 회담으로 이어져 다양한 차원과 부문의 회담기제를 형성하게 되었다. 특히 국내외적으로 위협이 가중되고 있는 분리주의, 이슬람 원리주의(극단주의), 테러리즘의 확산은 회원국들로 하여금 비전통 안보문제에 대한 공동대응책을 강구하게 만들었다. 그 결과 2001년 6월 상하이 정상회담에서 우즈베키스탄을 회원국으로 받아들이면서 베이징에 사무국을 둔 상하이협력기구(SCO) 창설을 위한 공동선언을 채택하였으며, 2002년 6월 상트페테르부르크 정상회담에서 'SCO헌장'을 채택함으로써 SCO가 정식으로 출범하게 되었다.

SCO헌장에서 밝힌 '기본 정신과 임무'는 회원국 간의 상호신뢰와 선린우호 강화, 지역의 평화, 안전, 안정 추구, 민주적이고 공정·합리적인 신 국제정치경제질서 구축, 테러리즘, 분리주의, 극단주의 공동 대처, 마약밀매, 무기밀거래, 불법이민, 여타 초국가적 범죄에 공동 대응, 역내 정치, 경제, 국방, 사회, 문화 등 전반적인 영역에 걸친 협력강화 등으로 요약될 수 있으며, 특히 제2조 '원칙'부분에서는 동 기구가 제3국이나 특정 국제기구를 겨냥하고 있지 않음을 분명히 하고 있다.[205] 또한 2004년부터 옵서버국 제도를 도입한 이래 몽고, 파키스탄, 이란, 인도 등 4개국이 옵서버로 참여하고 있으며, 회원국의 확대문제를 놓고 고심하고 있는 것으로 알려져 있다.[206]

SCO는 그 헌장에서 밝힌 바와 같이 처음에는 테러리즘과 분리주

---

[205] "上海合作組織憲章"(http://www.sectsco.org/html/0014.html, 검색일: 2008. 2. 12)

[206] SCO 6개 회원국이 세계에서 차지하는 비중은 2004년 기준 면적이 20.2%, 인구는 23.1%이며, 4개 옵서버국을 합칠 경우 면적은 25.2%, 인구는 43.5%로서 방대한 지역과 인구를 보유하고 있다.
(http://kr.blob.yahoo.com/ckjohn1201/MYBLOG/print_from_popup.html, 검색일: 2008. 2. 12)

의, 극단주의 등 비전통 위협에 대한 공동대처를 통해 지역의 안정을 도모하고 평화를 유지한다는 명목으로 탄생하였으며, 실용적인 경제, 자원협력이 주요의제가 되어 왔다. 그러나 이후 미국의 대아시아 전략이 대중봉쇄전략의 성격을 띠고 러시아와의 갈등이 심화됨에 따라 그 성격도 차츰 변해 갔다. 특히 아프가니스탄 전쟁의 종결 후에도 중앙아시아 지역에 미군이 잔류하고 군사기지를 오히려 확대하자 SCO는 미국의 군사력을 동반한 영향력 확대와 동 지역에 대한 주도권 장악 등을 견제하기 위한 군사협력을 강화하기에 이르렀으며, 그들의 군사협력이 동방의 바르샤바조약기구가 되는 것이 아니냐는 우려까지 나올 정도로 군사협력의 수준을 높여가고 있었다.

결국 SCO는 포괄적인 안보이익을 추구하려는 중국과 옛 소련의 영화를 되찾으려는 러시아의 이익의 결합, 중국과 러시아와의 경제협력을 통한 경제발전의 계기 마련, 서구식민주주의로부터 체제방어와 유지가 절실한 중앙아시아 회원국간의 이해관계 등이 절묘하게 맞아 떨어지면서 강력한 구심력을 확보할 수 있었으며 이미 명실상부한 유라시아 국제기구로서 정상궤도에 진입하였다고 볼 수 있다.

2. SCO의 전통적 안보 영역에서의 전략적 함의

1) 미국의 단독 패권주의 견제

대미 전략적 차원에서 SCO의 발전은 두 가지 성격을 가지고 있다고 볼 수 있다. 그것은 첫째, NATO와 미·일동맹을 축으로 전개되고 있는 미국의 21세기 세계전략이 미국의 일방주의와 결합하면서 중국을 포위하고 러시아의 남하를 봉쇄할 수 있는 질서를 구축하고 있다는 우려에 대한 대응의 성격을 가지고 있다. 둘째, 초강대국이었던 러시아가 가지고 있는 첨단군사능력과 중국의 팽창하는 경제력 및 그 잠재력이 상호보완적으로 결합된 세력연합으로서의 성격이다. 중국과 러시아가 함께 주도하고 있는 SCO는 분명 협력기구일 뿐 군사동맹체는 아니다. 그럼에도 불구하고 상호 물질적 및 전략적 공동이익에 바탕을 둔 지정학적 세력연합의 시도라고 말할 수는 있을 것이다.207) SCO가 미국에 대한 전략적 차원에서 이러한 성격을 가질 수밖에 없는 이유는 중앙아시아지역을 둘러싼 미국과 중·러 양측의 이해충돌, 미국에 대해 중·러 양국이 공유하고 있는 이익 그리고 이로 인한 중·러 양국의 전략적 공조 때문이다.

2001년 9·11사건 이후 중앙아시아 지역의 국제관계는 세력균형과 전통적 안보의 관점에서 볼 때 커다란 변화를 겪었다. 반테러 전쟁과정에서 미국이 아프가니스탄에 진주하였고, 더 나아가 러시아의 세력권이라 여겨졌던 우즈베키스탄, 타지크스탄, 키르기스스탄 등과 군사협정을 체결하고 군사기지를 구축하였으며, 카자흐스탄도 미국에게 군사기지를 제공할 수 있음을 표명하는 등 미국의 진출이 두드러졌다. 이러한 미국의 중앙아시아 진출은 중국과 러시아에게 공동의 위협으로 다가왔으며, 이는 양국간 협력을 더욱 증진시키는 계기가 되었다.

중국의 입장에서 중앙아시아에서의 미국의 행동 즉 중국 동부에서의 미·일동맹 강화, 남부에서의 베트남, 필리핀, 싱가포르 등과 군사교류 및 협력강화, 동시에 서부지역에서 중앙아시아 인접국들과의 군사협력 강화 등은 중국에 대한 포위를 완성한 것이라 인식하도록 하였다. 더구나 2006년 3월 미국과 인도간의 핵협력협정의 체결은 단순히 핵에만 관련된 것이 아니라 미국이 인도와의 전략적 연대를 강화하면서 미국-일본-인도로 이어지는 대중견제 연합이 가시화된 것이라 볼 수 있다.208) 특히 중앙아시아지역 에너지 자원

---

207) 이삼성, "21세기 동아시아의 지정학-미국의 동아태지역 해양패권과 중미관계", 『국가전략』 제13권 1호, 2007, p.27
208) 미국과 인도는 2004년 1월부터 이미 전략파트너십 대화를 시작하였고,

의 안정적 확보가 전략적으로 중요해지는 상황에서 동 지역에 대한 미국의 영향력 확대는 중국의 안보환경에 대단히 부정적인 영향을 미치는 것이었다.

또한 러시아의 입장에서도 전통적으로 자신의 세력권이라 인식하고 있는 중앙아시아지역에 대한 미군의 진주는 러시아의 국제정치적 위상에 커다란 타격을 입히는 사안이었다. 이는 러시아가 역내 현상변경에 대해 보다 공세적인 입장을 취하고 미국과의 대립각을 세울 수밖에 없는 근거를 제공하고 있다.

이와 더불어 최근 몇 해 동안 미국의 NATO 확대 움직임과 동유럽에서의 MD 체제의 구축계획에 대한 반감 역시 중·러 양국이 공유하고 있는 이익이다. 중·러 양국은 이러한 미국의 움직임이 단극적 패권체제를 강화하고자 하는 의도라고 인식하고 있으며, 미국의 단극적 패권체제에 대한 반감은 냉전체제에서조차 각종 이유로 서로 대립을 일삼던 중국과 러시아를 동지로 만들었다. 물론 SCO가 반NATO를 기치로 내건 정치·군사 블록으로 전환하는데 완전한 합의가 이루어진 것은 아니지만, 중앙아시아에서 미국의 영향력 확대를 반대하고 패권적 독주를 저지한다는 점에서 중국과 러시아는 명확하게 이해를 같이 하고 있었다.

후진타오(胡錦濤) 주석이 유난히 강조하는 이른바 '상하이 정신', 즉 상호신뢰, 상호이익, 상호존중은 명백하게 미국의 단독주의와 군사 패권주의를 겨냥한 비판이며, SCO 합동군사훈련 폐막식에 참가

2005년 7월 워싱턴 정상회담에서 인도의 민간 핵기술에 대한 제재 해제를 의회와 동맹국들에 요구하겠다고 합의 하였다. 이상현, "미국-인도 핵 협력과 강대국 신전략구도", 『정세와 정책』 2006. 4. pp.6-7. 뿐만 아니라 2005년 10월 럼스펠드 국방장관, 라이스 국무장관에 이어 11월 부시 대통령이 몽고를 방문하면서 양국관계가 급진전을 이루고 있는 것도 중국으로서는 불편한 일이다. "중국의 군사팽창을 봉쇄하라! 고삐 바짝쥐는 미국"(http://weekly.chosun.com/site/data/html_dir/2005/12/01/2005120177035.html, 검색일: 2008. 3. 3)

한 푸틴 대통령도 미국주도의 단일 패권질서를 비판하고 유엔중심의 다극적 국제질서 재건을 적극 옹호하였다. "국가간 주권 평등과 각국의 역사와 문화전통, 각국 국민이 선택한 발전과정의 모든 권리를 존중해 나갈 것"과 "정치, 사회체제와 가치관의 차이가 타국의 내정에 간섭하는 구실이 되어서는 안 되며, 사회발전의 모델도 수출될 수 없다"는 주장은 SCO 정상회담 때마다 빠지지 않고 언급되고 있다.[209]

또한 중국과 러시아의 입장에서 볼 때, 중앙아시아 지역에서의 미군주둔의 장기화는 동 지역의 서구화, 민주화로 이어져 미국이 동 지역의 주도권을 장악할 수 있을 뿐 아니라 중국과 러시아 국내에도 부정적인 영향을 미칠 것이라는 우려를 하지 않을 수 없었다. 중국과 러시아를 포함한 SCO 회원국들은 2003년 그루지아의 '장미혁명'과 2004년 우크라이나의 '오렌지혁명'의 배후에 미국이 있으며, 미군이 계속 주둔할 경우 이 지역의 국가들에까지 민주화의 바람을 불어넣게 될 것이라는 우려를 하고 있다는 것이다.[210] 이에 따라 2005년 7월 카자흐스탄 수도 아스타나에서 개최된 SCO정상회의에서는 러시아의 주도로 중앙아시아 주둔 미군에 대해 분명한 철수 시한을 설정하라며 사실상 미군철수를 요구하였으며, 역내 외세 개입 반대의 입장을 표명한 성명서를 발표함으로써 미국의 중앙아시아 지역에 대한 영향력 확대 움직임에 대한 거부감과 반대 입장을 분명히 하였다.[211] 이는 SCO가 제3국을 겨냥하지 않는다는 헌장의 원칙

---

[209] 이병한, "상하이협력기구(SCO)는 어디로 가나, 뜨는 러시아, 나는 중국", 『월간 말』 2007. 10, p.181

[210] "중·러·중앙아시아 4국, 민주화 도미노 우려"(http://www.chosun.com/svc/content_view/content_view.html?contid=2005070770002, 검색일: 2008. 3. 4)

[211] "上海合作組織成員國元首宣言" (http://www.sectsco.org/ html/00499.html, 검색일: 2008. 2. 12), 동 성명서에서 SCO회원국 정상들은 "국제문제에 대한 일방주의적 태도를 배격하고 주권국가의 내정에 간섭해서는 안

에도 불구하고 반미적인 성격의 지역협력 혹은 동맹으로 발전하는 것이 아니냐는 의구심을 불러일으키기에 충분한 것이었다. 결국 미국은 2005년 11월 우즈베키스탄 정부의 요구로 카르시 하나바드 공군기지에서 철수할 수밖에 없었고, 중앙아시아지역의 또 다른 공군기지인 키르기스스탄의 마나스 공군기지를 잃을 지도 모른다고 우려하게 되었다. 미국은 자신에게 군사기지를 제공하고 있는 중앙아시아국가의 정부가 자신에게 강수를 두고 있는 배경에는 중국과 러시아의 입김과 사주가 작용했기 때문이라 확신하고 있었다.212)

결과적으로 SCO는 중국과 러시아의 대미 전략적 관계를 굳건히 하는 계기로 작용하였으며, 9·11 사건 이후 중앙아시아에서 영향력을 증대하고자 하는 미국에 대하여 회원국들 특히 중·러 양국이 공동대처하는 데 효과적인 정치적 도구로 활용되고 있었던 것이다.

2) SCO 군사협력의 의의와 시사점

전통적인 안보영역에서 주목받고 있는 것이 SCO 회원국간의 군사협력이며, 이는 점차 강화되고 있는 추세이다. SCO 회원국들간에는 이미 2002년부터 합동군사훈련의 필요성에 대한 논의가 시작되었으며, 2002년 10월 중국과 키르기스스탄이 국경지역에서 SCO 회원국간 최초의 합동군사훈련을 실시한 바 있다. 이후 2003년 8월에는 중국, 러시아, 카자흐스탄, 키르기스스탄, 타지키스탄 등 5개국이

되며…… 우즈베키스탄과 키르기스스탄의 미군기지 철수와 아프가니스탄의 외국군 철수 시점을 밝혀줄 것"을 요구하였다. 중국은 이 성명이 지나치게 반미적인 성격으로 비쳐지는 것을 우려하여 미군철수 주장보다는 철수 일정을 밝히게 하자는 제안으로 강도를 완화시켰으나 결국은 미군철수에 동의하였다
212) "러시아·중국, 중앙아시아는 우리구역" http://weekly.chosun.com/site/data/html_dir/2006/06/15/2006061577036.html, 검색일: 2008. 3. 3) 우즈베키스탄은 미군이 철수한 이후 러시아와 상호군사보호조약을 체결하였으며, 키르기스스탄은 기지의 임대료를 연간 2억 불로 인상해 줄 것을 요구하였다.

중국 신쟝지역과 카자흐스탄에서 반테러 합동군사훈련을 거행하였다. 이 훈련은 중·러가 각자 상대방의 영향권지역에 자국의 군대를 파견하지 않았고, 규모도 작았지만 SCO 최초의 다자간 합동군사훈련이었다는 점에서 중요한 의의를 지니고 있다고 볼 수 있다. 하지만 SCO 헌장의 정신인 '반테러'의 목적에 부합되는 적절한 군사훈련으로서 별다른 주목은 끌지 못하였던 것이 사실이다. 그러나 그 이후 2005년과 2007년에 거행된 합동군사훈련은 그 규모나 동원된 무기의 수준, 훈련실시지역 등을 고려할 때 '반테러'의 목적에 국한되어 있다고 보기에는 어려워 세간의 주목을 끌기에 충분하였다.

2005년 8월에 실시된 '평화사명-2005'로 명명된 군사훈련은 중국 산둥(山東)지역과 블라디보스톡 해상에서 약 1만여 명의 병력과 각종 첨단장비들이 동원된 중·러간 최초의 대규모 합동군사훈련이었다. 동 훈련에는 러시아군 1,800여명과 중국 인민해방군 약 8,000명 등 모두 1만여 명이 참가하였으며, 최신 첨단무기들이 동원되었다.[213] 당시 훈련의 규모와 실시장소 등을 고려해 볼 때 동 훈련을 SCO의 틀 속에서 볼 것인지, 아니면 중·러 양자 협력의 차원에서 볼 것인지의 문제는 논란이 있었으나[214] 2007년에 '평화사명-2007'이란 동일한 명칭으로 SCO 전 회원국이 참가한 합동군사훈련이 거행된 것을 감안한다면, 이 훈련은 SCO의 틀 속에서 분석되어야 한다는 주장이 설득력을 얻고 있다.

그리고 2년 후인 2007년 8월 SCO 연례정상회담을 전후하여 '평화사명-2007' 합동군사훈련이 SCO 전 회원국이 참여한 가운데 중국

---

213) 황재호, "중국의 중·러 합동군사훈련 참여배경과 함의", 『동북아안보정세분석』(서울: 한국국방연구원, 2005. 9), pp.1-2
214) 훈련지역을 볼 때, 한반도와 대만지역을 겨냥한 훈련이라는 해석, 미·일동맹에 대항하는 중·러동맹의 출현가능성 등 많은 논쟁이 제기되었다. 이 논의에 대해서는 김옥준·김관옥, "중국의 군사안보전략에서 본 중·러 합동군사훈련의 함의", 『국제정치연구』 제9집 1호, 2006, pp.332-335 참조

신쟝·위구르자치구 지역과 러시아의 첼랴빈스크 주에서 실시되었다. 동 훈련은 반테러 훈련이라는 목적에 걸맞지 않게 4,000여명에 달하는 대규모 병력과 최첨단 폭격기, 무장헬기 등이 동원되었다. 또한 동 훈련이 최근 변화하고 있는 국제안보정세, 즉 러시아의 미국에 대한 강경정책과 군사적 대립각 심화, 일본·호주 안보협력강화에 따른 미·일·호 3각동맹의 출현, 러·중간 전략적 협력강화, 이란의 SCO가입 신청 등이 이루어지고 있는 상황에서 실시됨에 따라 '미·일·호 3각 동맹'의 대항축이라는 시각이 대두되었다. 사실상 정상회담 기간에 합동군사훈련이 실시되고 회원국 정상들이 이를 참관하는 하는 것이 의례적인 것은 아니며, 훈련이 실시된 시점의 국제정치적 상황을 고려해 볼 때 SCO가 NATO와 미·일·호 3각 동맹에 대응하는 군사협력체로 발전하는 것이 아닌가 하는 의구심을 품을 만한 이유가 충분히 있다고 볼도 수 있다.

또한 SCO 합동군사훈련이 2003, 2005, 2007, 2009년에 각각 실시된 점 그리고 2005년부터의 훈련은 모두 '평화사명'이라는 이름으로 실시됨으로써 그 연속성이 강조되고 있다는 점 등으로 미루어볼 때 SCO 합동군사훈련은 매2년마다 개최되는 것으로 정례화되고 있다는 견해가 설득력을 가지고 있다.[215] 분명한 것은 이러한 군사훈련이 아·태 및 중앙아시아에서 점증하고 있는 미국의 군사력 전개에 대한 중·러의 대응적인 측면이 강하다는 것이다. 미국의 입장에서는 중국과 러시아가 SCO를 군사동맹체나 NATO와 같은 기구가 아니라고 주장해 왔음에도 불구하고 2005년 중·러 합동군사훈련의 사례에서와 같이 SCO의 견제 범위가 단지 중앙아시아에만 국한되지 않고 대만과 심지어는 한반도까지 포함하고 있다는 점에서 우려

---

215) SCO 사무총장은 2008년 2월 29일 기자회견을 통해 "SCO의 '평화사명' 군사훈련은 앞으로 2년에 한차례 실시하는 것으로 정례화될 것임"을 밝혔다. "上合組織秘書長稱 '和平使命' 演習將定期擧行"(http://international.northeast.cn/system/2008/03/01/051160094.shtml, 검색일: 2008. 3.7)

를 자아내고 있다.216) 또한 2007년 8월에 실시된 SCO 전 회원국이 참가한 합동군사훈련에서 볼 때, SCO 회원국들간의 군사협력 차원이 반테러작전의 정도를 넘어서고 있다는 사실 역시 주목을 끌고 있다.217) 2006년 9월 러시아 과학원 극동문제연구소 소장인 미하일 티타렌코(Mikhail L. Titarenko)는 SCO가 산하에 독자적인 평화유지군을 창설할 계획을 가지고 있으며, 이는 단순한 구상에 그치지 않고 회원국들의 국방장관이 참여하는 추진위원회가 이미 출범하여 현재 작업 중이라고 밝힌 바 있다.218)

이렇게 볼 때, 중·러 연대를 핵으로 하는 SCO가 미국의 패권주의, 미·일 군사협력에 대항하기 위한 새로운 군사적 동맹으로 발전될 가능성을 전혀 배제할 수는 없을 것이다. SCO가 향후 군사협의체로서의 성격도 내포할 수 있을 것이라는 전망은 2005년 8월 중·러 합동군사훈련 직후 이바노프 러시아 국방장관이 당 훈련이 SCO 틀 속에서 이루어졌음을 강조한 데 이어 차오깡촨(曹剛川) 중국국방부장도 대미군사협력에 있어 SCO의 비중을 중시하는 행보를 보인 데서도 엿볼 수 있다.219)

그러나 SCO가 군사동맹체로 발전하는데 대해서는 회의적인 시각이 일반적이다. SCO가 군사동맹으로 발전하기 위해서는 우선적으로 회원국들의 정치적 의지가 필수적인데 어느 국가도 SCO차원의 군사동맹을 원하지 않고 있기 때문이다. 실제로 SCO의 안보협력을

---

216) Blank, Stephen, "China and the Shanghai Cooperation Organization at Five", *China Brief*, Vol. 6, Issue 13(2006. 6. 21), pp.2-3
217) 이 훈련에 맞서 미국은 같은 시기에 3척의 항공모함 28척의 전투함, 300대의 전투기, 2만여 명의 병력을 동원한 사상 최대의 '2007 용감한 방패'훈련을 괌 지역에서 실시하였다. "미 vs 중·러, 대규모 군사연습 힘자랑" (http://news.chosun.com/site/data/html_dir/2007/08/09/2007080900099.html 검색일: 2008. 3. 8)
218) 이삼성, 앞의 글, p.26
219) 심경욱, "중·러 전략연대 강화와 한반도", 『전략연구』 통권 제37호 (서울: 세종연구소, 2006), p.24

주도하고 있는 중국·러시아도 미국의 일방주의를 비난, 반대하면서도 미국을 즉각적인 군사적 위협국으로 간주하지는 않고 있다. 또한 SCO 회원국들은 협력의 필요성을 인정하면서도 군사동맹에 필요한 신뢰가 결여되어 있고 국가간 이해관계도 다르다. 특히 현 단계에서 SCO 회원국들은 군비증강보다는 경제발전에 더욱 관심이 많으며 중국과 러시아, 중앙아시아 회원국 모두가 그들의 경제발전에서 미국이 차지하는 비중을 잘 알고 있다. 그리고 러시아는 현존하는 '집단안보조약기구(CSTO)'[220]를 이용하여 중앙아시아국가들과 군사·안보협력을 우선시하는 정책을 추진하고 있다.

그러나 NATO의 동진이 가시화되고 있는 상황에서 러시아와 미국의 정치·군사적인 대립이 점차 첨예해질 경우 러시아는 SCO를 CSTO와 연결시키면서 반 NATO 동맹구축 구상을 진전시킬 수도 있다. 한편, 중국은 러시아와는 달리 노골적인 반미성향을 보인다거나 미국과 적대상황을 조성할 수 없는 중국의 현실에서 볼 때, 미국의 위협이 치명적이 아닌 이상 중국은 최대한 러시아의 전략에 휘말려들지 않고 SCO의 군사협력을 제한적인 수준에 머물게 할 것이다.

따라서 SCO가 미국이나 NATO에 대항하는 군사동맹으로서의 발전 가능성은 희박하지만 미국의 군사전략의 목표와 진전에 따라 그 성격이 전환될 수 있는 가능성을 전혀 배제할 수만은 없다. 하지만 어떠한 상황 하에서든지 간에 SCO는 역내 안보문제를 해결하기 위한 제한적 군사협력을 지속해 나갈 것이며, NATO, 미국, EU 등 역외세력들이 역내문제에 개입하는 것을 차단하는 방패막이 수단의 일환으로 존재할 것이다. 특히 군사력에서 미국에 크게 뒤지고 있는 중국으로서는 SCO를 통한 군사협력이 낮은 수준이기는 하지

---

[220] 1999년 러시아 주도의 안보협력에 부정적인 태도를 보이고 있던 우즈베키스탄이 탈퇴하고 현재는 러시아, 벨로루스, 카자흐스탄, 키르기스스탄, 타지키스탄, 아르메니아 등 6개국으로 구성되어 있다.

만 그들이 추구하는 아시아지역에서의 다극화를 위한 중요한 군사적 기반이 될 수 있다는 점에서 커다란 전략적 의의를 가진다고 볼 수 있다.

3. SCO의 비전통적 안보 영역에서의 전략적 함의

1) 경제·자원안보

SCO 출범의 배경에는 SCO를 통해 회원국들 간의 경제협력을 확대하고자 하는 전략적 고려가 작용하였다. 경제의 영역에서 회원국 모두가 이익을 공유하고 있는 것에 대해서는 의심할 바가 없다. 중국과 러시아는 양국간 경제구조가 상호보완성(러시아의 중공업 및 무기산업의 우위 그리고 중국의 소비재산업의 우위)이 크다는 점과 장차 양국의 경제적 부상이 필연적이라는 것을 상호 인정하는 상황을 고려할 때, 빠르게 확대되고 있는 거대한 시장을 공유할 수 있다는 이점이 있다. 또한 중국은 에너지 자원의 확보에 필수적인 중앙아시아에서의 영향력 강화를 위해 러시아와의 협력관계가 필요하며, 러시아는 아·태지역과의 경제적 협력 확대와 동 지역에 대한 경제적 진출에 있어 중국의 협력이 필수적임을 인식하고 있다.[221] 또한 중앙아시아 회원국들 역시 낙후된 그들의 경제를 끌어올리기 위해서는 SCO라는 기제를 통한 중국과 러시아를 포함한 역내 국가들과의 경제협력이 더욱 효율적이라는 것을 인식하고 있다.

이를 위해 SCO는 2001년 9월 'SCO회원국 정부간 지역경제협력의 기본목표와 방향 및 무역과 투자촉진을 위한 비망록'에 조인하였고, 2002년 경제무역 장관과 교통장관 회의를 통해 무역·투자·교통·에너지 등의 영역에서 실무협력을 진행하였으며, 2003년 9월에는

---

[221] 김흥규, "최근 상해협력기구(SCO)의 발전과 중·러관계 전망," 『주요 국제문제 분석』(서울: 외교안보연구원, 2006), p.11

'SCO 회원국 다자 경제무역 협력 요강'을 통과시켜 미래지향적인 경제협력을 위한 중요한 기반을 조성하였다. 또한 2004년 9월 키르기스스탄 비슈케크에서 'SCO 회원국 다자 경제무역 협력 요강 시행계획'을 통과시킨 바 있다.[222]

중앙아시아지역에 대해 중국은 러시아보다 상대적으로 경제적 영향력 확대에 더 많은 관심을 가지고 있다. 비록 SCO의 중앙아시아 회원국들은 여전히 러시아와 끈끈한 관계를 유지하고 있지만 최근 중국과의 교류가 급속히 확대되고 있으며, 중국은 향후 20년 내에 SCO의 중앙아시아 회원국들과 자유무역지대를 만들 계획을 추진중이다.[223]

경제안보 영역에서 SCO가 중국에게 특히 중요한 전략적 의미를 가지는 부분은 에너지 자원안보에서 중앙아시아 회원국들이 차지하는 비중이다. 중국의 1인당 석유, 물, 경작지는 각각 국제 평균치의 8.3%, 25%, 40% 밖에 되지 않으며, 자원사용의 비효율성 문제도 심각해 100만 명당 에너지 소비 비율도 미국의 2.5배, EU의 5배, 일본의 9배에 이를 정도로 중국은 지속적인 경제발전 후에 언제 닥칠지 모르는 자원고갈과 에너지 부족 문제를 겪고 있다.[224] 또한 1994년 원유수입국의 대열에 합류한 중국은 2003년 일본을 제치고 미국 다음의 세계 2위의 원유수입국으로 부상했으며, 원유에 대한 중국의 해외의존도는 2007년 40%에서 2020년에는 70%로 급증할 것으로 추정되고 있다.[225] 따라서 중국에 있어서 에너지 자원안보는 1990년대

---

222) "上海合作組織 資料庫"(http://www.sectsco.org/news_moreasp?id=19&id_temp2=5, 검색일: 2008. 2. 20)
223) "러시아·중국, 중앙아시아는 우리구역", 위의 검색사이트
224) 이호령, "중앙아시아 지역을 둘러싼 권력투쟁과 함의", 『전략연구』 통권 제38호,(서울: 세종연구소, 2006), p.140
225) Lieberthal, Kenneth and Mikkal Herberg, "China's Search for Energy Security: Implications for U.S. Policy", *NBR Analysis*, 17-1, April 2006, p.11

중반 이후 중국의 안보전략에서 중요한 영역으로 등장하게 되었다.

중국은 미국을 위시한 서구국가들이 세계 에너지 시장을 지배하고 있다고 보고 현재 40% 이상을 중동에 의존하고 있는 원유 수입원의 다원화를 추구하고 있으며, 이를 위해 중국은 전방위적인 에너지 자원확보 외교에 나서고 있다.[226] 이러한 상황에서 1990년대 이후 새로운 에너지 공급원으로 떠오른 중앙아시아 지역은 중국의 에너지 자원안보의 전략적인 요충지가 되지 않을 수 없었다.[227] 또한 에너지 자원의 보고로 떠오른 동 지역이 강대국들의 각축장이 되어 버린 것도 더 언급할 필요가 없을 것이다.[228] 현재 동 지역의 석유와 천연가스의 탐사권과 개발권은 서방 다국적 기업들이 장악하고 있으며, 과거 구소련이 완전히 장악하고 있던 송유관 역시 미국을 위시한 서방국가들이 나누어 가지고 있다. 특히 중국은 미국이 동 지역에 대하여 정치, 경제, 군사, 외교활동 등을 활발하게 전개하면서 지배권을 강화하고 있으며, 이를 통하여 에너지 자원을 쟁취함으로써 중국의 부상을 억지하려 하고 있다고 인식하고 있다. 따라서 SCO

---

[226] 원유 수입원의 다원화를 위한 중국의 노력은 특히 아프리카지역에서 상당한 성과를 거두고 있다. 중국의 에너지 외교는 앙골라, 수단, 나이지리아 등 산유국에 집중되어 있으며, 2006년에는 원유수입의 1/4정도를 이들 국가로부터 수입하게 되었다. Puska, Suan M., "Resources, Security and Influence: The Role of the Military in China's Africa Strategy" *China Brief*, Vol 11(May 2007), pp.2-7 참조

[227] 특히 SCO회원국 중, 카자흐스탄과 우즈베키스탄은 2006년 기준 석유 매장량이 각각 398억 배럴(세계의 3.3%)과 6억 배럴, 천연가스 매장량이 각각 3조 입방미터(세계의 1.7%)와 1조 8,700 입방미터(세계의 1.0%)를 기록하고 있으며, 연간 생산량은 석유가 각각 6,610만 톤(세계의 1.7%)와 540만 톤(세계의 0.1%), 천연가스가 각각 239억 입방미터(세계의 0.8%)와 554억 입방미터(세계의 1.9%)를 기록하고 있다. 이재영·신현준, "중앙아시아 자원개발, 어떻게 참여할 것인가?", 『KIEP 오늘의 세계경제』(서울: 대외경제정책연구원, 제08-14호, 2008.4), p.2-3

[228] EU는 중앙아시아 5개국과 '에너지 자원 대화'를 강화할 것을 주장하면서 이들 국가에 대해 7.5억 유로를 원조할 것이라 밝혔다. "歐盟加強與中亞能源合作關係"(http://www.sco-ec.go.cn/crweb/scoc/info/Article.jsp?a_no=77109&col_no=53, 검색일 2008. 4. 11)

는 동 지역의 정치 불안과 안보위협, 지역경제발전 등 다방면에서 포괄적이고 효율적인 협력기제를 구축하여 서방국가들의 중앙아시아에 대한 침투를 저지해야 할 것이라 주장하고 있다.229)

이러한 인식하에 중국은 SCO의 틀 속에서 에너지 자원안보협력을 적극 추진하였으며, 다른 부문에 비해서 상대적으로 부진했던 에너지 자원협력은 2007년 8월 SCO 비슈케크 정상회담에서 "에너지는 경제의 지속적인 발전과 안보를 보장하는 기반이 되는 것이기 때문에 이를 위한 지역협력은 특별한 의의를 가지고 있으므로 SCO 회원국들의 에너지 자원에 대한 전략적 협력은 시급한 과제이며, 회원국들은 에너지 영역에서의 대화를 지속적으로 강화하고 에너지 생산국, 통과국, 소비국 간의 실무협력을 촉진해야 한다"는 공동선언을 이끌어 냄으로써 탄력을 받게 되었다.230) 또한 비슈케크 정상회담이 끝난 직후 SCO 사무총장은 공동선언의 실천 방안으로 '에너지 협력기구' 설립을 통한 '아시아 에너지전략'을 적극적으로 추진해야 할 것을 주장하였으며,231) 이후 SCO의 '에너지 협력기구'는 2008년 설립을 목표로 빠르게 진전되고 있다고 밝혔다.232) 이러한 중국의 노력으로 SCO가 출범한 이후에는 중국은 다자협력의 틀 속에서 이들 국가로부터 점차 대량의 에너지를 확보할 수 있게 되었고, SCO는 중국에 있어서 갈수록 중요한 전략적 의미를 갖게 되었다.

중앙아시아 회원국들 뿐 아니라 러시아 역시 방대한 자원 보유국인 러시아 역시 에너지 자원의 확보라는 측면에서는 중국에게 중요

---

229) "上海合作組織框架內的油汽資源合作"(http//www.sco-ec.go.cn/crweb/scoc/ info/Article.jsp?a_no=73167&col_no=53, 검색일 2008. 4. 11)
230) "比什凱克宣言"(http://www.sectsco.org/html/01656.html, 검색일: 2008. 2. 12)
231) 上合組織秘書長: 積極打造 "亞洲能源戰略"(http://international.northeast.cn/system/2007/08/22/050945074.shtml 검색일: 2008. 3. 8)
232) "上海合作組織能源俱樂部可能于2008年成立"(http//www.sco-ec.go.cn/crweb/scoc/info/Article.jsp?a_no=95396&col_no=53, 검색일 2008. 4. 11)

한 지위에 있다. 중국으로서는 러시아로부터 안정적이며 충분한 양의 석유를 공급받는 문제가 가장 다급한 현안이다. 그 중에서도 핵심문제인 시베리아유전의 석유 송유관 노선 문제에 대해 중국은 2004년 10월 베이징(北京)에서 가진 양국 정상회담에서 이미 확정된 '잉가르스크-나홋카'노선을 '잉가르스크-다칭(大慶)노선으로 변경하거나 지선을 건설해 줄 것을 공식 요청하였고,233) 결국 중국은 러시아와 2007년 6월에 지선 건설 협정서에 서명하였다.234) 중·러의 에너지 자원협력, 사실상 러시아의 중국에 대한 에너지 공급은 SCO의 틀 속에서 양국이 이해를 공유하고 있기 때문에 가능한 것이었다고 볼 수 있다.

SCO 회원국 중 에너지 수입국인 중국이 러시아를 비롯한 중앙아시아 회원국들과 이러한 에너지 자원에 대한 전략적 협력을 이끌어 냈다는 것은 중국의 에너지 자원안보전략 차원에서 대단한 성과임에 틀림없다. 그러나 이러한 성과는 하루아침에 이루어진 것은 아니다. 그것은 결국 중국이 비전통적 안보에 눈을 돌리고 이를 다자주의에 기초한 협력안보전략을 통하여 추구한다는 전략적인 전환과 함께 '상하이 5개국 협력체'를 결성하면서 구성국 상호간 국경문제에서부터 신뢰를 구축하고 평등과 협력의 정신을 바탕으로 관계를 발전시킨 협력안보의 수순을 그대로 밟아온 에너지 자원안보전략의 성공적인 결과라 할 수 있다. 따라서 중국은 향후 SCO 틀 속에서 다자협력 기제를 통한 에너지 자원안보협력의 제도화를 구축하고 이를 고착시키고자 노력할 것이다.

---

233) http//www.chosun.com/svc/content_view/content_view.html?contid=2004101470333 (검색일: 2008. 3. 4)

234) "上合峰會促進亞歐能源合作"(http://news.cncp.com.cn/system/2007/09/07/00112229.shtml, 검색일: 2008. 3.11)

2) 분리주의·테러리즘·극단주의 대처

SCO 헌장은 다양한 분야에서의 협력강화를 제시하고 있지만 회원국들이 가장 관심을 가지고 있는 협력분야 중의 하나는 분리주의, 테러리즘, 이슬람 극단주의의 척결을 위한 안보협력이다. 어느 한 국가의 힘만으로는 해결될 수도 대처할 수도 없는 소위 '3악(three evil)'으로 불리어지고 있는 이들에 대한 공동 대처에는 회원국 모두가 이해를 같이 하고 있었다.

중국이 SCO를 주도하고 있는 이유 중의 하나는 SCO를 통해 '3악'에 대처하는 공동 연합전선을 구축하고 서북부 변경지역의 안정과 안전을 도모하고자 하는 전략적 고려 때문이다. 비록 중국은 현재 주변부로부터 대규모 군사적 침입이 있을 가능성은 거의 없다고 간주되고 있지만 동 지역에서의 테러와 분리주의, 이슬람 극단주의가 중국 안보의 새로운 위협으로 제기되고 있기 때문이다. 러시아 또한 체첸지역 등에서 분리주의, 테러주의가 심각한 안보문제로 존재하고 있고, 기타 중앙아시아국가들 역시 아프가니스탄 등 남부지역으로부터 확산되어 오는 이슬람 극단주자들에 의한 테러행위에 노출되어 있어 테러주의에 대한 위기의식이 고조되고 있다. 아프가니스탄은 알-카에다 같은 테러집단에게 급진적인 이슬람세력들을 훈련시키고 지원해 주는 장소로 이용될 뿐만 아니라 불법이주, 마약거래, 무기밀매 등 중앙아시아지역의 비전통적 안보위협의 주요 근거지가 되고 있다. 특히 우즈베키스탄, 타지키스탄, 키르기스스탄으로 나뉘어지는 페르가나 계곡은 이슬람종교의 교리와 이념이 퍼지는 주요 통로로서 아프가니스탄의 급진적 이슬람주의도 이 계곡을 통해 전파되고 있다.[235]

---

235) Oksana Antonenko, "Russia's Foregin and Security Policy in Central Asia", *Russian Regional Perspective, Russia's New Southern Border: Western Siberia Central Asia*, www. iiss.org/rrpfreepdf.php 이호령, "중앙아시아 지역을 둘러싼 권력투쟁과 함의"『전략연구』통권 제38호(서울: 세종

중국 신쟝(新疆)자치구의 경우 냉전종식 이후 유사한 종교적, 인종적 유대감을 형성하고 있는 인접한 구소련의 공화국들이 독립함으로써 이들 간의 분리주의 운동의 연대가 진행되고 있는 지역이며, 특히 9·11사건과 아프간전쟁의 영향으로 더욱 국제적인 문제로 부각되고 있다. 신쟝은 주변의 8개국과 인접해 있어 국경문제, 수자원문제, 민족문제, 이슬람 원리주의의 영향 등 여러 가지 불확실성의 문제들이 복잡하게 얽혀있으며, 서방국가들로부터 조건부의 유보적 지지 외에도 중앙아시아와 서아시아의 이슬람국가와 단체들로부터 더 많은 지지를 받는 등 복잡한 양상을 띠고 있다.236) 이러한 신쟝문제의 국제화로 인하여 중국정부는 1990년대 이후 신쟝의 분리주의 운동을 더욱 경계하게 되었다. 중국에 있어서 신쟝지역은 중국의 주권과 영토와 관련된 핵심이익 지역일 뿐만 아니라 중앙아시아 진출을 위한 교두보이자 카스피해 원유와 중앙아시아의 원유 및 천연가스 파이프라인이 지나는 통로로서 중요한 전략적 위치를 점하고 있다.

중국정부는 인접한 중앙아시아 민족국가들의 독립은 그 사실 자체만으로도 신쟝 내 위구르족의 분리주의를 자극하기에 충분한 요인이 될 뿐만 아니라 실제로 이들 신생 독립국들 내의 이슬람단체들이 신쟝 위구르 분리주의자들에게 무기와 자금 그리고 훈련 및 피난처를 제공하는 등 실질적인 지원과 연대가 형성되고 있다고 판단하고 있다. 또한 중국정부는 위구르인들이 아프가니스탄, 우즈베키스탄 그리고 체첸에서의 무장 이슬람활동에도 참여하고 있다는 증거도 제시하고 있다.237) 이러한 판단에 근거하여 중국은 신쟝의 분리

연구소, 2006), p.148 재인용
236) 이동률, "중국 신쟝의 분리주의 운동", 『국제정치논총』 제43집 3호, 2003, p. 321
237) 2002년 2월 뮌헨 국제안보정책회의에서 중국 외교부 왕이(王毅)부부장의 발언. 王毅, "新挑戰, 新觀念-國際反恐鬪爭和中國的政策", 위의

주의 세력이 외부세력의 지원이 없을 경우 조직된 힘을 발휘하기가 어려울 것이라 보고 있으며, 따라서 이슬람 원리주의 세력의 활동과 팽창을 저지하기 위하여 인접 중앙아시아 국가들과의 국제적인 협력이 필수적이라 인식하고 있는 것이다.

SCO의 반테러 안보협력은 1999년 키르기스스탄 정상회담부터 논의되기 시작하였다. 당시 정상회담이 개최된 키르기스스탄 남부지역에서는 '우즈베키스탄 이슬람운동(IMU)'의 과격분자들과 정부군이 교전 중이었고, 러시아와 중국도 이슬람 분리주의자들의 테러활동을 진압하고 있는 중이었다. 2001년 6월 SCO가 출범하면서 회원국들은 '테러리즘, 분리주의, 극단주의 타파를 위한 상하이공약'을 조인하였으며, 특히 9·11사태와 미국 주도의 대 아프간 전쟁 및 이라크 전쟁은 SCO 차원의 반테러 안보협력을 강화시키는 계기가 되었다. 이러한 상황에서 2002년 1월 베이징에서 개최된 SCO 외무장관회담에서는 반테러 협력을 위한 반테러센터를 설치하기로 합의하였으며, 2004년 6월 우즈베키스탄 타쉬켄트에 '지역 반테러센터(RATS)'가 설치되었다. 또한 2005년 7월 카자흐스탄 아스타냐 정상회담 공동선언에서 'SCO 회원국의 테러리즘, 분리주의, 극단주의 척결에 대한 구상'이 발표되었으며, 2006년 6월 상트페테르부르크 정상회담에서 지역 반테러센터를 발전시킨 '지역 반테러기구에 관한 협정'을 체결하였다. 이어서 2007년 8월 비슈케크 공동선언에서 SCO 정상들은 새로운 도전과 위협에 대한 공동대처에 노력해야 할 것이라 언급하면서 지역 반테러기구의 테러리즘, 분리주의, 극단주의에 대한 역할을 강조하였다.[238] 그리고 2007년 10월 SCO는 CSTO(집단

글, p.325 재인용
238) 동 선언에서는 또한 아프가니스탄 경내로부터 공급되는 마약의 위협과 중앙아시아지역에 대한 피해를 우려하고 마약밀매 퇴치를 위한 협력을 강화해야 하며, 국제사회는 아프가니스탄 주변지역에 마약안전지대 구축을 위하여 공동노력해야 할 것이라 강조하면서 아프가니

안보조약기구)의 양해 각서를 체결하고 '지역과 국제안전과 안정, 테러리즘, 마약밀매, 무기밀매, 국제조직범죄, 기타 공동관심 사항'에 협력할 것을 합의하였다.

뿐만 아니라 앞에서도 언급하였듯이 회원국들이 참가하는 반테러 합동군사훈련을 실시하면서 반테러를 위한 결속을 과시하였으며, SCO 회원국들의 반테러 합동군사훈련의 정례화는 이미 기정사실화 되고 있다. 그리고 중국은 2007년 10월 17大 보고에서 "우리는 모든 형식의 테러리즘에 반대하며, 이에 대처하기 위하여 국제협력을 강화해 나갈 것"[239]이라 강조함으로써 반테러를 위한 다자협력 안보전략을 계속 추진해 나갈 것임을 분명히 하고 있다. 따라서 이러한 측면서의 SCO는 중국 서북부의 안정을 위해서 이미 없어서는 안될 역할과 기능을 하고 있는 것이다.

4. 평가 및 의의

냉전이 끝난 후 고도의 상호의존성이 지배하고 있는 현 국제사회에서의 쟁점은 더 이상 전쟁과 평화, 안보, 질서에 머무르지 않고 경제, 사회, 자원, 환경 등의 문제가 비중있게 대두되고 있다. 과거 냉전시대의 국가안보전략은 군사안보전략에 편중되어 있었고 군사전략의 차원에 제한되어 있었다. 그러나 탈냉전시대에 접어들어 국가안보의 범위가 확대되고 쟁점들이 증가하자 군사적인 면은 더이상 유일한 고려대상이 아니었다. 포괄적인 안보의 틀 속에서 국가의 안보는 더 이상 군사적인 문제에만 국한될 수 없었으며 국가의 생존과 관련된 모든 문제, 즉 전통적 안보와 함께 비전통적 안보를 포함하게 되었다. 이렇게 볼 때 포괄적 안보의 개념은 안보의 내용

스탄의 마약문제를 집중 거론하였다.
239) 中國共産黨 第十七次 全國代表大會報告

이 단일한 분야에 국한된 것이 아니라 모든 분야가 함께 연결되는 포괄적인 형태로 중층화, 복잡화되어가고 있다. 따라서 현 시대적 상황에 비추어 국가안보를 거시적 차원으로 끌어올려 토론할 필요가 제기되고 있는 것이다. 이러한 추세 하에 국가안보전략은 현 국제관계와 전략연구 영역에서 관심을 끌고 있다.

이러한 국제정세의 변화에 따라 중국 역시 '포괄적 안보'에 기초한 전략사상을 점진적으로 채택하게 되었다. 특히 1990년대 중반부터 형성되어온 '신안보관'은 중국의 국가안보전략을 결정하는 중요한 기반이 되고 있다. 냉전이 끝난 후 변화되고 있는 안보환경에 대한 인식으로부터 형성되기 시작한 중국의 신안보관과 다자주의에 대한 긍정적인 전환 그리고 협력안보전략의 채택 등이 모두 1990년대 중반을 전후하여 거의 동시에 출현한 것에 주목할 필요가 있으며, SCO의 전신인 '상하이 5개국'협력체가 출범한 시기가 바로 이 시기란 점을 볼 때, SCO는 21세기 중국의 국가안보전략에 상당히 중요한 시사점을 제시하고 있다. 또한 중국이 처음으로 시도하고 주도한 다자주의에 기초한 협력안보기제라는 점에서 볼 때도 역시 SCO는 중국의 국가안보전략에서 적지 않은 의의를 가지고 있다고 할 것이다.

'상하이 5개국'협력체로 출발한 SCO는 양자간 협상관계를 발전시켜 다자간의 협력체로 전환하였고, 전통적인 안보문제를 주요 주제로 시작하여 비전통적인 안보문제를 포함하여 점차 보다 포괄적이고 전면적인 주제를 다루는 협력체로 발전한 성공적인 사례이다. 따라서 SCO는 중국에 있어서도 전통적인 안보영역에서 뿐만 아니라 비전통적 안보영역에서도 전략적인 이익을 제공하는 틀로서의 역할을 하고 있으며, 중국의 새로운 안보관에 의한 새로운 형태의 다자안보협력기제를 수립함에 있어 그들의 안보전략이 충실하게 반영된 사례라 할 수 있다.

SCO를 주도적으로 추진해온 중국은 이로써 우선 러시아와 중앙아시아 접경국가들과의 국경신뢰 구축을 통해 북서부 국경문제의 부담을 덜게 되었으며, 특히 이러한 다자간 협력은 테러리즘을 동반한 민족분리주의 세력에 대한 공동대처를 통해 중국의 최대 이슬람교도 거주지인 신쟝지방의 안정유지에 적지 않은 기여를 하고 있는 것으로 평가되고 있다. 뿐만 아니라 에너지 자원 수입국인 중국이 에너지 자원 보유국인 러시아를 비롯한 SCO의 회원국들과 동 기구의 틀 속에서 전략적인 에너지 자원협력기제를 구축한 것은 그들의 경제안보와 에너지 자원안보에 크게 공헌할 것이다.

또한 이 기구는 아시아지역의 역학구도에서 볼 때 중국의 대미 견제적인 성격을 띠고 있어 이러한 이익을 공유하는 러시아와 '전략적 협력동반자 관계'를 추구하기 위한 주요한 제도적 장치이며, 보다 광범위한 영역에서 공동의 정책을 모색하고 구체화하는 실험장이라 할 수 있다. 중단기적으로 종합국력의 측면에서 미국의 패권에 도전할 수 없는 중국과 러시아가 미국에 대해 전면적인 군사적 도전이나 대결을 추구하지는 않겠지만 중·러간의 협력관계를 바탕으로 정치·군사적으로 미국의 일방적인 독주를 견제할 수는 있을 것이다. 여기에 에너지 자원 확보를 위한 강대국들의 각축장이 되고 있는 중앙아시아 회원국들과의 협력관계를 공고히 한다면 경제적으로도 상당한 세력권을 형성할 수 있을 것이다. 이렇게 볼 때, SCO는 기구의 확대문제가 어디로 가느냐에 따라 이견이 있을 수 있지만, 미국과의 대결과 대립이 목적이 아닌 미국이 배제된 협력체로서 미국을 견제한다는 의도가 깊게 내재되어 있는 아시아 최대의 포괄적인 안보협력기구로 발전할 가능성이 높다는 것이다. 이는 세계의 다극화를 추구하는 중국의 국가안보전략에서 볼 때 낮은 차원이기는 하지만 경제적, 정치·군사적인 측면에서 다극화의 한 축으로서의 역할을 기대해 볼 수 있을 것이다.

하지만 SCO의 발전에는 미국이라는 변수를 고려하지 않을 수 없다. 중·러 양국과 미국과의 관계가 어떻게 진전되느냐에 따라 SCO의 목적 자체가 초기와는 다르게 진화할 수도 있다는 것이다. 미국이 계속 NATO의 동진을 추구하고, 동시에 아시아지역에서 러시아의 세력권을 잠식하면서 중국을 포위하는 전략을 지속적으로 추진할 경우, 본문에서도 언급하였듯이 러시아의 주도하에 CSTO와의 협력관계를 바탕으로 이를 전략적으로 연결시키면서 동방의 바르샤바조약기구로의 전환이라는 구상이 진전될 가능성을 배제할 수 없다. 미국과의 대립각을 분명히 할 수 있는 인프라를 구비한 러시아와는 달리 중국은 반미, 반서구의 기치를 분명히 내걸기에는 부담이 너무 크다. 그러나 미국의 전략이 계속 중국을 압박한다면 SCO가 제공하고 있는 또 다른 이익을 고려해 볼 때 러시아의 전략에 묵시적으로나마 동의하지 않을 수 없는 상황이 올 수도 있다는 것이다. 물론 이는 중국이 원하는 바는 아니며, 따라서 중국은 SCO의 이러한 방향으로의 발전을 최대한 억지하려 할 것이다. 중·러관계는 대미견제의 측면에서는 전략적 동반자이지만 여전히 전략적 경쟁자의 관계임이 분명하기 때문이다.

제 4 장
탈냉전시대 양안관계의 발전

제1절 1990년대의 양안관계

1. 중국의 양안정책

중국은 개혁개방정책의 표방과 때를 같이 하여 1979년 1월 '대만동포에게 고함'을 발표하고 대만에 대해 통상(通商), 통우(通郵), 통항(通航)의 '삼통(三通)'과 경제교류, 문화교류, 과학기술교류, 체육교류를 내용으로 하는 '4류(四流)', 즉 '삼통사류(三通四流)'를 제안한 바 있다. 이는 개혁개방과 4개현대화라는 국가적 과제의 추진을 위해서는 무엇보다도 양안관계를 안정시킬 필요가 있었기 때문이었다. 또한 개혁개방과 함께 덩샤오핑(鄧少平)이 '하나의 중국'원칙하에 '일국양제(一國兩制)'방안을 통일의 기본 방침으로 주장한 이래 중국은 이러한 기본 입장을 단호하고 일관성 있게 견지하고 있다. 또한 홍콩과 마카오가 순조롭게 반환되고 '일국양제'의 구상이 현실화되자 중국의 대만에 대한 '하나의 중국'원칙에 기초한 '일국양제'의 방침은 더욱 확고하게 자리잡게 되었다. 따라서 중국은 '하나의 중국'원칙에 위배되는 대만의 어떠한 행동이나 정책도 용납하지 않겠다는 강경한 입장을 고수하고 있으며, 무력사용의 가능성을 여전히 배제하지 않고 있다. 국제사회에서 혹은 외교적인 의미에서의 '하나의 중국'원칙은 중화인민공화국은 중국을 대표하는 유일한 합법적인 대표로서 대만이 국제사회에서 다른 국가와 외교관계를 수립하거나 혹은 정부차원의 관계를 발전시키는 것뿐만 아니라 주권국가만이 가입할 수 있는 국제기구나 유엔에 가입하는 것을 반대한다는 것이다.[240]

이를 위해 중국은 '이중승인(雙重承認)'과 같은 대만의 국제적인 활동공간 확대에 대한 노력과 '양국론(兩國論)', '일변일국론(一邊一國論)' 등의 대만독립 움직임을 저지하는 동시에 '하나의 중국'원칙 수용에 압력을 가하면서 무력시위를 포함한 다양한 행동을 취하고 있다.[241] 또한 국제적으로 대만을 고립시키기 위해 중국과 외교관계를 유지하고 있는 국가들에게 '하나의 중국'원칙을 지지할 것을 요구하고 세계 각지의 화교사회에 대만 독립 반대여론을 고취하는 등 다각적인 노력을 전개하고 있다. 특히 '양국론' 대두 이후 중국은 사불(四不)[242]의 입장을 명확히 밝히면서 이를 수용하도록 대만에 대한 압력을 강화하였다.

'하나의 중국'원칙에 기초한 '일국양제'방안은 쟝저민(江澤民) 시기를 거쳐 현 후진타오(胡錦濤)시기까지 변함없이 유지되고 있다. 따라서 1993년 8월에 발표된 '대만문제와 중국통일백서(臺灣問題與中國統一白皮書)' 그리고 1995년 쟝저민의 '쟝8점(江八點)' 등도 '일국양제'방안의 범주를 벗어나지 못하고 있다. '대만문제와 중국통일백서'에서

---

240) 中國國務院臺灣事務辦公室, 臺灣問題與中國的統一』(http://www.future-china.org/links/plcy/ccp199308.htm) 中國國務院臺灣事務辦公室,『一個中國的原則與臺灣問題』 白皮書 (北京: 新華社, 2000. 2. 21) 참조
241) 중국의 시각에서 본 대만독립의 의미와 평가에 대해서는 趙勇,『臺灣政治轉型與分離傾向』(北京: 中央編譯出版社, 2008)참조
242) 四不이란 不台獨(대만독립 반대), 不兩國論(양국론 반대), 不改國號(국호변경 반대), 不搞公投入憲(국민투표를 통한 개헌 반대)를 말한다.

는 '일국양제'방안의 핵심내용으로 첫째, 하나의 중국 둘째, 두체제의 병존 셋째, 고도의 자치 넷째, 평화적 협상 등을 제시하고 있으며.243) 쟝저민이 제의한 '쟝8점'의 주요 요지는 첫째, 하나의 중국을 고수하며, 통일은 평화를 전제로 한다. 둘째, 대만의 '두 개의 중국', '일중일대(一中一臺)'를 위한 국제 생존공간 확대활동에 반대한다. 셋째, 양안간의 적대상황을 청산하기 위한 담판 및 협정체결을 제의한다. 넷째, 외국세력의 간섭이나 대만독립 음모에 대해서는 무력사용을 포기하지 않는다. 다섯째, 양안의 경제·통상교류의 증진과 양안간의 상업적인 협정체결 동의하며, 대만의 대륙투자에 대한 민간차원의 협의를 보장한다. 여섯째, 양안 공동으로 중국문화의 계승과 발전을 추진할 것을 제의한다. 일곱째, 대만동포의 생활방식을 존중하고, 각 계층의 통일문제에 대한 의견교환과 상호방문을 환영한다. 여덟째, 양안지도자들의 상호방문을 제의한다 등이다.244) 이러한 1990년대 중국의 양안정책은 비록 '일국양제'방안의 기본틀에서는 벗어나지 못하고 있지만 '하나의 중국'원칙에 대해서는 각기 다른 해석을 인정하는 '92공동인식'과 '일중각표(一中各表)'245)를 수용하면서 탄력적인 자세를 보이고 있다는 점에서 과거와는 차이점을 발견할 수 있다. 이는 정치적인 문제인 '하나의 중국'원칙에 대한 경직적인 태도가 양안간의 교류와 협력의 걸림돌이 된다는 현실적인 인식에서 출발한 것이었다.246)

---

243) 顔聲毅, 『當代中國外交』(上海: 复旦大學出版社, 2004), pp.149-153
244) 施華, "江澤民·李登輝何時會晤?-江八點 及臺灣回應", 『九十年代』 (香港, 1995. 3), pp.52-53
245) '92공동인식'은 1992년 '왕구회담'의 예비회담에서 중국의 해협양안관계협회(海協會)와 대만의 해협교류기금회(海基會)의 실무대표가 합의한 것으로서 중국과 대만은 '하나의 중국'원칙에 동의하되 서로 다른 해석을 하는 것을 양해함(一中各表)으로써 정치적 주권에 대한 문제보다는 양안 주민의 실질적인 문제를 해결과 양안간의 교류와 협력을 증진하자는 데 합의한 것이다.
246) 1992년 '왕구회담'에서도 중국은 양안 경제교류 협력의 절박성과 필연

그러나 1990년대 중국은 대만문제에 대해서 여전히 원칙론적인 강경한 입장을 고수하고 있다고 보아야 한다. 중국정부는 1995~96년과 2000년 양안위기에서 보여주듯 '하나의 중국'원칙에 위배되거나 대만독립을 추구하는 시도에 대해서는 정치·군사적으로 절제되어 있지만 무력시위를 포함하는 완강한 입장을 취하고 있다. 이는 대만문제가 국제문제라기 보다는 국내적이고 민족적인 문제이며, 아직 완결되지 않은 공산당의 중국통일 임무라는 입장에 기인한 것이라 하겠다.[247] 또한 대만문제와 같은 민족문제 해결을 의도적으로 강조함으로써 대만문제를 내부사회의 안정과 단결 강화를 위하여 활용하고자 하는 측면 역시 배제할 수 없을 것이다.

2. 대만의 양안정책

냉전시기 '삼불(三不, 不接觸·不談判·不妥協)'정책을 고수하고 있었던 대만은 '감란조례(戡亂條例, 전시상태를 유지하는 조례)'의 폐지와 1987년 10월 대륙친지방문 허용조치 등을 시작으로 양안관계에 대해 정치·이념적인 측면보다는 현실적인 차원에서 접근하기 시작하였다.

이후 양안간의 인적·물적 교류는 급격히 증가하기 시작하였으며, 급속히 진전되고 있었던 교류협력을 뒷받침하기 위한 법적·제도적 장치가 절실히 요구되어 이에 정치적 부담을 덜 수 있는 민간차원의 위임기구 설립을 통한 교류협력 모델을 구상하게 되었다. 이러한 구상에 따라 대만은 1990년 11월 해협교류기금회(海峽交流基金會,

---

성 그리고 정치적인 차이가 경제협력을 저해해서는 안 될 것 등을 주장하면서 '삼통'의 조속한 실현을 촉구한 바 있다. 김옥준(2001), p.241
[247] 김흥규, "중국의 반국가분열법과 양안관계 전망", 『주요국제문제 분석』(서울: 외교안보연구원, 2005. 6. 8), p.2

海基會)를 설립하게 되었고, 중국 역시 이에 대한 접촉창구로서 해협양안관계협회(海峽兩岸關係協會, 海協會)를 이듬해 12월에 설립하였다.[248]

또한 대만은 1991년 총통부 직속기구인 국가통일위원회 설립하고, 1991년 3월 '삼불'정책의 완화를 의미하는 '국가통일강령'을 공포함으로써 보다 현실적이고 점진적인 통일방안을 제시하게 되었다. 대만은 '국가통일강령'에서 통일의 단계를 교류・호혜단계, 상호신뢰・협력단계, 통일협상단계의 3단계로 제시함으로써 처음으로 체계적인 통일방안을 마련하였던 것이다.[249] 또한 1993년 양안 최초의 공식접촉인 '왕구회담(汪辜會談)에서는 '일중각표(一中各表)'를 수용한다는 '92공동인식(92共識)'을 도출해 내면서 정치적인 쟁점은 묻어두고 비정치적인 영역의 교류와 협력의 길을 열었다. '92공동인식'에 대해서는 중국 역시 이것이 양안 교류의 출발점임을 강조하고 있으므로 이는 중국과 대만 모두가 공히 양안관계의 기능주의적인 접근방법에 동의하였음을 의미하는 것이라 해석할 수 있다.

1995년 중국의 쟝저민 주석이 제시한 '쟝8점'에 대한 공식 대응으로 당시 대만 행정원장이었던 렌잔(連戰)은 '렌4조(連4條)'를 제기하였고, 이어서 리덩훼이(李登輝) 총통은 '리6조(李六條)'를 제기하였다. '렌4조'의 요지는 현실직시, 교류증대, 상호존중, 통일추구(面對現狀, 增加交流, 相互尊重, 追求統一)로서 중국이 주장하는 '하나의 중국'원칙을 반대하면서 교류의 증대를 통하여 양안문제를 해결하자는 것이었으며, '리6조'는 '하나의 중국'에 대한 부정과 함께 양안이 분리통치되는 현실을 중심으로 통일을 추구하며, 동등한 자격으로 국제

---

248) 김옥준, '양안간의 교류협력모델과 시사점: 왕구회담의 협상사례를 중심으로', 『통일문제연구』통권 제36호 (서울: 평화문제연구소, 2001), pp.230-231

249) 자세한 것은 문흥호, 『대만문제와 양안관계』(서울: 폴리테이아, 2007), pp.98-100 참조

기구에 가입하고 이를 통해 양안 지도자들간의 회담을 가지며, 중국 문화를 기초로 한 양안간의 교류 강화, 경제·통상관계 증진, 평화적 방법을 통한 분쟁해결 촉구, 홍콩과 마카오의 번영과 안정 및 민주화 추구 등을 주요내용으로 하고 있었다.250) 이른바 '양국론'으로 중국의 반발을 불러 일으켰던 '리6조'는 비록 대만이 중국과 별개의 정치 독립체라는 정치적 의미를 담고 있지만 경제 통상 영역의 교류협력에 대해서는 적극적인 입장을 보이고 있었다. 반면 대만은 중국이 주장하는 '삼통', 정치적 담판, 지도자급 영수회담 등은 시기가 성숙되지 않았다는 이유로 거부하였다.251) '리6조' 이후의 대만의 양안정책은 '하나의 중국'에 대해서는 언급을 회피하고 정치적으로는 정치적 실체 인정 혹은 동등한 정치적 지위를 추구하면서 양안관계의 현상유지 쪽으로 기울어지고 있었다.

이렇게 볼 때, 양안간의 교류와 협력이 확대되고 탈냉전시대가 진전되면서 대만에서는 '삼불'정책의 효용성과 실효성에 대한 문제가 제기되기 시작하였으며,252) '삼통'의 문제에 대해서도 비교적 유연성을 가지기 시작하였다는 점을 알 수 있다. 중국과의 관계에 있어 절대적인 열세에 놓여있는 대만으로서는 방어적이고 격리적인 입장을 취할 수밖에 없으며, 중국으로부터 대등한 정치적 실체로서 인정받지 않는 한 '삼불'정책의 완전한 포기는 어려울 것이다. 그러나 1996년 2월 리덩휘이 총통이 양안간 적대상태 종식 및 긴장완화를 위한 '평화협정'체결을 추진할 것을 제의하였고, 1998년에는 주리란(朱麗蘭) 중국 과학기술부장이 개인적인 학자의 자격이긴 하지만 장관급 관리로는 처음으로 대만을 방문한데 이어 구쩐푸(辜振甫) 해

---

250) 『聯合報』(臺北), 1995. 4. 9.
251) 楊力宇, '李登輝對江澤民的回應-從「江八條」到「李六條」', 『爭鳴』(香港: 百家出版社, 1995. 5), pp.78-79
252) 臺灣, 『新生報』, 1993. 3. 20 사설, 『工商時報』,1993. 3. 22 사설 참조

기회 회장이 북경을 방문하여 쟝저민 주석과 첸치천(錢其琛) 부총리와 회견하고 양안간의 정치관계에 대해 의견을 교환함으로써 사실상 '삼불'정책은 원래의 의미를 잃어가고 있었다. 또한 '삼통'을 거부하는 대만의 정책도 이미 실효성보다는 정치적인 색채가 농후하였다. 1990년대 말 이미 통상과 통우에 대한 대만의 제한조치는 의미를 잃어가고 있었고 통항문제에 대해서도 민진당정부가 소위 '소삼통(小三通)'을 예정대로 허용함으로써 '삼통'에 대한 기존의 입장에도 전환을 가져올 것이라는 강한 예측을 낳게 만들었다.253)

제2절 반관반민의 교류협력모델 구축과 왕구회담

1. 해기회(海基會)와 해협회(海協會)의 설립

중국은 개혁개방 이래 줄곧 대만에 대해 '일국양제'방안에 의한 통일과 이를 위한 '삼통 사류'를 제의하여 왔다. 이에 대만은 '삼불'정책을 고수하면서 중국의 정책에 맞섰으나 중국의 지속적인 정치공세와 인적·물적 교류의 확대로 대만의 폐쇄적인 대륙정책은 한계에 부딪치게 되었다. 이에 대만정부는 1987년 10월 대만인의 중국내 친척방문을 허용하면서 다각적인 양안간 교류협력을 촉진하기 위해 단절·고립의 양안관계를 교류협력의 관계로 전환할 필요성을 인식하고 1988년 7월 국민당 제13차 대표대회에서 '신대륙정책'을 채택하게 되었다.

이후 양안간의 인적·물적 교류는 급격히 증가되기 시작하였으

---

253) 대만은 '小三通'이 "총체적인 양안관계의 개선과 원만한 교류증진"에 그 목적이 있다고 밝히고 있다. "金馬試辦小三通說明書", http://www.mac.gov.tw/gb/mlpolicy/mtlink.htm (검색일: 01. 4. 2) 참조

며,254) 이에 따라 자연히 양안간 해결해야 할 많은 문제들이 발생하게 되었고255) 급속하게 진전되고 있는 교류협력을 뒷받침하기 위한 법적·제도적 보호 장치가 절실히 요구되었다. 그러나 중국과 대만 정부간 정치적 접촉의 부재 때문에 교류 및 협력의 제도화를 효율적으로 추진하지 못함으로써 이는 결과적으로 교류협력의 제약요인으로 작용했다.

특히 1990년대에 접어들면서 양안간의 교류는 이미 제도화가 시급할 만큼 양적으로 급속히 증대해 있었다. 인적 교류는 대만인의 대륙방문이 1990년의 85만 명에서 91년에는 100만 명을 돌파하였고, 1988~91년의 4년 동안 대륙에서 대만으로 보낸 편지는 4,000만여 통이 넘었으며, 1991년 11월 한 달 동안만 5만여 통의 편지가 보내지고 있었고, 양안간의 직통전화는 같은 기간 동안 1,000만 건을 넘어 매일 평균 1만 건을 기록하였다. 무역액 역시 계속 증가하여 1991년에는 50억 불을 넘어섰으며, 대륙에 투자한 대만기업의 수는 등록기준으로 1991년 2,503개, 총 투자액 7.5억 불을 기록하였으나, 실제로는 투자기업은 3,000개를 넘었고 총 투자액은 20억 불을 초과하였다고 대만은 보고 있었다.256) 이와 함께 양안간 학술, 문화예술, 교육체육 등 방면의 교류 역시 급속히 증가하였다. 뿐만 아니라 대만해협을 사이에 두고 밀수행위와 해적행위 및 대만으로의 밀입국행위 등 범법행위와 '민펑위(閩平漁)'사건, '민스위(閩獅漁)'사건, '잉왕하오(鷹王號)'사건 등 어업분규 사건이 계속 발생하는 등 양안간 시급히 해결해야 할 사안들이 급증하고 있었다. 이에 따라 중국과 대만은

---

254) 양안간의 교류현황은 외교통상부, 『대만개황』(서울: 외교통상부, 1999), pp.64-65 참조
255) 1986년 5월 3일 대만 중화항공 화물기의 광주공항 착륙문제 해결을 위해 '양항담판'이 열렸고, 1990년 7월 22일 복건해안지역 주민들의 대만 밀입국사건이 일어나 이의 해결을 위해 '金門협의'가 이루어졌다
256) 교류 현황은 "不可逆轉 急需開拓", 『新華通訊社』, 1991. 11. 3 참조

교류협력의 제도화 및 이를 위한 쌍방의 접촉이 불가피하다는데 인식을 같이 하고 있었으나 이들 문제들에 대해 일일이 양쪽 정부가 나서서 처리하기에는 중국이나 대만 모두 정치적으로나 외교적으로 상당한 부담이 되고 있었다. 이러한 이유로 각종 문제들을 효율적으로 처리할 수 있는 민간차원의 위임기구의 설립하고, 이를 통한 교류협력모델을 구상하게 된 것이었다.

이러한 구상에 따라 1990년 11월 대만은 양안간의 사무처리를 위해 재단법인 해협교류기금회(海峽交流基金會, 海基會) 설립하게 되었으며 회장으로는 대만 경제계의 거물이자 국민당 중앙상무위원인 구쩐푸(辜振甫)가 취임하게 되었다. 해기회는 대만 행정원 대륙위원회의 위탁을 받아 대만정부가 나설 수 없고 나서기도 불편한 양안간의 사무를 처리하도록 하였으나 어떠한 정치적 담판이나 접촉도 허용되지 않았다. 해기회는 그 설립목적을 '대만과 대륙지역 주민들의 교류와 왕래에 관한 사무를 협조, 처리, 양안지역 주민들의 권익 보장 추구'에 두고 이를 위한 7개항의 주요업무를 다음과 같이 규정하고 있다.[257] 그것은 ① 양안주민들의 출입국업무, 관련증명서 발급, ② 대륙지역의 서류에 대한 검증, 신분관계증명, 소송문건발송과 범죄인 인도, ③ 대륙지역의 경제·무역정보 수집 및 배포, 간접무역, 투자 및 쟁의에 대한 처리협조, ④ 양안 주민들 간의 문화교류관련 사업, ⑤ 대만지역 주민들의 대륙체류기간동안의 합법적인 권익보장, ⑥ 양안주민들의 왕래와 관련된 자문서비스, ⑦ 대만정부가 위탁한 기타 사항 등이었다.

대만의 이러한 움직임에 대하여 중국 역시 해기회에 대한 창구로서 해기회와 대등한 기능과 역할을 할 수 있는 해협양안관계협회(海峽兩岸關係協會, 海協會)를 1991년 12월 설립하고 회장으로 상해시장

---

[257] http://www.sef.org.tw/www/html/discussl.htm (검색일: 2001. 4. 7)

을 역임한 중공중앙고문위원회(中共中央顧問委員會) 위원인 왕따오한(汪道涵)을 임명하였다. 해협회의 설립목적과 주요업무로는 양안간의 각종 교류촉진관련 사무협조, 양안주민의 왕래 과정에서 발생하는 문제처리에 대한 협조, 양안동포들의 정당한 권익보호, 관계부문의 위탁을 받은 사안에 대한 대만의 단체와 인사들과의 협의 및 협의성의 문건에 서명하는 것 등으로 대만 해기회의 기능과 다를 바는 없으나, 해기회와는 달리 정치적인 문제에 대한 활동에 제한을 두지 않았다. 우쉐젠(吳學謙) 전부총리는 해협회의 설립 목적을 "양안간의 직접적인 '삼통'을 조속히 실현하여 양안 교류를 확대하고 양안관계발전 촉진을 위한 새로운 노력에 있다"고 언급하면서[258] '삼통'의 실현이라는 해협회의 정치적 역할을 분명히 하였다. 이 '삼통'의 문제는 대만의 '삼불'과 맞물려 있는 정치적인 문제인 것이다.

대만의 해기회와 중국의 해협회는 설립의 과정이나 목적, 기능 그리고 임명된 회장의 지위 등을 볼 때 순수한 민간기구라기 보다는 권한을 위임받은 반관반민(半官半民)기구라고 할 수 있을 것이다. 그리고 이들 두 기관의 역할을 비교해 볼 때, 해협회의 수권범위가 해기회보다 광범위하여 정치문제에 대한 제한이 없다는 측면에서 해협회의 활동 역량이 해기회보다 위에 있다고 볼 수 있다. 또한 대만이 먼저 민간기구를 설립하면서 정치적 활동을 배제시킨 것은 중국과의 '관(官)'차원의 접촉에 정치적 부담을 더욱 많이 가지고 있어 중국의 정치적 공세를 최소화하고자 한 목적이 숨어있다고 볼 수 있다. 한편, 이러한 정치적인 문제에 대한 해협회와 해기회의 활동범위의 상이성과 반관반민기구로서의 정치성은 두 기구의 협상기능을 저하시키고 나아가서는 양안간의 교류협력을 제약하는 요인으로 작용하기도 하였다.

---

[258] 範麗靑, 『汪辜會談』(北京: 華藝出版社, 1993) pp.17-18

2. 왕구회담의 개최와 의의

앞서 언급한 바와 같이 양안간의 교류가 증대되면서 해결해야 할 문제들이 누적되자 중국의 해협회는 1992년 1월 8일 대만의 해기회에 양 기구 회장회담을 제의하였으며, 동년 8월 22일 해기회가 동의하고 10월 중·하순 혹은 적당한 시기에 회담장소로서 싱가포르를 제의함으로써 왕구(汪辜)회담 개최에 대한 원칙적인 합의가 이루어졌다. 그러나 실무회담과정에서 '하나의 중국'원칙을 놓고 난항을 거듭한 결과 본 회담은 다음해인 1993년 4월 27~29일에서야 비로소 싱가포르에서 개최되었다.

그럼에도 불구하고 왕구회담은 양안관계 발전에서 대단히 중요한 의의를 가지고 있다. 그 의의는 크게 실질적·실무적인 측면에서의 의의와 정치적인 측면에서의 의의로 구분해 볼 수 있다.

먼저, 실질적·실무적인 측면의 의의를 살펴본다면 양안간의 교류협력이 급속히 확대되고 있는 상황에서 지속적인 교류협력 확대와 이를 위한 제도화의 필요성에 양측은 인식을 같이 하였으며, 이를 바탕으로 문제해결 능력을 제고시킬 수 있었다는 점을 지적할 수 있다. 따라서 왕구회담은 상호신뢰를 바탕으로 한 양안관계의 제도화의 시작이자 진전이라는 것이다. 물론 그 이전에 '진먼(金門)협의'와 '양항담판'이 이루어졌고, 이 두 회담이 양안관계 제도화의 필요성에 도화선이 되었지만 이는 돌발사건을 해결하기 위한 일시적인 회담이었을 뿐이었다. 왕구회담에서 서명된 '양회(兩會)관계 및 회담제도에 관한 합의서'에서 양측의 회장은 필요에 따라 언제든지 회담을 가지며, 부회장급회담은 6개월에 한번, 실무급회담은 매분기 한번 회담을 가질 것을 규정하였다. 이에 따라 그 후 7차에 걸친 후속 실무회담과 3차의 부회장급회담 그리고 홍콩 반환후의 홍콩과 대만 항구간의 해운문제를 해결하기 위한 해운회담이 2차례 개최되는 등 과거와는 다른 진일보한 접촉채널을 유지하였으며, 정기적인 회합이 이루어졌다. 1995년 리덩훼이(李登輝) 대만총통의 미국방문을 계기로 야기된 일련의 정치적 위기로 인해 회담이 일시 중단되기도 하였으나, 1998년에는 드디어 구쩐푸 회장의 베이징 방문이 이루어지게 된다.

또 다른 실질적·실무적 의의로는 무엇보다도 시급한 현안이었던 문서공증 문제와 등기우편 문제에 대한 합의를 도출해냄으로써 향후 다른 현안에 대한 해결의 실마리를 풀었다는 점이다. 또한 '공동합의서'에서 그동안의 교류협력 과정에서 나타난 문제들과 양안관계의 실질적인 증진을 위해 해결해야 할 현안들을 하나하나 명기하여 구체화함으로써 양안교류협력증진의 전망을 밝게 하였다.

다음으로 왕구회담이 비록 쌍방모두가 표면적으로는 민간차원의 실무적인 회담이라고 규정하면서 정치성을 배제하였지만 그 이면에는 정치적 의도와 목적이 깔려 있다는 것을 부인할 수는 없다. 이러한 정치적인 의의는 우선 회담이 민간차원이라는 형태로 개최되었고 양안 민간기구의 회장간의 회담이었지만 이미 양 기구가 반관반민의 성격을 띠고 있었고, 특히 상하이(上海)시장을 역임한 중공중앙고문위원회(中共中央顧問委員會)위원으로서의 왕따오한과 국민당 중앙상무위원으로서의 구쩐푸의 지위와 신분으로 본다면 회담의 내용과 결과에 상관없이 처음부터 양안간의 공적인 접촉의 시작이라는 상징적인 정치적 의미를 지니게 된다. 특히 대만 측이 회담개최의 제의를 받아들이고 국민당의 고위급인사를 대표로 내보낸 것 자체가 '삼불정책'에 전환을 가져오는 신호로 해석될 수도 있는 것이다.

이와 함께 동 회담에서 거둔 가장 큰 정치적 성과는 '하나의 중국' 원칙에 대한 양측의 동의였다. 본회담에 앞서 실무회담에서는 3차에 걸친 협상과정을 통해 난항을 겪던 '하나의 중국'원칙 문제에 대한 합의를 도출해낸 것이다. 즉 해기회는 '하나의 중국'원칙에 대한 입장을 서로의 양해를 전제로 각각의 성명발표의 형식을 통해 표명하기를 제의하였고, 이러한 제의를 해협회가 받아들이면서 양안간의 실무협상 중에는 '하나의 중국'이 가지는 정치적 의미가 개입되지 않는다고 밝히게 되었다. '92공동인식(92共識)'이라 불리우는 이 합의는 중국과 대만이 모두 '하나의 중국'원칙을 인정하되 각자의 방식으로 표현(一中各表)하기로 구두합의한 것이다.[259] 이를 통해 양측은 협상의 최대 장애였던 '하나의 중국'문제를 원만히 해결함으로써 향후 실무적인 협상에서 정치적 문제를 '회피'할 수 있는 방법과 길을 열었고, 합의서에는 모든 정치적 문구를 배제시킴으로써 현안들의 해결을 위한 정치적 타협과 양보의 선례를 남겼다.

이러한 '92공동인식'에 대해 양측 모두는 정치적 의의를 비중있게 부여하였다. 중국국무원 대만판공실 왕짜오궈(王兆國)주임은 회담이 끝난 후 "이번 회담은 양안관계의 역사적인 첫걸음이며 양안관계의 발전뿐만 아니라 중국통일에 적극적인 영향을 줄 것이다. 이번 회담에서 양안의 중국인들은 자신의 지혜와 창조력을 충분히 활용하여 '중국내부의 사무'를 잘 처리하여 조국의 평화통일 대업의 길을 추진하였다"고 회담에 정치적 의미를 부여하였다.[260]

한편 대만 측에서 본다면 '삼불'정책 고수라는 대륙정책의 경직성과 함께 정치적인 역할과 활동이 제한되어 있는 해기회의 비정치적인 입장은 당연히 해협회의 정치공세에 수세적인 입장이 될 수밖에 없는 현실이었다. 그럼에도 불구하고 대만은 왕구회담을 통하여 대만이 중국과 대등한 '정치적 실체'라는 사실을 중국과 국제사회에 충분히 인식시켜 주었다고 그 정치적 의의를 부여하였다. 회담이 끝난 후 리덩훼이 총통은 회담을 성공적이었다고 평가하고 "통일은 우리의 목표이나 통일이전에 중국은 마땅히 중화민국이 대만에서

---

259) 앞의 책, pp.54-56
260) 範麗靑(1993), pp.216-217

발전한 역사적 사실을 인정하고 대등한 정치실체로서 우리를 대해야 한다. 이번 회담과정에서 문서의 서명방식이나 의전절차 모두가 우리를 중국과 대등한 지위에 있다는 것을 보여 주었으며 이것은 부인할 수 없는 사실이다"라고 강조하였다.[261] 또한 대만이 회담 개최지로 싱가포르를 제의한 이유는 구쩐푸 회장의 신분을 감안한 점도 있었지만 제3국에서 회담을 개최함으로써 국제사회에서 대만이 중국과 대등한 정치실체라는 인상을 심어주고자 한 의도인 것이다.

3. 반관반민 교류협력모델의 한계와 문제점

양안간 반관반민의 교류협력모델에서 나타나는 한계점은 양안간의 교류협력 활성화와 제도화라는 순수한 목적과 함께 정치적인 의도와 목적이 개입되어 있다는 점에서 '정치·비정치'간의 분리가 이루어지지 않았고, 이의 연장선에서 양 기구의 성격이 정부의 통제하에 있는 반관반민 기구였다는 점에서 '정부·민간'간의 분리가 이루어지지 않았다는 점에서 야기된다. 양안은 왕구회담에서 물론 적지 않은 성과를 도출해냈지만 결국 양안의 투자보장 협정, 삼통, 밀수·해적행위 근절, 어업분규 문제 등에 있어서는 쌍방의 이견을 좁히지 못하였으며, 이 문제는 이후 개최된 샤먼(廈門)회담과 타이베이(臺北)회담에서도 쌍방의 정치적인 입장과 맞물려 이렇다 할 성과를 얻지 못하였다. 다시 말해 일부 현안의 합의과정에서 '하나의 중국'원칙이 양측의 우회적인 방법과 회피의 전략으로 해결되었다고는 하나 그것은 고도의 정치적 성격을 가지고 있는 법적 관할권이나 주권문제가 개입된 현안들은 아니었던 것이다.

이렇듯 왕구회담을 비롯한 후속회담이나 기타 양안간의 회담에

---

[261] 앞의 책, pp.214-215

서 정치성이 개입되어 있는 현안문제에 대한 협상과 처리가 순조롭지 못한 근본 원인은 양측 모두가 정치적 의도를 가지고 있었기 때문이었다. 즉 중국은 협상과정에서 '하나의 중국'원칙을 내세우며 대만의 정치적 실체를 전혀 인정하지 않으려 하는 반면, 대만은 중국과의 협상과정에서 어떠한 형태로든 중국과 대등한 관계와 정치적 실체의 지위를 인정받으려 하였다. 이러한 양측 정부의 정치적 의도로 인하여 반관반민의 성격을 가진 양 기구는 특정 현안의 해결을 위한 협상과 관련 합의의 필요성을 공감하면서도 구체적으로 명문화시키지 못하는 사례가 빈번하게 발생하는 등 그 한계점을 노출시켰다.

또한 교류협력의 활성화를 위한 각종 회담에 정치적인 의도가 병행된다면 결국 양안간의 정치적 갈등의 발생여부에 따라 양 기구 간의 접촉과 활동이 제한될 수도 있다는 것을 의미한다. 왕구회담을 전후한 양안간의 화해와 협력의 분위기는 1995년 6월 리덩훼이 총통의 미국방문을 계기로 급속히 냉각되어 1995년 7월과 8월, 1996년 3월 세 차례에 걸쳐 중국은 대만 근해에 미사일 발사훈련을 실시하는 무력시위를 감행하였고, 1995년 8월 쟝저민 주석은 대만에 대한 무력사용 불포기를 재천명하는 등 긴장이 감돌았다. 이로 인하여 해협회는 해기회가 제의한 2차 왕구회담의 개최를 거부하였고 이후 약 3년 동안 양 기구의 활동은 소강상태에 빠져들게 되었다. 그 후 1998년 10월 구쩐푸 회장이 베이징을 방문함으로써 이러한 분위기는 회복의 기미를 보였으나 1999년 7월 리덩훼이 총통의 '양국론(兩國論)'발언으로 양안관계가 첨예한 정치적 갈등 속으로 휘말려들면서 양 기구의 기능은 거의 정지되다시피 하였다. 이렇듯 양 기구의 관계는 '하나의 중국'원칙이라는 정치적 요인에 따라 경직과 이완이 반복되고 있었다.[262]

그러나 양안간의 정치적 긴장과 갈등이 고조될 때도 양측 정부는 기존의 교류나 협력에 대해서 아무런 제한적인 조치도 취하지 않았다. 이는 중국과 대만 모두가 양안간의 교류와 협력 활성화의 필요성에 대해서는 인식을 같이하고 있다는 것을 말해주는 것이다. 그럼에도 불구하고 양안간의 정치적 대립과 갈등으로 인하여 양 기구의 접촉과 활동이 제한 받는다는 것은 양안 교류협력모델 자체의 모순이 아닐 수 없다. 이러한 정치성의 개입에 따른 모순은 결과적으로 해협회와 해기회의 실질적 기능과 역할을 약화시키는 요인으로 작용하고 있을 뿐 아니라 나아가 양안간 교류협력모델 자체의 효용성에도 의문을 던져주고 있다. 만일 중국과 대만 모두가 양 기구간의 접촉을 통해 실질적인 목적과 정치적인 목적이라는 두 마리 토끼를 동시에 잡겠다고 한다면 결국 민간차원의 교류협력 확대 및 제도화와 정치적 문제의 해결 중 어느 것도 소기의 성과를 거두기는 어려울 것이다.

교류협력을 저해하는 또 다른 정치적 요인으로 지적할 수 있는 것은 대만의 '삼불'정책이다. 대만은 '삼불'정책의 연장선에서 중국의 '삼통' 요구를 거부하고 있다. 중국은 대만의 이러한 태도야말로 가장 근본적으로 양안간의 교류협력을 저해하고 있는 요인이라 주장하고 있다. 그러나 대만이 '삼불'정책을 고수하면서 중국과의 직접적인 교류를 허용하지 않고 간접적인 교류에 대해서도 여러 형태의 제한을 가하고 있는 것은 대만경제의 중국종속을 우려하는 경제적인 요인도 포함되어 있다. 심한 경제규모의 불균형상태에서 대륙에 대한 대만경제의 지나친 의존은 대만의 국제수지 악화뿐만 아니라 정치·외교적인 입지까지 제한받을 수 있다는 우려인 것이다.[263]

---

262) 대만독립노선을 표방한 민진당 집권 이후 양 기구의 활동은 거의 중단 되다시피 하였다.
263) 이와 관련 臺灣 行政院 大陸委員會는 1984~1992년 기간 중 대륙으로 유입된 대만자본이 194억 불에 달한다고 밝히고 자본 유입이 계속 확대될 경우 대만의 국제수지에 심각한 영향을 미치게 될 것이라고

어쨌든 대만이 '삼불'정책을 고수하는 한 양안간의 정부차원의 공식적인 협상이 실현될 가능성은 희박하며, 정치적인 문제를 논의할 공식적인 창구가 없는 상황에서 양안간의 유일한 접촉창구인 양 기구간의 회담에 정치성이 개입할 수 있는 개연성은 당연히 높아질 수밖에 없을 것이다.

제3절 21세기 양안관계

1. 21세기 중국의 양안정책

21세기에 접어들면서 대만독립을 주장하는 민진당의 집권으로 중국은 기존의 양안정책을 재고하지 않을 수 없었다. 후진타오는 체제출범 초기에 '대만에 대한 미국 간섭 배제, 양안 교류강화, 유사시 군사대응 준비강화' 등 대 대만 3대 정책을 선포하고 향후 양안정책은 대미정책과 함께 고려되어야 함을 강조함으로써264) 민진당정부의 대만독립 시도를 다각적인 측면에서 봉쇄할 것임을 시사하였다. 또한 2002년 11월 후진타오체제 출범 이후 중국은 양안정책에서 정경분리원칙 하에 경제적인 수단으로 대만을 통일하겠다는 '이경촉통(以經促統)'전략을 강화하였다. 2003년 3월 후진타오 주석은 대만 기업인 150여명을 초청한 자리에서 대만인들이 대만독립보다 중국의 통일정책을 지지해 줄 것을 촉구하고, '삼통'이 실현되지 않는

경고하였다 (臺灣,『中央日報』, 1993. 5. 17), 또한 홍콩의 星島日報는 "대만경제의 대륙에 대한 의존도가 심각한 수준으로 발전하여 1991년 對대륙 무역량이 이미 대만 전체 무역량의 9.8%에 이르고 있으며, 특히 일부 반제품의 의존도는 이미 30~70%까지 육박하고 있다"고 보도하였다. (홍콩,『星島日報』92. 2. 8 및 4. 27, 박두복,『중국·대만관계연구』(서울: 외교안보연구원, 1997), p. 85 재인용)
264)『人民日報』, 2003. 6. 22

것도 중국의 잘못이 아니라 그 책임은 대만 당국에 있다고 역설하였다.265) 이는 정경분리, 경제를 통한 통일유도, 대만 천쉐이벤 총통을 고립시키기 위한 선전외교 강화의 의도로 풀이할 수 있을 것이다.

위와 같이 중국은 대만 민진당정부의 대만독립시도에 대한 억지와 함께 '하나의 중국'원칙에 대한 경직된 입장이 다소나마 완화되는 변화를 보이게 된다. 즉 2005년 2월에 발표된 후진타오의 양안정책을 집약한 '후4점(胡四點)'은 첫째, '하나의 중국'원칙을 고수하고, 대만에 대해 '92공동인식'을 인정할 것을 촉구하며, 쌍방간 공동노력으로 접촉 및 왕래의 새로운 길을 모색하기를 원한다. 둘째, 평화통일에 대한 노력을 견지한다. 평화통일은 일방이 다른 일방을 먹는 것이 아니라 평등한 협상인 동시에 통일을 함께 논의하는 것이다. 셋째, 대만 동포들의 권리와 이익을 수호하고, 긴밀한 단결과 협력을 추구한다. 넷째, 대만독립에 반대하며, 민진당정부에 대하여 '사불일무(四不一無)'원칙266)의 이행을 촉구한다 등을 그 주요내용으로 하고 있다. 이는 중국의 양안정책에서 그 근본적인 목적과 기초는 변함이 없으나 대만이 '하나의 중국'원칙의 방향으로 노력하고 있다면 무엇이든 논의할 수 있다는 주장과 함께 무력사용이라는 표현을 사용하지 않음으로써 평화적이고 온건한 분위기를 조성하고자 하였다는 점에서 그 입장이 다소 완화된 것이라 볼 수 있는 것이다.267)

이어 동년 3월에 통과된 '반국가분열법'은 '하나의 중국'원칙과 대만독립에 대한 강경한 입장을 담고 있는 것 외에, 양안관계 발전을 위한 제 조치들을 규정하고 있다는 사실에 주목해야 한다. 즉 동법

---

265) 『人民日報』, 2003. 12. 26
266) '四不一無' 혹은 '五不'은 '임기 내 독립을 선포하지 않으며, 국호를 변경하지 않고, 양국론을 헌법에 삽입하지 않으며, 대만독립 문제를 국민투표에 붙이지 않고, 기존의 국가통일강령과 국가통일위원회를 폐지하지 않는다'를 의미한다.
267) 박광득, 「「九二共識」에서 「胡四點」까지의 양안관계 연구」, 『한국동북아논총』 제35집(한국동북아학회, 2005), pp.145-147

제6조는 '국가는 대만해협지역의 평화와 안정을 수호하고 양안관계 발전을 도모하기 위하여 다음 사항들을 실시한다. 1) 양안의 인적 왕래 추진을 통한 상호이해와 신뢰 증진, 2) 양안의 경제교류 및 협력 추진, 3) 양안의 교육, 기술, 문화, 위생, 체육교류 추진, 4) 범죄문제에 대한 공동 대처, 5) 대만해협지역의 평화와 안정, 양안관계의 발전을 위한 기타활동 추진과 대만동포의 권리와 이익보호'를 규정하고 있고, 또한 제7조는 '양안의 평등적 협상과 담판을 통하여 평화통일을 실현하고 다음 사항에 대해 협상과 담판을 진행할 수 있다. 그것은 1) 양안의 적대상황 정식 종결, 2) 양안관계 발전에 관한 기획, 3) 평화통일 절차 4) 대만의 정치적 지위, 5) 대만의 국제적 지위와 활동 공간, 5) 평화통일 실현과 관련된 기타문제'라고 규정하고 있다.[268] 이는 비정치적 분야의 교류·협력 추진과 정치적 협상과 담판을 동시에 의도적으로 추진하고 있다는 점에서 전형적인 신기능주의 접근방법을 수용하고 있다고 볼 수 있다.

'반국가분열법'에 나타난 중국의 의도를 볼 때, 이는 현상의 변경을 목적으로 하기보다는 현상을 인정하고 보다 안정적인 차원에서 현상을 유지하고자 하는 것에 비중을 두고 있음을 알 수 있다. 따라서 동법은 분단의 현실을 법적으로 인정한 것이자 대만에 중화민국이 존재한다는 실체를 묵인한 것이라 볼 수 있으며, 아울러 향후 대 대만 정책이 대만주민에까지 확대될 것임을 시사하고 있다. 다시 말해서 동법은 대만 내 정치세력을 양분화시키고 이분법적 선택 상황을 유도함으로써 동법에서 규정하고 있는 강경한 입장의 적용대상을 '대만 독립세력'으로 한정하여 일반 주민과 구분하겠다는 메시지를 담고 있다고 볼 수 있다.[269]

---

268) 中國國務院臺灣事務辦公室, 『中國臺灣問題外事人員讀本』(北京: 九州出版社, 2006. 11), pp.311-312, '反國家分裂法' 참조
269) 김흥규, 앞의 글, p.8

한편, 2008년 5월 대만 마잉지우(馬英九) 국민당정부의 출범은 중국의 입장에서 이전의 민진당정부와 비교할 때 양안관계 개선의 신호이자 기회를 의미하는 것이었다. 따라서 국민당의 집권은 중국의 양안정책을 더욱 현실적이고 실용적으로 만들었으며, 중국은 양안관계개선 분위기에 적합하도록 양안정책을 결정하는 최고지도부를 개편하고 대만정책관련 내부적 논쟁에 대한 지도부의 합의 형성에 주력하였다. 이러한 후진타오의 양안정책은 2008년 12월 '후6점(胡六點)'으로 구체화되어 발표되었다. 이는 양안문제 해결을 위한 입장을 밝힌 후진타오의 6가지 방안으로 '첫째, 하나의 중국을 고수하고 정치적 신뢰를 증진한다. 둘째, 경제적 협력을 추진하고 공동발전을 촉진한다. 셋째, 중화문화를 선양하고 정신적 우대관계를 강화한다. 넷째, 인적왕래를 강화하고 각계의 교류를 확대한다. 다섯째, 국가의 주권을 수호하고 외교적인 사무를 협상한다. 여섯째, 적대적 상황을 종결하고 평화적 협의로 해결한다' 등을 주요내용으로 하고 있다.[270] 여기서 후진타오는 '하나의 중국'원칙을 여전히 강조하고 있지만 대만의 '국제공간 확보'에 대해 상당한 유연성을 보였으며, 양측이 통일 이전에 '특수한 조건하에서' 정치적 관계 논의를 시작하자고 제안하고, '적당한 시기'에 신뢰구축조치를 위한 군사 대화도 제의함으로써 양안관계에 있어서 현 단계의 우선적 목표를 '통일'보다는 '평화발전'을 강조한 것으로 해석할 수 있다.

후진타오시기의 대외정책 특징 중의 하나는 현실권력정치에 유연하게 적응하고자 하는 점이다. 따라서 양안정책에 있어서도 양안관계의 현상유지가 현실적인 정책이란 것을 인정하고 있으며, 양안관계에서 책임을 짊어질 이니셔티브를 취하기보다는 상황의 진전에 따라 대응하는 양식이 주가 될 것임을 시사하고 있다. 특히 '후6

---

[270] 박광득, "마잉지우 등장후 양안관계의 변화와 문제점", 『정치·정보연구』 제13권 2호(2010), p.32

점'에서 중국은 향후 현상유지를 바탕으로 통일을 위한 우호적 환경 조성에 노력할 것이며, '하나의 중국'원칙과 '궁극적 통일'을 대전제로 유지하면서 대만 정치상황의 긍정적 변화에 적절히 대응하겠다는 의도를 드러내었다.

2. 민진당정부의 양안정책

중국의 '하나의 중국'원칙에 정면으로 도전하는 대만독립을 표방하면서 민진당이 집권하게 되자 양안관계는 긴장 국면으로 접어들 수밖에 없었다. 그러나 민진당정부의 대만독립노선은 그들의 대내적인 정치적, 경제적 요인의 영향에서 벗어나지 못하면서 상당한 혼선과 이중성을 드러냈다. 이는 대만독립이라는 민진당의 양안정책 노선과 현실적인 양안관계 그리고 민진당과 천쉐이벤 총통 자신의 대내적인 정치적 입지의 변화가 빚어낸 산물이자 딜레마였다고 할 수 있다.

2000년 3월, 총통당선자 신분으로서 천쉐이벤은 '일국양제'방식에 의한 중국의 통일방안을 거부한다고 밝히면서 "국민 대다수가 일국양제를 절대로 받아들이지 않을 것"임을 강조하면서도 다른 한편으로는 "대만해협의 안정과 평화는 양안국민들의 공통된 소망"이라면서 최고위급의 상호방문을 포함한 중국과의 대화를 적극 추진할 것이라 밝혔다.[271]

그러나 2000년 5월 20일 대만총통 취임식에서의 천쉐이벤의 양안정책에 대한 언급은 "임기 내 독립을 선포하지 않으며, 국호를 변경하지 않고, 양국론을 헌법에 삽입하지 않으며, 대만독립 문제를 국민투표에 붙이지 않고, 기존의 국가통일강령과 국가통일위원회를 폐

---

271) http://www.chosun.com/svs/content_view/content_view.html?contid=2000
03197000202(검색일: 2008. 8. 20)

지하지 않는다"는 '오불(五不)' 또는 '사불일무(四不一無)'를 보장한다는 과거의 입장과 차이점이 없는 원칙적인 수준에 그치고 있었다. 비록 취임사에서는 양안관계의 원칙론적인 언급만 있었다 하더라도 민진당정부에게도 역시 '삼통'을 포함한 양안간의 경제관계의 발전은 대단히 중요한 고려사항이었다. 민진당정부의 양안정책 방침이 잘 나타나 있는 '21세기 중국정책 백서'에서는 대만해협의 평화와 공존공영을 통해 양안관계를 정상화하는 것을 대중정책의 기조로 설정하고 중국과의 대화와 협상에 적극 임하면서 경제교류와 협력을 강화할 것이라 밝히고 있다. '삼통'에 관해서도 민진당정부는 총통선거 과정에서 밝힌 바와 같이 국가안보를 위협하지 않는 범위 내에서 중국과의 '삼통'을 점진적으로 허용할 것이며 '21세기 중국정책 백서'에서도 중국과 대만이 세계무역기구(WTO)에 가입하게 되면 양안간의 '삼통'은 불가피하다는 점을 언급하고 있다.272) 더욱이 총통선거 직후 대만 입법원은 대만의 진먼(金門), 마주(馬祖), 펑후(澎湖)지역과 중국대륙과의 소규모 '삼통(소삼통)'을 시험적으로 허용하는 법안을 통과시킨 바 있다.273)

위와 같은 사실에서 볼 때 민진당정부 출범초기 대만은 중국을 자극할 수 있는 급진적 독립노선보다는 중국과의 현상유지정책을 추구할 가능성이 높을 것으로 예상되었다. 또한 '하나의 중국'원칙에는 부정적인 입장을 견지하고 있지만 국가통일강령을 폐지하지 않을 것이라고 언급한 것은 '하나의 중국'문제 역시 논의할 수 있는 의제라는 입장을 밝힌 것으로서 중국과의 대화 가능성을 열어 놓은 것이라 보아야 한다.274)

---

272) "跨時期中國政策白皮書(21세기 중국정책 백서)" http://election.com.tw/BIAN/DOCU/111523bi.html 참조
273) http://www.chinatimes.com.tw/news/cna/0000air.htm(검색일: 2008.9.5)
274) 이는 국가통일위원회와 함께 리덩후이 집권 초기인 1990년과 1991년에 각각 설립 공포된 것으로 실질적 기능보다는 대만 역시 양안통일의

그러나 집권초기 대만독립주장에 대해 신중함을 보여주었던 민진당정부는 2001년 12월 실시된 총선에서의 승리로 인하여 천쉐이벤의 총통의 입지가 강화됨으로써 그 입장이 강경으로 선회하게 되었다.275) 더구나 2002년 5월 리덩훼이 전 총통이 "대만과 중화인민공화국은 두 개의 국가이며, 대만은 대만 국민에게 속한다. 이것은 현실이다"라고 주장함으로써 대만독립 주장은 더욱 탄력을 받게 되었다.276) 이에 따라 민진당의 대만독립노선은 "대만해협 양안에는 각기 다른 독립국가가 존재한다"는 이른바 '일변일국론(一邊一國論)'의 주장으로 나타났으며, '하나의 중국' 혹은 '일국양제'는 받아들일 수 없다"고 못 박았다.277) 뿐만 아니라 그는 "대만의 미래는 오로지 2,300만 대만인들이 스스로 결정하는 것"이라면서 대만독립을 위한 주민투표를 실시해야 한다고 주장하는 등278) 독립을 위한 국민투표

당위성을 형식적으로라도 인정하고 있으며, 최소한 통일을 정면으로 부정하지는 않는다는 것을 상징적으로 보여주는 것이다. 동 강령에서는 하나의 중국원칙을 수용하면서 중국대륙과 대만 모두 '중국'의 영토라는 점을 확인하고 3단계 통일방안을 제시하고 있다. 자세한 것은 行政院大陸委員會 編, 『大陸工作參考資料』, 合訂本, 第壹冊(台北: 行政院大陸委員會, 1998), pp.13-15 참조

275) 셰창팅(謝長廷) 민진당 주석은 선거 승리 후 중국이 내건 1국 2체제를 수용해야 한다고 주장해 온 신당이 의석 1석 획득에 그친 것은 유권자 대부분이 이를 지지하지 않음을 보여 준 것이라 말함으로써 민진당이 대륙관계에서 강경기조를 이어 나갈 것임을 시사하였다.(『聯合報』 2001. 12. 3)

276) http://www.chosun.com/svs/content_view/content_view.html?contid= 2002051270001(검색일:2008.8.9) 리 전총통은 임기 중에도 양안관계를 '특수한 국가 대 국가관계'라고 정의함으로써 중국정부의 반발을 불러일으켰으며, 중국정부는 이를 무분별한 독립성향으로 간주하면서 중국군에 전쟁태세를 명령했었다.

277) 2002년 8월 3일 일본 도쿄에서 거행된 재일 '세계대만동향회연합회'가 개최한 29차 연차총회 개막식에 화상메세지로 보낸 천 총통의 축사에서 언급되었다. 『聯合報』, 2002. 8. 4.

278) 『聯合報』, 2002. 8. 4. 이에 대해 중국은 "천 총통의 발언은 리덩후이의 양국론과 같은 것이며, 대만독립 입장을 견지하는 진면목을 충분히 드러냈다. 이는 대만 동포를 포함한 전체 중국 인민들에 대한 공공연한 도발이며, 양안관계를 심각히 파괴하고 아·태지역의 안정과 평화

까지를 언급함으로써 양안관계는 급속도로 냉각되었다. 이는 취임사에서 밝힌 '오불론(五不論)'을 완전히 뒤집는 것으로서 과거 리덩휘이의 양국론(兩國論)과 맥을 같이하고 있지만 국민투표까지 언급함으로써 상당히 실질적이면서도 구체적인 의미를 담고 있는 것이었다. 이어서 2003년 11월 11일 천쉐이볜은 2006년 12월 10일 국제인권의 날에 신헌법 결정을 위한 국민투표를 실시할 것이라 밝히고, 이 국민투표는 기존헌법을 일부 수정하기 위한 것이 아니라 독립국가 대만의 신헌법을 전면적으로 제정하는 제헌이 목적이며, "대만은 독립 주권국가이고 국민투표는 기본인권이자 세계적인 보편적 가치이며 어떠한 국가나 정당, 개인도 이 권리를 제한해서는 안 된다"고 강조하였다.[279]

그러나 이러한 천쉐이볜의 강력한 대만독립의 주장은 2004년 들어 총통 선거를 앞두고 "미사일 방어망 구축과 중국과 협상을 시작해야 하는지 여부를 국민투표를 통해 물을 것"이라면서 그 수위를 낮추게 되었다. 천쉐이볜이 수위를 낮추게 된 배경은 3월 선거를 앞둔 상황에서 중국과 전쟁을 하려는 무모하고 예측 불가능한 지도자라는 이미지를 불식시키고, 온건성향의 유권자들이 대만의 안정과 경제발전을 위해 미국과 원만한 관계가 중요하다고 보는 만큼 미국과의 관계를 더 이상 자극하지 않으려는 의도가 깔려 있다. 또한 당시 중국은 대만총통선거를 앞두고 군사훈련, 대만간첩체포, 중·미 군사외교 강화, 대만 기업인 회유 등 전방위 압박 공세를 펼치고 있었고, 미국 역시 파월 국무장관이 "미국은 '하나의 중국' 원칙과

에 영향을 미칠 것이다"라고 경고하고, 대만독립에 반대하고 조국통일을 실현하는 것은 확고한 중국의 입장이며, 일체의 분열활동을 중지할 것을 대만분열세력에게 촉구하였다.(『人民日報』, 2002. 8. 5)

279) 『聯合報』, 2003. 11. 12 이에 대해 중국은 "대만이 국민투표의 방식을 이용해 하나의 중국 원칙에 도전하고 있으며, 재임 중 독립을 위한 국민투표를 실시하지 않는다는 약속을 깨고 국민을 속였다"고 비난하였다.(『人民日報』, 2003. 11. 13)

미·중 3개 공동성명280)을 지지하며 현 양안 상황을 변화시키는 어떠한 조치에도 반대한다"고 천명하였으며, 리처드 마이어스 미 합참의장은 2004년 1월 14일 중국 방문에서 양국군사교류강화의 중요성을 강조하고 대만의 독립기도에 반대 입장을 표명하면서도 중국이 무력을 사용하면 미국이 개입할 수밖에 없다는 입장을 분명히 하는 등 양안관계에 대한 관심이 고조되고 있었기 때문이다.281)

2004년 선거에서 재집권에 성공한 천쉐이벤은 5월 20일 집권2기 취임식에서 "중국이 '하나의 중국'원칙을 버릴 수 없다는 것을 이해한다"고 전제하고 "2008년 이전 새로운 헌법을 제정할 것이지만 국가주권과 영토, 독립문제는 신헌법에 포함시키지 않을 것"이라 언급함으로써 대만독립에 대한 입장을 완화시켰다.282) 더 나아가 2005년 2월 천쉐이벤은 자신의 임기인 2008년 5월 내에는 대만독립을 선포하지 않고 양국론도 제기하지 않을 것을 선언함으로써283) 자신의 정치공약인 '2006년 신헌법제정을 위한 국민투표, 2008년 신헌법 시행'을 스스로 무산시켰다.

이러한 천쉐이벤의 대만독립에 대한 입장완화는 국내외적 난국 돌파를 위한 전술적 카드로서의 성격이 짙다고 보는 견해가 지배적이다. 민진당은 2004년 12월 총선패배로 여소야대 상황에 빠져 있었고 천 총통의 지지율도 사상최저(2004년 12월 현재 34%)를 기록하였으며, 미국의 부시 행정부 역시 대만의 강도높은 독립추진에 제동을 걸고 있었다. 뿐만 아니라 중국은 2005년 3월 제10기 전인대(全人大) 3차 회의에서 반국가분열법 제정이 확실시 되고 있던 상황이었다. 따라서 천쉐이벤의 발언은 이러한 난국을 타개하기 위해서 대만독

---

280) 상하이 공동성명, 수교 공동성명, 8·17 공동성명을 의미한다
281) http://www.chosun.com/svs/content_view/content_view.html?contid=2004
　　 011870068(검색일:2008. 8. 5)
282) 『聯合報』, 2004. 5. 20
283) 『聯合報』, 2005. 2. 25

립 문제를 둘러싼 국내외 압력을 낮추면서 중국의 반분열법 제정에 대한 부정적 여론을 조성하고, 국내정치적으로는 최대야당인 국민당과 친민당 간의 간격을 벌려 정치적 입지를 강화하려는 전술적인 선택으로 풀이할 수 있다는 것이다.

집권2기 초기 대만독립노선 추구의 수위를 낮추었던 천쉐이벤은 중반에 들어 또 다시 그 수위를 높이게 된다. 천쉐이벤은 2006년 2월 국가통일위원회의 기능과 국가통일강령의 중지를 선언한데 이어 2007년 1월 26일 '세계 신흥민주포럼'에서 다시 신헌법 제정과 대만의 유엔가입 추진의사를 밝혔다. 신헌법의 가장 논란이 되는 부분은 영토문제로서 당시 헌법에서는 영토를 대륙과 몽골까지 포함하고 있는 반면 신헌법은 대만으로 영토를 한정하려 했다. 이는 대만이 중국과 관계없는 하나의 완전한 주권국가로 독립하겠다는 뜻으로 법률적인 대만독립노선 추진을 의미하는 것이다. 다음날 천쉐이벤은 CNN과의 인터뷰에서 "대만은 하나의 독립주권국가로 중국과는 서로 예속된 관계도 아니고 해협 양안에는 서로 다른 두 개의 국가가 존재하고 있다"면서 대만독립노선의 추구를 거듭 강조하였다.[284] 이어서 2007년 6월 18일에는 대만 명의로 유엔에 가입하는 방안을 놓고 2008년 초 국민투표를 추진하겠다는 구체적인 일정을 밝히자 미국까지 대만해협의 긴장고조를 경고하고 나섰다.[285] 당시 이렇게 천쉐이벤이 대만독립을 재차 강조하게 된 배경에는 가족들과 자신의 비리 스캔들로부터 대중의 관심을 돌리고 대만독립파의 세력을 보다 공고하게 다지기 위한 정치적의 의도가 숨어 있었다고 볼 수 있다.

---

[284] http://www.chosun.com/svs/content_view/content_view.html?contid=20070112800371 (검색일: 2008. 9. 9)

[285] http://www.chosun.com/svs/content_view/content_view.html?contid=2007062000431 (검색일: 2008. 9. 9)

결론적으로 민진당 집권 당시의 전 기간을 볼 때, 대만독립노선 추구에 대한 수위가 높아질 때도 있었고 낮아질 때도 있었지만 그것이 구체적인 정책이나 행동으로 옮겨지는 경우는 거의 없었다. 대만독립이라는 문제가 대만 자신만의 힘과 의지로 해결될 수가 없는 복잡한 문제임을 고려해 볼 때, 그것은 노선으로서의 일관성이 결여되고 있었을 뿐만 아니라 국제사회에서 이를 추진하는 구체적인 정책이나 행동이 거의 보이지 않았다는 사실에서 대만독립이 천쉐이벤 자신의 정치적 신념이었다 할지라도 선언적이고 명분적인 성격이 짙다는 것을 부정할 수는 없다. 일부에서 천 총통과 민진당정부의 대만독립 주장이 대내적인 정치적 목적의 산물이라고 비판하고 있는 이유가 여기에 있는 것이다.

3. 민진당정부시기 양안관계의 발전

1) 정치적 관계

가) 긴장고조와 대립

민진당정부 출범 후 중국과 대만의 정치적 관계에서 긴장감을 조성하는 중요한 요인으로는 천 총통의 대만독립노선 추구의 수위와 미국의 대 양안정책 그리고 대만이 받아들이는 중국의 군사적 위협 등으로 압축될 수 있으며, 민진당정부시기 양안간의 정치적 관계는 이러한 요인에 따라 갈등이 심화되기도 하고 완화되기도 하였다. 대만독립의 주장과 중국의 반국가분열법의 제정, 중국의 미사일 배치 등으로 양안간의 갈등이 고조된 적도 있었으나 당시 양측 모두 그것을 파국으로 몰고 가지는 않았으며, 사실상 경제적인 관계 등을 고려할 때 파국으로 몰고 갈 수도 없는 입장이었다. 따라서 양측은 갈등이 고조되더라도 항상 대화와 타협의 여지를 남겨 두고 있었다.

먼저, 민진당정부가 대만독립에 대해 강경한 입장을 되풀이할 때마다 중국은 이의 저지를 위한 대내외적인 행동을 취하면서 대만에 대한 경고의 수위를 높임으로써 양안간의 긴장은 고조되었다. 특히 2002년 8월 천 총통은 국민투표를 포함하여 대만독립에 대한 강력한 입장을 천명하자 중국은 대만이 '하나의 중국'원칙에 근거한 '1국가 2체제'에 도전할 경우 무력사용이 불가피할 것이라 경고하였으며, 왕따오한(王道涵) 해협회 회장은 민주주의를 빙자한 대만독립의 추구는 용납되지 않을 것이라 강조하였다.286) 또한 2007년 초 대만의 유엔가입 시도와 신헌법 제정 등의 움직임에 대해 중국은 대만 당국의 이른바 '정명(正名, 이름바로잡기)'활동 등 탈중국화 조치 강행 방안은 양안관계를 긴장시키고 사적인 이익을 챙기려는 악행이라 강력히 비난하였으며, 탈중국화의 분열활동을 적극 밀고 나가는 것은 법률적인 대만독립의 사회적 분위기조성을 도모하기 위한 것이라 주장하였다.287)

뿐만 아니라 중국의 대 대만 압박정책 역시 양안관계의 악화를 초래하기도 하였다. 중국으로서는 되풀이되는 민진당정부의 대만독립 시도를 저지할 제도적인 장치가 필요하다고 인식하게 되었고, 이에 2005년 3월 14일 제10기 전인대 3차 회의에서 대만이 독립을 추진할 경우 비평화적 수단으로 이를 막을 수 있다는 내용을 골자로 하는 '반국가분열법'을 통과시켰다. 이와 함께 중국은 '국가동원법', '비상사태법' 등 제정을 추진하면서 대만 독립세력을 강력하게 압박하고자 하였다. 이에 대해 민진당정부는 강하게 반발하게 되었고 양안관계의 긴장은 고조되었다.

이러한 중국의 움직임에 대해 민진당정부는 동법 통과 후 대만의

---

286) http://www.chosun.com/svs/content_view/content_view.html?contid=2003111970200 (검색일:2008.8.20)
287) 『人民日報』, 2007. 2. 14

입장을 다음과 같은 6가지로 요약 발표하였다. 그것은 첫째, 대만은 독립 주권국가이며, 둘째, 반국가분열법의 제정과 통과 과정은 양국 간 제도적 차이, 즉 '민주 대 비민주' 및 '평화 대 비평화' 구도를 극명하게 보여주고 있으며, 셋째, 중국은 국제 여론과 보편적 가치를 무시하고 있고, 넷째, 대만인은 민주와 평화를 지지하고 있으며, 다섯째, 동법은 국제사회 및 지역 내 긴장을 증대시킬 것이고, 여섯째, 대만은 악의 세력에 대항하여 협력할 것이다. 이와 함께 등장한 대만의 초기 대응은 상당히 강경한 것으로서 100만 대만인의 항의 시위, 양안 경제교류연기, 대응군사훈련 강화 등 정·경·군이 일체가 된 저항을 천명288)하는 등 양안관계는 긴장국면으로 전환되었다. 하지만 국민당을 비롯한 대만의 야당세력은 정치적 동원으로 양안의 긴장상태를 고조시킬 필요가 없다고 주장하면서 천 총통과 민진당의 총궐기 주장을 거부하였으며, 오히려 국민당 렌잔(連戰) 주석과 친민당 송추위(宋楚瑜) 주석은 대륙을 방문함으로써 동법의 정당성을 현실적으로 인정하는 입장을 취하였다.

두 번째, 대만과 미국과의 관계는 비단 중·미관계에 영향을 미칠 뿐만 아니라 양안관계에도 상당히 큰 변수로서 작용하고 있었다. 대만과 미국과의 관계에서 양안관계에 영향을 미치는 중요한 부분은 '하나의 중국'원칙에 위배되는 미·대만간의 정부차원의 접촉과 중국의 안보를 직접 위협하고 대만독립에 군사적인 기반을 제공하는 미국의 대만에 대한 무기판매라고 할 수 있다. 2001년 5월 22일 중국의 경고에도 불구하고 미국이 천쉐이볜에게 통과 비자를 발급하여 미국 경유 및 의원들과의 만남을 허용한 것은 부시 행정부의 명백한 대만 편향을 보여준 것일 뿐만 아니라 미국이 장기 전략으로 추진해 온 '양안평화'와 '비통일 상황'을 유지하면서 중국에게 압력

---

288) 『聯合報』, 2005. 3. 16

을 가하기 위한 의도이다. 이에 대하여 중국은 이것이 대만 해협의 불안정으로 이어질 것이라 경고하고 '통과외교를 벌이는 대만과 후견인 역할을 하는 미국'이라 비난하였다. 이에 덧붙여 중국의 대만 전문가들은 미국의 양안정책이 분명히 대만 쪽으로 기울어지고 있는 경향을 보임에 따라 천쉐이벤은 "'양국론'을 지속적으로 추진하는 확고한 태도를 견지하고 있으며 현재 양안간에는 국민당 집권시 갈등 속에서도 남아 있었던 부분적인 신뢰마저 완전히 사라진 상태이다"라고 주장하였다.[289]

이어서 2001년 6월 24일 리덩훼이 전 총통 부부가 뉴욕을 방문하고 코넬대학의 과학연구센터 개소식에 참석하게 되자 중국은 미국의 리 전 총통에 대한 비자 발급이 중·미관계를 악화시킬 것이라 경고하고 천 총통의 미국방문 허용에 이어 리 전총통의 미국방문 허용을 강력하게 항의하였다.[290] 당시 미군 정찰기 충돌사고로 미국과의 관계가 악화된 중국은 이러한 미국의 친 대만적인 행동은 민진당정부로 하여금 대만독립에 대한 오판을 부추기는 결과를 초래할 것이라 우려하고 있었다.

마지막으로, 대만이 느끼는 중국의 군사적 위협과 이에 대처하는 군사력 강화를 둘러싼 긴장이다. 특히 대만의 군사력 강화는 미국으로부터의 무기 구입과 연결되어 있으므로 미국의 대 양안정책과도 밀접한 관계를 가진다. 대만은 항상 중국의 군사적 위협에 노출되어 있다고 인식하고 있으며, 특히 중국 인민해방군의 현대화가 진전되면서 미사일을 포함한 각종 첨단무기의 위협이 증가되고 있다고 인식하고 있다.

천쉐이벤 총통이 2002년 신년연설에서 대만과 중국이 항구적 평

---

[289] 『人民日報』, 2001. 5. 22
[290] http://www.chosun.com/svs/content_view/content_view.html?contid=2001052670073 (검색일: 2008. 8. 20)

화와 통합을 성취할 수 있도록 중국이 대만에 대한 군사적 위협을 중단할 것을 촉구하고, "중국이 군사적 위협을 철회하고 국민들의 자유로운 의지를 존중한다면 양측은 문화와 경제, 교역 분야의 통합에서 출발하여 항구적인 평화와 정치통합의 새로운 틀을 모색할 수 있을 것"이라 지적한 점,291) "중국이 미사일을 계속 배치하고 공격위협을 멈추지 않을 경우 대만도 첨단미사일을 개발, 배치하지 않을 수 없을 것"이라 밝힌 점292) 등이 이러한 대만의 인식을 드러내고 있는 것이라 할 수 있다. 또한 후진타오 체제의 출범에 맞춰 천쉐이벤은 "대만과 중국은 무기통제를 실천함으로써 대만해협의 군사위협을 해소해야 한다. 양안은 군사신뢰체제 구축, 군비정책 재검토 및 대만해협 행동준칙 제정에 대한 토론을 통해 대만해협 평화에 대한 구체적인 보장책을 마련해야 한다"고 제의하기도 하였다.293)

그러나 중국의 군사적 위협에 대처하기 위한 대만의 군사력 강화는 양안간의 정치·군사적 관계에 영향을 미칠 뿐만 아니라 앞에서 언급한 바와 같이 미국으로부터의 무기 구매와 연결되어 있어 중국의 입장에서는 대단히 민감한 문제인 것이다. 중국은 대만에 대한 미국의 무기판매는 '8·17 중미공동성명'을 위반하는 것일 뿐 아니라 중·미관계 악화를 초래하고 대만해협 긴장 고조의 가능성을 증대시킬 것이며, 대만 내 독립주의자들에게 미국의 의도를 오판하게 하는 등 독립을 부추기는 결과를 낳게 될 것이라 경고하고 있다. 이후 2007년 3월 미 국방부가 대만의 방위력 증강을 위해 4억 2천100만 불 상당의 미사일을 대만에 판매하겠다는 사실을 의회에 통보한 사실이 알려지자 탕쟈쉔(唐家璇) 외교담당 국무위원은 "대만 분리주의자들의 행동은 양안평화와 안정에 중대한 위협이 되고 있다.

---

291) 『聯合報』, 2002. 1. 1
292) 『聯合報』, 2004. 1. 16
293) 『聯合報』, 2004. 10. 10

미국은 대만의 분리 독립주의자들에게 잘못된 신호를 보내서는 안될 것"이라 경고한 바 있다.[294]

이러한 경고에도 불구하고 미국은 상당량의 첨단무기를 대만에 판매하였고 이는 양안관계의 긴장을 고조시키는 결과를 가져왔다. 2001년 9월 미국은 F-16 전투기에 장착되는 공대지 미사일(AGM-65G) 40기를 대만에 판매하였으며,[295] 특히 2007년 9월에는 대만의 크루즈 미사일 슝펑(雄風)-2E의 시험발사 성공 소식과 함께 대만이 미국으로부터 22억 3천만 불 상당의 무기구매를 추진하고 있으며, 미국 역시 동 규모의 무기판매의사를 밝혔다는 사실이 알려지자[296] 이는 대만의 유엔가입 시도와 시기적으로 맞물리면서 양안간의 긴장관계를 더욱 고조시켰다.

이렇듯 2007년 하반기 양안간의 군사적 긴장은 고조되고 있었지만 중국의 고민은 과거처럼 대만에 대해 군사적 행동을 통해 노골적으로 경고하기가 어려워졌다는 점이었다. 양안의 긴장고조가 2008년 베이징 올림픽 개최에 하등 도움이 되지 않을 뿐 아니라 군사력 과시가 대만의 안보정국으로 이어져 12월 총선과 다음해 3월 총통선거에서 민진당을 유리하게 만드는 결과를 초래할 수 있다는 판단 때문이었다. 따라서 중국은 역효과를 초래할 수 있는 군사적 행동은 가급적 자제하고 외교적 언사와 정책적 조치를 통해 민진당정부에 경고하는 수준에서 그칠 수밖에 없었다.[297]

나) 긴장완화와 협력

민진당정부의 대만독립노선은 중국의 '하나의 중국'원칙과 충돌

---

294) 『人民日報』, 2007. 3. 5
295) 『人民日報』, 2001. 9. 7
296) 『人民日報』, 2007. 9. 30
297) http://www.chosun.com/svs/content_view/content_view.html?contid=2007
    100400688 (검색일:2008.9.9)

하면서 양안간 정치적 갈등을 야기하였으나 민진당정부 시기 양안관계가 긴장의 연속만은 아니었다. 물론 양측의 정치적 이해관계에 따라 정도의 차이는 있었지만, 그러한 긴장 속에서도 양측은 항상 대화와 타협 그리고 협력을 추구할 수 있는 여지를 남겨 놓고 있었을 뿐 아니라 교류와 협력에 대해서는 항상 긍정적인 인식을 가지고 노력했다는 사실을 어렵지 않게 발견할 수 있다. 따라서 양측 모두 양안관계를 파국으로 몰고 가는 극단적인 정책을 취하지는 않았고 양안간의 경제교류는 여전히 매년 증가하고 있었다.

2001년 8월 천쉐이벤은 대만을 방문 중인 딜레이(Thomas Dale Delay) 미 하원 공화당 원내총무와 만난 자리에서 부시 대통령이 10월로 예정된 중국방문 기간에 아무런 전제조건 없는 양안협상 재개를 주선해 줄 것을 요청하였다. 이와 함께 양안협상은 민주주의와 평등, 평화의 기본원칙에 따라 이루어져야 함을 강조하고 대만정부는 양안관계 개선을 위하여 본토 투자에 대한 종전의 규제를 완화하기로 하였다고 언급하면서298) 양안협상에 적극적인 자세를 취하였다. 또한 2004년 10월 천 총통은 쌍십절을 맞아 "중국의 정권과 인사가 바뀐 지금 양측은 적대관계를 청산하고 양안관계 발전을 위한 기회를 만들어야 한다."고 강조하면서 양안간의 긴장완화조치를 중국정부에 제의하고, 이를 위해 1992년 중단된 양안간의 회담재개 및 경제협력을 위한 전세기 운항 등 점진적 '삼통'을 추진하겠다고 밝혔다.299) 이러한 천 총통의 대 중국 제의는 후진타오체제 출범에 맞춰 양안관계에 새로운 물꼬를 트려는 시도로 풀이할 수 있을 것이다.

위와 같은 민진당정부의 양안간 긴장완화 정책에 중국이 화답하면서 2005년에 들어와서는 양안관계의 진전이 보이기 시작하였다. 즉 2005년 1월 2일 중국은 설날 양안간 항공 직항을 제의하였고,

---

298) 『聯合報』, 2001. 8. 30
299) 『聯合報』, 2004. 10. 11

이에 1월 29일 분단 55년 만에 양안간 첫 여객기 직항이 이루어졌다. 2월 1일 중국국무원 대만판공실 부주임이 차관급으로서는 처음으로 대만을 공식 방문하였으며, 2월 16일에는 천쉐이벤이 화물전세기의 양안직항을 제의하였고, 그 후 2월 24일 임기 내 대만독립선포 포기를 선언하자 다음날인 25일 중국은 명절 양안전세기 운항 정례화를 제의하는 등 긴장완화의 움직임이 활발하게 일어났다.

그러나 무엇보다도 양안 긴장완화에 고무적인 일은 중국 공산당과 대만 국민당간의 양안협상이 시작되었다는 것이다. 비록 협상의 주체인 국민당이 대만 집권당이 아니므로 중국과의 합의가 당장 실현되기는 힘들다는 한계는 있었지만 이러한 움직임이 양안관계에 있어서의 청신호인 것만은 부정할 수 없는 것이었다. '신국공합작'이라 불리기도 하는 이 협상은 2005년 3월 30일 천원린(陳雲林) 공산당 대만판공실 주임과 장빙쿤(江丙坤) 국민당 부주석을 단장으로 하는 대만 국민당 대표단이 회담을 가지고 경제협력 강화 및 교류활성화를 위한 12개항에 합의함으로써[300] 그 물꼬를 텄으며, 그로부터 한 달 후인 4월 29일 베이징에서 후진타오 중국공산당 주석과 롄잔 대만국민당 주석간 국공수뇌회담이 개최되었다. 이는 대만독립 움직임에 대해 반국가분열법으로 강경하게 대응했던 중국이 대만의 야당인 국민당과 국공합작을 논의하고, 이를 반란죄로 처벌하겠다던 대만 집권당은 국민당과 공산당간 국공합작 움직임을 묵인하는 자세로 전환하는 등 양안관계가 급진전하고 있음을 의미하는 것이었다. 특히 롄잔 국민당 주석과 후진타오 공산당 주석간의 '국공회담'까지 상황이 발전하였다는 사실은 그동안 경제적,

---

300) 『聯合報』, 2005. 3. 31, 합의 내용은 양안간 직항전세기의 명절 정례화와 상설화 최대한 추진, 대만 농산물의 대륙 통관, 검사 검역, 물류 등에서 우대정책 실시, 양안의 금융·보험·운수·의료 등 서비스산업 협력 강화, 양안의 도시·농촌간 교류 촉진, 언론사 특파원 상호파견 실현 등 12개 항이다.

인적 교류에 머물렀던 양안사이에 정치대화가 시작되는 단계로 접어들었다고 해석할 수도 있는 것이었다.

2005년 4월 29일 베이징에서 개최된 국공 수뇌회담 직후 발표한 언론발표문에서 양측은 '하나의 중국'원칙을 확인했던 '92공동인식'이 양안관계 발전을 위한 협상의 기초라고 명시함으로써 공산당과 국민당이 그동안 견지해 왔던 '대만 독립반대'입장을 재확인하고, 60년간 지속되어온 적대관계를 청산하고 양안간 군사충돌 방지를 위한 군사적 신뢰구축시스템 구축 추진, 대만 농산물의 중국본토 판매 허용 등 전면적인 경제교류 추진과 해상 및 공중 직항 개설 등 '삼통'을 추진키로 합의하였음을 밝혔다. 또한 대만의 세계보건기구(WHO) 가입 등 국제활동 참여문제도 추후 논의하기로 하였으며, 양당의 정기적이고 직접적인 대화 채널을 만들기로 합의하였다.[301]

그러나 아쉽게도 이러한 합의 중에서 제대로 실현된 것은 거의 없었다. 실현된 것은 10여종의 대만산 과일에 대한 무관세 통관 정도일 뿐이다. 당시 합의내용은 중국 측의 일방적인 조치로 가능한 것 외에는 집권 민진당이 수용하지 않으면 실현하기 힘든 내용이 대부분이었기 때문이었다. 따라서 후-렌 베이징회담은 양안관계 발전을 위한 구체적인 합의보다는 '대만독립 반대'에 관한 양당의 입장을 재확인한 것에 더 의미를 부여할 수 있을 것이며, 같은 맥락에서 공산당과 국민당 모두 일정부분 정치적인 성과를 거두었다고 볼 수 있다. 즉 당시 중국의 입장에서는 대만의 집권당인 민진당의 대만독립움직임을 저지하고 안정적으로 양안관계를 관리하는 것이 목표였으므로 이를 위해 국민당 수뇌부를 베이징으로 초청하여 민진당과 천쉐이볜 등 대만독립 세력의 고립화와 견제를 통해 독립반대세력을 확장시킬 기반을 마련할 수 있었고, 국민당의 입장에서는

---

301) http://www.chosun.com/svs/content_view/content_view.html?contid=2005042970309 (검색일: 2008. 9. 9).

이번 회담을 통해 양안간 긴장완화와 평화증진의 단초를 마련했다는 것을 부각시켜 국민당의 차기 집권가능성을 높이는 정치적 실리와 함께 개인적인 정치입지 회복의 계기가 되었다는 점이다.

중국공산당과 대만국민당과의 협력은 계속 이어져 2006년 4월 14~15일 '양안 경제무역 교류 및 직접통항'을 주제로 한 양안경제무역포럼이 양당 주도로 개최되었고, 국공양당은 동 포럼에서 직접통항 적극추진, 농업분야 교류협력 촉진, 해협 해상의 페리운항 범위확대, 대만농산물 수입확대, 금융교류강화 및 대만서비스업 대륙시장 진출 장려, 대륙주민의 대만여행 실현, 양안 경제협력기구 설립 논의 등 7개항의 공동건의문을 채택하였다.302) 그러나 이 역시 중국이 일방적으로 취할 수 있는 조치를 제외한 내용의 실현을 위해서는 대만 정부의 승인이나 협조가 필요하다는 한계를 가지고 있었다.

이러한 '신국공합작'은 비록 합의된 내용을 실현하는데 있어서는 한계점을 노출 시켰지만 공산당과 국민당의 양안정책과 정치적 입지에 상당한 영향을 미쳤다. 중국은 후-롄 회담 이후 강압적인 군사정책에서 벗어나 대만독립 세력과 대만주민들을 분리하여 접근하면서 대만에 각종 경제 우대정책을 제공하며 대만주민의 마음을 사로잡기 위한 선의의 제스쳐를 적극적으로 취하기 시작하였으며, 2007년 10월 '17大'에서는 "하나의 중국 원칙 하에 양안의 적대적 상태를 정식으로 끝내는 문제를 협상하여 양안관계를 평화적으로 발전시키기 위한 틀을 마련함으로써 새로운 지평을 열어나갈 것을 정중하게 호소한다"면서 대만과의 평화적 통일 실현을 위한 평화협정 체결을 제의하였다.303) 국민당 역시 이로 인해 양안관계의 안정과 경제교류의 확대를 기대하는 대만 국민들의 지지를 확대할 수

---

302) 『聯合報』, 2006. 4. 16
303) 전병곤, 『중국공산당 제17차 전국대표대회의 의미와 전망』(서울: 통일연구원, 2007. 10), "黨的十七大報告解讀", 新華社, 2008. 1. 20

있었고 결국 집권에 성공하는 발판이 되었다.

2) 비정치적 관계

과거 중국과 대만이 양안간의 비정치적 영역에서의 관계에서 갈등을 일으키고 있었던 이슈는 중국의 '삼통'정책과 대만의 '삼불(三不, 不接觸·不談判·不妥協)'정책의 충돌이었다. 대만이 삼불정책을 고수하는 한 중국의 삼통정책은 실현되기 어려운 것이었다. 그러나 국민당정부 시기부터 양안정책의 기조였던 삼불정책은 이미 그 현실적 적용에 있어서 정부차원에 한정되고 민간부문에 있어서는 실질적인 의미를 잃어가고 있었다.[304] 즉 나날이 증가되는 민간부문의 교류에서 파생되는 각종 문제들을 해결하기 위하여 정부가 개입되지 않을 수 없었으며, 이의 가장 전형적인 예가 앞에서 언급한 1993년 4월 대만의 반관반민기구인 해협교류기금회(해기회) 구쩐푸 회장과 중국의 해협양안관계협회(해협회) 회장 왕따오한간의 '왕구회담'이었다.

민간부문의 교류증대는 대만으로 하여금 '삼통'에 대해 재고하지 않을 수 없게 하였고, 이에 천 총통 역시 선거공약으로 '소삼통(小三通)'[305]의 실현을 제시하였으며, 2000년 6월 대만의 탕페이(唐飛) 행정원장은 '소삼통'을 6개월 이내에 실현하겠다고 밝혔다.[306] 또한 민진당정부는 앞에서도 언급하였듯이 중국과 대만이 세계무역기구

---

[304] 자세한 것은 최춘흠, 『중·대만 비정치 분야 교류협력 실태에 관한 연구』(서울: 민족통일연구원, 1998. 12) 참조

[305] '소삼통'이란 대륙과 전면적인 삼통, 즉 직접교역(通商), 직항(通航), 서신왕래(通郵)에 앞서 진먼(金門), 마주(馬祖), 펑후(澎湖) 등 3개 섬과 중국의 푸젠(福建)성 연해도시들과의 선박과 항공기의 직항을 시험적으로 허용하는 것으로 국민당정부시기인 2000. 3. 21. 입법원이 만장일치로 통과시킨 것을 행정원이 방위상의 문제를 들어 부결시킨 것이다. 박광득, "양안관계에서의 '소삼통'의 함의", 『대한정치학회보』 제9집 1호(2001.8)참조

[306] 『聯合報』, 2000. 6. 13

에 가입하게 되면 양안간의 삼통은 불가피하다는 점을 인정하고 있었다. 이후 대만은 약속대로 2001년 1월 '소삼통'을 허용하였으며 이러한 대만의 '소삼통'의 실현은 양안관계에 새로운 장을 열게 하는 조치였다. 2001년 1월 2일 대만 선박들이 진먼(金門)과 마주(馬祖)를 출발하여 샤먼(廈門)과 푸조우(福州)에 도착함으로써 첫 직항의 물꼬를 튼 후, 2월 6일 중국 선박도 고향방문단을 태우고 샤먼항을 출발 진먼에 도착함으로써 반세기 만에 처음으로 대만 영토로 직항하게 되었다.307) 이후 '소삼통'은 점차 확대되어 2003년 1월 26일 비록 2월 7일까지 한시적으로 16편 운항으로 제한되었지만 상하이-타이베이 간의 직항이 이루어지면서 분단 이후 처음으로 대만 항공기가 중국 상공을 비행하였다. 또한 2001년 1월 첫 해운 직항이 실현된 뒤 부정기적으로 개통되었던 푸조우-샤먼, 마주-진먼 항로도 설 특별 수송을 위해 이날 재개되었다.308)

이후 대만이 2002년 1월 1일 WTO에 공식 가입하게 되자 대만대륙위원회는 성명을 통해 우선 대만해협 양안간의 교역제한을 완화하고 WTO의 틀 내에서 중국과의 직접교역을 개방할 것이라 밝혔다.309) 이는 민진당정부가 '삼통'의 전면적인 실시에 대하여 적극 고려할 것이라는 메시지로 이해되어야 할 것이다.

'삼통'의 진전은 곧 양안간의 비정치적 영역, 특히 경제적 부문의 교류확대를 의미하는 것이다. 천 총통의 대만독립 주장으로 인해

---

307) http://www.chosun.com/svs/content_view/content_view.html?contid=2001 0206700239(검색일: 2008. 8. 20)

308) http://www.chosun.com/svs/content_view/content_view.html?contid=2003 012670312(검색일: 2008. 9. 9) 2001년 1월 '소삼통'으로 시작된 이 두 항로는 2002년 말까지 양안 여행객 85,000여 명을 실어 날랐다.

309) http://www.chosun.com/svs/content_view/content_view.html?contid=2002 010170056(검색일: 2008. 8. 20) 직접교역이 실현될 경우 전체 제조물량의 80%를 중국 현지공장에 의존하고 있는 대만 기업들은 물류비용을 최고 30%까지 절감할 수 있을 것으로 기대하고 있다.

야기된 정치적인 긴장관계에도 불구하고 양안간의 경제교류는 지속적으로 발전하였다. 민진당 집권시기인 2000년부터 2007년까지의 양안 교역액은 2000년 305.3억 불에서 매년 증가하여 2007년에는 1244억 불로 증가하였다. 즉 민진당 집권기간에만 4배 이상이 증가한 것이다. 그 중 대만의 대중 수출액은 2000년 254.9억 불에서 2006년 871.1억 불로 대폭 증가하였고, 여기에다 홍콩 경유 무역액을 합치면 그 숫자는 더욱 늘어나게 된다. 또한 대만인들의 중국 투자액은 2000년 23억 불에서 점차 증가하여 집권 1기 말인 2003년 33.8억 불로 최고조에 이르게 되고 이후 다소 감소추세를 보였지만 2006년에도 21.4억 불을 기록하였다. 그리고 1989년 대중 투자가 본격적으로 시작된 후 2006년까지의 대만의 대중 투자 누적액은 439.1억 불에 달하였다.[310] 또한 대만의 총 교역액 중 중국과의 교역액이 차지하는 비율은 2000년 10.67%에서 지속적으로 증가하여 2007년 21.95%를 기록하여 2배 이상의 증가세를 보인 바, 그 중 수출은 2000년 16.46%에서 2007년 30.11%, 수입은 2000년 4.43%에서 2007년 12.77%를 기록하였다.[311] 이는 대만경제의 대 중국 의존도가 민진당 집권기간 동안 2배 이상 증가하였다는 것을 의미한다.

위와 같은 통계 수치는 정치적인 긴장관계는 경제관계의 악화로 이어진다는 보편적인 주장으로는 설명하기 힘든 현상이다. 민진당 집권 당시 양안간의 긴장이 고조되었던 시기에도 양안간의 경제교류는 지속적인 증가세를 보이고 있는 사실을 어떻게 설명할 것인가? 상식에 반하는 중국과 대만과의 현실적인 관계를 뒷받침하는 것은 뿌리 깊은 한족 공동체의식과 비정치적 교류의 역사라는 주장이 설득력을 가진다.[312] 이러한 이유는 역으로 정치적인 갈등이 양

---

310) 中華人民共和國海關總署 (http://www.gwytb.gov.cn/lajmsj.htm)
311) 臺灣海關 (http://www.mac.gov.tw/big5/statistic/em/190/8.pdf)
312) http://www.chosun.com/svc/content_view/content_view.html?contid=2000

안관계를 파국으로 몰고갈 수 없는 요인으로도 작용한다고 볼 수 있다.

4. 국민당정부의 양안정책

대만주민들의 절대 다수는 대만의 정치적·경제적 안정 기조를 무너뜨릴 수 있는 급격한 통일이나 독립보다는 현상유지, 즉 통일도 아니고 독립도 아닌 소위 '불통불독(不統不獨)' 상태를 원하고 있기 때문에 대만주민의 공감을 얻을 수 없는 독립정책이나 통일정책을 조급하게 추진할 수는 없었다. 이러한 측면에서 볼 때 민진당의 대만독립노선 역시 앞에서 언급하였듯이 천쉐이볜 자신의 정치적 신념으로서 선언적이고 명분적인 성격이 짙었으며, 그것이 구체적인 정책이나 행동으로 옮겨지는 경우는 거의 없었다. 이는 민진당의 정치적 정체성의 문제와 중국의 압력 회피라는 정치적 문제가 개입되어 있었지만 당시 비정치적 영역의 양안관계 발전 상황이 이미 정치적인 영역을 제약하고 있었다고 보아도 무방할 것이다.

2008년 출범한 국민당의 마잉지우(馬英九)정부는 대만 국내의 여론에 부합하는 '불통, 불독, 불무(不統·不獨·不武, 통일하지 않고, 독립하지 않고, 무력을 행사하지 않는다)'를 내용으로 하는 '신삼불정책(新三不政策)'을 제시하고, 대만 헌법의 테두리 안에서 대만해협의 현 상황을 유지할 것이라 밝혔다.[313] 이는 대만이 양안의 정치적 관계에 대한 과거 명분적이고 애매모호한 태도에서 벗어나 처음으로 대만주민과 각계에 깔려있는 현실적인 사고를 실질적인 정책으로 구체

042770342(검색일: 2008. 8. 6)

313) 王郁琪 대만 총통부 대변인은 마잉지우 총통의 양안정책기조는 '불통, 불독, 불무'라고 전제하고 마 총통은 중국과 대만이 각각 독립적으로 양안을 통치하는 현상유지를 원하고 있다고 밝힌 바 있다. 『조선일보』, 2009. 6. 18

화하면서 이를 대내외에 비로소 공개적으로 밝혔다는데 커다란 의의가 있다. 또한 마잉지우 자신은 대만인 다수와 마찬가지로 대만해협의 현상유지를 원하며, 통일이나 독립의 문제는 대만의 미래 세대들이 결정할 문제라고 강조함으로써 양안의 정치적 현상유지의 의지를 확실히 밝혔다.314)

특히 마잉지우의 '신삼불정책'은 전형적인 현상유지정책이며, 현상유지란 곧 평화공존을 의미한다. 또한 통일이나 독립의 문제는 대만의 미래 세대들이 결정할 문제라는 의미는 통일이라는 정치적 문제는 장기간 평화공존의 결과물로서 양안간 장기간 축적된 공동이익이 확산효과(spill-over effect)를 유발하여 결과적으로 정치통합을 가능하게 해 줄 것이라는 기능주의적 사고에 근거하고 있다고 해석해볼 수 있을 것이다.

양안정책에 있어서 마잉지우의 국민당정부와 천쉐이볜의 민진당정부의 가장 큰 차이점은 대만주권을 포함한 중국의 '하나의 중국'원칙에 대한 입장이다. 민진당정부는 중국의 '하나의 중국'원칙을 수용할 수 없다는 입장을 고수하여 왔으나, 국민당정부는 대만과 중국의 헌법 모두 '하나의 중국'을 규정하고 있다고 지적하면서 주권에 대한 양안간의 논쟁은 현실적으로 해결이 불가능하지만 '하나의 중국'에 대한 '92공동인식'에 기초한 '일중각표(一中各表)'를 수용하고 이에 기초한 대화와 협력은 충분히 가능하다는 입장이다. 즉 민진당정부는 '주권'문제에 대해 종국적인 '해결'을 추구하였으나 국민당정부는 이에 대한 실용적인 '관리'에 초점을 두고 있다는 점이다.

국민당정부는 '신삼불정책'과 '92공동인식'에 기조를 두고 기존의 '상호 불승인'에서 '상호 불거부'라는 중간단계를 설정하여 주권 논쟁을 뒤로하고 양안의 고위급대화와 경제협력을 재개하고자 하였

---

314) 『조선일보』, 2009. 6. 19

다. 이와 함께 마잉지우는 중국과 외교적인 '화해와 휴전'을 표방하고 제로-섬(Zero-Sum)적인 개념의 외교적 대결과 소모전을 자제할 것을 제의하였다. 2008년 8월 마잉지우는 대만 외교의 기본원칙은 '활로'를 모색하는 것으로 "중국과 불화하지 않고 대만의 기존 수교국과의 외교관계를 공고히 하며 여타국가와의 신뢰를 회복하는 것"이 주요목표라고 밝혔다. 동시에 대만인의 존엄이 전제되고 '국제 공간'이 확보되어야 함을 역설하고 중국의 외교적 휴전과 대만의 '국제 공간' 확보가 동시에 충족되는 것이 국제사회에서의 대만의 '활로'임을 강조하였다.315) 그러나 "대만이 국제사회에서 고립되지 않아야 양안관계가 전향적으로 발전될 수 있을 것이다"고 강조하면서도 'Taiwan'이 아닌 'Chinese Taipei' 명의의 국제기구 참여를 수용할 수 있다고 밝힘으로써 전임 정부와는 달리 대만의 '국제 공간' 문제와 양안관계를 경직되게 연계시키지 않고 상당한 유연성을 보였다.316)

이러한 마잉지우의 국민당정부의 양안정책은 중국의 적극적인 호응을 불러일으킴으로써 양안관계는 새로운 국면을 맞이하게 되었다. 후진타오 주석 역시 양안 통일이 중국의 궁극적인 목표임에는 변함이 없으나 현 시점에서의 통일논의는 대만 내부의 반발이 예상되므로 장기적인 목표로 상정할 수밖에 없다는 인식을 가지고 있었으며, 따라서 양안간 평화발전의 기본적인 틀을 조성하는 것이 가장 시급한 과제이자 중간목표라고 생각하였다. 이러한 인식에서 마잉지우의 국민당정부는 그러한 중간목표를 실현하는데 있어 역사적인 기회를 제공하고 있다고 보았던 것이다. 이러한 인식은 이후 앞

---

315) 최명해, "마잉주 정권 출범 1년의 양안관계 평가 및 전망", 『주요국제문제분석』, No. 2009-17(외교안보연구원, 2009. 6), p.3
316) 중국은 대만이 1971년 유엔에서 축출된 후 처음으로 유엔전문기구의 참가를 허용하는 조치를 취했다. 즉 2009년 5월 제네바에서 개최된 세계보건총회(WHA)에 대만이 옵서버 자격으로 참여함으로써 첨예한 대립을 보이던 대만의 '국제적 활동공간' 이슈에서도 정치적 타협의 계기가 마련되었다. 위의 글, p.2, p.4

에서 언급한 바 있는 '후6점(胡六點)'으로 구체화되었다.

또한 마잉지우는 중국과의 교류협력에 대한 방안으로 '선경후정, 선이후난(先經後政, 先易後難)'의 원칙317)을 주장함으로써 정치적인 쟁점은 묻어두고 양안간의 경제적인 교류협력을 우선 추진하여 새로운 시대를 열어가고, 용이한 문제를 먼저 해결하면서 어려운 문제로 접근해 가는 점진적인 양안관계를 구축할 것을 강조하였다.318) 이러한 주장들은 마잉지우의 국민당정부가 명분에 지나지 않는 주권문제를 포함한 정치적인 문제는 접어두고 현상유지에 입각한 기능주의적인 접근방식을 통하여 양안관계를 발전시킬 것이라는 의지를 명확히 표명한 것이라 해석될 수 있는 부분이다.

5. 21세기 양안관계 발전의 특징

1) 비정치적 영역에서의 급속한 관계발전

양안간 비정치적 영역, 특히 경제적 영역에서의 관계발전은 1990년대 이후 정치적 긴장관계에도 불구하고 꾸준히 발전하여 왔다. 1990년대 양안간의 무역총액은 1991년 57.9억 불에서 1999년 234.8억 불로 증가하였고, 그 중 대만의 대중 수출액은 46억 불에서 195억 불로 증가하였다. 또한 대만의 대중 투자액도 1991년 2억 3천만 불에서 1999년까지 약 135억 불의 누적 총액을 기록하였다.319) 2000년대 들어와 민진당 집권 시기인 2000년부터 2007년까지 양안간의 경제통상관계의 발전은 앞에서 살펴본 것과 같이 대폭 증대하였다.

특히 21세기 들어 중국과 대만의 WTO 가입은 양안 경제관계의

---

317) 정치적인 것보다는 경제적인 부분을 우선하고, 어려운 문제보다는 쉬운 것부터 먼저 풀어가자는 주장이다
318) 紀欣, "兩岸關係-和平發展不能缺少統一願景", 『海峽評論』 第238期, 2010. 참조
319) 中華人民共和國海關總署 (http://www.gwytb.gov.cn/lajmsj.htm)

발전에 탄력을 불어넣는 계기가 되었다.320) WTO 가입 후의 중국은 이미 '포스트 막시즘(post-Marxism)'의 길을 걷기 시작했으며, 중국의 개혁개방과 세계 자본주의 경제체제로의 편입은 과거 폐쇄적이었던 중국이 개방적인 '시장공산주의' 혹은 '시장사회주의'의 단계에 진입하였음을 의미한다.321) 이러한 현상은 향후 중국이 비교적 유연한 정치체제를 가진 자본주의사회로 발전할 수 있는 중요한 요인으로 작용할 것이다. 이는 세계화의 조류 속에 정치와 경제의 정책적 우선순위가 역전되고 있는 전 세계적 현상, 즉 정치가 경제발전을 위한 도구로서의 역할이 되고 있는 현상에서 중국과 대만 역시 예외가 아니라는 것을 의미한다. 이로써 중국은 대만에 대해 대등한 관계를 인정한 것은 아니나 경제실체로서의 존재를 인정하게 되었다.

특히 국민당 정권 출범 이후 민진당정부시기 완전히 중단되었던 중국의 해협회와 대만의 해기회간의 대화가 재개되어 경제협력 프로그램이 구체화되었으며, 2008년 6월 베이징회담과 11월 타이베이회담, 2009년 4월 난징(南京)회담을 통하여 양측은 '삼통'에 합의함으로써 드디어 양안간의 오랜 숙원이었던 전면적인 '삼통'시대가 개막되었다. 특히 타이베이회담에서는 항공, 해운, 우편, 식품안전과 관련된 4개항의 합의서에 서명함으로써 양안간 항공편수는 매주 108편으로 증가되었고, 중국은 63개, 대만은 11개의 항구를 개방하여 인적 물적 교류의 기반을 마련하였다.322) 또한 난징회담에서는 사법공조, 금융협력(공통 통화결제시스템의 점진적 구축), 정기항공노선 등과 관련된 3가지 합의서에 서명함으로써 중국자본의 대 대만

---

320) 중국은 2001. 11 WTO에 가입하였고, 대만은 2002. 1. 1 독립관세지역의 지위로 WTO에 가입하였다. 대만의 WTO 내에서의 지위는 중국, 홍콩, 마카오와 동등한 '정식회원'이고 WTO체제 내에서는 평등한 권리와 의무를 지닌다. 그러나 이것은 국제법상의 정치적 주권과는 무관하다.
321) Segal Gerald, ed., *Dose China Matter? A Reassessment* (New York: Taylor & Francis, 2004), p.46
322) 『조선일보』, 2008. 11. 4

투자가 처음으로 허용되는 등 경제통합을 향한 제도화의 기반을 마련하였다.

　WTO 가입으로 자신의 경제를 세계에 개방하겠다는 의지를 천명한 중국은 2010년 ASEAN과 FTA를 체결하였으며, 한국, 일본과도 FTA체결을 추진하고 있다. 그리고 홍콩, 마카오와는 CEPA(Closer Economic Partnership Agreement)를 체결하였으며, 대만과도 ECFA(Economic Cooperation Framework Agreement)323)를 체결하였다. 이렇게 볼 때 중국의 경제는 아·태지역에서 이미 국경을 초월하는 경제협력구조 속에서 움직이고 있으며, 따라서 아·태지역의 평화와 안정은 중국에 있어 대단히 중요한 의미를 지닌다고 볼 수 있다. 특히 아·태지역과 세계경제성장의 선두주자로서의 중국에 있어서 양안간의 경제적 상호의존은 이미 중국 경제발전에 필수불가결한 요소로 자리잡고 있으며, 이러한 경제적 상호의존도의 심화는 돌이킬 수 없는 추세라는 주장에 대해서 이의를 제기하는 사람은 별로 없다.324) 양안간 경제적 상호의존도의 지속적인 심화는 양안의 정치적 관계를 순방향으로 발전시키는 기능주의적 역할을 할 수 있을 것이며, 이는 양안관계에 긍정적인 동기를 부여하여 관계를 강화시킴과 동시에 양성순환적인 발전을 가능하게 할 것이다. 이러한 측면에서 볼 때, 중국과 대만의 ECFA의 가장 가시적인 성과는 양안간의 정치적인 통합은 뒤로 하고 우선 비정치적인 분야인 경제적인 통합을 달성하기 위한 첫발을 내딛었다는 것이다. 이는 중국과 대만이 정치적 주도권 경쟁에서 경제적 동반자의 관계로 전환하겠다는 의미를 부여할 수 있을 뿐 아니라 화해의 시대로 나갈 수 있는 분위기를 조성하겠다는 의지로 풀이될 수 있는 것이다.

---

323) 중국에서는 이를 '兩岸經濟合作框架協議'라고 하며, 대만에서는 '兩岸經濟合作架構協議'라고 부른다.
324) 李英明, 『全球化時代下的臺灣和兩岸關係』(臺北: 生智, 2001), p.121

21세기 들어 양안간에는 경제적 영역에서의 발전뿐만 아니라 인적 왕래를 포함한 사회, 문화적 교류도 대폭 증대되었다. 상하이(上海), 광조우(廣州) 버하이(渤海)만 일대에 약 30만 명 이상의 대만인이 거주하고 있으며(상하이에만 50만 명 이상이 거주하고 있다는 주장도 있음), 결혼으로 대만으로 건너오는 중국인은 한해 1만여 명에 이르고 있다.325) 또한 중국-대만 방문객은 2002년 대만인 277.5만 명, 중국인 1.2만 명이 각각 상대 지역을 방문하였으나 2007년에는 대폭 증가하여 대만인 463만 명, 중국인 23만 명을 기록하였다. 이같이 인적 왕래가 증가하자 중국은행은 푸젠성에서 중국과 대만 화폐의 조건부 교환을 결정하기도 하였다.326)

2) 정치·비정치 영역의 분리접근과 갈등의 관리에 대한 공동인식

1993년 왕구회담을 시작으로 양안은 정치·비정치 영역에 대한 분리접근에 인식을 같이 했다고 볼 수 있다. 이러한 인식은 양안관계 발전 과정에서 항상 바탕에 깔려 있었다.

1995년 리덩훼이 총통의 미국방문을 둘러싸고 양안간의 긴장이 고조되었으나 쌍방은 기존의 교류·협력을 제한하는 어떠한 조치도 취하지 않았다. 또한 중국은 대만지역에 대한 군사적인 시위(미사일 발사 실험)을 감행하는 상황에서도 중국은 1995년 8월 푸젠성 푸조우(福建省 福州)에서 대만 경제인들에 대한 투자설명회를 개최하고 대만과의 경제교류의 중요성을 강조하는 등327) 서로간의 정치적 비난 수위를 높이는 과정에서도 경제통상관계의 적극적인 확대의 필요성을 강조하고 있었다.328) 이러한 측면은 쌍방이 이미 양안

---

325) http://www.chosun.com/svs/content_view/content_view.html?contid=2004010870408(검색일: 2008. 8. 20)
326) http://www.chosun.com/svc/content_view/content_view.html?contid=20080325500108(검색일: 2008. 9. 9)
327) 김옥준(2001), p.230

관계 발전에 대하여 기능주의적 접근에 동의하고 있음을 말해주는 것이며, 정치적 영역과 경제적 영역을 분리시키고자 하는 기능주의적 사고가 바탕에 깔려 있음을 의미한다. 따라서 양안관계의 정치적 특성상 서로 간에 피할 수 없는 갈등이 발생한다 할지라도 그것을 정치적 영역에 최대한 묶어 두면서 기타 부문으로 확산되지 않도록 관리하고자 하는 의도도 엿보인다.

또한 민진당정부시기, 대만독립문제로 인하여 양안의 정치적 관계에는 상당한 기복이 있었고 갈등이 고조되기도 하였지만 그러한 긴장 속에서도 양측은 항상 대화와 타협 그리고 협력을 추구할 수 있는 여지를 남겨 놓고 있었다. 동시에 교류와 협력에 대해서는 항상 긍정적인 인식을 가지고 노력하고 있었으며, 따라서 양측 모두 양안관계를 파국으로 몰고 가는 극단적인 정책을 취하지 않았을 뿐 아니라 양안간의 경제교류는 여전히 매년 증가하고 있었다. 2001년 천 총통은 민주주의와 평등, 평화의 기본원칙에 따른 양안협상 재개 의사를 표명하였으며, 양안관계 개선을 위하여 대 중국 투자에 대한 종전의 규제를 완화하기로 하였다고 언급하면서[329] 양안협상에 적극적인 자세를 취하였다. 이후 2004년 10월 천 총통은 쌍십절을 맞아 양안간의 긴장완화 조치를 중국정부에 제의하고, 경제협력을 위한 전세기 운항 등 점진적 '삼통(三通)'을 추진하겠다고 밝혔다.[330] 그리하여 앞에서 언급한 바와 같이 2005년 1월 29일 분단 55년 만에 양안간 첫 여객기 직항이 이루어졌으며, 2월 16일 대만의 화물전세기 양안직항 제의에 이어 2월 25일 중국의 명절 양안전세기 운항 정례화 제의 등 교류협력의 활성화를 위한 일련의 조치들이 취해졌다.

---

[328] '朱鎔基總理在九屆全國人大三次會議上的政府工作報告'『人民日報』, 2000. 3. 6 참고
[329] 『聯合報』, 2001. 8. 30
[330] 『聯合報』, 2004. 10. 11

2008년 국민당 집권이후 샤오완창(蕭萬長) 부총통, 국민당 우버슝(吳伯雄) 주석은 각각 하이난다오(海南島)에서 개최된 보아오 포럼과 베이징에서 회담을 가지고 교류협력 활성화를 위한 방안을 제시하고 이에 대한 합의에 도달하였다.[331] 또한 2008년 6월 베이징, 2008년 11월 타이베이, 2009년 4월 난징에서 세 차례에 걸쳐 대만 해기회의 쟝빙쿤(江丙坤) 회장과 중국 해협회의 천윈린(陳雲林) 회장 간 '쟝천회담(江陳會談)'이 개최되어 양안교류에 관한 9개항이 합의되었다.[332] 특히 2008년 11월 천윈린 해협회 회장의 대만방문은 분단 이후 최초의 중국의 각료급 인사의 방문으로서 그 자체만으로도 중요한 정치적 의미와 함께 양안관계 발전에 커다란 의의가 있는 사건이었다고 할 수 있다.[333] 국민당정부 들어 이러한 연이은 고위급의 접촉과 회담개최는 중국의 신기능주의적인 접근방법을 대만이 일부 수용하고 있다는 의미로 받아들여 질 수 있을 것이다. 다시 말해서 비정치적 영역의 교류와 협력의 활성화를 위해서 기능주의적 접근방법에만 의존하는 것이 아니라 제한적이나마 정치적인 성격을 가진 협상과 회담을 통해 비정치적인 영역의 활성화를 저해하는 갈등적인 요소를 제어해 나가겠다는 의미로 해석할 수 있다는 것이다. 갈등적 요인이 잠재되어 있는 양안관계에서 갈등을 억지하기 위해서는 양안간의 직접 접촉을 통하여 갈등과 위기를 평화적으

---

[331] 보아오포럼에서의 蕭·胡회담에서는 ① 주말전세기 운항 ② 중국관광객 대만방문 허용 ③ 경제무역 정상화 ④ 양안협상체계 재개 등 4개방안이 제시되었으며, 베이징에서의 吳·胡회담에서는 ① 상호신뢰 증진 ② 분쟁해소 ③ 상호차이 인정 ④ 상호 윈-윈 분위기 조성 ⑤ 양안간 회담 재개 등 5개항이 합의되었다. 김원곤(2009), p.297

[332] 1차 회담에서 ① 주말 전세기 운항 ② 중국관광객의 대만여행 개방 등 2개항, 2차회담에서 ① 해운직항 ② 주중 직항전세기 운항 ③ 우편교류 ④ 식품안전 등 '大三通'을 포함한 4개항, 3차회담에서 ① 정기항공노선 격상 ② 금융협력 ③ 양안간 강력범죄 및 사법처리에 대한 공조 등 3개항에 합의하였다. 김원곤, 위의 책

[333] 『동아일보』, 2008. 11. 4

로 관리할 수 있는 기제를 마련해야 하며, 이를 위해서는 예방외교의 차원에서 위기예방과 갈등관리를 제도화시킬 필요가 있다.334) 그런 의미에서 양안간 해협회와 해기회가 구축해 온 '협상 모델'이나 '고위층의 상호방문' 등은 갈등관리의 구체적인 방안이 될 수 있을 것이다.335)

최근 양안간에는 상호차이를 인정하는 '구동존이(求同存異)' 인식이 대립인식을 대신하여 자리잡고 있으며, 이러한 인식이 협상정신의 기초가 되고 있다. 후진타오가 강조하고 있는 '화이부동(和而不同)' 역시 이와 그 맥을 같이하고 있다. 최근 중국은 양안관계가 '분리되면 양측에 손해가 되고, 서로 합치면 양측에 이익이 된다(分則兩害, 合則兩利)'는 인식을 바탕으로 발전하고 있다고 지적하였다.336) 이는 중국과 대만이 양안간의 문제들을 궁극적으로 해결하기 위해서는 양안 쌍방이 보다 깊은 상호신뢰 관계를 형성하고 서로 더 많은 양보를 해야 할 것이라는 점에 대한 공동인식이 정착되어 가고 있음을 의미한다고 볼 수 있다.

양안관계에 있어서 정치적 문제는, '하나의 중국'원칙을 고수하는 중국과 이를 거부하고 독립 자주적 정치실체로서의 국제적 승인을 요구하는 대만의 대립이 지속되는 상황이 전개된다 할지라도 어느 일방도 해결 능력을 가지고 있지 못하다는 사실에 주목해야 한다. 또한 양안관계에는 미국 등 국제적 요인이 절대적인 영향을 미치고 있어서 중국이든 대만이든 이러한 현상을 타파하기 위한 통일, 독립 시도는 거의 불가능하다는 것 역시 현실이다. 이는 양안관계가 이미

---

334) William A., *Contingent States: Greater China and Transnational Relation* (Minneapolis, MN: University of Minnesota Press, 2004), p.296
335) 黃嘉樹, 『兩岸談判硏究』(北京: 九州出版社, 2003), p.37, Henry M. Paulson, "A Strategic Economic Engagement: Strengthening U.S.-Chinese Ties", *Foreign Affairs*, Vol.87, No.5(October 2008), p.60
336) 『人民日報(海外版)』, 2011. 3. 24

중국과 대만의 특정 지도자 혹은 정치세력이 근본적인 변화를 추구하기 어려울 정도로 대내외적 요인과 복합적으로 연계되어 있음을 의미하는 것이다. 또한 현실적으로 비록 객관적인 국력의 차이가 현저하게 존재한다 할지라도 양안 어느 일방도 양안의 현상변경을 시도할 군사적 능력을 갖추고 있지도 않다. 뿐만 아니라 양안의 경제적 상호의존이나 세계경제체제와의 결합을 고려할 때 이를 파국으로 이끌고 갈 양안간 군사적 충돌이나 전쟁의 확대가능성은 거의 없다고 보아야 한다. 양안 당국은 현재 급격한 현상변경이 불가능하고 변경을 시도할 경우 그 불확실성과 비용을 가늠할 수 없다는 것을 잘 인지하고 있기 때문에 어느 일방의 정치적 행동으로 인해 양안관계가 악화될 가능성은 희박하며, 단시일 내 통일의 가능성 역시 희박하다 할 것이다. 이렇게 볼 때 양안간 정치적 관계의 현상유지는 피할 수 없는 현실이 되고 있음을 부정할 수 없다.

3) 정치적·지리적 경계를 초월하는 인구의 증가

1992년 중국이 대만의 최대 투자대상 지역이 된 이래 현재에도 역시 중국대륙은 대만의 최대 대외투자 지역이며, 중국에 있어서도 대만은 주요한 외자도입 대상이 되고 있다. 뿐만 아니라 앞에서 언급한 바와 같이 양안간의 인적·물적 교류는 급속히 증대되고 있으며, 양안간의 교류는 경제적인 영역에서 뿐만 아니라 대륙의 친지방문과 관광을 목적으로 하는 대만인들이 급증하고 있으며, 학술·문화·체육 분야 등 다양한 영역과 계층에서 양안교류의 폭을 넓히고 있다. 특히 WTO가입 이후 중국은 WTO의 국제규범 하에 지속적인 개방을 하지 않을 수 없었으며 양안간의 경제적 이해관계는 더욱 밀접해 질 수 밖에 없었다. 이러한 사회·경제적인 영역에서의 긴밀한 관계 형성은 필히 양안을 모두 활동영역으로 하는 인구의 증가로 이어지게 된다. 즉 이러한 상황이 만들어낸 주목할 만한 사실은 양안의 주민들 중에는 이미 지역과 정치적 이념을 초월하여 경제활동에 종사하고 있는 인구가 점차 늘어나고 있다는 점이다.337) 이는 비단 경제활동에만 국한된 것은 아니며, 혼인이나 학업 등을 이유로 양안간을 오가며 자신의 이익을 추구하고 있는 사람들이 증가하고 있다. 이러한 부류의 사람들에게는 양안관계의 변화가 자신들의 생활과 생계에 직접적인 영향을 미치고 있다. 즉 이들은 중국과 대만이라는 인위적인 경계가 존재하지 않을 뿐 아니라 거주지역이나 정치적인 소속과는 관계없이 그들은 양안 모두를 활동무대로 하고 있다. 이러한 사람들의 의식과 인식은 양안관계 발전에 새로운 동력을 제공하고 있으며, 양안관계에서의 새로운 모델의 형성을 촉구하고 있다.338) 이렇게 볼 때 이들은 기능주의적 접근방식이 만들어 낸 대표적인 양안통합의 동력이라 할 수 있을 것이다.

또한 이 같은 인구들이 증가하면서 이들은 양안 주민들 간의 문화적·이념적인 측면에서의 경계를 무너뜨리는 선도적인 역할을 하고 있다. 이들에 있어서 양안간의 서로 다른 정치적 이데올로기는 이미 별 의미가 없으며, 그들의 생활과 생계에 거의 영향을 미치지 않는다. 경제적인 영역에서 중국은 이미 과거 사회주의적 문화나 사고방식을 거의 찾아볼 수 없으며, 그들의 경제활동에는 오직 자본주의적 문화와 사고방식이 지배할 뿐이다. 따라서 비정치적인 영역에서 활동하는 이들은 중국과 대만이 공유하고 있는 자본주의라는 이념적인 동질성과 동일한 문화와 역사를 가진 중국인이라는 사실만이 그들 삶의 기반이 되고 있다. 이들은 양안간의 정치적 관계에 민감한 반응을 보이면서 양안간의 정치적 관계가 갈등이 고조되는

---

337) 初國華, '全球化與兩岸關係新願景', 『中國大陸研究』 第51卷 第4期(臺北: 國立政治大學 國際關係研究所, 2008), p.102
338) 石之瑜編, 『家國之間: 開展兩岸關係的能動機緣』(臺北: 新臺灣人基金會, 2003), p.85

것을 저지하고 그러한 갈등관계의 평화적 해결을 촉진하는 세력으로 작용할 것이며, 이러한 부류의 양안 주민들의 수는 양안관계 발전에 따라 분명히 증가할 것이다.

제4절 21세기 양안관계의 딜레마와 과제

1. 양안관계의 이중성과 딜레마

양안관계에 있어서 정치적 문제는 '하나의 중국'원칙을 고수하는 중국과 이를 거부하고 독립 자주적 정치실체로서의 국제적 승인을 요구하는 대만의 대립이 지속되는 상황에서 어느 일방도 이에 대한 해결 능력을 가지고 있지 못하다는 사실에 주목해야 한다. 또한 양안관계에는 미국 등 국제적 요인이 절대적인 영향을 미치고 있어서 중국이든 대만이든 이러한 현상을 타파하기 위한 통일, 독립시도는 거의 불가능하다는 것 역시 현실이다. 이는 양안관계가 이미 중국과 대만의 특정 지도자 혹은 정치세력이 근본적인 변화를 추구하기 어려울 정도로 대내외적 요인과 복합적으로 연계되어 있음을 의미하는 것이다.

그럼에도 불구하고 대만 정치사상 최초로 정권교체에 성공한 천쉐이벤과 민진당은 그들의 정치적 이상인 대만독립노선을 실험선상에 올려놓았던 것이다. 천쉐이벤은 집권시기 노골적으로 대만의 정치적 정체성과 독립문제를 제기하고 더 나아가 이를 국제화하고자 했다. 이는 대내적인 정치적 목적과 선거용이라는 비판을 받았지만 천 총통은 대만이 중국의 지방정부가 아닌 엄연히 주권과 영토를 가진 독립적인 국가라는 소위 '일변일국론'을 민진당의 공식적인 입장으로 제기하였다. 또한 국제사회가 대만의 민주화, 인권신장과 중국의 비민주성, 비인권적 상황을 객관적으로 비교 검토하고 대만의 국제적 지위와 생존 공간을 확대해 주어야 한다는 점을 역설하였다.

이러한 대만 내부의 대만독립 움직임에 대해 중국은 이것이 양안관계의 급격한 변화를 야기할 정도는 아니고 더욱이 이들이 주장하는 구호들의 대부분이 정치적, 정략적 차원에서 제기되는 것이라고 판단하고 있었다. 그 이유로 대만인들은 양안관계의 현상유지를 바탕으로 발전을 희망하고 있기 때문이라 인식하고 있다. 즉 양안간의 대립, 경쟁, 반목의 상태가 아니라 분리되어 있는 현 상태에서 양안관계의 발전을 모색하고자 하는 심리가 대만인들의 저변에 깔려 있다는 것이다.[339] 즉 대만 내에서도 현 단계에서 무력 충돌을 포함한 극단적인 대립과 혼란이 불가피한 통일 혹은 독립 시도보다는 경제적인 윈-윈을 구가하는 양안의 안정과 현상유지, 즉 불통불독(不統不獨)이 보다 현실적이라는 것이 대다수 대만주민들의 생각이라는 것이다.[340] 이러한 양안의 심리 상태는 대만독립 주장의 수위가 높아지면서 양안간의 갈등이 고조되는 상황에서도 양안간의 경제교류는 별다른 영향을 받지 않고 지속적으로 발전하고 있었다는 사실이 잘 입증하고 있다.

또한 이러한 대만인들의 심리를 잘 알고 있는 집권당으로서의 민진당은 한편으로는 대만독립 주장의 수위를 높이면서도 다른 한편으로는 여전히 경제적 교류의 발전을 염두에 두지 않을 수 없었다. 특히 앞에서도 보았듯이 대만의 중국에 대한 경제적 의존도가 높아지면서 그 취약성이 증가하고 있다는 사실 역시 대만 당국이 양안관계를 파국으로 몰고 갈 수없는 이유 중의 하나라고 인식되고 있다.

---

339) 박광득, "중국의 시각에서 본 천수이벤체제의 양안관계 비판",『대한정치학회보』제11집 2호(대한정치학회, 2003), p.335
340) 대만 내 양안관계에 대한 여론조사 결과에 따르면 현상유지를 지지하는 비율이 1996년 46.1%, 2000년 49.1%, 2003년 53.8%, 2004년 55.9%로 증가추세를 보이고 있다. (김흥규, 앞의 글 p.11)

2008년 출범한 국민당정부는 대만의 가장 중요한 후견인은 미국이지만, 중국 역시 대만의 가장 중요한 경제 파트너임을 분명히 하면서 '삼불'정책을 양안정책의 기본 원칙으로 설정하였다. 이는 대내적인 통일논의는 현실적으로 무의미하며, 민진당정부의 대만독립추구가 오히려 대만의 국제적 입지를 약화시켰다는 사실을 인정하고 무력충돌을 피하고 양안의 안정적 현상유지를 희망하는 대내외적 여론 등을 현실적으로 반영한 것이다. 이러한 인식하에 국민당정부는 '삼불'정책에 기조를 두고 '92공동인식'을 바탕으로 '하나의 중국' 원칙에 대한 논쟁을 접어두고 양안의 고위급 대화를 비롯한 경제적인 교류와 협력을 추진해 나가고자 하였다.

　중국 역시 양안문제에 대한 접근에서 강·온의 양면정책을 추구하고 있다고 볼 수 있다. 후진타오는 2005년 3월 전국인민대표대회에서 '반국가분열법'을 통과시킴으로써 대만의 독립 지향적 의지에 쐐기를 박는 동시에 대만에 대한 중국의 입장을 법률적으로 확고히 정립하고자 하였다. 다른 한편으로 중국은 롄잔 국민당 주석과 송추위 친민당 주석의 중국 방문기회를 통하여 대만이 독립을 추구하지 않는다면 중국은 양안간의 경제협력 및 양안간의 평화와 안정에 적극 기여할 것이라 강조하였다. 이후, 국민당정부가 출범하자 중국은 마잉지우의 '삼불'정책을 현실적으로 인정하지 않을 수 없다는 인식하에 '후6점'을 발표하는 등 국민당정부의 양안정책에 적극 호응하고 있다.

　중국의 지도자에게 있어 '하나의 중국'원칙에 위배되는 방향으로 대만문제가 전개될 경우 그의 정치적 입지는 커다란 타격을 입을 수밖에 없다. 따라서 중국의 지도부는 상징적으로라도 대만문제를 최우선 과제로 설정해야 하며, 이는 자신의 정치적 생명을 걸어야 하는 양보하기 어려운 문제임이 분명하다. 그러나 중국 역시 양안의 평화와 안정은 그들의 경제발전에 필수 불가결한 요소일 뿐만 아니라 대만의 중국에 대한 경제적 의존도가 높아지는 만큼 중국의 대만에 대한 경제적 의존도 역시 높아져 가고 있기 때문에 양안간의 경제협력도 중국 경제에 빼놓을 수 없는 중요한 부분을 차지하고 있다는 사실 역시 잘 알고 있다.

따라서 양안간의 정치적 문제해결과 경제적인 관계 발전은 이중성을 가질 수밖에 없으며, 양안 모두가 딜레마에 빠질 수밖에 없다. 이러한 딜레마에서 양안은 모두 현실적으로 접점을 찾을 수 없는 정치적 문제는 접어 두고 경제적인 영역의 교류와 협력을 통하여 점진적인 정치적 통합을 이룩해 나가겠다는 기능주의적인 접근을 하고 있는 것으로 보인다. 단지 중국의 접근은 제도적인 측면을 함께 강조하고 있다는 측면에서 신기능주의적인 성격을 더하고 있다고 볼 수 있다. 그러나 이러한 기능주의적 접근을 통한 정치적 통합은 이론 자체의 문제점으로 지적되고 있듯이 양안관계를 다음과 같은 또 다른 딜레마에 빠지게 할 수 있다는 점을 간과할 수 없을 것이다.

첫째, 기능주의 이론에 대해 보편적으로 지적되고 있는 회의적인 시각인 정치적 문제와 사회·경제적 문제를 과연 분리시킬 수 있는가 하는 문제이다. 기능주의자들은 기능을 강조하는 나머지 법, 제도 및 정치적 권위체를 소홀히 하는 경향이 있다. 기능주의자들의 전략은 상호간의 갈등을 유발시킬 수 있는 정치적 문제 이전의 영역, 즉 비정치적 영역에서 협력과 조화를 모색하며 이러한 기반이 구축되어 정치문제의 충격에 의해서도 기능으로 얽혀진 국가 간의 관계가 붕괴될 수 없을 정도가 될 때 비로소 정치적 영역의 통합시발점이 발견될 수 있다는 것이다. 이렇듯 기능주의자들은 사회·경제적 문제와 정치적 문제를 분리시키고 있지만 비판자들은 이러한 구분이 현실적으로 실용성을 가지고 있는지는 의문이라는 지적을 하고 있다. 이들은 비록 사회·경제적인 문제가 정치적인 문제와 분리될 수 있다고 가정할 지라도 이러한 문제들은 정치적인 문제가 해결될 때까지 뒤로 미루어질 수밖에 없을 것이라는 견해를 가지고 있다.341)

양안관계에 있어서 중국과 대만은 '92공동인식'에 합의함으로써 의도적으로 '하나의 중국'원칙이라는 정치적 문제를 사회·경제적 문제와 분리시키면서 양안관계발전에 기능주의적인 접근에 동의하였지만 그것이 곧 바로 정치적 문제의 해결을 의미하는 것은 아니었다. 대만은 줄곧 중국이 제의한 정치적 회담이나 접촉에 소극적이었으며, 2008년 8월 마잉지우는 '양안특별관계론' 또는 '내외유별(內外有別)'을 주장하면서 양안이 정치적으로 어떠한 관계인가에 대해 명확한 언급을 하지 않았을 뿐더러 '일국양제' 혹은 '두 개의 정치실체'에 대한 언급도 회피하고 있다.342) 그러나 국민당정부 들어 중국과의 고위급 접촉을 통해 정치적인 협상을 재개하고 있는 점으로 미루어보아 중국의 신기능주의적인 접근방법을 일부 수용하고 있는 것으로 보인다. 하지만 '하나의 중국'이라는 정치적 문제의 핵심에 대해서는 양안간 접점을 찾기는 어려울 것이며, 중국이 정치적으로 의도된 접근을 시도하고 있지만 대만의 호응이 없이는 어떠한 효과도 기대할 수 없는 부분이다.

둘째, 기능주의와 신기능주의 뿐만 아니라 제도주의, 커뮤니케이션 이론 등의 통합이론은 어떠한 접근 방법에 의하든 그 종착점은 통합인 것이다. 따라서 성공적인 정치통합은 통합구성 단위들 사이에 폭력이나 약자의 일방적인 양보 없이 갈등과 분쟁 및 전쟁의

---

341) Kenneth E. Boulding, *The Impact of the Social Science* (New York: Feffer and Simons, Inc., 1966), p.58

342) 福爾布萊特, '解剖馬英九兩岸特別關係論', 『明報』 2008年 10月號(香港, 2008.10), p.62. 마잉지우는 "양안의 헌법은 모두 자신의 헌법에서 정한 영토상에 별도의 국가가 존재하는 것을 허용하지 않는다. 우리 쌍방은 국가와 국가 간의 관계는 아니며, 일종의 특별한 관계에 놓여 있다"고 언급하였다.

상황을 해결할 수 있는 능력의 증대에 의해 실현될 수 있다. 그러나 통합이론의 기본적인 가설에 대한 비판에서는 상호간의 지리적 인접성이나 상호간의 활발한 교역 등과 같은 변수를 지니고 있는 정치적 단위는 여타의 정치적 단위들보다 폭력적 갈등을 유발시킬 수 있는 확률이 2배 이상이나 됨을 밝혀내면서 좋은 교역은 좋은 관계를 만든다는 일반적인 관념은 모순된 것이라 지적하고 있다.343) 양안간의 관계가 이러한 주장에 부합될 수 있을지 여부는 현재로서는 입증할 수 없겠지만, 양안관계에서 이러한 비판이 설득력을 가지는 이유는 쌍방 간에는 현저한 국력차이가 존재한다는 데 있다. 물론 양안간의 폭력적 갈등의 발생에는 상당히 복잡한 대내외적 요인들이 작용할 것이기 때문에 그 변수를 단순화시키기는 어렵다. 그러나 양안간의 현저한 국력 차이는 강자 측에게는 약자에 대한 강요와 압력 및 폭력사용의 유혹을, 약자 측에게는 항상 일방적인 양보를 강요당할 수 있다는 불안감과 강자의 폭력사용에 대한 우려가 존재하고 있음을 부정할 수는 없을 것이다. 특히 대만은 중국에 대한 경제적인 종속정도에 따라 중국으로부터의 일방적인 강요의 가능성과 그것을 수용하지 않을 수 없는 약자의 입장에 처할 수도 있으며, 이러한 관점에서 대만 경제의 중국 의존도는 이미 우려할 수준을 넘어서고 있다는 지적도 있다.

셋째, 평화의 토대를 구축하기 위한 기능주의자들을 포함한 통합이론가들의 계획은 장기적인 것임에 틀림없다. 그러나 오랜 시간을 요하는 점진적인 기능주의의 활동은 통합으로의 도약점에 도달하기 전에 분쟁이나 심각한 장애에 봉착할 수 있고 그리고 이것은 곧 통합으로 향하여 축적시켜가는 기능주의활동을 파괴하거나 저하시킬 것이므로 통합의 새로운 출발이 반복될 수도 있음을 배제할

---

343) Bruce M. Russett, *International Regions and International System*(Chicago: Rand McNally & Company, 1967), pp.191-192

수 없을 것이다.344) 양안관계의 경우 정치적인 주권문제를 둘러싸고 정치적인 갈등 고조의 위험성이 항상 잠재 되어 있다. 향후 양안의 지도자가 누가 되느냐에 따라 이 문제는 현재화 되어질 수도 있으며, 그 갈등의 수위도 가늠하기 어렵다. 또한 만일 대만문제가 '하나의 중국 원칙'에 위배되는 방향으로 전개될 경우 이는 중국의 지도자에 있어서 자신의 정치적 생명을 걸어야 하는 양보하기 어려운 문제가 될 것임은 분명하다. 따라서 중국의 입장에서 '하나의 중국'원칙은 어떠한 대가와 희생을 감수하더라도 관철되어야 하는 철칙이며, 대만의 태도에 따라 이는 기능주의적 발전에 심각한 장애요인으로 작용할 가능성을 배제할 수 없다. 그렇다면 위에서 지적한 바와 같이 양안관계에 있어서의 기능주의적 발전은 전진과 후퇴를 반복하면서 제자리걸음을 할 수 있는 가능성 역시 배제할 수 없다 할 것이다.

2. 통일방안에 있어서의 현실적 과제

양안관계에는 위에서 언급한 이중성과 딜레마가 존재할 뿐만 아니라 중국과 대만의 통일방안 자체에도 현실적이자 실질적인 문제점이 존재하고 있다. 따라서 여기서는 양안의 통일방안에 있어서 양안관계의 실질적인 발전과 궁극적인 통일을 실현하기 위해 해결해야 될 몇 가지 과제를 지적해 보고자 한다.

우선, 정치적 통합이란 국가내의 통합과 국가간, 즉 서로 다른 정치주체간의 통합으로 구분해 볼 수 있다. 서로 다른 정치주체간 통합의 경우 통합이 진전된 이후 국가 내의 통합이라는 과제가 대두되게 된다. 이러한 정치통합과정에서는 기본과제로서 첫째, 국민들

---

344) Inis L. Claude, Jr., *Swords into Plowshares* (3rd ed., New York: Random House, 1964), pp.354-355

로부터 국가의 요구에 대한 존경과 헌신을 이끌어내는 문제와 둘째, 정치체제 구성원들의 정치행위를 지배하는 규범적 합의의 증가문제가 대두된다.[345] 이러한 측면에서 중국은 '일국양제'에 의한 중국과 정치통합 이후 중국이 고수하는 사회주의체제가 대만주민들로부터 존경과 헌신을 이끌어 낼 수 있는가의 문제와 그들의 정치행위를 지배하는 규범에 대한 합의가 증가될 수 있는가의 문제를 고려하지 않을 수 없다. 이에 대한 답은 대단히 부정적이다.

앞에서도 언급하였지만 '일국양제'방안은 여러 가지 의미를 지니고 있다. 그러나 그 중 가장 근본적인 것은 '일국' 즉 '하나의 중국'원칙이다. 중국은 이것은 주권의 문제라고 주장한다. 따라서 이것은 협상의 대상은 아니며, 이에 대한 해석을 달리하는 것에 대해서는 교류협력의 활성화를 위해서 일정기간 유예할 수는 있으나 궁극적인 종착점은 사회주의 중국이다. 그러나 '일국양제'의 궁극적인 목적지가 결국 사회주의체제의 중국이라는 점이 홍콩, 마카오, 대만주민들의 불안감과 거부감을 야기시키고 있다는 사실에 주목해야 한다. '양제' 역시 경제적인 자본주의 제도에만 치중되어 있지 정치·사회적인 제도에 대한 합의는 가볍게 다루고 있다. 이러한 측면에서 중국이 '일국양제'의 성공적인 사례라고 내세우는 홍콩특별행정구 기본법도 완전한 정치적 자치권을 보장하기에는 상당한 맹점이 존재하고 있으며, 홍콩의 미래에 대해서도 불안감과 우려를 불러일으키고 있다.

이에 대하여 중국은 대만에 대해서는 군사, 외교를 포함하는 홍콩보다 더 '고도의 자치권'을 보장할 것이라 제의하고 있지만 대만은 자신이 특별행정구로서 사회주의 중국정부와 중앙과 지방정부의 종적인 권력관계의 지위에 처하는 것에 대한 불안감과 거부감을 떨칠 수 없다는 사실이 대등한 정부의 관계를 요구하는 중요한 이유 중의

---

[345] Claude Ake, *A Theory of Political Integration*(Homewood, Ill.: Dorsey Press, 1967), pp. 5

하나이다. 대만은 이러한 요구의 근거를 '하나의 중국'에 대한 또 다른 해석에서 찾고 있는 것이다. 따라서 '하나의 중국'에 대한 해석을 각각 달리하고 있는 한 서로의 통일방안을 수용하기는 불가능하다.

이러한 맥락에서 볼 때, 21세기 양안관계에서 '일국양제'방안은 과연 어떠한 의미를 가지고 있는가에 대해서 의문을 제기하지 않을 수 없다. 엄밀히 본다면 중국은 이미 전 대륙에 걸쳐 '일국양제'를 실시하고 있다고 보아야 한다. 홍콩·마카오·대만에 대한 '일국양제'가 지역적인 차원에서의 '일국양제'라면 현행 중국 대륙의 '일국양제'는 영역적인 차원에서의 '일국양제'라 볼 수 있는 것이다. 즉 정치적인 영역은 사회주의제도를 고수하면서 경제적인 영역에서는 자본주의제도를 시행하고 있는 사회주의 시장경제체제가 곧 영역적인 '일국양제'인 것이다. 중국 대륙도 경제적으로는 이미 자본주의제도가 주민들의 사고방식과 행동양식을 지배하고 있으며, 세계시장경제체제 속에서 고도의 성장을 거듭해 가고 있다. 이러한 상황에서 경제적인 자본주의제도를 유지하는데 초점을 맞춘 1980년대의 '일국양제'는 이미 그 실효성을 상실했다고 볼 수 있다. 중국은 개혁개방 30년 동안 경제적인 자본주의와 정치적인 사회주의가 중국식 사회주의 시장경제라는 논리 하에 충분히 양립가능한 것이 입증되었다고 강변할 수도 있지만 그것은 착각이다. 그렇다면 21세기의 지역적인 '일국양제'의 모습은 '양제'의 중점이 경제적인 자본주의제도의 유지에 치우친 것이 아니라 이미 확립되고 있는 자본주의라는 공통분모 위에 정치·사회적으로 완전한 자유민주주의체제를 유지하게 하는데 초점이 맞춰져야 하며, 이에 대한 대만의 합의를 이끌어 내야 한다. 즉 경제적인 영역에서의 '양제'는 이미 의미가 없으며, 정치적인 영역에서의 '양제'를 설득력 있게 제시해야 하는 과제가 남아 있을 뿐이다.

대만의 입장에서는 정치적인 영역에서 양안의 접점을 찾을 수 없다면 1990년대 이후 대만 대다수의 주민들이 양안관계에 대해 가지고 있는 인식, 즉 통일도 아니고 독립도 아닌 '불통불독(不統不獨)'의 현상유지가 훨씬 현실적인 방안이 될 수도 있을 것이다. 이러한 현실을 공개적으로 정책에 반영한 것이 마잉지우의 '신삼불'정책인 것이다. 그러나 대만의 '신삼불'정책 역시 미래 중국의 정치적 통합체에 대한 언급이나 비전이 전혀 제시되지 않고 있다는 점에서 통일방안이라고 하기에는 상당히 미흡한 면이 있다.

대만의 경우 '신삼불'정책이 의미하는 현상유지는 결국 시간이 흐르면 정치적 통합이 가능해지는 시점이 올 것이라는 기능주의적 사고가 짙게 깔려 있다. 그리고 이러한 인식 속에는 중국의 정치·사회 변화에 대한 낙관적인 기대가 지배하고 있다. 즉 중국의 경제적인 발전은 중국 내부의 정치적 민주화를 가능하게 할 것이라는 기대와 함께 그러한 시점에서 정치적으로 국민당이 중앙정치 무대에서 공산당과 동등하게 경쟁할 수 있는 상황이 된다면 그 때가 곧 통일의 시점이라는 인식이 깔려 있음을 짐작할 수 있다. 그 시점이 언제가 될 것이고, 그 기다림의 시간이 어느 쪽에 유리한 국면을 조성할 것인가는 별로 중요하지 않다고 본다. 정치적 주권의 귀속문제가 어느 일방의 의도대로 결말지어지기는 거의 불가능하기 때문일 것이다. 그렇다면 대만의 통일에 대한 태도나 정책은 현상유지를 주장하는 선에서 그칠 것이 아니라 좀 더 명확한 통일의 목표와 지향점을 밝혀야 할 것이다. 중국은 대만과 체제를 달리하는 사회주의국가이며, 민주화의 과정은 많은 국가들이 그랬듯이 진통과 시간이 요구되는 만큼 순탄함을 기대하기는 어렵다. 따라서 대만은 좀 더 명확한 통일의 미래상을 제시해야 하며, 설령 그것이 또 다른 정치적 논란을 불러일으킬 수 있을지라도 중국과의 체제경쟁이라는 측면이 아닌 인간이 추구하는 보편적인 가치에 근거한 미래상을 제시해야만 할 것이다.

■ 참고문헌

강원식, "러시아·중국 전략적 동반자관계의 현황과 전망", 『통일연구논총』 6권 2호, 1997
구영록 역, 『국제정치의 분석』, 서울: 법문사, 1972.
＿＿＿, '통합이론에 관한 연구: 통합의 유형와 갈등', 『국제정치논총』 제13집, 1974
금희연, "중국위협론의 실체: 중국의 세계전략과 전방위외교정책", 『중소연구』 통권100호, 2003/2004
김동성, 『중공대외정책론』, 서울: 법문사, 1988
김성한, "남미공동시장(MERCOSUR)의 현황과 전망", 『주요국제문제분석』, 서울: 외교안보 연구원, 1997. 5
＿＿＿, "중남미정세변화와 한국외교의 과제", 『주요국제문제분석』, 서울: 외교안보연구원, 1996. 6
＿＿＿·김흥규, "미국의 동아시아 안보전략에 대한 중국의 평가와 군사전략 변화", 『전략 연구』 제39호, 2007
김영문, 『중국외교론』, 서울: 대왕사, 1990
김옥준, '양안간의 교류협력모델과 시사점: 왕꾸회담의 협상사례를 중심으로', 『통일문제연구』 통권 제36호, 2001
＿＿＿, "덩샤오핑(鄧小平)의 반패권주의 외교", 『대한정치학회보』 10집 1호, 2002
＿＿＿, "중국의 한국전 참전과 국내정치", 『국제정치논총』 제42집 1호, 2002
＿＿＿, "중국의 개혁개방정책과 반패권주의 외교", 『대한정치학회보』 11집 3호, 2004
＿＿＿, "북핵문제 해결을 위한 중국의 적극적인 역할과 요인", 『통일문제연구』 통권 제41호, 2004
＿＿＿, "1980년대 중국 '독립자주'외교노선의 함의와 실제", 『대한정치학회보』 제13집 3호, 2006

_____, "마오저둥시기의 통일정책: '하나의 중국'원칙 확립과 정책변화", 『사회과학연구』 제21권 4호, 대전: 충남대학교 사회과학연구소, 2010

_____ · 김관옥, "중국의 군사안보전략에서 본 중·러 합동군사훈련의 함의", 『국제정치연구』 제9집 1호, 2006

김원곤, '대만민중의 통독의식의 변화와 그 영향', 『중국학연구』 제31집, 2005

_____, '마잉지우 집권이후 양안관계: 분석과 전망', 『중국학논총』 제27권, 2009

김재철, "중국의 동아시아정책", 『국가전략』 제9권 4호, 2003

_____, "중국의 경제외교", 『국가전략』 제13권 4호, 2007

김준엽 편, 『중공권의 장래』, 서울: 법문사, 1967

김진오, "중국의 대중남미 경제협력 강화배경과 전망", 『세계경제』, 서울: KIEP, 2005. 4

김하룡, "한국전쟁과 중공의 국제적 위치", 김준엽 편, 『중공권의 장래』, 서울: 법문사, 1967

김흥규, "후진타오 신외교노선과 북·중관계", 『주요국제문제 분석』, 서울: 외교안보연구원, 2006. 3

_____, "중국의 반국가분열법과 양안관계 전망", 『주요국제문제분석』, 서울: 외교안보연구원, 2005. 6

_____, "최근 상해협력기구(SCO)의 발전과 중·러관계 전망", 『주요국제문제분석』, 서울: 외교안보연구원, 2006. 6

_____, "중국 제17차 공산당 전국대표대회 평가 및 대외정책적 함의", 『주요국제문제 분석』, 서울: 외교안보연구원, 2007

나창주, 『중공정치론』, 서울: 일조각, 1978

류동원, "중국의 다자안보협력에 대한 인식과 실천", 『국제정치논총』 제44집 4호, 2004

류칭웬(劉慶元) 저, 김옥준 역, 『탈냉전시대 중국국가안보전략』, 대구: 계명대학교 출판부, 2005

문흥호, 『중·대만의 통일정책 비교연구』, 서울: 민족통일연구원, 1994. 9

_____, 『대만문제와 양안관계』, 서울: 폴리테이아, 2007.

박광득, "양안관계에서의 '소삼통'의 함의", 『대한정치학회보』 제9집 1호, 2001

_____, "중국의 시각에서 본 천수이볜체제의 양안관계 비판", 『대한정치학회보』 제11집 2호, 2003

_____, "「九二共識」에서 「胡四點」까지의 양안관계 연구", 『한국동북아논총』 제35집, 2005

_____, "마잉지우 등장후 양안관계의 변화와 문제점", 『정치·정보연구』 제

13권 2호, 2010
박두복, 『중국·대만관계 연구』, 서울: 외교안보연구원, 1997
_____, "중국의 통일정책과 대한반도정책의 상관성 연구", 『한국과 국제정치』 제7권 1호, 1991
_____, "중일관계 발전전망-중국의 정책을 중심으로", 『주요국제문제분석』, 서울: 외교안보연구원, 1998. 12
_____, "중국의 대미정책방향과 미중관계전망", 『주요국제문제분석』, 서울: 외교안보연구원, 1998. 6
_____, "중국의 대한반도 정책과 우리의 통일외교전략", 『정책연구시리즈』, 서울: 외교안 보연구원, 2003. 12
박병석, 『중화제국의 재건과 해체』, 서울: 교문사, 1999
배긍찬, "중국의 대ASEAN접근강화 동향 및 전망", 『주요국제문제분석』, 서울: 외교안보 연구원, 2003. 9
_____, "중국의 부상과 동아시아전략환경의 변화: 중국-ASEAN 관계발전 동향을 중심으로", 『주요국제문제분석』, 서울: 외교안보연구원, 2007. 7
변창구, "국제레짐으로서의 ASEAN의 운영체제: 도전과 전망", 『국제정치논총』 제42집 3 호, 2002
서진영, 『현대중국정치론』, 서울: 나남, 1999
서춘식, "러·중 동반자관계와 군사적 신뢰구축", 『중소연구』 27권 2호, 2003.
셰이쉔(謝益顯) 저, 정재남 역 , 『신중국 외교이론과 원칙』, 서울: 아세아문화사, 1995
쉬테빙(許鐵兵) 편저, 김옥준 역, 『21세기 중국과 세계』, 대구: 중문출판사, 2003
신상진, "동아시아에서 중국과 일본의 대립과 한반도 안보", 『통일연구논총』 제6권 2호, 1997
신정식, 『'97년 홍콩의 대중국반환과 관련한 법규집』, 서울: 대외경제정책연구원, 1994
심경욱, "중·러 전략연대 강화와 한반도", 『전략연구』 통권 제37호, 2006
안병준, "동북아질서 재편의 추세", 『통일연구논총』 제1권 1호, 1992
안인해, "동북아 질서 재편과 중·북한관계", 『통일연구논총』 5권 2호, 1996
양태진·이서행, 『분단시대의 북한상황』, 서울: 대왕사, 1983, pp.74-75
양승함·배종윤, "21세기 국제사회의 안보·평화 개념과 평화지수의 적실성", 『국제정치논총』 제43집 2호, 2003
외교안보연구원, "양국론과 양안관계 전망", 『주요국제문제분석』, 서울: 외교안보연구원, 1999

외교안보연구원, "중국 제10기 전국인민대표대회 결과 분석", 『주요국제문제 분석』, 서울: 외교안보연구원, 2003. 4
외교통상부, 『대만개황』, 서울: 외교통상부, 1999
유세희 편, 『오늘의 중국대륙』, 서울: 한길사, 1984
윤영덕, "중국의 주변외교전략과 대아세안 정책", 『한국과 국제정치』 제22권 3호, 2006
이동률, "중국 신쟝의 분리주의 운동", 『국제정치논총』 제43집 3호, 2003
이문규, '남북한 통합의 이론적 모색', 『통일연구논총』 8권 1호, 1988
이병한, "상하이협력기구는 어디로 가나, 뜨는 러시아, 나는 중국", 『월간 말』, 2007. 10
이삼성, "21세기 동아시아의 지정학-미국의 동아태지역 해양패권과 중미관계", 『국가전략』 제13권 1호, 2007
이상현, "미국-인도 핵 협력과 강대국 신전략구도", 『정세와 정책』, 2006
이원봉, "중국의 국가전략이념과 대외관계", 『정치·정보연구』 제11권 1호, 2008
이재영·신현준, "중앙아시아 자원개발, 어떻게 참여할 것인가?", 『KIEP 오늘의 세계경제』 제08-14호, 2008. 4
이종석, 『분단시대의 통일학』, 서울: 한울아카데미, 1998
이태환, "중국정세 전망", 『정세와 정책』 2008년 1월호, 서울: 세종연구소, 2008
이호령, "중앙아시아 지역을 둘러싼 권력투쟁과 함의", 『전략연구』 통권 제38호, 2006
이희옥, 『중국의 국가대전략 연구』, 서울: 폴리테이아, 2007
자오첸성(趙全勝) 저, 김태완 역, 『중국외교정책: 거시-미시 연계접근분석』, 서울: 오름, 2001
전병곤, "중국공산당 제17차 전국대표대회의 의미와 전망", 통일연구원, 2007. 10
정재호 편, 『중국의 강대국화-비교 및 국제정치학적 접근』, 서울: 도서출판 길, 2006
정진위, 『국제정치와 외교정책』, 서울: 대왕사, 1983
주재우, "다자간협력체에 대한 중국의 입장과 정책변화", 『현대중국연구』 제4집 2호, 2002
최명해, "마잉주 정권 출범 1년의 양안관계 평가 및 전망", 『주요국제문제분석』 No. 2009-17, 서울: 외교안보연구원, 2009. 6
최춘흠, 『중·대만 비정치 분야 교류협력 실태에 관한 연구』, 서울: 민족통일연구원, 1998
하영선 편, 『21세기 평화학』, 서울: 풀빛, 2002

한석희, 『후진타오시대의 중국 대외관계』, 서울: 폴리테이아, 2008
해리 하딩(Harry Harding) 저, 안인해 역, 『중국과 미국 : 패권의 딜레마』, 서울: 나남출판, 1995
황병무・멜 거토브, 『중국안보론』, 서울: 국제문제연구소, 2000
황병무 외, 『동아시아안보공동체』, 서울: 나남출판사, 2005
황재호, "중국의 중・러 합동군사훈련 참여배경과 함의", 『동북아안보정세분석』, 서울: 한국 국방연구원, 2005. 9

Abrams, Jim, "Mongoria Follows Popular Socialist Road to Reform" *Hong Kong Standard*, Jan. 29/1989
Acharya, Amitav, "Ideas, Identity and institution-building: from the 'ASEAN way' to the 'Asia-pacific way'", *The Pacific Review*, Vol.10, No.3, 1997
An, Byung Joon, "Sino-American Relations and the Korean Peninsula", in Robert A. Scalapino ed., *North Korea in Global and Regional Perspective*, Berkeley: Institute of East Asian Studies, 1986
Armstrong, J. D., *Revolutionary Diplomacy: Chinese Foreign Policy and the United Front Doctrine*, Berkeley: University of California Press, 1977
Alexander, Jeffrey, "Action and Its Environments", in Jeffrey Alexander ed., *The Micro-Macro Link*, Berkeley: University of California Press, 1987
Alexis, John U. ed., *China Policy for the Next Decade*, Boston: Gunn 1984
Axelrod, Robert and Keohane, Robert O., "Achieving Cooperation Under Anarchy: Strategies and Institution", *World Politics*, Vol.38, No.1, 1985
Barnett, Doak A., *China and Major Powers in East Asia*, Washington D.C.: Brookings Institution, 1977
_____, *The Making of Foreign Policy in China : Structure and Process*, London: Westview Press, 1985
Bernstein, Richard & Munro, Ross H., *The Comming Conflict with China*, New York: Alfred A. Knopf, 1997
Blank, Stephen, "China and the Shanghai Cooperation Organization at Five", *China Brief*, Vol. 6, Issue 13, 2006. 6. 21
Boulding, Kenneth E., *The Impact of the Social Science*, New York: Feffer and Simons, Inc., 1966.

Brown, Roger, "Chinese Politics and American Policy", *Foreign Policy*, No.23, Summer/1976

Camilleri, Joseph, *Chinese Foreign Policy*, Seattle: University of Washington Press, 1980

Carter, Jimmy, *Keeping Faith: Memories of President*, New York: Bantam Books, 1982

Chai, Winberg, ed., *The Foreign Relations of People's Republic of China*, New York: Capricorn Books, 1972

Chang, Gordon H., *Friends and Enemies: The United States, China, and the Soviet Union, 1948-1972*, Stanford: Stanford University Press, 1990

Cheng, Joseph Y.S., "China's Foreign Policy: Continuity and Change", *Asia Quarterly*, Vol.4, 1976

Chung, Chin O, *P'yongyang between Peking and Moscow*, Alabama: The Univ. of Alabama Press, 1978

Claude, Ake, *A Theory of Political Integration*, Homewood, Ill.: Dorsey Press, 1967.

Claude, Inis L. Jr., *Swords into Plowshares*, 3rd ed., New York: Random House, 1964.

Copper, John F., "Sino-American Relations: On Track or Off Track?", *Asia Pacific Community*, Winter/1983

_____, "The PRC and the third World: Rhetoric and Reality", *Issues & Studies* Vol.22, No.3, March/1986

Department of State, *FRUS*, Vol.7, Washington D.C., 1976

Deutsch, Karl W. ed., *Political Community and the North Atlantic Area*, Princeton: Princeton Univ. Press, 1957.

Dharamdasani, M. D., "Zone of Peace: Nepal's Quest for Identity", *China Report*, Vol.15 No.5, Sep.-Oct/1979

Dittmer, Lowell, "The Strategic Triangle: An Elementary Game-Theoretical Analysis", *World Politics*, Vol.33, No.4, July/1981

_____ and Wu, Yu-Shan, "The Modernization of Factionalism in Chinese Politics", *World Politics*, Vol.47, No.4 July/1995

Davies, Derec, "How Britain Fell for the Peking Game-Plan", *Far Eastern Economic Review*, June 21, 1984

Etzioni, Amitai, Political Unification: *A Comparative Study of Leaders and Forces*, New York: Holt, Rinehart and Winstons, Inc., 1965.

Fairbank, John K., ed., *The Chinese World Order*, Cambridge: Harvard University Press, 1968

_____, "China's Foreign Policy in Historical Perspective", *Foreign Affairs* No.47, April/1969

_____, *China's Perceived*, New York: Alfred A. Knopf I, 1974

Feuerwerker, Albert, "Chinese History and Foreign Relations of Contemporary China", *Annals of the American Academy of Political and Social Science*, No.402, July/1972

Finger, Thomas, "Domestic Policy and the Quest for Independence", in Thomas Finger ed., *China's Quest for Independence*, Boulder, Colo.: Westview Press, 1980

Friedman, Edward, "On Maoist Conceptualizations of the Capitalist World Systems", *China Quarterly*, No.80, December/1979

Garret, Banning & Glaser, Bonnie, "Chinese Apprehensions About Revitalization of the U.S.-Japan Alliance", *Asian Survey*, Vol.37, No.4, April/1997

Garver, John W., "Chinese Foreign Policy in 1970: The Tilt toward the Soviet Union", *China Quarterly*, No.82, June/1980

_____, "Arons Sales, The Taiwan Question and Sino-U.S. Relations", *Orbis*, Winter/1983

Giesen, Bernhard, "Beyond Reductionism: Four Models Relating Micro and Macro Levels", in Jeffrey Alexander, ed., *The Micro-Macro Link*, Berkeley: University of California Press, 1987

Ginsburg, George, "The Soviet View of Chinese Influence in Africa and Latin America", in Alvin Z. Rubinstein, *Sovet and Chinese Influence in the Third World*, New York: Praeger, 1975

Gittings, John, *The World and China, 1922-1972*, New York: Harper and Row, 1974

Goldstein, Judith, and Keohane, Robert, ed., *Ideas and Foreign Policy: Beliefs, Institutions, and Political Change*, Ithaca, NY, and London: Cornell University Press, 1993

Griffth, William E., "Sino-Soviet Re-approachment?", *Problem of Communism*, Vol. 32, Mar-Apr/1983

Gurtov, Melvin, *China and Southeast Asia: The Politics of Survival*, Lexington, MA: Heath Lexington Books, 1971

_____ & Harding, Harry, *The Purge of Luo Jui-ching: The Politics of*

      Chinese Strategic Planning, Santa Monica, California: Rand Corporation, Report R-548-PR, 1971

_____ & Hwang, Byong-Moo, *China Under Threat: The Politics of Strategy and Diplomacy*, Baltimore: John Hopkins University Press, 1980

Harding, Harry, "The Domestic Policies of China's Global Posture, 1973-78", in Thomas Finger, ed., *China's Quest for Independence*, Boulder, Colo.: Westview Press, 1980

Henderson, Gregory, *Divided Nations in a Divided World*, New York: David Mckay Company Inc., 1974

Hilsman, Roger, *To Move a Nation*, New York: Doubleday Company, 1967

Hinton, Harold C., *China's Turbulent Quest*, Bloomington & London: Indian Univ. Press, 1972

Hsiung, James C., "Challenge of China's Independent Foreign Policy", in James C. Hsiung eds., *Beyond China's Independent Foreign Policy*, New York: Praeger Publishers, 1985

Hughes, Barry B., *The Domestic Context of American Foreign Policy*, San Francisco: W. H. Freeman & Company, 1978

Hunt, Michael H. & Westad, Odd Arne, "The Chinese Communist Party and International Affairs: A Field Report on New Historical and Old Research Problem", *China Quarterly*, No. 122, June/1990

Huntington, Samuel P., "The Lonely Superpower", *Foreign Affairs* Vol.78, No.2, March/April 1999

Hutchinson, Alan, *China's African Revolution*, London: Hutchinson, 1975

Ikle, Fred C., *How Nations Negotiate*, New York: Harper & Row, 1964

Johnson, U. Alexis, ed., *China Policy for the Next Decade*, Boston: Oelgeschlager, Gunnand Hain, 1984

Jordan, Amos A. & Taylor, William J. Jr., ed., *American National Security: Policy and Process*, Baltimore and London: The John Hopkins Univ. Press, 1981

Keohane, Robert O., "International Institutions: Two Approaches", *International Studies Quarterly*, Vol.32, No.4, December/1988

_____, "Multilateralism: An Agenda for Research", *International Journal*, Vol.45, Autumn/1990

Kim, Ilpyong, ed., *The Strategic Triangle: China, the United States, and Soviet Union*, New York: Paragon House, 1987

Kim, Samuel S., "The Maoist Image of World Order," World Order Studies Program Paper, Prinston University, 1997

_____, "New Directions and Old Puzzles in Chinese Foreign Policy" in Samuel S. Kim, ed., *China and the World: New Directions in Chinese Foreign Relations*, Boulder, Colo.: Westview Press, 1989

Kristof, Nicholas, "The Rise of China", *Foreign Affairs*, Vol.72, No.6, November/December 1993

Lanteigne, Marc, *Chinese Foreign Policy : an Introduction*, New York: Routledge, 2009

Lardy, Nicholas R., *China Unfinished Economic Revolution*, Washington D.C.: Brookings Institution Press, 1998

Larkin, B., *China and Africa 1949-1970*, California: University of California Press, 1971

Lee, Edmond, "Beijing Balancing Act", *Foreign Policy*, Vol.51, 1983

Lentner, Howard H., *Foreign Policy Analysis: A Comparative and Conceptual Approach*, Columbus: Charles E. Merril Publishing Co., 1974

Levine, Steven I., "China in Asia: The PRC as a Regional Power" in Harry Harding, ed., *China's Foreign Relations in the 1980's*, New Haven: Yale University Press, 1984

_____, "Perception and Ideology" in Robinson and David Shambaugh, eds., *Chinese Foreign Policy: Theory and Practice*, Oxford: Clarendon Press, 1994

Lieberthal, Kenneth G., *Sino-Soviet Conflict in the 1970's: Its Evolution and Implications for the Strategic Triangle*, Santa Monica, California: Rand Corporation, 1978

_____, & Oksenberg, Michel, *Policy Making in China: Leaders, Structures, and Process*, Princeton: Princeton University Press, 1987

_____, & Herberg, Mikkal, "China's Search for Energy Security: Implications for U.S. Policy", *NBR Analysis*, Vol.17, No.1, April/2006

Lu, Yung-Shu, "*Preparation for War in Mainland China*" in Collected Document of the First Sino-American Conference on Mainland China, Taipei: Institute of International Relations, 1971

Mancall, Mark, "The Persistence of Tradition in Foreign Policy", *Annals of the American Academy of Political and Social Science*, No.349, September/1963

Mitrany, David, *A Working Peace System*, Chicago: Quandrangle Books, Inc., 1966.

Munch, Richard & Smelser, Neil, "Relating the Micro and Macro", in Jeffrey

Alexander, ed., *The Micro-Macro Link*, Berkeley: University of California Press, 1987

Murray, Douglas, *International Relations Research and Training in the People's Republic of China*, Stanford: Northeast Asia-United States Forum on International Policy, 1982

Ness, Peter Van, *Revolution and Chinese Foreign Policy*, Berkeley: University of California Press, 1970

Ng-Quinn, Michael, "Effects of Bipolarity on Chinese Foreign Policy," *Survey*, Vol.26, No.2, Spring/1982

Nierenberg, Gerald I., *Fundamentals of Negotiating*, New York: Hawthorn Books, 1973

Nixon, Richard M., *Leaders*, New York: Warner Books, 1980

Nye, Joseph S., *Pease in Parts: Integration and Conflict in Regional Organization*, Boston: Little, Brown and Company, 1971.

_____, "Redefining the National Interest", *Foreign Affairs* Vol.78, No4, July/August 1999

Oksenberg, Michael & Goldstein, Steven, "The Chinese Political Spectrum", *Problems of Communism* Vol.23, No.2, March-April/1974

_____, "Mao's Policy Commitments, 1921-1976," *Problems of Communism*, Vol.25, No.6, Nov.-Dec./1976

Palmer, Norman D., "South Asia and the Great Powers", *Orbis*, Vol.17, No.3, 1973

Paulson, Henry M., "A Strategic Economic Engagement: Strengthening U.S.-Chinese Ties", *Foreign Affairs*, Vol.87, No.5, October/2008

Petrov, Victor P., *Mongoria-A Profile*, New York: Praeger Publishers, 1970

Pollack, Jonathan D., "China in the Evolving International System", in Norton Ginsburg, ed., *China: The '80s Era*, Boulder, Colo.: Westview Press, 1984

Puska, Suan M., "Resources, Security and Influence: The Role of the Military in China's Africa Strategy" *China Brief*, Vol.11, May/2007

Putnam, Robert, "Diplomacy and Domestic Politics: The Logic of Tow-Level Games", inn Evans Peter, Harold Jacobson and Robert Putnam ed.., *Double-Edged Diplomacy: International Bargaining and Domestic Politics*, Berkeley: University of California Press, 1993

Pye, Lucian W., "Mao Tse-tung's Leadership Style," *Political Science Quarterly*, Vol.91, No.2, Summer/1976

_____, *Chinese Commercial Negotiating Style*, Cambridge: Gunn & Hain, 1982

Ray, Hemen, *China's Strategy in Nepal*, New Delhi: Radiant Publishers, 1983

—————, *China's Vietnam War*, New Delhi: Radiant Publishers 1983

Ritzer, George, "Micro-Macro Linkage in Sociological Theory: Applying a Metatheoretical Tool", in George Ritzer, ed., *Frontiers of Social Theory*, New York: Columbia University Press, 1990

Robinson, Thomas W., "The View from Peking: China's Policies Toward the United states, the Soviet Union and Japan", *Pacific Affairs*, Vol.45, No.3, Fall/ 1972

Rosenau, James N., ed., *Linkage Politics: Essays on the Convergence of National and International System*, New York: Free Press, 1969

—————, *Turbulence in World Politics*, Prinston: Prinston University Press 1990

Rossabi, Morris, *China among Equals: The Middle Kingdom and Its Neighbors*, Berkeley: University of California Press, 1983

Rostow, W.W., *The Prospect for Communist China*, New York: Frederick A. Praeger, 1954

Rozman, Gilbert, "Moscow's China-Watcher's in Post-Mao Era", *China Quarterly*, June/1983

—————, *The Chinese Debate about Soviet Socialism, 1978-1985*, Princeton: Princeton University Press, 1987

Ruggie, John Gerard, ed., *Multilateralism Matters*, New York: Columbia Univ. Press, 1993

Russett, Bruce M., *International Regions and International System*, Chicago: Rand McNally & Company, 1967.

Segal, Gerald, "China Security Debate", *Survival*, Mar.-Apr/1982

—————, *The Great Power Triangle*, London: MacMillan Press, 1982

—————, ed., *Chinese Defence Policy*, Urbana and Chicago: Univ. of Illinois Press, 1984

—————, ed., *Dose China Matter? A Reassessment*, New York: Taylor & Francis, 2004.

Schram, Stuart, ed., *Mao Tse-Tung Unrehearsed*, Harmondsworth: Penguin Books, 1974

Schurmann, Franz, *Ideology and Organization in Communist China*, California: Univ. of California Press, 1968

Schwartz, Benjamin I., *Communism and China: Ideology in Flux*, Cambridge: Harvard University Press, 1968

Shambaugh, David, *Beautiful Imperialist: China Perceives America*, 1972-1990, Princeton: Princeton University Press, 1991

Shichor, Yitzhak, "The Middle East in Chinese Defense Policy", in Gerald Segal and William Tow, eds., *Chinese Defense Policy*, London: Macmillan, 1984

Shirin, Tahiri-Kheli, "Chinese Objective in South Asia", *Asian Survey*, XVIII, No.10 Oct./1978

Simon, Denis F., "China's Capacity to Assimilate Foreign Technology: An Assessment", in *China Under Four Modernization* (Washington D.C. : Government Printing Office, 1982

Solomon, Richard H., "Coalition Building or Condominium?", in Donald S. Zagoria, ed., *Soviet Policy in East Asia*, New Heaven: Yale Univ. Press, 1982

Stein, Arther A., "Coordination and Collaboration: Regimes in an Anarchic World", in Stephen D. Krasner, ed., *International Regimes*, Ithaca: Cornell Univ. Press, 1983

Sutter, Robert G., *Chinese Foreign Policy : Development after Mao*, New York: Preaeger, 1982

Stuart, Douglas T., ed., *China Factor*, Englewood Cliffs, N. J.: Prentice Hall, 1981

Tretiak, Daniel, "China's Vietnam War and Its Consequences", *China Quarterly*, December/1979

Tsou, Tang, *America's Failure in China, 1941-1950*, Chicago: University of Chicago Press, 1963

Vertzberger, Yaacov, *Misperceptions in Foreign Policymaking: The Sino-indian Conflict, 1952-1962*, Boulder: Westview Press, 1984

Wang, Gungwu, "External China as New Policy Area", *Foreign Affairs*, Vol.58, No.1, 1985

Wang, Jianwei, "Chinese Perspectives on Multilateral Security Cooperation", *Asian Perspective*, Vol.22, No.3, 1998

Wendt, Alexander, *Social Theory of International Politics*, Cambridge: Cambridge Univ. Press, 1999

Whiting, Allen S., *China Eyes Japan*, Berkeley: University of California Press, 1989

_____, *Chinese Domestic Politics and Foreign Policy in the 1970's*, Ann Arbor, Mich: Center for Chinese Studies, 1979

_____, *China Cross the Yalu: The Decision to the Korean War*, Stanford, California: Stanford University Press, 1960

_____, "Foreign Policy of Communist China", in R. C. Macrids, ed.,

　　　　　Foreign Policy in World Politics, 8th ed., Englewood Cliffs: Prentice-Hall, 1992

　　　　　_____, "The PLA and China's Threat Perception", *China Quarterly*, No. 147, 1996.

William A., *Contingent States: Greater China and Transnational Relation* Minneapolis, MN: University of Minnesota Press, 2004

Wohlforth, William, "The Stability of a Unipolar World, and the Sources of Stable Multipolarity", *International Security*, Vol.23, No.2, Fall/1998

Wortzel, Larry M., "China Pursues Traditional Great-Power Sastus", *Orbis* Vol.38, No.2, 1994

Yahuda, Michael, *China's Role in World Affairs*, New York: St. Martin's Press, 1978

　　　　　_____, "The International Standing of China on Taiwan", *China Quarterly*, No.148, Dec/1996

Yang, Fucheng, ed., *Contemporary China and Its Foreign Policy*, Beijing: World Affairs Press, 2003

Yee, Herbert & Storey Ian, ed., *The China Threat: Perceptions, Myths and Reality*, New York: Routledge Curzon, 2002

Yuan, Jin-Dong, "Sino-Russian Confidence Building Measures: A Preliminary Analysis", *Asian Perspective*, Vol.22, No.1, Spring/1998

Zagoria, Donald S., "Ideology and Chinese Foreign Policy", in G. Schwab ed., *Ideology and Foreign Policy: A Global Perspective*, New York: Cyrco, 1978

　　　　　_____, *Vietnam Triangle*, New York: Pegasus, 1967

Zhao, Quansheng, "Chinese Foreign Policy in the Post-Cold War ERA", *World Affairs* Vol.159, No.3, Winter/1997

Zartman, William I., & Berman, Maureen R., *The Practical Negotiator*, New Haven: Yale Univ. Press, 1982

Far Eastern Economic Review
International Herald Tribune
News Week
Peking Review
South China Morning Post
Times
U. S. News &World Report

"一個中國的原則和臺灣問題",『人民日報』, 2000. 2. 22
万光, "海灣戰爭對世界格局演變的影響",『瞭望』, 1991年 第14期
中國對外經濟貿易年鑑編輯委員會,『中國對外經濟貿易年鑑』, 1984
中華人民共和國外交部編『中華人民共和國條約集』第21集-25集, 31卷-32
　　　卷, 北京: 世界 知識出版社, 1977-1982
中華人民共和國國務院新聞辦公室, 臺灣問題與中國統一白皮書, 1993
中國海關總署,『國際貿易』, 1995年 第3期, 1995. 3
_____,『國際貿易』, 1996年 第3期, 1996. 3
_____,『國際貿易』, 1998年 第3期, 1998. 3
中國國務院臺灣事務辦公室,『一個中國的原則與臺灣問題』白皮書, 北京: 新
　　　華社, 2000
中國國務院臺灣事務辦公室,『中國臺灣問題外事人員讀本』, 北京: 九州出版
　　　社, 2006
『中美關係資料匯編』第二卷下册, 北京: 世界知識出版社, 1960
『中國對外經濟貿易年鑑』, 北京: 中國對外經濟貿易年鑑編輯委員會, 1984
『中華人民共和國憲法和有關法律』, 北京: 全人大常委會辦公廳新聞局, 1998.
王泰平 主編『中華人民共和國外交史』第2卷, 北京: 世界知識出版社, 1998
_____,『中華人民共和國外交史』第3卷, 北京: 世界知識出版社, 1999
王世宏, "中共之外購武器裝備",『匪情月報』第25卷6期, 1982
王文理 主編『和平演變戰略及其對策』, 北京: 知識出版社, 1992
王毅, "與鄰爲善, 以鄰爲伴"『求是』2003年 第8期, 2003
____, "全球和進程中的亞洲區域合作",『世界知識』2004年 第10期, 2004
『毛澤東選集』第5卷, 北京: 人民出版社, 1977
『毛澤東外交文選』, 北京: 人民出版社, 1988
尹慶耀 "從中共外交政策的演變看中共當前的基本外交政策",『問題與研究』
　　　第23卷 第10期, 臺北: 國立政治大學國際關係研究中心, 1984
外交部外交史研究室編『新中國外交風雲』第三輯, 北京: 世界知識出版社, 1994
包宗和,『臺海兩岸互動理論與政策面向』, 臺北: 三民書局, 1990
石之瑜 編『家國之間: 開展兩岸關係的能動機緣』, 臺北: 新臺灣人基金會, 2003.
丘宏達·任孝琦 編『中共談判策略研究』, 臺北: 聯合報社, 1987
朱新民, "中共獨立自主對外政策的剖析",『第11屆中日中國大陸問題研究研討
　　　會論文』, 臺北: 國立政治大學國際關係研究中心, 1983
朱陽明 主編『二.OOO至二OO一年戰略評估』, 北京: 軍事科學出版社, 2000
"朱鎔基總理在九屆全國人大三次會議上的工作報告",『人民日報』2000. 3. 6
全國人大常委會辦公廳新聞局,『中華人民共和國憲法和有關法律』, 1998

"江澤民在中國共產黨十四次全國代表大會上的報告"『人民日報』, 1992. 10. 12
"江澤民在中國共產黨十五次全國代表大會上的報告"『人民日報』, 1997. 9. 12
江時學, "走向復甦的拉丁美洲經濟",『拉丁美洲研究』1997年 第1期, 1997
任曉, "東亞合作與中國",『太平洋學報』2003年 第3期, 2003
李丹慧,『北京與莫斯科: 從聯盟走向對抗』, 廣西: 廣西師範大學出版社, 2002
李廉, "鄧小平外交路線與戰爭危險",『匪情月報』第32卷 第2期, 1989
李明德 主編,『拉丁美洲和中拉關係: 現在與未來』, 北京: 時事出版社, 2001
李英明,『全球化時代下的臺灣和兩岸關係』, 臺北: 生智, 2001.
Steven W. Mosher, 李威儀 譯『中國-新霸權』, 台北: 立緒文化事業有限公司, 2001
邢國強, '一國兩制上中共的策略',『問題與研究』第14卷 4期, 1985
何方, "世界加速向多極化發展",『世界知識』1995年 第1期, 1995
杜攻, "對轉換中世界格局的幾点看法",『國際問題研究』1991年 第4期, 1991
初國華, '全球化與兩岸關係新願景',『中國大陸研究』第51卷 第4期, 2008
宋鎮照, "從大陸社會變遷看跨世紀兩岸關係發展",『東亞季刊』第28卷 第4期 1997
宋國誠, "中華民國大陸政策與中共對臺政策的比較評估",『中國大陸研究』第35卷 第1期, 1992
周恩來,『周恩來選集』, 北京: 人民出版社, 1984
周余雲, "相交無遠近, 萬里尙爲鄰",『拉丁美洲研究』1998年 第1期, 1998
邵玉銘,『中美關係論文集』, 臺北: 傳記文學出版社, 1980
范英, "蘇俄在東亞的挑戰",『中華戰略學刊』, 1983
邱漢誠, "中共「一國兩制」策略形成的歷史背景",『中國大陸研究』第35卷 第5期, 1992
邱丹陽, "東亞合作與中國的戰略選擇",『國際問題研究』第三期, 2003
林文程, "擺脫政爭, 全般規劃國家安全",『中國時報』(臺灣), 2001. 6. 21
宦國蒼, "北京調整對臺政策",『九十年代』, 1986
『建國以來毛澤東文稿』第6冊, 北京: 人民出版社, 1986
胡繩 主編,『中國共產黨的七十年』, 北京: 中共黨史出版社, 1991
直雲,『鄧小平外交生涯』, 香港: 鏡報文化公司, 1994
施華, "鄧小平談中越戰爭"『七十年代』第111期, 1979
____, "江澤民・李登輝何時會晤? -「江八點」及臺灣回應",『九十年代』, 1995. 3
胡耀邦, "全面開倉社會主義現代化建設的新局面",『紅旗』第18期, 1982
思良, "中國海軍走向遠海防衛",『文匯報』(香港), 1997. 3. 31
郎毅懷, "從全球角度看社會主義的歷史命運",『求是雜誌』1991年 第3期, 1991
皇東升,『當代世界政治與經濟』, 北京: 中國經濟出版社, 2006
洪育沂 主編,『拉美國際關係史綱』, 北京: 外語教學與研究出版社, 1996

柯玉枝, "九O年代中共對拉美外交政策研析", 『中國大陸研究』第41卷 第7期, 1998
紀欣, "兩岸關係-和平發展不能缺少統一願景", 『海峽評論』第238期, 2010.
宮力, 『中美關係熱点透視』, 哈爾濱: 黑龍江教育出版社, 1998
袁明 主編, 『中美關係史上沈重的一頁』, 北京: 北京大學出版社, 1989
孫其明, 『中蘇關係始末』, 北京: 人民出版社, 2002
唐華亮, "維護第三世界國家權益是我國應盡的國際義務", 『紅旗』第16期, 1984
唐世平, "中國的崛起與地區安全", 『當代亞太』2003年 第三期, 2003
"華國鋒在中共十一大上的政治報告", 『人民日報』, 1977. 8. 7
"華國鋒在五屆人大一次會議上政府工作報告", 『人民日報』, 1978. 3. 7
"華國鋒在五屆人大二次會議上的政府工作報告", 『人民日報』, 1979. 6. 26
席林生, "嚴重的歪曲錯誤的估計", 『人民日報』, 1982. 5. 26
席來旺, 『二十一世紀中國戰略大策劃 - 國際安全戰略』, 北京: 紅旗出版社, 1996
袁文靖, 『越南戰爭史』, 臺北: 國際現勢週刊社, 1981
高尚杲, 『中共政治外交論』, 臺北: 正中書局, 1978
翁松燃, "一國兩制推論-概念, 性質, 內容, 困難和前景", 『九十年代』1985. 12
_____, "從香港經驗看統一·自決和一國兩制", 『明報月刊』1987. 11
徐文淵, "中拉經濟貿易關系歷史, 現狀和前景", 『拉丁美洲研究』1996年 第6期, 1996
馬志, "中共對拉丁美洲的外交攻勢", 『中共研究』第19卷 第12期, 台北: 中共研究雜誌社, 1985
陳向陽, 『中國睦鄰外交: 思想·實踐·前瞻』, 北京: 時事出版社, 2004
國務院臺灣事務辦公室, 『中國臺灣問題外事人員讀本』, 北京: 九州出版社, 2006
陳德昇, 『兩岸政經互動』, 臺北: 永業出版社, 1994
陳毓鈞, "台海危機與美國干預", 『美歐月刊』第十卷 第一期, 台北, 1995
陳耀庭, "關於農業聯合企業問題的探討", 『經濟研究』1979年11期, 北京: 經濟出版社, 1979 陳志奇, 『美國對華政策三十年』, 臺北: 中華日報社, 1980
陳鋒, "日本邁向政治和軍事大國的文件", 『瞭望』1996年 第4期, 1996
陳福成, 『國家安全與戰略關係』, 台北: 時英出版社, 2000
陳啓懋, "試論世界從兩極格局向多極格局的過渡", 『國際問題研究』1990年 第4期, 1990
陳鴻瑜, "中共與印度, 巴基斯坦分別軍演之戰略含意", 『展望與探索』第1卷 第12期, 2003
畢英賢, "蘇聯對中越共火拼的反應", 『問題與研究』第8卷 第7期, 臺北, 1979
郭篤爲, "拉丁美洲: 呈外交拉鋸戰局面", 『九十年代』1996年 第10期, 1996
臺灣蒙藏委員會編, 『蒙藏地區敵情週報』第222期, 1988
臺灣國防部外情報局編, 『共匪與東南亞國家的邊界問題』, 1964

臺灣行政院大陸委員會,『大陸工作手冊』,臺北: 行政院大陸委員會, 1991
臺灣外交部新聞文化司彙編,『近一年來中共在國際間謀我事例』, 1996
臺灣行政院大陸委員會編,『大陸工作參考資料』,合訂本, 台北: 行政院大陸委員會, 1998
程林勝,『鄧小平'一國兩制'思想研究』,深陽: 遼寧出版社, 1992
張五岳,『分裂國家互動模式與統一政策之比較研究』,臺北: 國家政策研究中心, 1992
張國燾,『我的回憶』第一冊, 香港: 明報月刊出版社, 1971
張樹軍 編,『中南海: 三代領導集體與共和國外交實錄(上卷)』, 北京: 中國經濟出版社, 1998
_____,『中南海: 三代領導集團與共和國外交實錄(中卷)』, 北京: 中國經濟出版社, 1998
張亞中・李英明,『中國大陸與兩岸關係概論』, 臺北: 生智文化事業有限公司, 2003
張天霖, "對中共重新強調「現代化, 正規化」建軍方針研究",『匪情月報』第25卷 3期, 1982
張歷歷,『外交決策』, 北京: 世界知識出版社, 2007
張寶宇, "淺談中拉關係在各自對外關係中的地位",『拉丁美洲研究』1995年 第1期, 1995
張森根, "中國和拉美國家之間的關係",『拉丁美洲研究』1994年 第5期, 1994
張沐, "中共高層拓 展外交新局面, 加快改革迎接香港的回歸",『鏡報月刊』1996年 第12期, 1996
張召忠・周碧松,『明天我們安全嗎?』, 杭州: 浙江人民出版社, 2001
『鄧小平文選』第三卷, 北京: 人民出版社, 1993
黃華,『八十年代外交形勢・政策與今後任務』, 臺北: 國防部情報局編印, 1980
黃文澄, "中國共產黨與拉美政黨關係的現狀與前景",『拉丁美洲研究』1996年 第3期, 1996
黃嘉樹,『兩岸談判研究』, 北京: 九州出版社, 2003.
葉伯棠, "中共外交政策的研究(上)",『東亞季刊』第20卷 第2期, 1981
_____, "當前中共對越南策略",『匪情月報』, 第27卷 3期, 1986
_____, "鄧小平訪問美國之分析"『匪情月報』, 第20卷 2期, 1979
葉自成,『中國大戰略: 中國成爲世界大國的主要問題及戰略選擇』, 北京: 中國社會科學出版 社, 2003
_____, "中國實行大國外交戰略勢在必行"『世界經濟與政治』2000年 第1期, 2000
"葉劍英在十一大上的關於修改黨的章程的報告",『人民日報』, 1978. 2. 27
喬一名, "現階段中共與越南關係之發展",『中國大陸研究』第13卷 1期, 1988

"鄧小平在第六屆特別聯大的演說", 『人民日報』, 1974. 4. 11
"鄧小平在中共十屆三中全會上的講話", 『人民日報』, 1977. 7. 21
鄧小平, "中國大陸和臺灣和平統一的構想", 『人民日報』1983. 7. 30
_____, "建設有中國特色的社會主義", 香港: 三聯書局, 1985
"葉劍英提出的九個方案", 『爭鳴』, 1981. 11
"葉劍英在十一大上的關於修改黨的章程的報告", 『人民日報』, 1978. 2. 27
馭志, "中共與印·巴關係探討", 『匪情研究』 第26卷 3期, 1983
董偉國, "香港是北京外交籌碼", 『亞洲週刊』 第11卷 第12期, 1997
"辜振甫將成爲第一個到大陸的國民黨中常委", 臺灣『新新聞』週刊 1992. 8. 16
楚樹龍·金威 主編 『中國外交戰略和政策』, 北京: 時事出版社, 2008
楊力宇, "鄧小平對和平統一的最新構想", 『九十年代』第1卷 第8期, 1983
_____, "李登輝對江澤民的回應: 從江八條到李六條", 『爭鳴』, 香港: 百家出版社, 1995
裘兆琳 『中共談判策略研究』, 臺北: 聯合報社, 1990
裴堅章, "關于周恩來外交思想研究的幾個問題", 『中外學者論周恩來』, 天津: 南開大學出版社, 1990
裴堅章主編 『中華人民共和國外交史』第1卷, 北京: 世界知識出版社, 1998
熊向暉, "打開中美關係的前奏", 『瞭望』第35期, 1992
熊光楷『國際戰略與新軍事變革』, 北京: 清華大學出版社, 2003
簡鐵, "中共與印度的邊界衝突", 『中國大陸研究』 第29卷 第12期, 1987
寥淑馨, "中共與尼泊爾關係三十年", 『中國大陸研究』 第28卷 第3期, 1985
_____, "八十年代中共與外蒙關係", 『中國大陸研究』 第32卷 第5期, 1989
趙倩, "中共與日本加強文化·軍事交流的研析", 『匪情月報』第24卷 第9期, 1982
趙勇, "臺灣政治轉型與分離傾向", 北京: 中央編譯出版社, 2008
福爾布萊特, "解剖馬英九兩岸特別關係論" 『明報』(香港), 2008年 10月號, 2008
鄭宇碩·石志夫 編著 『中華人民共和國對外關係史稿』, 香港: 天地圖書公司, 1994
鄭炎, "中越戰爭與東南亞國際關係", 『七十年代』第110期, 1979
_____, "中越戰爭的戰略戰術", 『七十年代』第111期, 1979
潘叔明, 『'一國兩制'與臺灣問題』, 北京: 人民出版社, 2003
劉江永, "美日重建冷戰後同盟", 『世界知識』1996年 第9期, 1996
劉山·薛君度 主編 『中國外交新論』, 北京: 世界知識出版社 1998
劉新民, "拉美政治形勢在改革中求穩定", 『瞭望新聞週刊』(香港), 1997年 第10期, 1997
劉文宗, "公投法: 沒有修憲的修憲", 『兩岸關係』, 北京: 兩岸關係雜誌社, 2004
範麗靑, 『汪辜會談』, 北京: 華藝出版社, 1993

錢元亨, "對匪黨中央發布'工業三十條'的研究", 『匪情月報』 第21卷 第8期, 1978
錢俊瑞, "論「一個國家兩種制度」構想", 『世界經濟報道』(上海), 1984
閻學通, 『美國霸權與中國安全』 天津: 天津出版社, 2000
謝益顯 主編, 『中國外交史』, 鄭州: 河南人民出版社, 1996
_____, 『中國當代外交史』, 北京: 中國青年出版社, 2002
顏聲毅, 『當代中國外交』, 上海: 复旦大學出版社, 2004.
韓玉貴, 『冷戰後的中美關係』, 北京: 社會科學文獻出版社, 2007
韓念龍, "和平共處五項原則是中國對外關係的基本準則", 『紅旗』 第14期, 1984
關中, 『變動世界秩序中的國際問題』, 臺北: 時報文化出判, 1982
嚴家期, "一國兩制和中國統一的途經", 『政治學研究』 1985年 第2期, 北京: 社會科學研究所, 1985
龐中英, "亞洲: 中國對外政策的戰略重點", 『南方日報』, 2001. 8. 30
"黨的十七大報告解讀", 新華社, 2008. 1. 20

『人民日報』
『人民日報(海外版)』
『北京經濟日報』
『北京週報』
『中國時報』(臺灣)
『新生報』(臺灣)
『工商時報』(臺灣)
『聯合報』(臺灣)
『中國時報』(臺灣)
『星島日報』(香港)
『南方日報』(香港)
『文匯報』(香港)
『香港經濟報道』(香港)
『大公報』(香港)